21 世纪全国本科院校土木建筑类创新型应用人才培养规划教材

工程经济学

主　编　都沁军
参　编　邢秀青　许伟丽　苏柳柳

内 容 简 介

本书全面系统地介绍了工程经济学的基本原理、方法及其应用。全书共分为13章，主要内容包括：绪论、工程经济分析要素、工程经济分析原理、资金时间价值、工程项目单方案经济评价、工程项目多方案经济评价、不确定性与风险分析、工程项目资金筹措、工程项目财务评价、经济费用效益分析、设备更新、价值工程与工程项目后评价。

本书可作为本科院校工程管理、工程造价、房地产开发与管理、土木工程等相关专业工程经济学的教材或教学参考书，也可供建筑业、房地产业、工程投资咨询业等部门和单位的工程技术与工程经济专业人员学习参考。

图书在版编目（CIP）数据

工程经济学/都沁军主编. —北京：北京大学出版社，2012.3
（21世纪全国本科院校土木建筑类创新型应用人才培养规划教材）
ISBN 978-7-301-20283-8

Ⅰ. ①工… Ⅱ. ①都… Ⅲ. ①工程经济学—高等学校—教材 Ⅳ. ①F062.4

中国版本图书馆CIP数据核字（2012）第026847号

书　　　　名：	工程经济学
著作责任者：	都沁军　主编
策 划 编 辑：	伍大维
责 任 编 辑：	伍大维
标 准 书 号：	ISBN 978-7-301-20283-8/TU·0223
出　版　者：	北京大学出版社
地　　　　址：	北京市海淀区成府路205号　100871
网　　　　址：	http://www.pup.cn　http://www.pup6.cn
电　　　　话：	邮购部62752015　发行部62750672　编辑部62750667　出版部62754962
电 子 邮 箱：	pup_6@163.com
印　刷　者：	三河市博文印刷有限公司
发　行　者：	北京大学出版社
经　销　者：	新华书店
	787毫米×1092毫米　16开本　22印张　512千字
	2012年3月第1版　2017年1月第4次印刷
定　　　　价：	42.00元

未经许可，不得以任何方式复制或抄袭本书之部分或全部内容。
版权所有，侵权必究　　举报电话：010-62752024
电子邮箱：fd@pup.pku.edu.cn

前　言

　　工程经济学是适应现代投资决策科学化的客观要求，在工程学、经济学和管理学基础上发展起来的一门实用性新兴学科。该学科研究如何分析工程项目活动的代价以及目标实现程度，并在此基础上寻求实现目标最有效的途径。任何工程项目活动都需要消耗资源，所以最大限度地节约资源，使工程项目的活动结果满足人们的需要显得尤为重要。

　　随着工程项目建设规模越来越大，投资主体和投资渠道也日益多元化，如何实现资源优化配置，实现投资目标成为投资者首先应考虑的问题。因此，当今时代，更需要运用工程经济学的知识来解决工程项目建设中的决策问题。

　　学习工程经济学的知识，掌握工程经济分析和决策的方法，有利于项目在方案的制定和实施过程中建立起经济意识，充分考虑通过技术方案的改变降低成本，以及通过增加利润来提高竞争力，以达到提高解决实际工程经济问题的能力。

　　为了满足应用型本科院校工程管理、工程造价等相关专业人才培养目标的需要，编者结合多年的教学经验，编写了本书。在编写过程中编者们始终坚持以下指导原则。

　　第一，坚持理论联系实际，力求做到内容的系统性。根据工程管理、工程造价等专业的特点，编者参考了大量国内外相关教材及应用实例，力图对工程经济学的基本理论和方法进行较为全面的阐述，做到理论与实践相结合，突出相关知识的应用性，较为系统地反映工程经济学的知识体系。

　　第二，编写内容反映了我国工程经济分析方面新的要求和规范。结合相关内容的讲解，本书尽可能将《建设项目经济评价方法与参数》（第三版）的最新规范要求介绍给读者；同时对大多数知识点配有相应的例题和习题，便于学生掌握和运用。此外，考虑到学生将来参加相关执业资格考试对工程经济学知识的要求，在保证教材体系完整性的同时，考虑了与执业资格考试要求内容的接轨。

　　第三，编写的形式上，每章的前面明确提出了本章的学习目标，并有导入案例引出本章的学习要点，每章结束有本章小结及类型多样的习题，这样的结构体系设计，便于学生学习和巩固所学的知识。

　　第四，本书在部分章节加入了 Excel 在工程经济学中的应用这一内容，引导读者利用计算机工具分析问题，提高工程经济分析效率。

　　本书主要服务于本科院校工程管理、工程造价等专业的学生，同时兼顾了工程项目管理人员对工程经济知识的需求，具有较广泛的适用性。

　　本书共分为13章，其中，第1章、第5章、第6章、第9章、第13章由石家庄经济学院都沁军编写，第2章、第4章、第10章、第11章由石家庄经济学院邢秀青编写，第3章由石家庄经济学院苏柳柳编写，第7章、第8章、第12章由河北科技师范学院许伟丽编写，全书由都沁军提出编写大纲、设计编写体例，并负责统稿。本书在编写过程中，参考了大量同类著作，书中直接或间接引用了参考文献所列书目中的部分内容，在此对其作者一并表示感谢。

　　由于编者水平有限，书中难免有不足之处，恳请广大读者批评指正。

编　者

2011 年 12 月

目 录

第1章 绪论 1
- 1.1 工程经济学的含义 2
  - 1.1.1 工程经济学的有关概念 2
  - 1.1.2 工程经济学的定义 4
- 1.2 工程经济学的产生和发展 4
  - 1.2.1 国外工程经济学的形成与发展 4
  - 1.2.2 我国工程经济学的发展情况 5
- 1.3 工程经济学的研究对象及内容 6
  - 1.3.1 工程经济学的研究对象 6
  - 1.3.2 工程经济学的研究内容 6
  - 1.3.3 工程经济学研究的一般程序 7
  - 1.3.4 工程经济学的特点 8
- 1.4 学习工程经济学的意义 9
  - 1.4.1 学习工程经济学的必要性 9
  - 1.4.2 工程经济学在项目管理中的地位 10
  - 1.4.3 工程经济学与相关课程的关系 11
- 本章小结 11
- 习题 11

第2章 工程经济分析要素 13
- 2.1 投资及其估算 14
  - 2.1.1 投资的概念 14
  - 2.1.2 工程造价 15
  - 2.1.3 项目资产 15
  - 2.1.4 固定资产投资估算方法 17
  - 2.1.5 流动资金需要量估算 19
- 2.2 成本费用及其估算 22
  - 2.2.1 成本费用基本概念 22
  - 2.2.2 工程经济分析中常用的成本费用 23
- 2.3 销售收入、税金 27
  - 2.3.1 营业收入 27
  - 2.3.2 营业税金及附加 28
- 2.4 利润 30
  - 2.4.1 利润总额指标 30
  - 2.4.2 利润率指标 30
  - 2.4.3 所得税计算及净利润分配 31
- 本章小结 32
- 习题 32

第3章 工程经济分析原理 34
- 3.1 经济效益原理 35
  - 3.1.1 经济效益的概念 35
  - 3.1.2 经济效益的一般表达式 36
  - 3.1.3 经济效益分类 37
  - 3.1.4 经济效益评价指标体系 38
  - 3.1.5 经济效益评价原则 39
- 3.2 可比性原理 41
  - 3.2.1 满足需要可比 41
  - 3.2.2 消耗费用可比 42
  - 3.2.3 价格可比 43
  - 3.2.4 时间可比 43
- 3.3 技术创新原理 44
  - 3.3.1 技术创新的概念 44
  - 3.3.2 技术创新的作用 45
- 本章小结 46
- 习题 46

第4章 资金时间价值 47
- 4.1 资金时间价值概述 48

4.1.1 资金时间价值概念及
　　　意义 …………………… 48
4.1.2 衡量资金时间价值尺度 … 49
4.1.3 计算资金时间价值的基本
　　　公式 …………………… 51
4.1.4 资金等值 ……………… 52
4.2 现金流量图 …………………… 53
4.2.1 现金流量的概念 ……… 53
4.2.2 现金流量的构成 ……… 53
4.2.3 现金流量与财务收支的
　　　区别 …………………… 55
4.2.4 现金流量图 …………… 55
4.3 普通复利公式 ………………… 56
4.3.1 一次支付终值计算 …… 56
4.3.2 一次支付现值计算 …… 57
4.3.3 等额分付终值公式 …… 57
4.3.4 等额分付现值公式 …… 59
4.3.5 等额分付偿债基金公式 … 59
4.3.6 资金回收公式 ………… 59
4.4 普通复利系数表和线性内插法 … 60
4.4.1 普通复利系数表 ……… 60
4.4.2 线性内插法 …………… 60
4.5 名义利率和实际利率 ………… 63
4.5.1 名义利率和实际利率的
　　　概念 …………………… 63
4.5.2 名义利率和实际利率的
　　　应用 …………………… 64
4.6 运用Excel进行资金等值换算 … 66
4.6.1 终值计算函数 ………… 66
4.6.2 现值计算函数 ………… 67
4.6.3 偿债基金和资金回收计算
　　　函数 …………………… 67
本章小结 …………………………… 67
习题 ………………………………… 68

第5章 工程项目单方案经济评价 … 70

5.1 工程项目经济评价指标概述 …… 71
5.1.1 按评价指标计算所依据的
　　　经济要素是否确定 …… 71
5.1.2 按评价指标的计算是否考虑
　　　资金时间价值 ………… 71

5.1.3 按评价指标所反映的经济
　　　性质 …………………… 71
5.1.4 按评价指标所反映的
　　　内容 …………………… 72
5.1.5 按评价指标在评价过程中
　　　所起的作用 …………… 72
5.2 时间型评价指标 ……………… 73
5.2.1 静态投资回收期(P_t) …… 73
5.2.2 动态投资回收期(P_t') …… 75
5.3 价值型评价指标 ……………… 76
5.3.1 净现值(NPV) ………… 76
5.3.2 净年值(NAV) ………… 80
5.4 效率型评价指标 ……………… 81
5.4.1 内部收益率(IRR) …… 81
5.4.2 外部收益率(ERR) …… 85
5.4.3 净现值率(NPVR) …… 86
5.4.4 投资收益率(R) ……… 87
5.4.5 效益费用比(B/C) …… 88
5.5 清偿能力指标 ………………… 89
5.5.1 借款偿还期(P_d) ……… 89
5.5.2 利息备付率(ICR) …… 90
5.5.3 偿债备付率(DSCR) … 90
5.5.4 资产负债率(LOAR) … 91
5.5.5 流动比率 ……………… 91
5.5.6 速动比率 ……………… 92
5.6 运用Excel计算评价指标 …… 92
5.6.1 求净现值 ……………… 92
5.6.2 求净年值 ……………… 93
5.6.3 求内部收益率 ………… 93
本章小结 …………………………… 94
习题 ………………………………… 94

第6章 工程项目多方案经济评价 …… 97

6.1 工程项目方案类型 …………… 98
6.2 互斥型方案的经济评价 ……… 99
6.2.1 互斥型方案比较概述 … 99
6.2.2 寿命期相同的互斥型方案
　　　经济评价 ……………… 100
6.2.3 计算期不同的互斥型方案
　　　经济评价 ……………… 109

目　录

6.2.4 寿命无限长互斥型方案经济评价 ………… 111

6.3 独立型方案的经济评价 ………… 112
　　6.3.1 资金不受限制的独立型方案的经济评价 ………… 112
　　6.3.2 资金受限制的独立型方案的经济评价 ………… 113

6.4 其他类型方案的经济评价 ………… 115
　　6.4.1 混合型方案的经济评价 ………… 115
　　6.4.2 互补型方案的经济评价 ………… 117
　　6.4.3 现金流量相关型方案的经济评价 ………… 117

本章小结 ………… 118
习题 ………… 118

第7章　不确定性与风险分析 ………… 122

7.1 不确定分析概述 ………… 123
　　7.1.1 不确定性问题的产生 ………… 124
　　7.1.2 主要的不确定性因素 ………… 124
　　7.1.3 不确定性问题的分析方法 ………… 125

7.2 盈亏平衡分析 ………… 125
　　7.2.1 盈亏平衡分析的概念 ………… 125
　　7.2.2 线性盈亏平衡分析 ………… 126
　　7.2.3 非线性盈亏平衡分析 ………… 128
　　7.2.4 互斥方案的盈亏平衡分析 ………… 129

7.3 敏感性分析 ………… 130
　　7.3.1 相关概念 ………… 130
　　7.3.2 单因素敏感性分析 ………… 132
　　7.3.3 多因素敏感性分析 ………… 134
　　7.3.4 敏感性分析的局限性 ………… 138

7.4 风险分析 ………… 139
　　7.4.1 风险的含义和分类 ………… 139
　　7.4.2 风险识别 ………… 140
　　7.4.3 风险估计 ………… 144
　　7.4.4 风险评价 ………… 146
　　7.4.5 风险决策 ………… 147
　　7.4.6 风险应对 ………… 148

7.5 Excel在不确定性分析中的应用 ………… 149
　　7.5.1 利用Excel进行盈亏平衡分析 ………… 149
　　7.5.2 利用Excel进行敏感性分析 ………… 151

本章小结 ………… 152
习题 ………… 153

第8章　工程项目资金筹措 ………… 155

8.1 融资主体及其融资方式 ………… 157
　　8.1.1 项目融资主体 ………… 157
　　8.1.2 既有法人融资方式 ………… 159
　　8.1.3 新设法人融资方式 ………… 160

8.2 项目资本金的融通 ………… 163
　　8.2.1 项目资本金的来源 ………… 163
　　8.2.2 项目资本金的筹措 ………… 163

8.3 项目债务筹资 ………… 166
　　8.3.1 国内债务筹资 ………… 166
　　8.3.2 国外资金来源 ………… 168
　　8.3.3 融资租赁 ………… 171
　　8.3.4 发行债券 ………… 172

8.4 融资方案分析 ………… 173
　　8.4.1 资金成本的含义 ………… 173
　　8.4.2 资金成本的计算 ………… 175

本章小结 ………… 179
习题 ………… 179

第9章　工程项目财务评价 ………… 181

9.1 可行性研究概述 ………… 182
　　9.1.1 工程项目建设程序 ………… 182
　　9.1.2 可行性研究的含义 ………… 183
　　9.1.3 可行性研究的阶段划分 ………… 184
　　9.1.4 可行性研究的程序 ………… 186
　　9.1.5 可行性研究报告 ………… 187

9.2 财务评价概述 ………… 190
　　9.2.1 财务评价概念 ………… 190

9.2.2 财务评价的任务 …………… 191
　　　9.2.3 财务评价的内容和
　　　　　 步骤 …………………… 191
　9.3 财务评价报表与财务评价
　　　指标 ………………………… 193
　　　9.3.1 财务评价报表的种类 …… 193
　　　9.3.2 财务评价基本报表的
　　　　　 内容 …………………… 193
　　　9.3.3 财务评价基本报表与评价
　　　　　 指标的关系 …………… 199
　9.4 新设法人财务评价实例 ……… 200
　　　9.4.1 概述 …………………… 200
　　　9.4.2 费用与效益估算 ……… 201
　　　9.4.3 资金筹措 ……………… 206
　　　9.4.4 财务分析 ……………… 206
　　　9.4.5 不确定性分析和风险
　　　　　 分析 …………………… 207
　　　9.4.6 评价结论 ……………… 215
　本章小结 ………………………… 221
　习题 ……………………………… 221

第10章 经济费用效益分析 …… 223
　10.1 经济费用效益分析概述 …… 224
　　　10.1.1 经济费用效益分析的
　　　　　 必要性 ………………… 224
　　　10.1.2 经济费用效益分析的
　　　　　 对象 …………………… 225
　　　10.1.3 经济费用效益分析与财务
　　　　　 评价的关系 …………… 227
　　　10.1.4 经济费用效益分析的
　　　　　 程序 …………………… 227
　10.2 经济效益与经济费用的识别 … 228
　　　10.2.1 经济效益与经济费用的识别
　　　　　 原则 …………………… 228
　　　10.2.2 经济效益与经济费用 … 229
　10.3 经济费用效益分析的参数 … 231
　　　10.3.1 社会折现率 ………… 231
　　　10.3.2 影子汇率 …………… 231
　　　10.3.3 影子工资 …………… 231
　　　10.3.4 影子价格 …………… 232

　10.4 经济费用效益分析的指标及
　　　 报表 ……………………… 236
　　　10.4.1 经济费用效益分析
　　　　　 指标 …………………… 236
　　　10.4.2 经济费用效益分析
　　　　　 报表 …………………… 237
　本章小结 ………………………… 242
　习题 ……………………………… 242

第11章 设备更新 ……………… 244
　11.1 设备的磨损 ………………… 245
　　　11.1.1 设备的有形磨损 …… 245
　　　11.1.2 设备的无形磨损 …… 246
　　　11.1.3 设备的综合磨损 …… 247
　11.2 设备磨损的补偿 …………… 247
　　　11.2.1 设备磨损的实物补偿 … 247
　　　11.2.2 设备磨损的价值补偿 … 248
　　　11.2.3 设备的折旧 ………… 248
　11.3 设备更新的经济分析 ……… 251
　　　11.3.1 设备更新的概念 …… 251
　　　11.3.2 设备寿命 …………… 251
　　　11.3.3 设备经济寿命的计算 … 252
　　　11.3.4 设备更新方案的综合
　　　　　 比较 …………………… 255
　11.4 设备租赁的经济分析 ……… 264
　　　11.4.1 设备租赁的概述 …… 264
　　　11.4.2 租赁的方式 ………… 265
　　　11.4.3 租赁的决策方法 …… 265
　本章小结 ………………………… 266
　习题 ……………………………… 266

第12章 价值工程 ……………… 269
　12.1 价值工程基本概念 ………… 270
　　　12.1.1 概念 ………………… 270
　　　12.1.2 定义的四个方面 …… 271
　　　12.1.3 进一步的理解 ……… 273
　　　12.1.4 价值工程应用 ……… 274
　12.2 价值工程的工作程序 ……… 274
　12.3 价值工程对象选择 ………… 275

12.3.1 必要性 …………… 275
12.3.2 选择对象的原则 …… 276
12.3.3 选择对象的方法 …… 277
12.4 信息资料收集 …………… 279
12.4.1 情报 ………………… 279
12.4.2 收集情报的内容 …… 280
12.4.3 收集情报的方法 …… 280
12.5 功能分析 ………………… 281
12.5.1 功能定义 …………… 281
12.5.2 功能整理 …………… 282
12.6 功能评价 ………………… 284
12.6.1 功能评价步骤 ……… 284
12.6.2 功能成本法 ………… 285
12.6.3 功能指数法 ………… 286
12.7 方案创造 ………………… 287
12.7.1 创造能力的影响因素 … 288
12.7.2 创造的方法 ………… 289
12.7.3 方案的评价 ………… 290
12.8 价值工程的应用 ………… 290
本章小结 ……………………… 293
习题 …………………………… 293

第13章 工程项目后评价 …… 295

13.1 工程项目后评价概述 …… 296
13.1.1 工程项目后评价的含义 …………………… 296
13.1.2 工程项目后评价的特点 …………………… 296
13.1.3 工程项目后评价与财务评价（前评价）的区别 …… 297
13.1.4 工程项目后评价的产生和发展 ……………… 297
13.1.5 工程项目后评价的作用 …………………… 299
13.2 工程项目后评价的内容 ………………… 300
13.2.1 工程项目前期工作的后评价 ……………… 300
13.2.2 工程项目实施阶段的后评价 ……………… 301
13.2.3 工程项目运营阶段的后评价 ……………… 301
13.2.4 工程项目后评价的主要指标 ……………… 302
13.3 工程项目后评价的方法 … 303
13.3.1 对比分析法 ………… 304
13.3.2 逻辑框架法 ………… 304
13.3.3 成功度评价法 ……… 305
13.4 工程项目后评价报告的编写格式 …………………… 306
13.4.1 世界银行工程项目后评价报告的编写格式 …… 306
13.4.2 我国项目后评价报告的编写格式 …………… 307
本章小结 ……………………… 308
习题 …………………………… 308

附录一 部分习题参考答案 …… 310

附录二 复利系数表 …………… 322

参考文献 ……………………… 339

第1章 绪论

学习目标

(1) 掌握工程、项目、工程经济学等概念。
(2) 熟悉工程经济学的国内外发展历程。
(3) 了解工程经济学的研究对象及内容。

导入案例

许多重大工程技术项目投资决策失误，不是因为技术，而是经济分析失算所致。英法两国联合试制的"协和"式超音速客机，在技术上完全达到了设计要求，是世界上最先进的飞机。尽管其飞行速度快，但由于耗油多、噪声大，不能吸引足够的客商，由此蒙受了巨大的损失。在同等的通货膨胀率下，"协和"式飞机票价的上涨速度比普通客机快很多，很昂贵，远远超过了人们的承受能力。仅经过 27 年的商业运营，"协和"式飞机终于在 2003 年 10 月结束了飞行生涯，尽管给"航空迷"留下了美好的回忆，但却成为商界公认的投资决策失误的典型。很多高科技项目如新能源汽车、新型材料和生物技术产品，在技术上是先进的，但由于成本过高、经济性差而无法实现其商业价值。

案例分析："协和"式超音速客机的运营失败的主要原因是没有进行项目的工程经济分析，这正是本课程所要讲述的主要原理和方法。

1.1 工程经济学的含义

1.1.1 工程经济学的有关概念

1. 工程

工程是指按一定计划进行的工作，其任务是运用科学知识解决满足人们需要的生产和生活问题。工程包括两方面的含义，一是指土木建筑或其他生产、制造部门用比较大而复杂的设备来进行的工作，如土木工程、机械工程、化学工程、采矿工程等；二是投入较多的人力、物力来完成的工作，如 211 工程、希望工程等。工程经济学中的工程指的是第一种含义。

一项工程能被人们接受，有两个条件：一是技术上的可行；二是经济上的合理。要想建造一个技术上不可行的项目是不可能的，因为其建造的内在客观规律人们还没有掌握；另外，一项工程如果只讲技术可行，忽略经济合理性就违背了工程建造的最初目的。为了最大限度地满足市场和社会的需要，实现工程技术服务于经济的目的，就应该探究工程技术和经济的最佳结合点，在特定条件下，获得投入产出的最大效益。

2. 项目

项目是以一套独特而相互联系的任务为前提，有效地利用资源、为实现某一特定的目标所做的一次性努力。项目可以按照不同的角度进行分类，如按项目的目标可以分为盈利性项目和非盈利性项目。

一般而言，任何一项工程的完成，都有明确的开始时间和结束时间，同时都是以一系列特定而相互联系的任务为前提，都需要有效地利用资源，从这个角度而言，工程等同于项目。

3. 科学与技术

科学是人们对客观规律的认识和总结。技术是人们在利用自然和改造自然的过程中积累起来并在生产劳动中体现出来的经验和知识。技术是生产和生活领域中，运用各种科学所揭示的客观规律，进行各种生产和非生产活动的技能，以及根据科学原理改造自然的一切方法。技术一般包括自然技术和社会技术两方面，自然技术是根据生产实践和自然科学原理而发展形成的各种工艺操作方法、技能和相应的生产工具及其他物质装备。社会技术是指组织生产和流通技术。

4. 经济的含义

经济一词，一般有以下四个方面的含义：

(1) 经济是指生产关系。经济是人类社会发展到一定阶段的社会经济制度，是生产关系的总和，是政治和思想意识等上层建筑赖以建立起来的基础。

(2) 经济是指一国国民经济的总称或国民经济的各部门，如工业经济、农业经济、运输经济等。

(3) 经济是指社会生产和再生产，即指物质资料的生产、交换、分配、消费的现象和过程，是研究社会和部门经济发展规律的科学。

(4) 经济是指节约或节省，是指人、财、物、时间等资源的节约和有效使用。

工程经济学中的"经济"更多的是指工程项目或其他社会经济活动中的"相对节约"、"相对节省"，即项目的经济合理性问题。

本书以特定的工程项目为背景，研究各种工程技术方案的经济效益的影响因素、评价准则和评价指标，通过对不同方案经济效果的计算，以求找到最优的经济效果的技术方案，作为决策者进行工程技术决策的依据。

5. 工程技术和经济的关系

工程技术是经济发展的手段和方法，经济是工程技术进步的目的和动力。技术的先进性和经济合理性是社会发展中一对相互促进、相互制约的既有统一又有矛盾的统一体。

工程技术的进步是经济发展的重要条件和手段。人类历史已发生的几次重大技术革命，每一次都是由于有新的科学发展和技术的发展而产生的。这些新的发现和发展导致生产手段和生产方法的重大变革，促进了新的生产部门的建立和经济水平的提高。新技术的出现，不仅改善了劳动条件和环境，减轻了人们的劳动强度，使人们在广度和深度上合理利用自然资源，而且开辟了广泛的工业领域。例如，蒸汽机的广泛使用，促进了纺织业和交通运输业的发展；内燃机技术的成熟，则出现了汽车工业、拖拉机工业和航空工业等。

经济的发展为工程技术的进步提供了物质基础。技术发展是受经济条件制约的，一项新技术的发展、应用和完善，主要取决于是否具备必要的经济条件，是否具备广泛使用的可能性。因此，任何一项新技术的产生和发展都是由社会经济发展的需要而引起的，也是在一定的社会经济条件下应用和推广的。

在工程技术和经济的关系中，经济占据支配地位，起决定作用。工程技术是人类进行生产活动和改善生活的手段，技术的进步是为经济发展服务的。一般情况下，技术的发展会带来经济效益的提高，技术不断发展的过程也正是经济效益不断提高的过程。随着技术的进步，人们能够用越来越少的人力、物力和时间消耗获得越来越多的产品或服务。因此，技术的先进性和经济的合理性是一致的，具有较高技术水准的项目，往往也具有较高的经济效益。但是,技术的先进性并不等同于经济的合理性,不是在任何情况下,先进技术的应用都能带来经济上的高效益。

为保证工程技术更好地服务于经济,最大限度地满足社会需要,有必要研究技术与经济的最佳结合点,在特定的条件下,获得较大的产出效益。

1.1.2 工程经济学的定义

1. 经济学

经济学是研究如何使有限的生产资源得到有效的利用,从而获得不断扩大、日益丰富的商品和服务。正如萨谬尔森所说:"经济学是研究人类和社会怎样进行选择的,也就是借助或不借助货币,使用有其他用途的稀缺资源来生产各种物品;并且,为了当前和未来的消费,在社会的各个成员之间或集团之间分配这些物品。"

2. 工程经济学

工程经济学是建立在工程学和经济学之上,围绕工程项目的设想、设计、施工及运营的经济合理性展开研究,是在资源有限的条件下,运用特定的方法,对各种可行方案进行评价和决策,从而确定最佳方案的学科。

随着现代社会经济活动的日益增加,企业组织或个人投资者经常面临着工程项目建设决策及投资决策等问题。例如,企业为提升竞争力或扩大生产能力,可能要开工建设新的项目或生产线,随之而来的问题是,不同的方案如何进行比较?比较的标准和方法是什么?新的建设项目其最合理的建设规模是多少?如何考虑项目从设想到建成投产过程中的各类不确定性因素?对个人投资者而言,当积累一定数额的资金后,以何种方式保证其保值增值?是进行固定资产投资,还是投资股票或基金?等等。这些问题有以下特点:第一,每个问题都涉及多个方案,实质是要研究多方案选择问题;第二,每个问题研究的核心应当是经济效益,实质是要研究经济效益评价的标准和方法;第三,每个问题都是站在现在,研究未来的情况,其中的不确定性因素对决策的结果有很大影响。在这样影响因素众多的情况下,要作出正确的决策,仅仅依靠工程学的知识是不够的,还必须具备经济学的知识,并且掌握一些工程经济的分析方法。

1.2 工程经济学的产生和发展

1.2.1 国外工程经济学的形成与发展

工程经济学的历史渊源可追溯到1887年惠灵顿(Arthur M. Wellington)的《铁路布局的经济理论》的出版。惠灵顿作为一个铁路建筑工程师,认为资本化的成本分析法,可应用于铁路最佳长度或路线曲率的选择,从而开创了工程领域中的经济评价工程。惠灵顿认为,工程经济学并不是建造艺术,而是一门少花钱多办事的艺术,这一见解被许多学者所认可。斯坦福大学的菲什(J. C. L. Fish)教授于 1915 年出版了第一本《工程经济学》(Engineering Economics)专著,研究的内容包括投资、利率、初始费用与运营费用、商业组织与商业统计、估价与预测等。

惠灵顿的学说对后来的工程学家和经济学家的思想和研究都产生了重大的影响。20 世纪 20 年代,戈尔德曼(O. B. Goldman)发表了著作《财务工程学》(Financial Engineering),在此书中,提出了复利计息的计算方法,并且在书中提出,工程师最基本的是结合成本限制,以使工程项目达到最大的经济性,从而将工程学当中的经济性问题提高到学术研究的高度。

真正使工程经济学成为一门系统化科学的学者,则是格兰特教授(E. L. Grant)。格兰特教授在 1930 年发表了被誉为工程经济学经典之作的《工程经济原理》(Principles of Engineering Economy),该书于 1976 年出版了第 6 版。格兰特教授不仅在该书中剖析了古典工程经济学的局限性,而且以复利计算为基础,讨论了判别因子和短期评价理论和原则。其许多理论贡献获得了社会公认,被誉为工程经济学之父。其著作《工程经济原理》也被美国很多大学作为教材选用。

至此,工程经济学获得了公众的认可,作为一门独立的系统的学科而存在。第二次世界大战之后,工程经济学受凯恩斯主义经济理论的影响,研究内容从单纯的工程费用效益分析扩大到市场供求和投资分配领域,取得了重大进展。1978 年,布西(L. E. Bussey)的著作《工程投资项目的经济分析》一书出版,在该著作中,布西引用了大量的文献数据,全面系统地总结了工程项目的资金筹集、经济评价、优化决策以及项目的风险和不确定性分析等。1982 年,里格斯(J. L. Riggs)的《工程经济学》出版,该书系统地阐述了货币的时间价值、经济决策和风险以及不确定性分析等工程经济学的内容,把工程经济学的学科水平向前推进了一步。

在日本,与工程经济学相近的学科被称为"经济性工学",是在第二次世界大战后出现,并在 20 世纪五六十年代逐渐发展和完善起来的一门新兴学科,其研究内容和工程经济学基本相似。在英国与工程经济学相近的学科称为"业绩分析",主要研究企业经营活动中的贷款、管理等问题。法国类似工程经济学的学科称为"经济计算",相当于西方的工程项目评价。

1.2.2 我国工程经济学的发展情况

我国的工程经济学作为一门独立的学科,产生于 20 世纪五十年代末期、六十年代初期。主要经历了以下几个阶段:

第一阶段:创建时期。五十年代末期至六十年代初期,1963 年还列入了全国科学发展规划。这一时期属于经济分析方法与经济效果学发展阶段,经济分析方法开始应用于工程技术中,并在工程建设和许多领域得到广泛应用,是发展较快的时期。

第二阶段:停滞时期。主要是文化大革命时期,这一时期工程经济学被否定,工程经济研究机构被撤销,属于停滞、涣散阶段。

第三阶段:快速发展时期。改革开放之后,工程经济研究又活跃起来,开始了工程经济的讨论。1978 年成立了中国技术经济研究会,此后,工程经济研究在全国的发展越来

越快。1981年国务院批准成立技术经济研究中心。中心的成立，标志着我国工程经济学的发展进入了一个新阶段。这一时期，各省市部门的技术经济研究会相继成立，各高等院校工程经济课程也逐渐恢复，而且不断发展。这一时期，工程经济学的原理和方法在经济建设的项目评价中得到系统、广泛的应用；学科体系、理论与方法、性质与对象的研究不断深入，形成了较完整的学科体系，属于快速发展阶段。

1.3 工程经济学的研究对象及内容

1.3.1 工程经济学的研究对象

对于工程经济学的研究对象存在着不同的认识。一般有以下几种观点：一是工程经济学是研究技术方案、技术政策、技术规划、技术措施等经济效果的学科，通过经济效果的计算找到最好的技术方案；二是工程经济学是研究技术与经济关系以达到技术与经济的最佳结合的学科；三是工程经济学是研究生产、建设中各种技术经济问题的学科；四是工程经济学是研究技术因素与经济因素的最佳结合的学科。

我们认为，工程经济学的研究对象是工程项目经济分析的最一般方法，即研究采用何种方法及方法体系才能正确评价工程项目的经济合理性，才能寻求工程技术与经济的最佳结合点。也就是说，工程经济学不研究工程技术原理及其应用，也不研究影响经济效果的相关因素，而是研究各种工程技术方案的经济评价方法。

特别应注意的是，工程经济学的研究对象和工程经济学的分析对象是不一样的。工程经济学通过研究和探索要为具体工程项目的经济效益分析和评价提供方法基础，而工程经济学的分析对象则是具体工程项目。当然，工程项目的含义是十分广泛的，可以是投资达数十亿的大型交通建设项目或水利建设项目，也可以是投资较少的小型工业厂房建设项目或设备更换项目；工程项目可以是具有独立设计方案、能够独立发挥功能的固定资产投资项目，也可以是抽象的具有一定的资源(包括资金、各类原材料和人力资源)投入计划，能够产生一定效益的独立评价单元。只要是具有独立的功能和明确的费用投入，都可以作为工程经济学的分析对象。

1.3.2 工程经济学的研究内容

工程经济学的研究内容主要包括：

1. 可行性研究与建设项目规划

研究和分析方案的可行性。如可行性研究的内容与方法、项目规划与选址、项目建设方案设计。

2. 工程项目的投资估算与融资分析

研究如何建立筹资主体与筹资机制，分析各种筹资方式的成本和风险，具体包括建设项目投资估算、资金筹措、融资结构与资本成本。

3. 投资方案选择

实现一个投资项目往往有多个方案，分析多个方案之间的关系，进行多方案选择是工程经济学研究的重要内容。包括方案比较与优化方法、方案的相互关系与资金约束、投资方案的选择等。

4. 项目财务评价

研究项目对各投资主体的贡献，从企业财务角度分析项目的可行性。包括项目财务评价内容与方法、项目财务效果评价指标。

5. 项目效益费用分析

研究项目对国民经济和社会的贡献，评价项目对环境的影响，从国民经济和社会角度分析项目的可行性。

6. 风险和不确定性分析

由于各种不确定性因素的影响，会使项目建成后期望的目标与实际状况发生差异，可能会造成经济损失。为此，需要识别和估计风险，进行不确定性分析。具体包括不确定性分析，投资风险及其控制和风险管理工具等内容。

7. 建设项目后评价

项目后评价是在项目建成后，衡量和分析项目的实际情况与预测情况的差距，为提高项目投资效益提出对策、措施。因此，需要研究怎样进行建设项目后评价，采用什么样的指标和方法。

1.3.3 工程经济学研究的一般程序

工程经济分析主要是对各种可行的工程技术方案进行综合分析、计算、比较和评价，全面衡量其经济效益，以作出最佳选择，其分析的一般程序如下。

1. 确定目标

目标是在一定的约束条件下，希望达到的某种期望或结果。有了明确的目标，可以为具体工程的建设指明方向，也为最终衡量项目建设成败提供了评价标准。目标是根据问题的性质、范围、原因和任务设定的，而问题来自于某种需求，也就是由需求形成问题，由问题产生目标，然后，依目标去寻求解决方案。目标可以分为国家目标、地区或部门目标、项目或企业目标；目标内容可以是项目规模、某种技术改造方案等。目标的确定应具体、明确，如在数量、质量、规格、期限等方面应有具体的标准和要求。

2. 收集资料

根据确定的目标，围绕影响目标实现的各种因素或条件进行调查研究，收集有关技术、经济、市场、政策法规等数据，对数据的收集力求做到准确和全面。根据工程经济学分析问题的特点，不仅要收集过去及现在的资料，更要分析相关因素未来若干年的发展变化趋势。

3. 确定可行的方案

根据能够实现目标的各种途径，集思广益，尽可能收集各种可能的信息，从中选择所有可行的方案。

4. 建立方案比较的基础

由于各可行方案实现的基础不同，往往不能够直接比较。因此，需要对一些不能直接对比的指标进行处理，需要将不同数量和质量指标转化为统一的可比性指标，以满足可比性的要求。

5. 综合评价各方案

根据工程经济评价指标，进行定量指标计算，然后采用定性与定量相结合的方法，对方案进行综合评价。

6. 确定最优方案

工程经济学分析的核心问题就是通过对不同方案经济效果的评价，从中选择效果最好的方案。根据综合评价的结果，选出技术上先进、经济上合理的最佳方案。若最佳方案满意，则选中最优方案，若不满意，则应重新检查确定的可行方案的合理性。

7. 完善方案

根据选择的最优方案，进一步完善这一方案的细节内容，尽可能使方案具有更大的经济效益。

1.3.4 工程经济学的特点

工程经济学不同于技术科学研究自然规律本身，也不同于其他经济科学研究经济规律本身，而是以经济科学作为指导，研究工程技术方案的经济效益问题。工程经济学的任务不是发明新技术方案，而是对成熟的技术和新技术进行经济性分析、比较和评价，从经济的角度为技术的采用和发展提供决策依据。工程经济学也不研究经济规律，是在尊重客观规律的前提下，对工程方案的经济效果进行分析和评价。工程经济学具有如下特点。

1. 综合性

工程经济学从工程技术方案的角度去考虑经济问题，又从经济的角度去考虑工程技术方案问题，工程技术方案是基础，经济是目的。工程经济学的研究是在工程技术方案可行性的基础上，进行经济合理性的研究与论证工作，为技术可行性提供经济依据，并为改进技术方案提供符合社会采纳条件的改进方案和途径。

2. 实用性

工程经济学的研究对象来源于工程建设或生产的实际，并紧密结合生产技术和经济活动进行，其分析和研究的成果直接用于生产，并通过实践来验证分析结果是否正确。

3. 定量性

如果没有定量分析，工程技术方案的经济性就无法评价，不同方案的经济效果也就无法表示，方案之间的比较和选优也就无法实现。因此，工程经济学的研究方法以定量分析为主,对难以量化的因素也通过主观判断的形式给予量化表示。

4. 比较性

工程经济的分析是通过经济效果的比较,从多个可行的技术方案中选择最优的方案或最满意的方案。这种比较是对各种可行方案的未来"差异"进行经济效果分析比较的,即把各方案中相等的因素在具体分析中略去,以简化分析和计算。

5. 预测性

工程经济学的分析活动是在相关技术方案实施之前进行的,是对即将实施的技术政策、技术方案、技术措施进行的预先分析评价;是着眼于"未来",是对技术政策、技术措施制定后,或技术方案被采纳后,将要带来的经济效果进行计算、分析与比较。工程经济学关心的不是某方案已经花费了多少代价,不考虑过去发生的、在今后决策过程中已无法控制的、已用去的那一部分费用的多少,而只考虑从现在起为获得同样使用效果的各种方案的经济效果。工程经济学讨论的是各方案未来的经济效果问题,那就意味着会有"不确定性因素"与"随机因素"的预测与估计,这将关系到技术效果评价的结果。因此,工程经济学是建立在预测基础上的科学。

综上所述,工程经济学具有很强的综合性、实用性、定量性、比较性和预测性等特点。

1.4 学习工程经济学的意义

1.4.1 学习工程经济学的必要性

1. 工程师应掌握必要的经济学知识

可以认为,工程师所地从事的工作是以技术为手段把各类资源(如矿产资源、资金等)转变为能被市场所接受的产品或服务,以满足人们的物质和文化生活需要。这一过程中,技术所要达到的目的是经济性的,而技术所存在的基础也是经济性的。工程师的任何技术活动都离不开经济,工程师的任何工程技术活动,包括任何计划过程和生产过程,都应考虑收入和支出情况,最终考虑经济目标实现的程度,并由这一标准去检验工程技术和工程管理活动的效果。因此,工程师应掌握基本的工程经济学原理,为今后在工作中更好地履行职责打下基础。正如里格斯教授在《工程经济学》(J. L. 里格斯著,吕薇等译,中国财政经济出版社,1989)写到:"工程师的传统工作是把科学家的发明转变为有用的产品。而今,工程师不仅要提出新颖的技术发明,还要能够对其实施的结果进行熟练的财务评价……缺少这些分析,整个项目往往很容易成为一种负担,而收益不大。"这也是工程类专业学生学习工程经济学的原因。

2. 进行工程经济分析可以提高社会资源利用效率

人类社会经济的快速发展,面临的是资源有限的世界,应尽可能合理分配和有效利用现有的资源(包括资金、原材料、劳动力和能源等)来满足人类的需要。所以,如何使产品

以最低的成本可靠地实现产品的必要功能是我们必须考虑和解决的问题，而要合理分配和有效利用资源的决策，则必须同时考虑技术与经济各方面的因素，进行工程经济分析。

3. 进行工程经济分析可以降低项目投资风险

工程项目的建设是在未来进行的，在项目正式建设前进行各种被选方案的论证和评价，可以实现决策的科学化。一方面，这样的论证和评价可以在投资前发现问题，并及时采取相应的措施；另一方面，这样的论证和评价可以及时发现不可行的方案并加以否定，避免不必要的损失，实现投资风险最小化的目的。不进行科学的决策和多方案的评价选优，其结果就是造成人力、物力和财力的浪费。只有加强工程经济分析，才能降低投资风险，为每项投资获得预期的收益提供保障。

4. 进行工程经济分析可以提高产品竞争力

尽管一般工业产品是在生产过程中制造出来的，但是产品的技术先进程度和制造费用很大程度是由工程设计人员在产品设计和选择工艺过程中已基本确定的。如果工程技术人员在设计产品、选择工艺时不考虑市场需要的生产成本，产品就没有市场争竞力，生产这种产品的企业也就失去了生存的基础。通过学习工程经济学的理论和方法，工程技术人员将会有意识在产品设计及制造过程中既注意提高其性能和质量，又注意降低生产成本，做到物美价廉，达到提高产品竞争力的目的。

1.4.2 工程经济学在项目管理中的地位

在工程项目管理中，工程经济学的应用可分为两个层次：一方面，可根据工程经济学的理论和方法，在项目的策划、设计、实施过程中，结合项目的特点，通过多方案的评价，选择技术上先进、经济上合理的方案；另一方面，可根据国家和有关部门制定的各项政策、法律法规，进行工程项目的有效管理，保证项目最佳效益目标的实现。因此，工程经济学知识已成为现代项目管理人员必备的基础知识。在我国现行的诸多建设领域的执业资格考试中，工程经济学（工程经济基础）都是一门必考的基础课程（表1-1）。

表1-1 对工程经济学知识有考试要求的执业资格考试

序号	名称	管理部门
1	监理工程师	建设部
2	房地产估价师	建设部
3	资产评估师	财政部
4	造价工程师	建设部
5	结构工程师	建设部
6	咨询工程师（投资）	国家发展和改革委员会
7	一级建造师	建设部
8	设备监理师	国家质量监督检验检疫总局
9	投资建设项目管理师	国家发展和改革委员会

1.4.3　工程经济学与相关课程的关系

1. 工程经济学与西方经济学

工程经济学是西方经济学的重要组成部分，其研究问题的出发点、分析问题的方法和主要指标内容都与西方经济学一脉相承。西方经济学是工程经济学的理论基础，而工程经济学则是西方经济学的具体化和延伸。

2. 工程经济学与投资项目评估学

工程经济学侧重于方法论研究，投资项目评估学侧重于应用。投资项目评估学具体研究投资项目应具备的条件，工程经济学为投资项目评估学提供分析方法和依据。

3. 工程经济学与技术经济学

工程经济学与技术经济学有许多共性而又有所不同，如技术经济学与工程经济学有共同的理论基础，很多工程的核心问题是技术问题；技术经济学研究的对象、研究的内容要比工程经济学广泛一些。

4. 工程经济学与会计学

工程经济学与会计学既有联系又有区别。工程经济学借用了会计学的一些概念，如成本、收益等用于项目预期经济效益分析。工程经济学与会计学的区别在于，分析中数据的取得方式和分析目的不同。

本 章 小 结

> 工程经济学是在工程项目建设的实践中逐渐发展及完善起来的，合理运用工程经济学的知识可以促进投资决策的科学化。通过本章的学习，要全面掌握工程经济学的内涵，熟悉工程技术与经济之间的辩证关系，了解工程经济学的发展过程及其工作程序，理解本课程的特点及其与相关课程的区别，为学好本课程打下基础。

习　　题

一、单项选择题

1. 工程经济学是运用（　　）有关知识相互交融而形成的工程经济分析原理与方法，是为实现正确的投资决策提供科学依据的一门应用性经济学科。

　　A. 工程学　　　　　B. 经济学　　　　　C. 工程学和经济学　　　　D. 工程经济学

2. 工程经济学的研究对象是（　　）。

　　A. 项目　　　　　　　　　　　　　　　B. 具体工程项目

　　C. 理论　　　　　　　　　　　　　　　D. 工程项目技术经济分析的最一般方法

二、多项选择题

1. 工程的含义有（　　）。
   - A. 土木工程
   - B. 菜篮子工程
   - C. 土木建筑或其他生产、制造部门用比较大而复杂的设备来进行的工作
   - D. 某项需要投入巨大人力和物力的工作

2. "经济"的含义主要有（　　）。
   - A. 经济关系或经济制度
   - B. 一个国家经济部门或总体的简称
   - C. 节约、精打细算
   - D. 物质资料生产、交换、分配、消费等生产和再生产活动

三、思考题

1. 简述工程、技术与经济的概念。
2. 试分析工程技术与经济的关系。
3. 工程经济学的特点是什么？
4. 工程经济学的研究对象是什么？
5. 工程经济学的研究内容包括哪些？

第 2 章 工程经济分析要素

学习目标

(1) 掌握投资、工程造价的概念。
(1) 掌握工程经济分析中常用到的成本费用概念。
(3) 掌握利润总额指标、利润率指标、所得税的计算方法。
(2) 熟悉项目资产的类型及固定资产的估算方法。
(5) 熟悉成本费用的估算方法。
(4) 熟悉流动资金的估算方法。
(6) 熟悉销售收入及销售税金的估算方法。
(7) 了解净利润的分配顺序。

导入案例

某一工程项目预计投资 2 800 万元，投产后预计每年可获得总收入 480 万元，预计每年的总支出为 280 万元，试问这一工程项目是如何预测出投资的资金额、总收入的资金额及每年总支出额的？

案例分析：工程项目的建设首先是一个投资活动，要对其经济效益与社会效益进行分析与评价。投资、成本费用、销售收入、税金及利润是工程建设项目经济分析的基本要素，是工程经济分析的基础。

2.1 投资及其估算

2.1.1 投资的概念

投资是指一种特定的经济活动，即为了将来获得收益或避免风险而进行的资金投放活动。投资活动按其对象分类，可分为证券投资和产业投资两大类。证券投资是指投资者用积累起来的货币购买股票、债券等有价证券，借以获得收益的行为。产业投资是指经营某项事业或使真实资产存量增加的投资，是为了保证项目投产和生产经营活动的正常进行而进行的投资活动。

对于一般的建设项目而言，建设项目总投资是指投资主体为获取预期收益，在选定的建设项目上所需投入的全部资金。建设项目按用途可分为生产性建设项目和非生产性建设项目。生产性建设项目总投资包括固定资产投资和流动资产投资两部分；非生产性建设项目总投资只包括固定资产投资，不含流动资产投资。

固定资产投资是指用于建设或购置固定资产投入的资金。固定资产投资由建筑工程费用、安装工程费用、设备及工器具购置费用、建设期利息、固定资产投资方向调节税以及其他工程费用、不可预见费等构成，如图 2.1 所示。

流动资产投资是指项目在投产前预先垫付在投产后生产经营过程中周转使用的资金，由货币资金、应收及预付款项以及存货等项目组成，如图 2.2 所示。

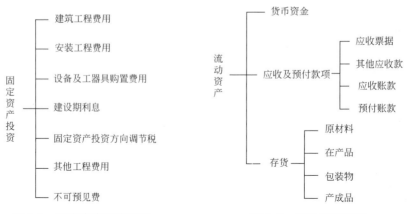

图 2.1　固定资产投资构成　　　　图 2.2　流动资产构成

2.1.2 工程造价

工程造价通常是指工程的建造价格。角度不同，工程造价有不同的含义。

从投资者(业主)的角度分析，工程造价是指建设一项工程预期开支或实际开支的全部固定资产投资费用。投资者为了获得投资项目的预期效益，就需要对项目进行策划、决策及实施，直至竣工验收等一系列投资管理活动。在上述活动中所花费的全部费用，就构成了工程造价。从这个意义上而言，建设工程造价就是建设工程项目固定资产的总投资。

从市场交易的角度分析，工程造价是指为建成一项工程，预计或实际在土地市场、设备市场、技术劳务市场以及工程承包发包市场等交易活动中所形成的建筑安装工程价格和建设工程总价格。显然，工程造价的第二种含义是指以建设工程这种特定的商品形式作为交易对象，通过招标投标或其他交易方式，在进行多次预估的基础上，最终由市场形成的价格。这里的工程既可以是涵盖范围很大的一个建设工程项目，也可以是其中的一个单项工程，甚至可以是整个建设工程中的某个阶段，如土地开发工程、建筑安装工程、装饰工程，或者其中的某个组成部分。

随着经济发展中技术的进步、分工的细化和市场的完善，工程建设中的中间产品也会越来越多，商品交换会更加频繁，工程价格的种类和形式也会更为丰富。尤其值得注意的是，投资主体的多元格局、资金来源的多种渠道，使相当一部分建设工程的最终产品作为商品进入了流通领域，如技术开发区的工业厂房、仓库、写字楼、公寓、商业设施和住宅开发区的大批住宅、配套的公共设施等，都是投资者为实现投资利润最大化而生产的建筑产品，其价格是商品交易中现实存在的，是一种有加价的工程价格(通常被称为商品房价格)。承发包价格是工程造价中的一种重要的、也是较为典型的价格交易形式，是在建筑市场通过招标投标，由需求主体(投资者)和供给主体(承包商)共同认可的价格。

工程造价的两种含义实质上就是以不同角度把握同一事物的本质。对市场经济条件下的投资者而言，工程造价就是项目投资，是"购买"工程项目要付出的价格；同时，工程造价也是投资者作为市场供给主体，"出售"工程项目时确定价格和衡量投资经济效益的尺度。对规划、设计、承包商以及包括造价咨询在内的中介服务机构而言，工程造价是其作为市场供给主体出售商品和劳务价格的总和。

2.1.3 项目资产

1. 固定资产

固定资产是指使用期限超过一年的房屋、建筑物、机器、机械运输工具以及其他与生产经营有关的设备、工具、器具等。固定资产属于企业耐用资产，在生产经营中经常使用，可供企业在几年甚至更长的时间内为企业生产产品或提供劳务服务，而不是为了出售。建设投资包括基本建设投资、更新改造投资、房地产开发和其他固定资产投资四个部分。其中，基本建设投资是用于新建、改建、扩建和重建项目的资金投入行为，是形成固定资产的主要手段，在建设资产投资中占的比重最大，约占社会建设投资总额的50%~60%；更新改造投资是在保证固定资产简单再生产的基础上，通过先进技术改造原有技术，以实现扩大再生产的目的，约占社会建设投资总额的20%～30%，是固定资产再生产的主要方式之一；房地产开发投资是房地产企业开发厂房、宾馆、写字楼、仓库和住宅等房屋设施和开发土地的资金投入行为，约占社会建设总投资的20%；其他资产投资是按规定不纳入投资计划和占用专项基本建设和更新改造基金的资金投入行为，在建设资产投资中所占比重较小。

固定资产使用的期限长，在参与生产的过程中，其特点是从实物形态上看，固定资产能以同样的实物形态为连续多次的生产周期服务，而且在长期的使用过程中始终保持原有的实物形态；从价值形态上看，固定资产由于可以以同样的实物形态为连续多次的生产过程服务，因此，固定资产的价值应当随着固定资产的使用而磨损，其损耗的价值以折旧的形式逐渐转移到产品成本中去，并通过销售收入得以补偿；固定资产使用一段时间后，其原值扣除累计的折旧费称为固定资产净值，固定资产报废时的残余价值称为固定资产的残值。

2. 流动资产

流动资产是指可以在一年或者超过一年的一个营业周期内变现或者耗用的资产。流动资产的特点是在生产过程中，流动资产的实物形态不断发生变化，在一个生产周期中，其价值一次全部转移到产品成本中去并在产品销售后以货币形态获得补偿。每一个生产周期流动资产完成一次周转，但是流动资产的货币形态在整个项目寿命周期内始终被占用，到项目寿命结束时，全部流动资产才以货币资金的形态退出生产和流通，并如数收回。

3. 无形资产

无形资产是指没有物质实体，但却可使拥有者长期受益的资产，是企业拥有的一种特殊权利，有助于企业取得高于一般水平的收益。无形资产主要包括专有技术、专利权、商标权、土地使用权、经营特许权、商誉权等。无形资产的价值随着无形资产的使用而磨损，其损耗的价值以无形资产摊销的方式逐渐转移到产品成本中去，并通过销售收入得到补偿。

无形资产是一种特殊的资产，与其他资产相比，具有以下特点：①不存在实物形态；②可以在较长时期内为其拥有者提供经济效益；③与特定企业或企业的有形资产具有不可分离性；④有偿取得；⑤所提供的未来经济效益具有不确定性。无形资产包括可辨认无形资产和不可辨认无形资产两大类。前者包括专利权、非专利技术、商标权、著作权、土地使用权等；后者是指外购商誉。

4. 递延资产

递延资产是指不能全部计入当年损益，应当在以后的年度内分期摊销的各项费用，包括开办费、固定资产改良支出、租入固定资产的改良支出以及摊销期限在一年以上的其他待摊费用。递延资产价值的损耗一般以递延资产摊销的方式逐渐转移到产品成本中去，并通过销售收入得到补偿。

开办费是指企业在筹建期间所发生的各种费用，主要包括注册登记和筹建期间起草文件、谈判、考察等发生的各项支出，销售网的建立和广告费用以及筹建期间人员工资、办公费、培训费、差旅费、印刷费、律师费、注册登记费以及不计入固定资产和无形资产购建成本的汇兑损益和利息等项支出。

2.1.4 固定资产投资估算方法

在项目建议书阶段和初步可行性研究阶段,所获得的关于项目的资料和信息比较有限,通常采用下述方法:

1. 生产规模指数估算法

这种方法根据已建成的、性质类似的建设项目或生产装置的投资额和生产能力估计拟建项目或生产装置的投资额。其计算公式为

$$I_2 = I_1 \left(\frac{P_2}{P_1}\right)^n C_F \tag{2.1}$$

式中,I_1、I_2——已建项目或生产装置的投资额、拟建项目或生产装置的投资额;

P_1、P_2——已建项目生产或生产装置的生产规模、拟建项目或生产装置的生产规模;

C_F——价格调整系数;

n——生产规模指数($0 < n \leqslant 1$),具体可根据不同类型企业的统计资料加以确定。

根据国外某些化工项目的统计资料,n 的平均值在 0.6 左右,又称为 0.6 指数法。若已建类似项目或装置与拟建项目或装置的规模相比不大,生产规模比值为 0.5~2,则指数 n 的取值近视为 1;若已建类似项目或装置与拟建项目或装置的规模相比不大于 50 倍,且拟建项目规模的扩大仅靠增大设备规模来达到时,则 n 取值为 0.6~0.7;若是靠增加相同规模设备数量达到目的时,n 的取值为 0.8~0.9。

采用这种方法,计算简单、速度快,但要求类似工程的资料可靠,条件基本相同,否则误差就会加大。

【例 2-1】 已知建设年产 30 万吨乙烯装置的投资额为 60 000 万元,试估算建设年产 70 万吨乙烯装置的投资额(生产能力指数 $n = 0.6$,$C_F = 1.2$)。

解:由 $I_2 = I_1 \left(\dfrac{P_2}{P_1}\right)^n C_F$ 得

$$I_2 = 60\,000 \times \left(\frac{70}{30}\right)^{0.6} \times 1.2 = 119\,706.73 (万元)$$

2. 资金周转率法

这是一种用资金周转率来推测投资的简便方法。其固定资产投资额 I 计算公式为

$$I = \frac{Q \times a}{t_r} \tag{2.2}$$

式中,Q——拟建项目的产量;

a——拟建项目产品预计单价。

其中,资金周转率为

$$t_r = \frac{年销售总额}{总投资} = \frac{(产品的年产量 \times 产品单价)}{总投资}$$

国外化学工业的资金周转率为 1.0,生产合成甘油的化工装置的资金周转率为 1.41。

拟建项目的资金周转率可以根据已建相似项目的有关数据进行估计,然后再根据拟建项目的预计产品的年产量单价,进行估算拟建项目的投资额。

这种方法比较简便,计算速度快,但精度较低,可用于第一阶段的估算。

3. 比例估算法

按设备费用推算:以拟建项目或装置的设备费为基数,根据已建成的同类项目或装置的建筑安装费和其他工程费等占设备的价值百分比,求出相应的建筑安装费及其他工程费用,再加上拟建项目的其他有关费用,总和即为项目或装置的投资。

$$I = E \times (1 + f_1 P_1 + f_2 P_2 + f_3 P_3) + C \tag{2.3}$$

式中,I——拟建工程的投资额;
E——拟建工程设备购置费的总和;
P_1、P_2、P_3——分别为建筑工程、安装工程、其他费用占设备费用的百分比;
f_1、f_2、f_3——由于时间因素引起的定额、价格费用标准等变化的综合的调整系数;
C——拟建项目的其他费用。

设备总值计算,是根据各专业的统计方案提出的主要设备乘以现行设备出厂价格。

【例 2-2】 某建设项目 6 拟用于购置设备的费用 800 万元,建筑工程、安装工程、其他工程费用分别占设备购置费用的 150%、60%、30%,三种费用的调整系数分别为 1.2、1.3、1.1,其他费用为 20 万元。试估算此建设项目的投资额。

解:由 $I = E \times (1 + f_1 P_1 + f_2 P_2 + f_3 P_3) + C$

得 $I = 800 \times (1 + 1.5 \times 1.2 + 0.6 \times 1.3 + 0.3 \times 1.1) + 20 = 3\,148(万元)$

4. 系数估算法

系数估算法又称因子估算法、工艺设备投资系数法、朗格系数法,是以拟建工程的主体费用或主体设备为基数乘以适当的系数,来推算拟建项目的总投资额。

$$I = C \times K_1 = C \times (1 + \sum f_i) \times f_e \tag{2.4}$$

式中,I——拟建项目静态投资额;
C——工艺设备费;
K_1——朗格系数,$K_1 = (1 + \sum f_i) \times f_e$;
f_i——管线、仪表、建筑物等专业工程的投资系数;
f_e——管理费、合同费、应急费等间接费在内的总估算系数。

这种方法比较简单,但没有考虑设备规格、材质的差异,准确度较低,一般用于初步可行性研究(项目建议书)阶段。

【例 2-3】 已知某建设项目的主厂房的各专业工程的投资系数(表 2-1),主要工艺操作设备费为 100 万元,设计与管理费用为工程费用的 15%,不可预见费为工程费用及管理费用之和的 5%。试估算该建设项目的主厂房总投资额。

解:由 $I = C \times K_1 = C \times (1 + \sum f_i) \times f_e$

得 $I = 100 \times (1 + 0.7 + 0.086 + 0.121 + 0.005 + 0.18 + 0.04 + 0.03 + 0.007 + 0.02$
$\qquad + 0.004 + 0.02) \times (1 + 0.15)(1 + 0.05)$
$\quad = 100 \times 2.213 \times 1.15 \times 1.05$

= 100×2.6722
= 267.22(万元)

表 2-1　某工程投资系数表

工艺设备名称	专业工程投资系数	工艺设备名称	专业工程投资系数
主要工艺操作设备	1.000	土建工程	0.700
起重运输设备	0.086	工业炉	0.121
汽化冷却	0.005	供电设备	0.180
余热锅炉设备	0.040	给水排水工程	0.030
车间照明	0.007	暖通工程	0.020
工艺管道	0.004	自动化设备	0.020

5. 投资指标估算法

投资指标估算法是根据编制好的各种具体的投资估算指标，计算单位工程投资额。在此基础上汇总为某一单位工程的投资，据此再估算工程建设其他费用及预备费，即可得总投资额。房建投资估算多用此法，以元/m^2表示，计算公式为

单位工程投资额＝建筑面积×单位面积造价×价格浮动指数
　　　　　　　±结构和建筑标准部分的价差　　　　　　　　　　(2.5)

套用投资估算指标时要注意：①若套用指标与具体工程之间的标准有差异时，需加以必要的换算和调整；②所用的指标单位应密切结合每个单位工程的特点，能正确反映其设计参数，不可盲目单纯套用一种单位指标。

2.1.5　流动资金需要量估算

流动资金是指项目投产后，为进行正常生产运营，用于购买原材料、燃料，支付工资及其他经营费用等所必不可少的周转资金，是伴随着固定资产投资而发生的永久流动资产投资，等于项目投产运营后所需全部流动资产扣除流动负债后的余额。项目决策分析与评价中，流动资产主要考虑应收账款、现金和存货；流动负债主要考虑应付账款。由此看出，这里所解释的流动资金的概念，实际上就是投资项目必须准备的最基本的营运资金。流动资金估算一般采用分项详细估算法，项目决策分析与评价的初期阶段［即投资机会研究、初步可行性研究(项目建议书)］或者小型项目可采用扩大指标法。

1. 扩大指标估算法

流动资金的扩大指标估算法是指在拟建项目某项指标的基础上，按照同类项目相关资金比率估算出流动资金需用量的方法，又分为销售收入资金率法、总成本(或经营成本)资金率法、固定资产价值资金率法和单位产量资金率法等具体方法。

1) 销售收入资金率法

销售收入资金率是指项目流动资金需要量与其一定时期内(通常为一年)的销售收入量的比率。销售收入资金率法的计算公式为

$$\text{流动资金需要量} = \text{项目年销售收入} \times \text{销售收入资金率} \quad (2.6)$$

式中，项目年销售收入取项目正常生产年份的数值，销售收入资金率根据同类项目的经验数据加以确定。

一般加工工业项目多采用该方法估算流动资金。

2) 总成本(或经营成本)资金率法

总成本(或经营成本)资金率法是指项目流动资金需要量与其一定时期(通常为一年)内总成本(或经营成本)的比率。总成本(或经营成本)资金率法的计算公式为

$$\text{流动资金需要量} = \text{项目年总成本(或经营成本)} \times \text{总成本(或经营成本)资金率} \quad (2.7)$$

式中，项目年总成本(或经营成本)取正常生产年份的数值，总成本(或经营成本)资金率根据同类项目的经验数据加以确定。

一般采掘工业项目多采用该方法估算流动资金。

3) 固定资产价值资金率法

固定资产价值资金率是指项目流动资金需要量与固定资产价值的比率。固定资产价值资金率法的计算公式为

$$\text{流动资金需要量} = \text{固定资产价值} \times \text{固定资产价值资金率} \quad (2.8)$$

式中，固定资产价值根据前述固定资产投资估算方法得出，固定资产价值资金率根据同类项目的经验数据加以确定。

某些特定的项目(如火力发电厂、港口项目等)可采用该方法估算流动资金。

4) 单位产量资金率法

单位产量资金率是指项目单位产量所需的流动资金金额。单位产量资金率法的计算公式为

$$\text{流动资金需要量} = \text{达产期年产量} \times \text{单位产量资金率} \quad (2.9)$$

式中，单位产量资金率根据同类项目经验数据加以确定。

某些特定的项目(如煤矿项目)可采用该方法估算流动资金。

2. 分项详细估算法

分项详细估算法是对流动资产和流动负债主要构成要素，即存货、现金、应收账款、预付账款以及应付账款和预收账款等几项内容分项进行估算。有关计算公式和估算表(表2-2)如下：

表 2-2 流动资金估算表　　　　　　　　　　　　　单位：万元

序号	年份 项目	最低周转天数	周转次数	投产期		达到设计能力生产期			合计
1	流动资产								
1.1	应收账款								
1.2	存货								
1.2.1	原材料								
1.2.2	燃料								
1.2.3	其他材料								
1.2.4	在产品								
1.2.5	产成品								
1.3	现金								
1.4	预付账款								

序号	项目＼年份	最低周转天数	周转次数	投产期	达到设计能力生产期	合计
2	流动负债					
2.1	应付账款					
2.2	预收账款					
3	流动资金(1－2)					
4	流动资金当期增加额					

$$流动资金＝流动资产－流动负债 \quad (2.10)$$

$$流动资产＝应收账款＋预付账款＋存货＋现金 \quad (2.11)$$

$$流动负债＝应付账款＋预收账款 \quad (2.12)$$

$$流动资金本年增加额＝本年流动资金－上年流动资金 \quad (2.13)$$

流动资金估算的具体步骤是首先确定各分项最低周转天数，计算出周转次数，然后进行分项估算。

1) 周转次数的计算

$$周转次数＝360天/最低周转天数 \quad (2.14)$$

各类流动资产和流动负债的最低周转天数参照同类企业的平均周转天数并结合项目特点确定，或按部门(行业)规定。在确定最低周转天数时应考虑储存天数、在途天数，并考虑适当的保险系数。

2) 流动资产估算

(1) 存货的估算。

存货是指企业在日常生产经营过程中持有以备出售，或者仍然处在生产过程，或者在生产或提供劳务过程中将消耗的材料或物料等，包括各类材料、商品、在产品、半成品和产成品等。为简化计算，在项目前期可行性研究中仅考虑外购原材料、燃料、其他材料、在产品和产成品，并分项进行计算。其计算公式为

$$存货＝外购原材料、燃料＋其他材料＋在产品＋产成品 \quad (2.15)$$

$$外购原材料、燃料＝年外购原材料、燃料费用/分项周转次数 \quad (2.16)$$

(注意对外购原材料、燃料应按种类分项确定最低周转天数进行估算。)

$$其他材料＝年其他材料费用/其他材料周转次数 \quad (2.17)$$

$$在产品＝(年外购原材料、燃料动力费用＋年工资及福利费＋年修理费$$
$$＋年其他制造费用)/在产品周转次数 \quad (2.18)$$

$$产成品＝(年经营成本－年其他营业费用)/产成品周转次数 \quad (2.19)$$

(2) 应收账款估算。

应收账款是指企业对外销售商品、提供劳务尚未收回的资金，其计算公式为

$$应收账款＝年经营成本/应收账款周转次数 \quad (2.20)$$

(3) 预付账款估算。

预付账款是指企业为购买各类材料、半成品或服务所预先支付的款项,其计算公式为

$$预付账款＝外购商品或服务年费用金额/预付账款周转次数 \quad (2.21)$$

(4) 现金需要量估算。

项目流动资金中的现金是指为维持正常生产运营必须预留的货币资金,其计算公式为

$$现金＝(年工资及福利费＋年其他费用)/现金周转次数 \quad (2.22)$$

$$年其他费用＝制造费用＋管理费用＋营业费用－$$
$$(以上三项费用中所含的工资及福利费、折旧费、摊销费、修理费) \quad (2.23)$$

3) 流动负债估算

流动负债是指将在一年(含一年)或者超过一年的一个营业周期内偿还的债务,包括短期借款、应付票据、应付账款、预收账款、应付工资、应付福利费、应付股利、应交税金、其他暂收应付款项、预提费用和一年内到期的长期借款等。在项目前期的可行性研究中,流动负债的估算可以只考虑应付账款和预收账款两项。其计算公式为

$$应付账款＝外购原材料、燃料动力及其他材料年费用/应付账款周转次数 \quad (2.24)$$

$$预收账款＝预收的营业收入年金额/预收账款周转次数 \quad (2.25)$$

2.2 成本费用及其估算

2.2.1 成本费用基本概念

1. 成本费用的概念

总成本费用是指在项目生产经营期内发生的为组织生产和销售应当发生的全部成本和费用,通常按年反映。主要包括生产成本和期间费用。

生产成本由生产过程中消耗的原材料、直接材料、直接工资、其他直接支出和制造费用构成。即包括各项直接支出和制造费用。具体内容包括:

直接材料,是指项目在生产经营过程中实际消耗的原材料、辅助材料、备品配件、外购半成品、燃料、动力、包装物、低值易耗品以及其他直接材料。

直接工资,包括直接从事产品生产人员的工资、奖金、津贴和补贴。

其他直接支出,是指按照直接工资的一定百分比计算的直接从事产品生产人员的职工福利费。

制造费用是指企业内的分厂、车间管理人员工资、折旧费、维修费、修理费及其他制造费用(办公费、差旅费、劳保费等)。

期间费用是与生产成本相对立的概念,是指那些不能归属于特定产品成本,而是与特定的生产经营期密切相关,直接在当期得以补偿的费用。期间费用包括销售费用、管理费用和财务费用三项内容。

销售费用是指项目产品在销售过程中所发生的有关费用,以及专设销售机构所发生的各项费用,包括为销售产品而发生的运输费、装卸费、包装费、保险费、展览费和广告

费,以及为销售本项目商品而专设的销售机构(含销售网点、售后服务网点)的职工工资、福利费、类似工资性质的费用、业务费等。

管理费用是指为组织和管理企业生产经营所发生的各项费用,包括企业的董事会和行政管理部门在企业经营管理中发生的,或者应当由企业统一负担的公司经费(包括行政管理部门职工工资及福利费、修理费、物料消耗、低值易耗品摊销、办公费和差旅费等),还包括工会经费、待业保险费、劳动保险费、董事会费、聘请中介机构费、咨询费、诉讼费、业务招待费、房产税、车船使用税、土地使用税、印花税、技术转让费、矿产资源补偿费、无形资产递延资产摊销、职工教育经费、研究与开发费、排污费等。

财务费用是指为筹集生产经营所需资金而发生的费用,包括生产经营期间发生的利息净支出、金融机构手续费及汇兑净损失等。

2. 工程经济分析中成本费用的特点

工程经济分析中成本费用具有以下特点:

(1) 工程经济分析中既要用到财务会计中的成本费用概念(产品生产成本、期间费用),还要用到财务会计中没有的成本概念(机会成本、资金成本)。

(2) 工程经济着重对方案现金流量的考察分析,从这个意义上而言,成本和费用具有相同性质,成本费用概念不严格区分。

(3) 会计中对成本费用的计量分别针对特定的会计期间的企业生产经营活动和特定生产过程,而工程经济分析成本费用针对某一方案实施结果。

(4) 财务会计中的成本、费用是对企业经营活动和产品生产过程中实际发生的各种费用的真实记录,具有唯一性;工程经济分析中成本和费用是在一定假设前提下对拟实施投资方案未来情况的预测,具有不确定性。

2.2.2 工程经济分析中常用的成本费用

1. 年成本费用的计算

为了便于计算,在工程经济中将工资及福利费、折旧费、修理费、摊销费、利息支出进行归并后分别列出,另设一项"其他费用"将制造费用、管理费用、财务费用和销售费用中扣除工资及福利费、折旧费、修理费、摊销费、维简费、利息支出后的费用列入其中。其计算公式为

$$年成本费用=外购原材料+外购燃料动力+工资及福利费+修理费 \\ +折旧费+维简费+摊销费+利息支出+其他费用 \quad (2.26)$$

1) 外购原材料成本计算

原材料成本是成本的重要组成部分,其计算公式为

$$原材料成本=年产量×单位产品原材料成本 \quad (2.27)$$

式中,年产量可根据测定的设计生产能力和投产期各年的生产负荷加以确定;单位产品原材料成本是依据原材料消耗定额和单价确定的。企业生产经营过程中所需要的原材料种类繁多,在计算时,可根据具体情况,选取耗用量较大的、主要的原材料为对象,依据有关规定、原则和经验数据进行估算。

2) 外购燃料动力成本计算

燃料动力成本的计算公式为

$$燃料动力成本 = 年产量 \times 单位产品燃料和动力成本 \qquad (2.28)$$

3) 工资及福利费计算

工资及福利费包括在制造成本、管理费用、销售费用之中,为便于计算和进行经济分析,可将以上各项成本中的工资及福利费单独计算。

(1) 工资。

工资的计算可以采取以下两种方法:

一是按整个企业的职工定员数和人均年工资额计算年工资总额,其计算公式为

$$年工资成本 = 企业职工定员数 \times 人均年工资额 \qquad (2.29)$$

二是按照不同的工资级别对职工进行划分,分别估算同一级别职工的工资,然后再加以汇总。一般可分为五个级别,即高级管理人员、中级管理人员、一般管理人员、技术工人和一般工人。若有国外的技术人员和管理人员,应单独列出。

(2) 福利费。

福利费主要包括职工的保险费、医药费、医疗经费、职工生活困难补助以及按国家规定开支的其他职工福利支出,不包括职工福利设施的支出。一般可按职工工资总额的一定比例提取。

4) 折旧计算

折旧费包括在制造费用、管理费用、销售费用中。为便于计算和进行经济分析,可将以上各项成本费用中的折旧费单独计算。

折旧是指在固定资产的使用过程中,随着资产损耗而逐渐转移到产品成本费用中的那部分价值。将折旧费计入成本费用是企业回收固定资产投资的一种手段。按照国家规定的折旧制度,企业把已发生的资本性支出转移到产品成本费用中去,然后通过产品的销售,逐步回收初始的投资费用。

根据我国财务会计制度的有关规定,计提折旧的固定资产范围包括房屋、建筑物;在用的机器设备、仪器仪表、运输车辆、工具器具;季节性停用和在修理停用的设备;以经营租赁方式租出的固定资产;以融资租赁方式租入的固定资产。结合我国的企业管理水平,将固定资产分为三大部分、二十二类,按大类实行分类折旧。在进行工程项目的经济分析时,可分类计算折旧,也可综合计算折旧,要视项目的具体情况而定。我国现行的固定资产折旧方法的计算参见第11章设备更新的折旧计算的内容。

5) 修理费计算

为便于计算和进行经济分析,可将以上各项成本中的修理费单独估算。修理费包括大修理费用和中小修理费用。在估算修理费时,一般无法确定修理费具体发生的时间和金额,可按照折旧费的一定百分比计算。该百分比可参照同行业的经验数据加以确定。

6) 维简费计算

维简费是指采掘、采伐工业按生产产品数量(采矿按每吨原矿产量、林区按每立方米原木产量)提取的固定资产更新和技术改造资金,即维持简单再生产的资金,简称维简费。企业发生的维简费直接计入成本,其计算方法和折旧费相同。这类采掘、采伐企业不计提固定资产折旧。

7) 摊销费计算

摊销费是指无形资产和递延资产在一定期限内分期摊销的费用。

无形资产和递延资产的原始价值要在规定的年限内，按年度或产量转移到产品的成本之中，这一部分被转移的无形资产和递延资产的原始价值，称为摊销。企业通过计提摊销费，回收无形资产及递延资产的资本支出。计算摊销费采用直线法，并且不留残值。

计算无形资产摊销费的关键是确定摊销期限。无形资产应按规定期限分期摊销，法律、合同或协议规定有法定有效期和受益年限的，按照法定有效期或合同、协议规定的受益年限孰短的原则确定；未规定期限的，按不少于10年的期限分期摊销。

递延资产按照财务制度的规定在投产当年一次摊销。

若各项无形资产摊销年限相同，可根据全部无形资产的原值和摊销年限计算出各年的摊销费；若各项无形资产摊销年限不同，则要根据《无形资产和其他资产摊销估算表》计算各项无形资产的摊销费，然后将其相加，即可得运营期各年的无形资产摊销费。

8) 运营期利息计算

利息支出是指筹集资金而发生的各项费用，包括运营期间发生的利息净支出，即在运营期所发生的建设投资借款利息和流动资金借款利息之和。建设投资借款在生产期发生利息的计算公式为

$$\text{每年利息支付} = \text{年初本金累计额} \times \text{年利率} \tag{2.30}$$

为简化计算，还款当年按年末偿还，全年计息。

流动资金借款属于短期借款，利率较长期借款利率低，且利率一般为季利率，三个月计息一次。在工程经济分析中，为简化计算，一般采用年利率，每年计息一次。

流动资金借款利息的计算公式为

$$\text{流动资金利息} = \text{流动资金借款累计额} \times \text{年利率} \tag{2.31}$$

需要注意的是，在运营期利息是可以进入成本的，因而每年计算的利息不再参与以下各年利息的计算。

9) 其他费用计算

其他费用是指在制造费用、管理费用、财务费用和销售费用中扣除工资及福利费、折旧费、修理费、摊销费和利息支出后的费用。

在工程项目经济分析中，其他费用一般可根据成本中的原材料成本、燃料和动力成本、工资及福利费、折旧费、修理费、维简费及摊销费之和的一定百分比计算，并按照同类企业的经验数据加以确定。将上述各项合计，即得出运营期各年的总成本。

2. 经营成本

经营成本是指项目从总成本中扣除折旧费、维简费、摊销费和利息支出以后的成本，即：

$$\text{经营成本} = \text{总成本费用} - \text{折旧费} - \text{维简费} - \text{摊销费} - \text{利息支出} \tag{2.32}$$

经营成本是工程经济学特有的概念，涉及产品生产及销售、企业管理过程中的物料、人力和能源的投入费用，反映企业的生产和管理水平。在工程项目的经济分析中，经营成本被应用于现金流量的分析。

计算经营成本之所以要从总成本中提出折旧费、维简费、摊销费和利息支出，主要原因如下：

（1）现金流量表反映项目在计算期内逐年发生的现金流入和流出。与常规会计方法不同，现金收支何时发生，就在何时计算，不作分摊。由于投资已按其发生的时间作为一次性支出被计入现金流出，所以不能再以折旧费、维简费和摊销费的方式计为现金流出，否则会发生重复计算。因此，作为经常性支出的经营成本中不包括折旧费和摊销费，同时也不包括维简费。

（2）因为全部投资现金流量表以全部投资作为计算基础，不分投资资金来源，利息支出不作为现金流出，而自有资金现金流量表中已将利息支出单列，因此经营成本中也不包括利息支出。

3. 固定成本与变动成本计算

从理论上讲，年成本费用可分为固定成本、变动成本和混合成本三大类。

固定成本是指在一定的产量范围内不随着产量变化而变化的成本，如按直线法计提的固定资产折旧费、计时工资及修理费等。

变动成本是指随着产量的变化而变化的成本，如原材料费用、燃料和动力费用等。

混合成本是指介于固定成本和变动成本之间，既随产量变化又不成正比例变化的成本，又被称为半固定和半变动成本，即同时具有固定成本和变动成本的特征。在线性盈亏平衡分析时，要求对混合成本进行分解，以区分出其中的固定成本和变动成本，并分别计入固定成本和变动成本总额之中。在工程项目的经济分析中，为便于计算和分析，可将总成本费用中的原材料费用及燃料和动力费用视为变动成本，其余各项均视为固定成本。之所以做这样的划分，主要目的就是为盈亏平衡分析提供前提条件。

4. 机会成本

机会成本是指将有限资源用于某种特定的用途而放弃的其他各种用途中的最高收益。机会成本这个概念的产生来源于这样一个现实：资源稀缺。资源的稀缺性决定了人类只有在充分考虑了某种资源用于其他用途的潜在收益后，才能作出正确的决策，使有限的资源得到有效的利用。

由此可见，机会成本并不是实际发生的成本，而是方案决策时所产生的观念上的成本，因此，机会成本在会计账本上是找不到的，但对决策却非常重要。例如，某企业有一台多用机床，可以自用，也可以出租，出租可以获得7 000元的年净收益，自用可产生6 000元的年净收益。当舍弃出租方案而采用自用方案时，其机会成本为7 000元，其利益为－1 000元；当舍去自用方案而采用出租方案时，其机会成本为6 000元，利益为1 000元。很显然，应采用出租方案。

5. 沉没成本

沉没成本是指过去已经支出而现在已无法得到补偿的成本。沉没成本对企业决策不起作用，主要是指过去发生的事情，费用已经支付，事后尽管可能认识到这项决策是不明智的，但木已成舟，今后的任何决策都不能取消这项支出。例如，某企业一个月前以3 300元/吨的价格购入钢材500吨（这是不能改变的事实，3 300元/吨是沉没成本），现该规格的钢材市场价格仅为3 000元/吨，该企业在决策是否出售这批钢材时，不应受3 300元/

吨购入价格这一沉没成本的影响，而应分析钢材价格的走势。若预计价格将上涨，则继续持有，若有剩余资金，并可逢低吸纳；若预计价格将继续下跌，则应果断出货。

2.3 销售收入、税金

2.3.1 营业收入

1. 营业收入的计算

销售是企业经营活动的一项重要环节，产品销售过程是产品价值的实现过程。营业收入也称销售收入，是指企业在生产经营活动中，由于销售产品、提供劳务等取得的收入，包括基本业务收入（即产品销售收入）和其他业务收入（即其他销售收入）。基本业务收入包括销售产成品、自制半成品、提供工业性劳务等取得的收入。其他业务收入包括材料销售、固定资产出租、包装物出租、外购商品销售、无形资产转让、提供非工业性劳务等取得的收入。

营业收入是项目建成投产后补偿成本、上缴税金、偿还债务、保证企业再生产正常进行的前提，是进行利润总额、营业税金及附加和增值税估算的基础数据。营业收入的计算公式为

$$年营业收入 = 产品销售单价 \times 产品年销售量 \tag{2.33}$$

在工程项目经济分析中，产品年销售量应根据市场行情，采用科学的预测方法确定。产品销售单价一般采用出厂价格，也可根据需要选用送达用户的价格。

2. 销售价格的选择

估算营业收入，产品销售价格是一个很重要的因素，一般而言，工程项目的经济效益对其变化最敏感，所以，一定要谨慎选择。一般可在以下三种价格中进行选择：

1) 口岸价格

如果项目产品是出口产品，或者是替代进口产品，或者是间接出口产品，可以口岸价格为基础确定销售价格。出口产品和间接出口产品可选择离岸价格(FOB)，替代进口产品可选择到岸价格(CIF)。或者直接以口岸价格定价，或者以口岸价格为基础，参考其他有关因素确定销售价格。

2) 市场价格

如果同类产品或类似产品已在市场上销售，并且这种产品既与外贸无关，也不是计划控制的范围，则可选择现行市场价格作为项目产品的销售价格。当然，也可以以现行市场价格为基础，根据市场供求关系上下浮动作为项目产品的销售价格。

3) 根据预计成本、利润和税金确定价格

如果拟建项目的产品属于新产品，则其出厂价格的计算公式的

$$出厂价格 = 产品计划成本 + 产品计划利润 + 产品计划税金 \tag{2.34}$$

其中：

产品计划利润＝产品计划成本×产品成本利润率 (2.35)

产品计划税金＝(产品计划成本＋产品计划利润)/(1－税率)×税率 (2.36)

以上几种情况，当难以确定采用哪一种价格时，可考虑选择可供选择方案中价格最低的一种作为项目产品的销售价格。

3. 产品年销售量的确定

在工程经济分析中，应首先根据市场需求预测确定项目产品的市场份额，进而合理确定企业的生产规模，再根据企业的设计生产能力确定年产量。在现实经济生活中，产品年销售量不一定等于年产量，这主要是因市场波动而引起库存变化导致产量和销售量的差别。但在工程项目经济分析中，难以准确地估算出由于市场波动引起的库存量变化。因此在估算营业收入时，不考虑项目的库存情况，而假设当年生产出来的产品当年全部售出。这样，就可以根据项目投产后各年的生产负荷确定各年的销售量。如果项目的产品比较单一，用产品单价乘产量即可得到每年的营业收入；如果项目的产品种类比较多，要根据营业收入和营业税金及附加估算表进行估算，即应首先计算每一种产品的年营业收入，然后汇总在一起，求出项目运营期各年的营业收入；如果产品部分销往国外，还应计算外汇收入，并按外汇牌价折算成人民币，然后再计入项目的年营业收入总额中。

2.3.2 营业税金及附加

营业税金是根据商品或劳务的流转额征收的税金，属于流转税的范畴。营业税金包括增值税、消费税、营业税、城市维护建设税、资源税。附加是指教育费附加，其征收的环节和计费的依据类似于城乡维护建设税。所以，在工程项目的经济分析中，一般将教育费附加并入营业税金项内，视同营业税金处理。

1. 增值税

增值税是对我国境内销售货物、进口货物以及提供加工、修理修配劳务的单位和个人，就其取得货物的销售额、进口货物金额、应税劳务收入额计算税款，并实行税款抵扣制的一种流转税。

在工程经济分析中，增值税作为价外税可以不包括在营业税金及附加中，也可以包含在营业税金及附加中。如果不包括在营业税金及附加中，产出物的价格不含有增值税种的销项税，投入物的价格中也不含有增值税种的进项税。但在营业税金及附加的估算中，为了计算城乡维护建设税和教育费附加，有时还需要单独计算增值税额，作为城乡维护建设税和教育费附加的计算基数。增值税是按增值额计税的，其计算公式为

增值税应纳税额＝销项税额－进项税额 (2.37)

式中，销项税额是指纳税人销售货物或提供应税劳务，按照销售额和增值税率计算并向购买方收取的增值税额，其计算公式为

销项税额＝销售额×增值税率

＝营业收入(含税销售额)/(1＋增值税率)×增值税率 (2.38)

进项税额是指纳税人购进货物或接受应税劳务所支付或者负担的增值税额，其计算公式为

进项税额＝外购原材料、燃料及动力费/(1＋增值税率)×增值税率　　(2.39)

2. 消费税

消费税是对工业企业生产、委托加工和进口的部分应税消费品按差别税率税额征收的一种税。消费税是在普遍征收增值税的基础上，根据消费政策、产业政策的要求，有选择地对部分消费品征收的一种特殊的税种。目前，我国的消费税共设11个税目，13个子目。消费税的税率有从价定率和从量定额两种，其中，黄酒、啤酒、汽油、柴油产品采用从量定额计征的方法；其他消费品均为从价定率计税，税率3%～45%不等。

消费税采用从价定率和从量定额两种计税方法计算应纳税额，一般以应税消费品的生产者为纳税人，于销售时纳税。应纳税额计算公式为

实行从价定率办法计算：

$$应纳税额＝应税消费品销售额×适用税率$$
$$＝销售收入(含增值税)/(1＋增值税率)×消费税率$$
$$＝组成计税价格×消费税率 \quad (2.40)$$

实行从量定额方法计算：

$$应纳税额＝应税消费品销售数量×单位税额 \quad (2.41)$$

应税消费品销售额是指纳税人销售应税消费品向买方收取的全部价款和价外费用，不包括向买方收取的增值税税款。销售数量是指应税消费品数量。

3. 营业税

营业税是对在我国境内从事交通运输业、建筑业、金融保险业、邮电通信业、文化体育业、娱乐业、服务业或有偿转让无形资产、销售不动产行为的单位和个人，就其营业额所征收的一种税。营业税税率为3%～20%。应纳税额的计算公式为

$$应纳税额＝营业额×适用税率$$

在一般情况下，营业额为纳税人提供应税劳务，转让无形资产、销售不动产时向对方收取的全部价款和价外费用。

4. 城乡维护建设税

城乡维护建设税是以纳税人实际缴纳的流转税额为计税依据征收的一种税。城乡维护建设税按纳税人所在地区实行差别税率；项目所在地为市区的，税率为7%；项目所在地为县城、镇的，税率为5%；项目所在地为乡村的，税率为1%。

城乡维护建设税以纳税人实际缴纳的增值税、消费税、营业税额为计税依据，并分别与上述3种税同时缴纳。其应税额计算公式为

$$应纳税额＝(增值税＋消费税＋营业税)的实纳税额×适用税率 \quad (2.42)$$

5. 教育费附加

教育费附加是为了加快地方教育事业的发展，扩大地方教育经费的资金来源而开征的一种附加费。根据有关规定，凡缴纳消费税、增值税、营业税的单位和个人，都是教育费附加的缴纳人。教育费附加随消费税、增值税、营业税同时缴纳。教育费附加的计征依据是各缴纳人实际缴纳的消费税、增值税、营业税的税额，征收率为3%。其计算公式为

$$应纳教育费附加额＝(消费税＋增值税＋营业税)的实纳税额×3\% \quad (2.43)$$

6. 资源税

资源税是国家对在我国境内开采应税矿产品或者生产盐的单位和个人征收的一种税，实质上，是对因资源生产和开发条件的差异而客观形成的级差收入征收的。资源税的征收范围包括：

(1) 矿产品。包括原油、天然气、煤炭、金属矿产品和非金属矿产品。

(2) 盐，包括固体盐、液体盐。

资源税的应纳税额，按照应税产品的课税数量和规定的单位数额计算。应纳税额的计算公式为

$$应纳税额 = 应税产品课税数量 \times 单位税额 \qquad (2.44)$$

课税数量：纳税人开采或者生产应税产品用于销售的，以销售数量为课税数量；纳税人开采或者生产应税产品自用的，以自用数量为课税数量。

2.4 利 润

2.4.1 利润总额指标

利润总额是企业在一定时期内生产经营活动的最终财务成果，集中反映了企业生产经营各方面的效益。

现行会计制度规定，利润总额等于营业利润加上投资净收益、补贴收入和营业外收支净额的代数和。其中，营业利润等于主营业务收入减去主营业务成本和主营业务税金及附加，加上其他业务利润，再减去销售费用、管理费用和财务费用后的净额。在对工程项目进行经济分析时，为简化计算，在估算利润总额时，假定不发生其他业务利润，也不考虑投资净收益、补贴收入和营业外收支净额，本期发生的总成本等于主营业务成本、销售费用、管理费用和财务费用之和。并且视项目的主营业务收入为本期的销售(营业)收入，主营业务税金及附加为本期的营业税金及附加。利润总额的估算公式为

$$利润总额 = 产品销售(营业)收入 - 营业税金及附加 - 总成本费用 \qquad (2.45)$$

根据利润总额可计算所得税和净利润，在此基础上可进行净利润的分配。在工程项目的经济分析中，利润总额是计算一些静态指标的基础数据。

2.4.2 利润率指标

1. 资本金利润率

资本金利润率是企业的利润总额与资本金总额的比率。资本金是企业吸收投资者投入企业经营活动的各种财产物质的货币表现。资本金利润率的计算公式为

$$资本金利润率 = 利润总额/资本金总额 \times 100\% \qquad (2.46)$$

资本金利润率是衡量投资者投入企业资本金的获利能力。在市场经济条件下，投资者

不仅关心企业全部资金所提供的利润,更关心投资者投入的资本金所创造的利润。资本金利润率指标越高,企业资本的获利能力越大。

2. 销售收入利润率

销售收入利润率是企业的利润总额与销售净收入的比率。销售收入利润率反映企业每百元销售收入所创造的利润。一般情况下,销售收入利润率越高越好。其计算公式为

$$销售收入利润率 = 利润总额/销售净收入 \times 100\% \qquad (2.47)$$

3. 成本费用利润率

成本费用利润率是企业的利润总额与成本费用总额的比率,反映了投入与产出之间的比例关系。一般情况下,企业在一定时期内的成本费用水平越低,利润总额越高,则企业的投入产出效果越好。成本费用利润率的计算公式为

$$成本费用利润率 = 利润总额/成本费用总额 \times 100\% \qquad (2.48)$$

2.4.3 所得税计算及净利润分配

1. 所得税计算

根据税法的规定,企业取得利润后,先向国家缴纳所得税,即凡在我国境内实行独立经营核算的各类企业或者组织者,其来源于我国境内、境外的生产、经营所得和其他所得,均应依法缴纳企业所得税。

企业所得税以应纳税所得额为计税依据。

纳税人每一纳税年度的收入总额减去准予扣除项目的余额,为应纳税所得额。

纳税人发生年度亏损的,可用下一纳税年度的所得弥补;下一纳税年度的所得不足弥补的,可以逐年延续弥补,但是延续弥补期最长不得超过5年。企业所得税的应纳税额计算公式为

$$所得税应纳税额 = 应纳税所得额 \times 25\% \qquad (2.49)$$

在工程项目的经济分析中,一般是按照利润总额作为企业的所得,乘以25%税率计算所得税,即

$$所得税应纳额 = 利润总额 \times 25\% \qquad (2.50)$$

2. 净利润的分配

净利润是指利润总额扣除所得税后的差额,计算公式为

$$净利润 = 利润总额 - 所得税 \qquad (2.51)$$

在工程项目的经济分析中,一般视净利润为可供分配的净利润,可按照下列顺序分配:

(1) 提取盈余公积金。一般企业提取的盈余公积金为两种:一是法定盈余公积金,在其金额累计达到注册资本的50%以前,按照可供分配的净利润的10%提取,达到注册资本的50%,可以不再提取;二是法定公益金,按可供分配的净利润的5%提取。

(2) 向投资者分配利润(应付利润)。企业以前年度未分配利润,可以进入本年度向投资者分配。

(3) 未分配利润,即未作分配的净利润。可供分配利润减去盈余公积金和应付利润后

的余额，即为未分配利润。

本 章 小 结

本章主要介绍了工程经济学分析的要素，具体内容包括投资的构成及估算，成本费用的概念、构成及计算，销售收入、销售税金及附加的计算，利润总额和所得税的计算、净利润的分配。

习　　题

一、单项选择题

1. 拟新建一个有 3 000 个床位的综合性医院，已知同类型医院的投资为 6 000 元/床位，则采用的估算方法应该是(　　)。
   A. 生产能力指数法　　B. 指标估算法　　C. 资金周转率法　　D. 比例估算法
2. 下列费用中，不属于工程造价构成的是(　　)。
   A. 用于支付项目所需土地而发生的费用
   B. 用于建设单位自身进行项目管理所支出的费用
   C. 用于购买安装施工机械所支付的费用
   D. 用于委托工程勘察设计所支付的费用
3. 我国现行建设项目总投资及工程造价构成中，流动资金投资应是(　　)。
   A. 铺底流动资金　　　　　　　　　B. 预备费
   C. 工器具及生产家具购置费　　　　D. 建设期贷款利息
4. 建设期利息是(　　)。
   A. 建设期银行借款与债务的利息
   B. 经营期银行与债务的利息
   C. 建设期投资的利息
   D. 建设期投资、银行借款与债务的利息
5. 经营成本是(　　)。
   A. 总成本－折旧－摊销－利息　　　B. 总成本－期间费用
   C. 总成本－生产成本　　　　　　　D. 期间费用＋折旧＋摊销＋利息
6. 流动资金是(　　)。
   A. 应收账款　　　　　　　　　　　B. 存货
   C. 预付账款　　　　　　　　　　　D. 流动资产－流动负债

二、多项选择题

1. 工程项目的基本经济要素具体包括(　　)。
   A. 投资　　　　　　B. 成本　　　　　　C. 费用

D. 收入　　　　　　　E. 利润和税金
2. 下列各项中，属于建设投资的工程建设其他费用的有（　　）。
　　A. 建设用地费用　　B. 生产准备费　　C. 基本预备费　　D. 建设管理费
　　E. 场地准备及建设单位临时设施费
3. 项目投资估算中基本预备费的构成包括（　　）。
　　A. 在批准的设计范围内，技术设计、施工图设计及施工过程中所增加的工程费用
　　B. 设计变更、工程变更、材料代用、局部地基处理等增加的费用
　　C. 建设期内发生材料、设备、人工等价格上涨引起的投资增加
　　D. 对一般自然灾害造成的损害所采取的措施费用
　　E. 竣工验收时为鉴定工程质量对隐蔽工程进行必要的挖掘和修复费用
4. 营业税金及附加包括（　　）。
　　A. 增值税　　　　　B. 营业税　　　　　C. 消费税　　　　　D. 营业税附加

三、思考题

1. 简述固定资产与流动资产的区别。
2. 简述无形资产的概念及特点。
3. 简述流动资金需要量的分项详细估算法。
4. 简述总成本费用的概念，以及在工程经济分析中年成本费用的估算方法。
5. 简述经营成本的概念。为什么经营成本要从总成本中扣除折旧费、维简费、摊销费和利息支出。
6. 什么是机会成本？试举例说明。
7. 增值税、资源税、所得税的征税对象是什么？
8. 简述净利润的分配顺序。

第3章 工程经济分析原理

学习目标

(1) 掌握经济效益的概念及表达式。
(2) 掌握基于不同角度经济效益分类方法。
(3) 掌握可比性原理的具体内容。
(4) 熟悉经济效益的表达方式。
(5) 了解经济效益评价指标体系及评价原则。
(6) 了解技术创新原理。

导入案例

某工程建设有甲、乙两个方案,甲方案寿命8年,投资2 000万元,年销售收入600万元,年经营成本及税金300万元;乙方案寿命10年,投资3 000万元,年销售收入800万元,年经营成本及税金400万元。如果要对这两个方案进行决策,决策的前提和标准是什么?决策方法是什么?要解决这些问题,需要学习本章的相关知识。

3.1 经济效益原理

工程经济学主要研究对象是物质生产领域各种生产建设活动的经济效益问题。在物质生产中,既创造了物质财富,同时也支付了社会劳动,在合理利用资源和保护生态环境的前提下,所得到的有效成果和全部的劳动耗费的比较,构成了经济效益的概念。如何取得最大的经济效益是人们所重点关注的,即如何利用有限的资源生产出尽可能多的符合社会需要的产品或者劳务,或者说,如何以最少的投入取得尽可能多的产出,这是各种技术活动所追求的经济目标。因此,研究经济效益理论就显得十分必要。

3.1.1 经济效益的概念

经济效益是指经济活动中的有效成果与劳动消耗的对比关系,或符合社会需要的投入与产出的对比关系,简称为"成果与耗费之比"或"产出与投入之比",经济效益反应的是生产过程中劳动耗费转化为有效的劳动成果的程度。理解和运用经济效益概念,应遵循以下三条基本原则。

(1)有效成果原则。有效成果是指对社会有用的劳动成果,即对社会有益的产品或劳务。有效成果可用使用价值或价值表示。使用价值考察产品或劳务的有用性,价值则考察其对社会贡献的大小。如果劳动成果不符合社会需要,在市场上不能实现其价值,则属无效成果。显然,无效成果不是构成经济效益的要素。此外,有效成果的表现形式还具有多样性。能用货币计量的有效成果,称有形成果;不能用货币计量的称为无形成果,如国防的巩固、生产文明程度的提高以及环境的改善等都属于无形成果。

此外还应注意,与有效成果相伴而生的往往还有无效成果甚至负效果。在考察经济效益时,对生产过程中产生的负效果决不能回避或者忽视,如安全生产事故及环境污染等问题。在生产实践中要积极采取切实有效的治理措施,尽力避免和防止负效果的产生。同时,对已产生的负面效果,要采用科学的方法定量化,使之在经济效益评价中得以体现。

(2)全部消耗原则。劳动消耗或投入应包括技术方案消耗的全部人力、物力、财力。所谓全部消耗,包括生产过程中的直接劳动消耗、间接劳动消耗以及劳动占用三部分。

直接劳动消耗指技术方案在生产运行中所消耗的原材料、燃料、动力、生产设备等物化劳动消耗以及劳动力等活劳动消耗。间接劳动消耗是指与技术方案实施在经济上相关单位或部门所发生的消耗。因此,考察劳动消耗时,不仅要考虑实施该方案所直接消耗的物化劳动和活劳动,同时还需考虑由于实施该方案而引起的间接相关部门的损耗或投资。

劳动占用是指技术方案从开始实施到停止运行为止长期占用的劳动，即投资的占用。劳动占用可分为物化劳动的占用和活劳动的占用。例如，为进行生产所购置和安装的机器设备和建造的厂房等，属于物化劳动的占用，而设备、厂房在生产过程中逐渐磨损和消耗，则是物化劳动的消耗；在一定生产时期内所占用的全部劳动力的数量是活劳动的占用，而劳动者为完成一定的生产任务或生产过程所花费的劳动量则是活劳动的消耗。

（3）有效成果与劳动消耗相联系的原则。在进行经济效益分析时，必须将技术方案的成果与消耗、产出与投入结合起来进行比较，而不能单独使用成果或消耗的指标。注意有效成果应与获得该项成果的有关全部消耗相比较，决不能考虑与该项成果无关的消耗。用同样多的劳动消耗取得尽可能多的有效成果，或尽可能少的劳动消耗取得同样多的有效成果，是衡量技术方案经济效益高低的标准。

需要强调的是，经济效益与有效成果是两个不同的概念。例如，某企业采取一项新技术之后，一年可节约材料费用200万元，而新技术的前期调研、设计费，实施中增加的设备费及人员培训费等折算为每年50万元，那么采用新技术方案后的有效成果为200万元，经济效益为150万元，即200－50＝150（万元），或用4(200/50)来表达，即所得到的有效成果为其投资或者耗费的4倍。

3.1.2 经济效益的一般表达式

经济效益的表达在不同的分析运用场合有不同的计量方法。因此，在这里我们重点研究定量计算经济效益的最一般形式，它不仅能够反映经济效益的内涵，而且其表达式中各指标的计算具有普遍意义。据此要求，其表示方法有以下三种。

1. **差额表示法**

这是一种用有效成果与劳动消耗之差来表示经济效益大小的方法。表达式为

$$E=B-C \tag{3.1}$$

式中，E——经济效益，也称为净效果指标；

B——有效成果；

C——劳动消耗。

注意，式中的 E、B、C 必须使用相同的计量单位，$B-C$ 大于或等于0是工程技术方案可行的经济界限。当 B、C 都以货币单位计量时，计算的经济效益常称为净收益，如利润额、国民收入等都是以差额表示法表示的常用的经济效果指标。显然，这种表示方法要求劳动成果与劳动消耗必须是相同计量单位，其差额大于或等于0则表示工程技术方案在经济上可行，否则不可行。

这种经济效果指标计算简单，概念明确。但一般不易用来衡量工程技术装备水平和内外部条件差异较大的方案经济效益的高低与好坏。

2. **比值表示法**

这是一种用有效成果与劳动消耗之比表示经济效益大小的方法，表达式为

$$E=B/C \tag{3.2}$$

式中，E 为经济效益，也可称为效果耗费比。

注意，该表示法中的 B、C 既可使用相同的计量单位，也可使用不同的计量单位。当计量单位相同时，$B/C>1$ 是工程技术方案可行的经济界限。采用比值法表示的指标有劳动生产率和单位产品原材料、燃料、动力消耗水平等。

3. 差额-比值表示法

这是一种用差额表示法与比值表示法相结合来表示经济效益大小的方法。表达式为

$$E=(B-C)/C \tag{3.3}$$

式中，E 为经济效益，也可称为净效果耗费比，表示单位劳动消耗所取得的净效果，在技术经济分析中更为常用。

$(B-C)/C>0$ 是工程技术方案可行的经济界限。

以上三种表达式是定量分析经济效益的重要依据，也是建立经济效益评价指标的基础，一般应结合起来加以应用。

经济效益既然是有效劳动成果与投入的劳动消耗之间的比较值，则这个值越大经济效益就越好。通常可采用降低劳动消耗或取得更大的有效劳动成果等方法来提高经济效益。在生产建设实践中，实施的方案往往不止一个，为了取得最大的经济效益，就应该对多种可行方案进行对比，选择投资最小利益最大的方案。

3.1.3 经济效益分类

由于经济效益自身的可计量性不同，加之人们考察问题的角度也不尽相同，于是可对经济效益作如下分类。

1. 直接经济效益和相关经济效益

这是从技术方案采纳者的角度所做的分类。所谓直接经济效益，是指方案采纳者通过方案实施可以直接得到的经济效益；所谓相关经济效益，是指与方案采纳者经济上相关的单位可以从方案实施中间接得到的经济效益，如一个水电站的建设，不仅给建设单位带来发电收益、旅游收益，而且给下游带来防洪收益。一般而言，直接经济效果容易看得见，不易被忽略。但从全社会角度而言，则更应强调后者，因为相关经济效益是从更高层次对方案能否实施作决策的重要依据。

2. 有形经济效益和无形效益

这是根据能否用货币计量所做的分类。把能用货币计量的称为有形经济效益，不能用货币计量的称为无形效益，如企业的利润额可看成企业有形的经济效益，而企业采用新技术方案后，环境的改善、劳动力素质的提高等方面产生的效益属于企业无形的经济效益。在技术方案评价中，不仅要重视有形经济效益的评价，还要重视无形效益的评价。对于不易用货币计量的无形效益，目前多采用定性分析方法或定性与定量分析相结合的方法来。

3. 绝对经济效益和相对经济效益

这是根据经济评价用途所做的分类。绝对经济效益是指某项技术方案本身所取得的经济效益；相对经济效益是指一个方案与另一个方案相对比所得到的经济效益。分析和优选技术方案时，在绝对经济效益可行的基础上，才可以比较其相对经济效益。

4. 企业经济效益和国民经济效益

这是根据受益范围大小所做的分类。企业经济效益(财务效益)是技术方案为企业带来的效益；国民经济效益是技术方案为国家所做的贡献。由于分析的角度不同，对同一技术方案的企业经济效益评价结果与国民经济效益评价结果可能会不一致，这就要求不仅要作企业经济效益评价，而且还要分析国民经济效益。对技术方案的取舍，应主要取决于国民经济评价的结果。

3.1.4 经济效益评价指标体系

工程经济分析的主要内容是论证可行技术方案的经济效益。经济效益评价指标，是用于衡量经济效益大小的尺度。根据经济效益的概念，可把其中用于衡量有效成果(产出)的指标，称为效果指标；用于衡量劳动消耗(投入)的指标，称为耗费指标；用于衡量二者对比关系的指标，称为经济效益指标。

1. 效果指标

效果指标的用途有两个：一是和耗费指标结合在一起用于衡量经济效益；二是在耗费一定时，单独用于衡量经济效益。具体内容包括以下三方面。

1) 数量效果指标

数量效果指标反应的是工程项目或技术方案所产生的有效成果数量的大小，表明技术方案对社会需求在数量上的满足，可用实物量或价值量表示，如产品的产量、销售量等为实物形态，而销售收入、总产值、净产值等为价值形态。

2) 质量效果指标

质量效果和数量效果是不可分割的两个方面，社会对产出数量的需求总是建立在对其质量需求基础之上。技术方案的产出质量包括单个产品质量和总体产品质量两方面，其中单个产品质量主要指产品所具有的功能和技术性能，如产品的寿命、可靠性、精确度等；总体产品质量主要是指产品的经济性能指标，如合格品率、优等品率、返修率、废品率等。

对质量效果的评价，目前可采用评分法、功能评价法、定性与定量分析相结合的方法等来进行量化。

3) 时间效果指标

时间指标是指技术方案或产品从设计、试制到生产出来，发挥其使用价值作用所需经历的时间。缩短时间能够产生的有效成果表现在两个方面：一是通过节约劳动耗费来增加有效成果；二是减少或避免因新技术出现而使原技术方案相对贬值所引起的损失。属于时间效果指标的有产品研制周期、产品生产周期、设备成套周期、项目寿命周期、技术方案的建设周期以及从投产达到设计产量的时间等。在进行经济效益评价时，可单独使用该指标，也可通过时间价值的折算转化为数量效果指标再进行评价。

2. 耗费指标

耗费指标是指反映劳动消耗和劳动占用情况的指标。

1) 劳动消耗指标

劳动消耗指标即可用实物形态表示,也可用价值形态表示,如技术方案在运行中所消耗的原材料、燃料、生产设备等物化劳动消耗以及劳动力等或劳动的消耗都属于实物形态的劳动消耗指标;而相应的原材料费、燃料费、折旧费及工资费用等属于价值形态。由于这些单项消耗指标都是产品制造成本的构成部分,因此产品制造成本是衡量劳动消耗的综合性价值指标。

2) 劳动占用指标

劳动占用指标通常也有实物形态和价值形态两种。实物形态的劳动占用指标,通常指技术方案为进行正常生产而长期占用的厂房、设备、货币资金和各种物料的数量;价值形态的劳动占用指标是实物占用量的货币表现,通常分为固定资金和流动资金两部分。因而技术方案投资是衡量劳动占用的综合性价值指标。

3. 经济效益指标

经济效益指标是反映有效成果与劳动耗费相互比较的指标,具体可分为价值型指标、比率型指标和时间型指标三类。

1) 价值型指标(又叫差额指标)

价值性指标反映有效成果与劳动耗费之差的指标。利润额、利税额、附加值等为静态差额指标;净现值、净年金、净终值等为动态差额指标。这类指标的数值越大越好。

2) 比率型指标

比率型指标是有效成果与劳动耗费之比,反映的是某种单位劳动占用所产生的有效成果。投资收益率、投资利润率、投资利税率、投资效果系数、成本利润率等是从静态角度考察的;内部收益率、外部收益率、净现值率等是从动态角度考察的。

3) 时间型指标

时间型指标是从时间上反映效果与耗费相比较的指标,常用的有贷款偿还期、投资回收期等。这两个指标既可用静态计算,也可用动态计算。在科技突飞猛进、竞争日益加剧的今天,节约时间,缩短生产建设周期,对企业的生存发展具有深远意义。因此,技术方案经济效益分析中,不考虑时间指标是不可能。

工程技术方案的内容多种多样,因而对于一个具体的技术方案而言,单项指标只能反映经济效益的某一侧面,而不能反映整体。只有将多种指标综合使用,才能做出全面的评价。

3.1.5 经济效益评价原则

工程经济学的中心内容是对工程项目和技术方案进行分析、比较和评价。然而各个方案解决问题的侧重点不同,所带来的技术、经济、环境、资源、社会等问题也会呈现不同的特点。这就要求在对各方案进行经济效益评价时,必须遵循一定的原则,全面系统地选出最优方案,有效地降低投入,增加效益。

对各种技术方案进行经济效益评价时,一般遵循以下几项基本原则。

1. 技术、经济、政策相结合的原则

技术是经济发展的重要手段,是推动经济前进的强大动力。而工程经济学就是研究技术与经济怎样相互促进,协调发展的,这即要求技术先进,又要求经济可行。同时,还要注意是否符合党和国家的技术经济政策，有时还需满足特定政治任务的要求，做到技术、经济、政策上的相结合，最大限度地创造效益，促进技术进步及资源、环保等工作的共同发展。

2. 直接经济效益与间接经济效益相结合的原则

一个项目或技术方案的实施将产生一系列的经济效果。因此，经济评价除考虑项目自身的直接经济效益外，还要从社会、政治、技术、生态环境、资源利用及本项目给其他相关项目和部门的发展创造的有利条件等诸多间接效益方面综合评价。我们以2008年奥运会的举办为例来进行说明：据统计，北京奥运会的成功举办为北京市新增60多万个工作岗位，带来的直接经济效益超过20亿美元；其带来的间接经济效益也不容忽视，有体育、会展、旅游等社会收益、文化收益、生态收益、科技奥运理念收益，北京城市基础设施的改善和现代化进程的提速以及中国国际形象的极大提升等。因此，我们在计算北京奥运会的经济效益时，应将其带来的直接经济效益和间接经济效益综合起来进行考察。兼顾直接经济效益与间接经济效益的统一是形成正确决策的基础，综合评价要贯穿技术方案分析的始终。

3. 局部经济效益与整体经济效益相结合的原则

局部利益和整体利益的关系就是微观经济效益和宏观经济效益的关系。微观效益是指一个企业、部门、或一个技术方案的具体的经济效益，而宏观效益则是指国民经济效益或社会经济效益。一般而言，二者的利益是一致的，但有时也会出现矛盾。当两者出现矛盾时，就需要局部利益服从整体利益，从整个国民经济的利益出发，选择宏观经济效益好的方案。当然，在具体实施过程中，应通过必要措施尽量做到个人、企业、集体、国家利益的均衡和协调发展。

4. 定量经济效益与定性经济效益相结合的原则

定量分析和定性分析是对项目或技术方案进行经济效益分析评价的两种方法。

所谓定量分析是以项目各方面的计算结果为依据进行评价的方法，它通过对"成果"与"消耗"、"产出"与"投入"等的分析，对项目进行评价。工程经济分析中，经常采用一些数学方法，建立各种数学模型和数学公式，并对许多数据进行处理和计算，以说明技术方案的优劣和经济效益的高低。定量分析具有科学、准确的特点，在实际中有较为普遍的应用，是经济效益评价的重要方法。

所谓定性分析则是指评价人员在占有一定资料、掌握相应政策的基础上，根据决策人员的经验、直觉、学识、逻辑推理能力等，以主观判断为基础进行评价的方法，评价尺度往往是给项目打分或确定指数。然而在实际项目方案中，有些经济问题非常复杂，甚至有些内容无法用数量表达，如在某城市居民小区建设一个大型公园，给周围居民带来的幸福感指数就不能采用定量分析的方法进行研究，而要更多地依靠主观判断来分析。因此定性分析的作用不容忽视。

在实际项目方案中，应善于将定性与定量分析结合起来，发挥各自在分析上的优势，使分析结果更加科学准确，有利于正确选择最优方案。

5. 近期经济效益和长远经济效益相结合的原则

这一原则是要处理好当前利益和长远利益之间的关系。把握好这一原则既要对项目或技术方案本身的技术、经济性有透彻的分析和清醒的认识，还要对项目的发展趋势、国家相关政策、法律规定等有一定预见性。例如，三峡工程的实施，其建立需要一个很长的建设周期，且需要大量人力、物力、财力的投入，从短期来看是不经济的，但从长远的角度考虑，三峡水电站具有防洪、发电和航运三大核心效益，为我国带来了巨大的综合效益。

因此，进行经济评价要从经济发展角度进行动态分析，克服贪图眼前利益而失掉长远利益的片面性，从而为经济持续发展创造良好的条件。

3.2 可比性原理

没有"比较"就无从选优，"比较"是工程经济分析的重要环节。但是，相比较的各个工程项目、技术方案，总是在一系列技术经济因素上存在着差异。所以在方案比较前，应首先考虑方案之间是否可比，如果不可比，要做些可比性的修正计算，只有这样才能得到合理可靠的结果。因此可比性关系到结果的正确性，必须给予充分注意。

根据工程经济分析的比较原理，对两个以上的工程项目进行经济效益比较时，必须具备以下四个可比原则：满足需要可比；消耗费用可比；价格可比；时间可比。

3.2.1 满足需要可比

满足需要的可比原则是指相比较的各技术方案满足同样的社会实际需要。例如，铜和铝具有不同的金属特性，可以满足不同的社会需要，两者不可比。但当制成铜导线和铝导线，为了满足输送电能这一社会需要时，两者则是可比的。

为了实现同一经济目标，所有的技术方案都是以一定的数量、品种和一定的质量来满足社会需要的。所以，不同技术方案在满足需要的可比，就是在产量、品种和质量方面使之可比。

1. 产量可比

产量可比是指各技术方案实际满足社会需要的产品产量相等。

相互对比的技术方案在品种、质量相同的条件下，如果产品产量相等或基本相等，那么方案之间具备可比性，可直接进行比较；对比方案产量差别不大时，可采用单位产品投资额、单位产品经营成本或单位产品净收益等修正指标，进行比较评价；当产品产量显著不同时，需进行一定的换算才可比较。

2. 品种可比

某个项目的各备选方案所提供的产量可能有各自的品种构成。当相对比方案的产品品种结构相同或基本相同时，可视为具有产品品种可比性，可直接进行比较和评价；当相对比方案的产品品种有很大差别时，方案满足同样需要的效果将有很大差别，此时方案不具备直接的可比性，须进行可比性处理；当产品品种构成比较复杂时，可进行产量折算，也可按费用的多余支出或节约来调整，然后再进行比较。例如，各比较方案提供的产品是一系列的农用车，可将其不同品种产量的农用车以功率大小按标准(功率)台进行产量折算，再进行比较。

3. 质量可比

产品质量可比的首要条件是各方案的产品质量必须都能满足特定的质量标准和质量要求。当相比较方案的产品质量相同或基本相同时,可直接比较各方案的经济效益。如果对比方案的产品质量有显著差别,则意味着产品的使用效果将有很大差别,方案间不具备直接的可比性,必须进行质量可比性修正计算。修正计算的常用方法就是计算不同质量产品的使用效果系数,该系数可用使用寿命或使用可靠性等指标来体现。其具体做法如下:

将质量的差异程度,用使用效果系数 k 来表示:

$$k = E_{k1}/E_{k2} \tag{3.4}$$

式中,E_{k1}——产品改进前的使用效果;

E_{k2}——产品改进后的使用效果。

进行质量可比调整时,首先用使用效果系数调整其中一个方案的产量指标;再按产量可比修正计算方法,调整其中一个方案的指标,再来比较。

【例 3-1】 两个产品质量不同的方案的比较,见表 3-1。

表 3-1 寿命不同两个方案的资料

指标	方案Ⅰ	方案Ⅱ	方案Ⅱ*
年产量/(万件/年)	11	5.5	11(5.5×2)
总投资额/万元	45	20	40(20×2)
经营成本/(万元/年)	6	3.5	7(3.5×2)
产品寿命/年	2	4	

上表中方案Ⅰ的产品寿命为 2 年,改进后的方案Ⅱ的产品寿命为 4 年,方案Ⅰ和方案Ⅱ的质量不同,不能直接进行比较。因此,使用效果系数 $k=4/2=2$,一次对方案Ⅱ进行修正计算得方案Ⅱ*,再与方案Ⅰ进行比较,决定其优劣。

3.2.2 消耗费用可比

消耗费用的可比原则是,在计算和比较费用指标时,不仅计算和比较方案本身的各种费用,而且要考虑其储运、销售、使用等费用,即项目寿命周期成本(总成本)的可比性;其次,还应考虑相关费用的可比性;再有,进行方案经济比较时,各种费用的计算应采用统一的计算原则和方法。

寿命周期是指工程项目或产品从构思、研制、生产流通直至使用寿命终了报废未知的全部延续时间。寿命周期成本就是产品的总成本,包括制造成本和使用成本两部分。在项目进行选优时,要计算和比较总成本才能得出科学的结论。例如,水力发电和火力发电两种电站建设方案的评价比较就很有代表性,建设水力发电站建筑安装工程量大、建设周期长、单位装机容量的基本建设投资额大、制造成本高,但利用天然和再生的水力发电,不需消耗燃料,运行和维修费用较低,即使用成本低;建设火电站,基本建设投资相对较少，制造成本低，但火力发电需消耗大量煤炭或石油等燃料，生产运行和维修费用较高，即使用成本高。在水力发电和火力发电方案的比较选优中，必须充分考虑火电站方案寿命周期内所必需的开采或购买煤炭等燃料的费用，否则，很容易得出有利于火电站的结论，而这种结论往往是不正确的。

相关费用是指实现本方案而引起生产上相关的环节（或部门）所增加（或节约）的费用。由于国民经济是一个有机联系的整体，因此必须从整个社会、整个国民经济和社会的总消耗的观点进行综合考虑，以保证技术方案具有消耗费用方面的可比性。据统计，建设一个大中型钢铁厂，相关建设费用约占钢铁厂本身建设费用的 1/3 以上，占据了较大比重。因此，计算和比较方案的消耗费用时，必须计算和比较相关费用。

采用统一的原则是指在计算技术方案的消耗费用时，各方案的费用构成项目和计算范围必须一致，而且要防止在项目构成上和计算范围上出现交叉计算、重复计算和漏算的现象；至于统一的方法，是指各项费用的计算方法必须一致。

3.2.3 价格可比

价格可比原则，是在对技术方案进行经济计算时，必须采用合理的一致的价格。

"合理的价格"是指价格能够较真实地反映价值和供求关系，各种产品之间的比价合理。目前，我国价格体系基本得到理顺，商品价格背离价值和不能反映供求关系这一现象已得到有效的遏制。但工农业产品价格差异问题，以及部分原材料、初加工产品与再加工产品之间的差价不正常的关系等，还在一定范围内存在。为了避免价格背离对经济效益计算的影响，除使用现行价格外，还可采用计算价格（或称影子价格）代替现行价格；或是采取计算相关费用的办法代替实际价格。

"一致的价格"是指价格种类一致。由于科技的进步和社会生产率的不断提高，产品价格要发生变化，故要求在对不同技术方案进行比较和评价时，必须采用相应时期的价格。即在分析近期技术方案时，应统一使用现行价格或近期的价格指标；而在分析比较远期技术方案的经济效果时，则应统一使用远景价格；不同时期的方案相比较时，则应采用统一的、某一时期的不变价格或用价格指数法折算成统一的现行价格，从而保证对比方案的价格可比性。

3.2.4 时间可比

时间可比原则包括两个方面内容：一是对经济寿命不同的技术方案进行比较时，应采用相同的计算期作为基础；而是技术方案在不同时期内发生的费用支出和经济效益不能简单相加，而必须考虑资金的时间价值。

1. 关于采用相同计算期的问题

如甲、乙两个方案，其经济寿命周期分别为 10 年和 5 年。我们不能拿甲方案在 10 年期间的经济效益与乙方案 5 年期间的经济效益作比较，因为二者在时间上不可比，只有在采用相同的计算期时，其同一时期内的效益和费用消耗才具有可比性。

（1）当相互比较的技术方案的经济寿命周期有倍数关系时，应采用其最小公倍数作为各技术方案的共同计算周期。当相比较的各技术方案的经济寿命周期没有倍数关系时，一般可采用20年为统一的计算期。

如方案A的寿命周期为3年，方案B的寿命周期为5年，可判断两技术方案的经济寿命周期存在倍数关系，因此采用两方案寿命周期的最小公倍数15年作为其共同的计算周期。这时设想方案A重复建设5次，方案B重复建设3次，据此比较其相应的费用支出和收益。

（2）如果相互比较的各技术方案由于投入期、服务期和衰退期不一致，而使其生命周期有所不同时，则应采取约定的计算期作为共同的基础，并进行相应的计算与比较。

2. 关于考虑资金时间价值的问题

资金与时间有着密切的关系。资金的时间价值表明，技术方案在不同时期所投入的费用以及产出的收益，其价值是不同的。技术方案在不同时间内发生的效益和费用不能将其直接相加，必须考虑时间因素的影响；如果不考虑资金运用时间因素而比较方案的经济效果，有可能会得出错误的结论。

如一个工程项目需要3年完成，总投资额为100万元，贷款利率$r=10\%$。工程开始时一次投资100万元，则建成时的总投资额为

$$F=100(1+10\%)^3=133.1(万元)$$

即工程完成时贷款100万元的本利和为133.1万元。

如果对该项工程进行分期分批投资，每年投资额分别为20万元、35万元、45万元，则工程建成时的总投资额为

$$S=20(1+10\%)^3+35(1+10\%)^2+45(1+10\%)=118.47(万元)$$

即全部贷款的本利和为118.47万元。

上述例子说明分期分批投资比一次投资的资金损失少，其中资金时间因素起了很重要的作用。所以在不同的技术方案进行比较时，资金时间价值因素不容忽视。

应当指出的是，在方案的设计和筛选阶段，为简化计算，有时可暂不考虑和计算资金的时间价值，但相对比的方案之间必须保持一致，即都要采用静态指标进行比较和评价。

3.3 技术创新原理

技术创新是一项重要的技术经济活动，掌握技术创新的规律，对如何开展技术创新和创新技术如何转化为现实生产力、加速推进我国高新技术产业化，具有十分重要的现实意义。

3.3.1 技术创新的概念

技术创新的理论观点首先是有美籍奥地利经济学家约瑟夫·阿罗斯·熊彼特（J. A. Schumpeter）于1912年在其著作《经济发展理论》中提出的。熊彼特认为，创新是企业家对生产要素的重新组合，其形式主要有引入新的产品或提供新的产品质量（产品创新），采用新的生产方法（新技术创新），开辟新的市场（市场创新），获得新的供给来源（原

材料创新)和实行新的组织方式(组织创新)。但这一理论在 20 世纪 70 年代后才被普遍重视,技术创新的概念由熊彼特的追随者提出,但对于技术创新的定义,直到现在人们依然莫衷一是。一般认为,技术创新是企业家抓住市场潜在的盈利机会,重新组合生产要素,以获得最大商业利润的过程。也有观点认为,广义的技术创新包括"研究开发—狭义技术创新—创新扩散"全过程。

我们认为,寻求技术创新的基本内涵对于广大读者更有帮助,技术创新的基本要义包括如下几点:

(1) 技术创新的实质,是给企业生产经营系统引入新的技术要素,以获得更多利润。
(2) 技术创新的关键,不是研究与发展,而是研究与发展成果的商业化。
(3) 技术创新的主体,是而且只能是企业家。只有企业家,才能抓住战略机会,辨别市场潜在的盈利前景,甘冒风险,善于创新。
(4) 技术创新是推动经济发展的火车头。熊彼特认为,经济由于创新而增长。熊彼特的这一观点,已为越来越多的理论和实践所证明,被越来越多的人所接受。

3.3.2 技术创新的作用

技术创新的作用,主要体现在以下几个方面。

1. 技术创新是经济增长的源泉与动力

纵观历史,我们可以发现,技术创新在世界经济中心的兴起和转移中起着至关重要的作用。英帝国的衰落,日本经济的发展,以及亚洲四小龙(韩国、新加坡、中国台湾与中国香港)的崛起,无不如此。此外,我们还可以技术进步对经济增长贡献份额的统计来说明。20 世纪中期发达国家技术进步对国民收入增长速度的贡献额一般达到 50%～70%,如亚洲四小龙之一的韩国为 56%;而经济不发达的国家,如哥伦比亚为 26%,秘鲁仅为 8%。不难得出,随着技术创新的开展,经济也获得高速增长,而技术创新活动水平低的国家,经济的发展也很迟缓。

2. 技术创新可以促进经济效益的提高

技术创新不仅可以促进经济的发展,即速度的增长,而且又能提高经济增长的质量,即经济效益。这是因为技术创新不仅可以提高机器设备、劳动对象和工艺过程的效能,还可以大大提高生产的组织管理水平和劳动者素质,从而大大提高各种资源的有效利用率。对于人均资源缺乏,长期依靠外延扩大生产的我国,技术创新的应用无疑具有极其重要的意义。

3. 技术创新可以促进产业结构的优化

技术创新与技术进步,不仅可以将社会生产力不断推进到新的水平,而且有助于推动国民经济结构向高级化演进,如主导产业的更替、新兴产业的出现和传统产业的改造等。

4. 技术创新可以创造市场需求

一般而言,市场需求规模是一定的,但通过技术创新可以创造新的市场发展空间,即新的市场需求,进而诱发企业自身及其他企业继续进行创新活动,从而使经济得以持续发展。

本 章 小 结

本章主要介绍了工程经济分析的原理,具体包括经济效益原理、可比性原理和技术创新原理。对经济效益原理要正确把握经济效益的概念及分类方法,能够正确运用可比性原理将不具备可比性的工程技术方案转化为具备可比性。

习　题

一、多项选择题

1. 工程经济分析的基本原则包括( )。
   A. 工程技术与经济相结合的原则　　B. 可持续发展的原则
   C. 直接经济效益与间接经济效益相结合
   D. 定量的经济效益和定性的经济效益相结合
2. 工程经济分析的可比性性原则主要有( )。
   A. 价格指标可比性　　B. 时间可比性
   C. 满足需要的可比性　　D. 消耗费用的可比性

二、思考题

1. 如何正确理解经济效益的概念。
2. 请从不同的角度对经济效益进行分类。
3. 可比性原理具体包括哪些内容?
4. 如何理解满足需要的可比。
5. 结合具体例子说明时间可比性的意义。

第4章 资金时间价值

学习目标

(1) 掌握资金时间价值及资金等值的概念。
(2) 掌握普通复利计算公式。
(3) 掌握名义利率和实际利率的概念及应用。
(4) 熟悉线性内插法的应用。
(5) 熟悉复利系数表。

导入案例

某公司现有两个备选投资方案 A 和 B,寿命期均为 4 年,两方案初始投资相同,均为 1 000 万元。各方案每年对应的现金流量如表 4-1 所示。

表 4-1 投资方案的现金流量表　　　　　　　　单位:万元

年末	A 方案	B 方案
0	-1 000	-1 000
1	700	100
2	500	300
3	300	500
4	100	700

由表可知:两个方案流入的现金总量相同,但每年流量不同,其他条件都相同。

案例分析:A、B 方案虽然流入的现金总量相同,但由于时点不同,效果不同。两方案的比选用到的正是本章所要讲解的资金时间价值概念及资金等值计算的方法。

4.1 资金时间价值概述

4.1.1 资金时间价值概念及意义

1. 资金时间价值的概念

在工程经济分析中,无论是技术方案所发挥的经济效益还是所消耗的人力、物力和自然资源,最后基本上都是以货币形态,即资金的形式表现出来的。资金运动反映了物化劳动和活劳动的运动过程,而这个过程也是资金随时间运动的过程。因此,在工程经济分析时,不仅要着眼于方案资金量的大小(资金收入和支出的多少),而且也要考虑资金发生的时点。因为现在可以用来投资的一笔资金,即使不考虑通货膨胀的因素,也比将来同等数量的资金更有价值。这是由于如果将这笔资金存入银行会获得利息,投资到工程项目中可获得利润。而如果向银行借贷,也需要支付利息。这反映出资金是时间的函数,在运动过程中,会随着时间的推移而增值。增值的这部分资金就是原有资金的时间价值。

资金时间价值的实质是资金作为生产要素,在扩大再生产及资金流通过程中,随时间的变化而产生的增值。资金的增值过程是与生产和流通过程相结合的,离开了生产过程和流通领域,资金是不可能实现增值的。资金的增值过程如图 4.1 所示。

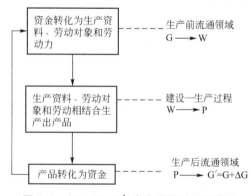

图 4.1 (G-W-G')资金增值过程示意图

在产品生产前,首先需用一笔资金(G),购买厂房和设备作为该企业生产资料的固定资产,同时还需垫支流动资金采购生产所需要的原材料、辅助材料、燃料等劳动对象和招聘工人所需支出的工资;然后在生产过程中,资金以物化形式出现(W),劳动者运用生产资料对劳动对象进行加工,生产制作新的产品,这里生产出来的新产品(P)比原先投入的资金(G)具有更高的价值(G');最后这些新产品(P)必须在生产后的流通领域(商品市场)里作为商品出售给用户,才能转化为具有新增价值的资金(G'),使物化的资金(P)转化为货币形式的资金(G'),这时的 $G'=G+\Delta G$,从而使生产过程中劳动者创造的资金增值部分(ΔG)得以实现。这样就完成了"$G-W-G'$"形式表示的、完整的资金增值过程。

资金在生产过程和流通领域之间如此不断地周转循环,这种循环过程不仅在时间上是连续的,而且在价值上也是不断增值的,因此,整个社会生产就是价值创造过程,也是资金增值过程。

由于资金时间价值的存在,使不同时点上发生的现金流量无法直接加以比较,因此,要通过一系列的换算,在同一时点上进行对比,才能符合客观的实际情况。

2. 资金时间价值的意义

对时间内涵的理解常常因人们的活动不同而不同。对学生,时间就是知识;对于生命处于危险之中的人而言,时间就是生命;对于农民,时间就是粮食;等等。可见在一定意义上讲,时间是一种最宝贵也是最有限的"资源"。那么在工程经济活动中,时间又是什么呢?

在工程经济活动中,时间就是经济效益。因为经济效益是在一定时间内创造的,没有时间,也谈不上效益,如 100 万元的利润,是一个月创造的,还是一年创造的,其效果大不一样。因此,重视时间因素的研究,对工程经济分析有着重要的意义。

在工程项目经济效果评价中,常常会遇到以下几类问题:

(1) 投资时间不同的方案评价。例如,是早投资还是晚投资,是集中投资还是分期投资,其经济效果是不一样的。

(2) 投产时间不同的方案评价。投产时间也有早投产和晚投产,分期投产和一次投产等问题,在这些情况下经济效果也是不一样的。

(3) 使用寿命不同的方案评价。

(4) 实现技术方案后,各年经营费用不同的方案评价。例如,有的方案前期经营费用大,后期小;有的前期费用小,后期费用大等。

上述问题都存在时间因素的不可比现象,要正确评价工程项目技术方案的经济效果,就必须研究资金的时间价值及其计算,从而为消除方案时间上的不可比奠定基础。

4.1.2 衡量资金时间价值尺度

利息是资金时间价值的一种重要表现形式。通常,用利息额作为衡量资金时间价值的绝对尺度,用利率作为衡量资金时间价值的相对尺度。

1. 利息

在借贷过程中,债务人支付给债权人超过原借贷款金额(常称作本金)的部分就是利息。

在工程经济分析中,利息常常被看做是资金的一种机会成本。这是因为,如果债权人放弃资金的使用权力,也就放弃了现期消费的权利。而牺牲现期消费又是为了能在将来得到更多的消费。从投资者角度看,利息体现为对放弃现期消费的损失所作的必要补偿,为此,债务人就要占用债权人的资金付出一定的代价。在工程经济分析中,利息是指占用资金所付出的代价或者是放弃使用资金所得的补偿。

2. 利率

利率是指在单位时间内(如年、半年、季、月、周、日等)所得利息额与借贷款金额(本金)之比,通常用百分数表示。即

$$利率 i = \frac{单位时间内所得的利息额 I_t}{本金 P} \times 100\% \tag{4.1}$$

式中,用于表示计算利息的时间单位称为计息周期,计息周期通常为年、半年、季、月、周、日。

3. 影响利率的主要因素

利率的高低主要由以下因素决定:

1) 社会平均利润率

利率随社会平均利润率的变化而变化。在通常情况下,平均利润率是利率的最高界限。因为如果利率高于利润率,无利可图就不会有人去借款。

2) 借贷资本的供求情况

在平均利润率不变的情况下,借贷资本供过于求,利率便下降;反之供不应求,利率便上升。

3) 借贷风险

借出资本要承担一定的风险,风险越大,利率也就越高。

4) 通货膨胀

通货膨胀对利息的波动有直接影响,资金贬值往往会使利息无形中成为负值。

5) 借出资本的期限长短

借款期限长,不可预见因素多,风险大,利率也就高;反之,利率就低。

4. 利息和利率在工程经济活动中的作用

(1) 利息和利率是以信用方式动员和筹集资金的动力。以信用方式筹集资金的一个重要特点是自愿性,而自愿性的动力在于利息和利率。例如,一个投资者首先要考虑的是投资某一项目所得到的利息(或利润)是否比把这笔资金投入其他项目所得的利息(或利润)多。如果多,投资者就可能给这个项目投资;反之,就可能不投资这个项目。

(2) 利息促进企业加强经济核算,节约使用资金。企业借款需付利息,增加支出负担,这就促使企业必须精打细算,把借入资金用到刀刃上,减少借入资金的占用以少付利息,同时可以使企业自觉压缩库存限额,减少各环节占压资金。

(3) 利息和利率是国家管理经济的重要杠杆。国家在不同的时期制定不同的利率政策,通过调整利率的高低,来调控整个国民经济的资金使用情况。

4.1.3 计算资金时间价值的基本公式

利息计算有单利和复利之分。当计息周期在一个以上时,就需要考虑单利与复利的问题。

1. 单利计算

单利是指在计算利息时,仅用最初本金来加以计算,而不计入先前利息周期中所累计增加的利息,即通常所说的"利不生利"的计息方法。其计算公式为

$$I_t = Pi \tag{4.2}$$

式中,I_t——第 t 计息期的利息额;
P——本金;
i——计息周期单利利率。

设 I_n 代表 n 个计息周期所付或所收的单利总利息,则有下式:

$$I_n = \sum_{t=1}^{n} I_t = \sum_{t=1}^{n} Pi = Pin \tag{4.3}$$

在以单利计息的情况下,总利息与本金、利率以及计息周期数成正比,而 n 期末单利本利和 F 等于本金加上利息,即

$$F = P + I_n = P(1 + n \times i) \tag{4.4}$$

式中,$(1+n\times i)$ 称为单利终值系数。

同样,本金可由本利和 F 减去利息 I_n 求得,即

$$P = F - I_n = F/(1 + n \times i) \tag{4.5}$$

式中,$1/(1+n\times i)$ 称为单利现值系数。

在利用式 4.4 计算本利和 F 时,要注意式中 n 和 i 反映的时期要一致。如 i 为年利率,则 n 应为计息的年数;若 i 为月利率,则 n 应为计息的月数。

【例 4-1】 设以单利方式借入 1 000 万元,年利率 8%,4 年末偿还,试计算各年利息与本利和。

解: 计算过程及结果见表 4-2。

表 4-2 例 4.1 各年单利利息与本利和计算表

使用期	年初款额	年末利息	年末本利和	年末偿还
1	1 000	1 000×8%=80	1 080	0
2	1 080	1 000×8%=80	1 160	0
3	1 160	1 000×8%=80	1 240	0
4	1 240	1 000×8%=80	1 320	1 320

单利的年利息额仅由本金所产生,其新生利息,不再加入本金产生利息。由于没有反

映资金随时都在增值的规律,即没有完全反映资金的时间价值,因此,单利在工程经济分析中使用较少。

2. 复利计算

复利是指将其上期利息结转为本金一并计算的本期利息,即通常所说的"利生利"、"利滚利"的计息方法。其计算公式为

$$I_t = iF_{t-1} \tag{4.6}$$

式中,i——计息周期复利利率;

F_{t-1}——表示第$(t-1)$年末复利本利和。

而第t年末复利本利和F_t的表达式如下:

$$F_t = F_{t-1} \times (1+i) = F_{t-2} \times (1+i)^2 = \cdots = P \times (1+i)^n \tag{4.7}$$

【例 4-2】 数据同例 4-1,如果按复利计算,则得表 4-3。

表 4-3 例 4-2 各年复利利息与本利和计算表

使用期	年初款额	年末利息	年末本利和	年末偿还
1	1 000	1 000×8%=80	1 080	0
2	1 080	1 080×8%=86.4	1 166.4	0
3	1 166.4	1 166.4×8%=93.312	1 259.712	0
4	1 259.712	1 259.712×8%=100.777	1 360.489	1 360.489

比较表 4-2 和表 4-3 可以看出,同一笔借款,在利率和计息周期均相同的情况下,用复利计算出的利息金额数比用单利计算出的利息金额数大。如果本金越大、利率越高、计息周期数越多,则两者差值就越大。复利反映利息的本质特征,复利计息比较符合资金在社会生产过程中运动的实际状况。因此,在工程经济分析中,一般均采用复利计算。

复利计算有间断复利和连续复利之分。按期(年、半年、季、月、周、日)计算复利的方法称为间断复利(即普通复利),按瞬时计算复利的方法称为连续复利。在实际应用中,一般采用间断复利。

4.1.4 资金等值

资金有时间价值,即使金额相同,因其发生的不同时点,其价值就不相同;反之不同时点绝对值不等的资金在时间价值的作用下却可能具有相等的价值。资金等值是指在考虑资金时间价值因素后,不同时点上数额不等的资金在一定利率条件下具有相等的价值,如现在的 100 元与 1 年后的 112 元,其数额并不相等,但如果年利率为 12%,则两者是等值的。因为现在的 100 元,在 12%利率下,1 年后的本金与资金时间价值之和为 112 元。同样,1 年后的 112 元在年利率为 12%的情况下等值于现在的 100 元。不同时点上数额不等的资金如果等值,则其在任何相同时点上的数额必然相等。

影响资金等值的因素有三个：资金额大小、资金发生的时间和利率，三者构成现金流量的三要素。

利用等值概念，将一个时点发生的资金金额换算成另一个时点的等值金额，这一过程叫资金等值计算。进行资金等值换算还需建立以下几个概念。

1. 贴现与贴现率

把将来某一时点的资金金额换算成现在时点的等值金额称为贴现或折现。贴现时所用的利率称贴现率或折现率。

2. 现值

现值是指资金"现在价值"。需要说明的是，"现值"是一个相对的概念，一般而言，将 $t+k$ 个时点上发生的资金折现到第 t 个时点的现值。现值用符号 P 表示。

3. 终值

终值是现值在未来时点上的等值资金，用符号 F 表示。

4. 等年值

等年值是指分期等额收支的资金值，用符号 A 表示。

4.2 现金流量图

4.2.1 现金流量的概念

在工程经济分析中，通常将所考察的对象视为一个独立的经济系统。这个系统可以是一个工程项目、一个企业，也可以是一个地区、一个国家。而投入的资金、花费的成本、获取的收入，均可看成是以货币形式体现的该系统的资金流出或资金流入。在某一时点 t 实际流入系统的资金称为现金流入，记为 CI_t；实际流出系统的资金称为现金流出，记为 CO_t；同一时点上的现金流入与现金流出的代数和称为净现金流量，记为 NCF 或 $(CI-CO)_t$。现金流入量、现金流出量、净现金流量统称为现金流量。

4.2.2 现金流量的构成

在工程经济分析中，构成系统现金流量的要素，主要有以下一些方面。

1. 固定资产投资及其借款利息

作为项目的固定资产投资，一般而言，在建设期已全部投入了系统，而固定资产投资借款建设期利息也已转为本金投入了系统。因此在工程经济分析中，要将固定资产投资及其建设期借款利息均作为系统的现金流出项计算。

2. 流动资金投资

在项目建成投产时要向系统投入流动资金，以保证生产经营活动的正常进行。因此，在工程经济分析中，要将流动资金投资作为现金流出项计算。

3. 经营成本

经营成本是在项目建成投产后整个运行使用期间内，为生产产品或提供劳务而发生的经常性成本费用支出。因此，在工程经济分析中，要将经营成本作为现金流出项计算。

4. 销售收入

销售收入是项目建成投产后出售商品和提供劳务的货币收入，是直接反映项目真实收益的重要经济参数。因此，在工程经济分析中，要将销售收入作为重要的现金流入项计算。

5. 利润

利润是项目系统经济目标的集中体现，是项目的最终财务成果，也是反映项目经济效益的重要综合指标。企业利润总额包括销售利润，投资净收益以及营业外收支净额。利润总额若为正数，表示盈利；若为负数，则表示亏损。因此，在工程经济分析中，要将利润作为重要的现金流入项计算。

6. 税金

目前国家颁布实行的与企业生产经营活动有密切关系的税种有10种以上。在工程经济分析中，对项目进行财务评价时，将税金作为重要的现金流出项计算。但进行国民经济评价时，企业缴纳的税金，并未减少国民收入，也未发生社会资源的变动，只是相应资源的分配使用权从项目转移到政府手中，是整个国民经济系统的内部转移支付，不是经济费用，故在国民经济评价中既不是现金流出，也不是现金流入。

7. 补贴

对项目的补贴，是与企业缴纳税金相反方向的一种货币流动。如果是专为鼓励或扶持项目系统而发生的补贴，那么财务评价时应作为现金流入项计算。如果补贴是体现在价格、税收、汇率等方面的优惠政策上，那么补贴效益已体现在项目收入的增加或支出的减少，因此财务评价时就不必再单列现金流入或现金流出项计算。对项目进行国民经济评价时，由于补贴既未增加社会资源，也未减少社会资源，而国民收入也并未因补贴发生变化，仅是货币在项目与政府之间的一种转移。因此，在国民经济评价中，补贴既不作为现金流入项计算，也并不作为现金流出项计算。

8. 新增固定资产投资与流动资金投资

在项目建成投产后的运营过程中，如果需要增加投资，那么新增加的固定资产投资和流动资金投资，在工程经济分析中均作为现金流出项计算。

9. 回收固定资产净残值

在项目经济寿命(使用年限)周期终了固定资产报废时的参与价值扣除清理费用之后的余额，即为固定资产的净残值。在工程经济分析中，回收固定资产净残值要作为现金流入项计算。

10. 回收流动资金

在项目经济寿命(使用年限)周期终了停止生产经营活动时，要如数回收投产时或投产后投入的流动资金金额。在工程经济分析时，回收流动资金要作为现金流入项目计算。

4.2.3 现金流量与财务收支的区别

现金流量与财务收支的区别如下：

（1）工程经济学研究的是拟建项目未来将发生的现金流量，是预测出的系统的现金流出量、流入量，精确性非常重要。会计学研究的是已发生的财务收支的实际数据，因而记录的完整性、真实性非常重要。

（2）工程经济学现金流量的计算是以特定的经济系统为研究对象的，凡是已流入或流出系统的资金，都视为现金流量而计入发生时点，如固定资产投资和无形资产以在建设期发生的时点，作为一次性支出而计入了现金流出。因此，就不能在生产经营期以产品成本费用中的折旧、摊销费的形式再计入现金流出，以免重复计算。但是在会计核算中，却以产品成本费用要素的形式逐期计提和摊销。

（3）在工程经济分析中由于考察范围和角度不同，现金流量包括的内容不同。例如，企业上缴给国家的税金从企业角度看是现金流出量，但从国民经济角度看则既不是现金流出也不是现金流入，因为社会资源量未变化，国民收入也未变化，只是在国家范围内资金分配权与使用权的一种转移。而税金在会计学中视为企业财务支出。

（4）工程经济学中现金流量的概念不仅指现钞，还包括转账支票等结算凭证。而会计学中的现金仅指现钞。

4.2.4 现金流量图

现金流量图是一种反映经济系统资金运动状态的图式，运用现金流量图可以全面、形象、直观地表示现金流量的三要素：大小（资金数额）、方向（资金流入或流出）和作用点（资金发生的时间点），如图 4.2 所示。

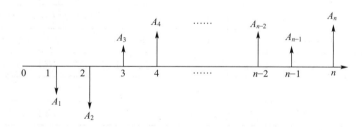

图 4.2　现金流量示意图

现以图 4.2 为例，说明现金流量图的绘制规则如下：

（1）横轴为时间轴，0 表示时间序列的起点，n 表示时间序列的终点。轴上每一间隔代表一个时间单位（计息周期），可取年、半年、季或月等。整个横轴表示的是所考察的经济系统的寿命期。

（2）与横轴相连的垂直箭线代表不同时点的现金流入或现金流出。在横轴上方的箭线表示现金流入（收益）；在横轴下方的箭线表示现金流出（费用）。

(3) 现金流量的方向(流入与流出)是对特定的系统而言的。贷款方的流入是借款方的流出；反之亦然。通常工程项目现金流量的方向是针对资金使用者的系统而言的。

(4) 垂直箭线的长短要能适当体现各时点现金流量的大小，并在各箭线上方(或下方)注明其现金流量的数值。

(5) 垂直箭线与时间轴的交点即为现金流量发生的时点。

4.3 普通复利公式

4.3.1 一次支付终值计算

一次支付又称整付，是指所分析系统的现金流量，无论是流入或是流出，均在一个时点上一次发生，如图4.3所示。一次支付情形的复利计算公式是复利计算的基本公式。在图4.3中：i 为计息期利率；n 为计息期数；P 为现值(即现在的资金价值或本金，present value)，或资金发生在(或折算为)某一特定时间序列起点时的价值；F 为终值(n 期末的资金值或本利和，future value)，或资金发生在某一特定时间序列终点的价值。

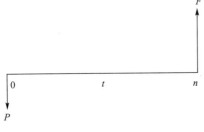

图 4.3 一次支付现金流量示意图

现有一项资金 P，按年利率 i 计算，n 年以后的本利和为多少？

根据复利的定义即可求得本利和 F 的计算公式，其计算过程如表4-4所示。

表 4-4 终值计算过程表

计息期	期初金额	本期利息额	期末本利和 $F_t=(1)+(2)$
1	P	$P \cdot i$	$F_1 = P + P \cdot i = P(1+i)$
2	$P(1+i)$	$P(1+i) \cdot i$	$F_2 = P(1+i) + P(1+i) \cdot i = P(1+i)^2$
3	$P(1+i)^2$	$P(1+i)^2 \cdot i$	$F_3 = P(1+i)^2 + P(1+i)^2 \cdot i = P(1+i)^3$
…	…	…	…
n	$P(1+i)^{n-1}$	$P(1+i)^{n-1} \cdot i$	$F_n = P(1+i)^{n-1} + P(1+i)^{n-1} \cdot i = P(1+i)^n$

由表4-4中可以看出，n 年年末的本利和 F 与本金的关系为

$$F = P(1+i)^n \tag{4.8}$$

式中，$(1+i)^n$ 称为一次支付终值系数，用 $(F/P, i, n)$ 表示，故式(4.8)又可写成：

$$F = P(F/P, i, n) \tag{4.9}$$

在 $(F/P, i, n)$ 这类符号中，括号内斜线上的符号表示所求的未知数，斜线下的符号

表示已知数。整个$(F/P, i, n)$符号表示在已知i, n和P的情况下求解F的值。

4.3.2 一次支付现值计算

由式(4.8)即可求出现值P。

$$P = F(1+i)^{-n} \tag{4.10}$$

式(4.10)中$(1+i)^{-n}$称为一次支付现值系数,用符号$(P/F, i, n)$表示,并按不同的利率i和计息期n列于表中。工程经济分析中一般是将未来值折现到零期,即未来一笔资金乘上一次支付现值系数就可求出其现值,计算现值P的过程叫折现或贴现,其所使用的利率常称为折现率、贴现率或收益率。贴现率、折现率反映了利率在资金时间价值计算中的作用,而收益率反映了利率的经济含义,故$(1+i)^{-n}$或$(P/F, i, n)$也可叫折现系数或贴现系数。式(4.10)常写成:

$$P = F(P/F, i, n) \tag{4.11}$$

【例4-3】 某人希望5年年末得到10 000元资金,年利率$i=10\%$,复利计息,试问现在此人必须一次性投入多少元?

解: 由式(4.11)得:$P = F(P/F, i, n) = 10000(P/F, 10\%, 5)$

从普通复利系数表中查出系数$(P/F, 10\%, 5)$为0.620 9,代入式中得:

$$P = 10\ 000 \times 0.620\ 9 = 6\ 209(元)$$

从上面计算可知,现值和终值的概念正好相反,两者互为逆运算。现值系数和终值系数互为倒数,两者乘积为1。在P一定,n相同时,i越高,F越大;在i相同时,n越长,F越大。在F一定,n相同时,i越高,P越小;在i相同时,n越长,P越小。

在工程项目多方案比较中,由于现值评价常常是选择现在为同一时点,把方案预计的不同时期的现金流量折算成现值,并按现值之代数和大小作出决策。因此,在工程经济分析时应当注意以下两点:

(1) 正确选取折现率。折现率是决定现值大小的一个重要因素,必须根据实际情况灵活选用。

(2) 注意现金流量的分布情况。从收益方面来看,获得的时间越早、数额越大,其现值也越大,因此,应使建设项目早日投产、早日达到设计生产能力、早获收益,多获收益,才能达到最佳经济效益。从投资方面看,投资支出的时间越晚、数额越小,其现值也越小,因此,应合理分配各年投资额,在不影响项目正常实施的前提下,尽量减少建设初期投资额,加大建设后期投资比重。

4.3.3 等额分付终值公式

在工程经济实践中,多次支付是最常见的支付情形。多次支付是指现金流量在多个时点发生,而不是集中在某一个时点上。如果用A_t表示第t期末发生的现金流量大小,可正可负,用逐个折现的方法,可将多次现金流量换算成现值,即

$$P = A_1(1+i)^{-1} + A_2(1+i)^{-2} + \cdots + A_n(1+i)^{-n} = \sum_{i=1}^{n} A_t(1+i)^{-t} \quad (4.12)$$

或
$$P = \sum_{i=1}^{n} A_t(P/F, i, t) \quad (4.13)$$

同理也可将多次现金流量换算成终值：

$$F = \sum_{i=1}^{n} A_t(1+i)^{n-t} \quad (4.14)$$

或
$$F = \sum_{i=1}^{n} A_t(F/P, i, n-t) \quad (4.15)$$

在上面式子中，虽然相关系数都可以通过计算或查复利表得到，但如果 n 较大，A_t 较多时，计算也是比较麻烦的。如果多次现金流量 A_t 是连续的，且数额相等，即 $A_t = A$ = 常数 $t=1,2,3,\cdots n$，则可大大简化计算。

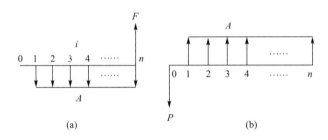

图 4.4 等额系列现金流量示意图
(a) 年金与终值关系；(b) 年金与现值关系

A 为年金，发生在某一特定时间序列各计息期末（不包括零期）的等额资金序列的价值。

由式(4.14)展开得

$$F = \sum_{i=1}^{n} A_t(1+i)^{n-t} = A[(1+i)^{n-1} + (1+i)^{n-2} + \cdots + (1+i) + 1]$$

$$= A \frac{(1+i)^n - 1}{i} \quad (4.16)$$

式中，$\frac{(1+i)^n - 1}{i}$ 称为等额系列终值系数或年金终值系数，用符号 $(F/A, i, n)$，则式(4.16)又可写成

$$F = A(F/A, i, n) \quad (4.17)$$

此系数可从普通复利系数表中查得。

【例 4-4】 若某人 10 年内，每年年末存入银行 1 000 元，年利率 8%，复利计息，问 10 年末此人可从银行连本带利取出多少钱？

解： $F = A(F/A, i, n) = 1\,000(F/A, 8\%, 10) = 1\,000 \times 14.486\,6 = 14\,486.6$(元)

4.3.4 等额分付现值公式

由式(4.10)和式(4.16)得：

$$P=F(1+i)^{-n}=A\frac{(1+i)^n-1}{i(1+i)^n} \tag{4.18}$$

式中，$\frac{(1+i)^n-1}{i(1+i)^n}$ 称为等额系列现值系数或年金现值系数，用符号 $(P/A, i, n)$ 表示，则式(4.18)又可写成

$$P=A(P/A, i, n) \tag{4.19}$$

等额系列现值系数 $(P/A, i, n)$ 可从复利系数表中查得。

【例 4-5】 如果某人期望今后 5 年内每年年末可从银行取回 1 000 元，年利率为 10%，复利计息，问此人必须现在存入银行多少钱？

解： $P=A(P/A, 5, 10\%)=1\,000\times3.790\,8=3\,790.8(元)$

4.3.5 等额分付偿债基金公式

等额分付偿债基金计算是等额系列终值计算的逆运算，故用式(4.16)即可得

$$A=F\frac{i}{(1+i)^n-1} \tag{4.20}$$

式中，$\frac{i}{(1+i)^n-1}$ 称为等额系列偿债基金系数，用符号 $(A/F, i, n)$ 表示，则式(4.20)又可写成

$$A=F(A/F, i, n) \tag{4.21}$$

等额系列偿债基金系数 $(A/F, i, n)$ 可从普通复利系数表中查得。

【例 4-6】 某人欲在第 5 年年末获得 10 000 万元，若每年存款金额相等，年利率为 10%，复利计息，则每年年末须存款多少元？

解： $A=F(A/F, i, n)=10\,000(A/F, 10\%, 5)=10\,000\times0.163\,8=1\,638(元)$

4.3.6 资金回收公式

由式(4.18)可知，等额系列资金回收计算是等额系列现值计算的逆运算，可得

$$A=P\frac{i(1+i)^n}{(1+i)^n-1} \tag{4.22}$$

式中，$\frac{i(1+i)^n}{(1+i)^n-1}$ 称为等额系列资金回收系数，用符号 $(A/P, i, n)$ 表示，则式(4.22)又可写成

$$A=P(A/P, i, n) \tag{4.23}$$

等额系列资金回收系数 $(A/P, i, n)$ 可从普通复利系数表中求得。

【例 4-7】 若某人现在投资 10 000 元，年回报率为 8%，每年年末等额获得收益，

10年内收回全部本利,则每年应收回多少元?

解: $A=P(A/P,i,n)=10\,000(A/P,8\%,10)=10\,000\times0.149\,0=1\,490(元)$

4.4 普通复利系数表和线性内插法

4.4.1 普通复利系数表

1. 编制原因

用普通复利公式计算复利时,每次都要计算所需的复利系数。计算较为烦琐,计算工作量大。为简化计算,减少计算工作量,编制了复利系数表。在表内按不同的利率 i(如从0.5%至50%)与不同的计息周期数 n(如从1至50或100)把各种复利系数值都已列表计算出来。所以只要已知 i 和 n,就可查得所需要的系数值 f,也就可以查得利率 i(或 n),计算起来十分方便。普通复利系数表,详见本书后所列附表。

2. 普通复利系数表的构成

表内按不同利率 i、不同计息周期数 n,把各种复利系数值 f 已列表计算出来。只要已知 i 和 n,就可以查得所需要的系数值 f;同样,如果已知计息周期数 n 和复利系数值 f,也可查得利率 i;或已知利率 i 和复利系数 f,也可查得计息周期数 n。

4.4.2 线性内插法

1. 线性内插法的含义

假定复利系数 f 与利率 i 或计息周期 n 之间是线性关系,根据已知的 f、i 或 n 来求取未知的 n 或 i。

2. 线性内插法使用的原因

复利系数表中的利率 i 和计息周期 n,都是离散型数据,不是连续的。但在实际工作中,常常需要计算任意 i 和 n 的各种复利系数。即需要计算 i 或 n 为任意两个数值区间的某一个确定值的复利系数。这时需要用线性内插法计算出任意 i 或 n 的复利系数值。

另外,在已知系数值 f 和 n,反求 i;或已知 f 和 i,反求 n,也应使用线性内插法。

3. 线性内插法使用前提

各种复利系数 f 随利率 i 或计息周期数 n 的变化并非都是线性变化关系,但是当 i 或 n 的任意两个数值的间距不大时,即使是非线性变化关系,而用线性内插法求得的近似值,与真实值也是十分接近的。采用线性内插法计算是比较精确的,线性化计算是可行的。

两个已知的 i 或 n 应尽可能接近。

4. 线性内插法的应用

采用线性内插法计算时,通常要按下列形式列出已知与未知数值,即

其几何图形如图 4.5 所示(正相关),或几何图形如图 4.6 所示(负相关)。

图 4.5　线性内插法几何图形(正相关)　　图 4.6　线性内插法几何图形(负相关)

负相关时,可按下列形式列出已知与未知数值,即

上列图表可表明,当利率从 i_1(或 n_1)变化至 i_2(或 n_2),变化量为 b 时,其对应的复利系数从 f_1 变化至 f_2,变化量为 d。按线性比例关系计算,可得到足够精确的近似值。由上列几何图形可得到如下线性比例关系:

$$\because \frac{a}{b}=\frac{c}{d}, \therefore a=\frac{c}{d} \cdot b \text{ 或 } c=\frac{a}{b} \cdot d \tag{4.24}$$

即表明已知 a、b、d,就可求出 c 值,因而也就可以很容易求得任意 i 或 n 时的复利系数值 x。

【例 4-8】　求复利系数 $(F/A, 11.5\%, 10)$。

解:$n=10$ 年时,查复利系数表得

$i=10\%$ 时,$(F/A, 10\%, 10)=15.9374$;

$i=12\%$ 时,$(F/A, 12\%, 10)=17.5487$;

$$\frac{11.5\%-10\%}{12\%-10\%}=\frac{(F/A, 11.5\%, 10)-15.9374}{17.5487-15.9374}$$

解得:$(F/A, 11.5\%, 10)=17.1459$。

【例 4-9】 按照我国的相关经济发展规划，2000 年的我国的国民生产总值在 1995 年 5.76 万亿元的基础上达到 8.5 万亿元；按 1995 年不变价格计算，在 2010 年实现国民生产总值在 2000 年的基础上翻一番，问"九五"期间我国国民生产总值的年增长率为多少？2000 年到 2010 年的增长率为多少？

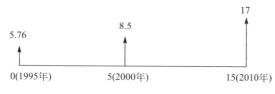

图 4.7 例 4-9 现金流量

解：根据题意绘出现金流量图（如图 4.7 所示）。

由 $F=P(1+i)^n$ 两边取对数即可解得 i，但计算较烦琐，一般不用，而是利用复利表计算。由公式 $F=P(F/P,i,n)$ 得 $(F/P,i,n)=F/P$，则

(1) "九五"期间我国国民生产总值增长率 i_1。

$(F/P,i_1,5)=8.5/5.76=1.4757$

查复利表得 $(F/P,8\%,5)=1.4693$；$(F/P,9\%,5)=1.5386$；

显然，所求 i_1 在 8% 和 9% 之间，利用线性内插法即可解得

$$i_1=8\%+\frac{(1.4757-1.4693)}{(1.5386-1.4693)}(9\%-8\%)=8.09\%$$

(2) 2000 年到 2010 年我国国民生产总值增长率 i_2。

同理可得 $(F/P,i_2,10)=17/8.5=2$

查表得 $(F/P,7\%,10)=1.9672$ $(F/P,8\%,10)=2.1589$

线性内插得 $i_2=7\%+\dfrac{(2-1.9672)}{(2.1589-1.9672)}(8\%-7\%)=7.17\%$

答："九五"期间我国国民生产总值的年增长率为 8.09%，2000 年到 2010 年年增长率为 7.17%。

【例 4-10】 某公司贷款 200 万元建设一工程，第 2 年底建成投产，投产后每年收益 40 万元。若年利率为 10%，问在投产后多少年能归还 200 万元的本息？

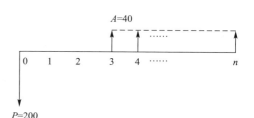

图 4.8 例 4-10 现金流量

解：(1) 现金流量如图 4.8 所示。

(2) 以投产之日第 2 年年底（即第 3 年年初）为基准期，计算 F_P：

$$F_P=200(F/P,10\%,2)=200\times1.210=242(万元)$$

(3) 计算返本期。

由 $P=A(P/A,i,n)$ 得

$(P/A,i,n-2)=P/A=242/40=6.05$

查复利表得 $(P/A,10\%,9)=5.7590$

$(P/A,10\%,10)=6.1446$

由线性内插法求得 $n-2=9.7547$（年）

答：在投产后 9.7547 年才能返还投资。

4.5 名义利率和实际利率

4.5.1 名义利率和实际利率的概念

在复利计算中,通常所说的年利率都是名义利率,如果计息周期不加以说明,则表示 1 年计息 1 次,此时的年利率也就是实际利率。当利率周期与计息周期不一致时,就出现了名义利率和实际利率的概念。

1. 名义利率

所谓名义利率 r 是指计息周期利率 i 乘以一个利率周期内的计息周期数 m 所得的利率周期利率,即

$$r = i \times m \qquad (4.25)$$

若月利率为 1%,则年名义利率为 12%。可见,计算名义利率时忽略了前面各期利息再生的因素。通常所说的利率周期利率都是名义利率。

2. 实际利率

若用计息周期利率来计算利率周期利率,并将利率周期内的利息再生因素考虑进去,这时所得的利率周期利率称为利率周期实际利率(又称有效利率)。

根据利率的概念可推导出实际利率的计算式。

已知名义利率 r,一个利率周期内计息 m 次,则计息周期期利率 $i = r/m$,在某个利率周期初有资金 P,根据一次支付终值公式可得该利率周期的 F,即:

$$F = P\left(1 + \frac{r}{m}\right)^m \qquad (4.26)$$

根据利息的定义可得该利率周期的利息 I 为

$$I = (F - P) = P\left(1 + \frac{r}{m}\right)^m - P = P\left[\left(1 + \frac{r}{m}\right)^m - 1\right] \qquad (4.27)$$

再根据利率的定义可得该利率周期的实际利率 i_{eff} 为

$$i_{\text{eff}} = \frac{I}{P} = \left(1 + \frac{r}{m}\right)^m - 1 \qquad (4.28)$$

3. 名义利率与实际利率的关系

现设年名义利率 $r = 10\%$,则年、半年、季、月、日的年实际利率见表 4-5。

从表 4-5 可以看出,每年计息期 m 越多,i_{eff} 与 r 相差越大。名义利率与实际利率的关系就如同单利和复利的关系一样,所不同的是名义利率和实际利率是用在计息周期小于利率周期时。所以在工程经济分析中,如果各方案的计息期不同,就不能简单地使用名义利率来评价,而必须换算成实际利率进行评价,否则会得出不正确的结论。

表 4-5 实际利率与名义利率的关系

年名义利率(r)	计息期	年计息次数(m)	计息期利率 ($i=r/m$)	年实际利率 (i_{eff})
10%	年	1	10%	10%
	半年	2	5%	10.25%
	季	4	2.5%	10.38%
	月	12	0.833%	10.47%
	日	365	0.0274%	10.52%

4.5.2 名义利率和实际利率的应用

1. 计息周期小于(或等于)资金收付周期的等值计算方法

(1) 按收付周期实际利率计算。
(2) 按计息周期利率计算，即

$$F=P(F/P,\ r/m,\ mn) \tag{4.29}$$
$$P=F(P/F,\ r/m,\ mn) \tag{4.30}$$
$$F=A(F/A,\ r/m,\ mn) \tag{4.31}$$
$$P=A(P/A,\ r/m,\ mn) \tag{4.32}$$
$$A=F(A/F,\ r/m,\ mn) \tag{4.33}$$
$$A=P(A/P,\ r/m,\ mn) \tag{4.34}$$

上式中，r/m 为收付周期实际利率；m 为收付周期中的计息次数。

【例 4-11】 某人现在存款 1 000 元，年利率 10%，计息周期为半年，复利计息。问 5 年年末存款金额为多少？

解： 现金流量如图 4.9 所示。

(1) 按年实际利率计算。

$$i_{eff}=(1+10\%/2)^2-1=10.25\%$$

则 $F=1\ 000(F/P,\ 10.25\%,\ 5)=1\ 000\times 1.629\ 5=1\ 629.5$(元)

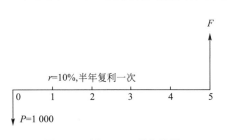

图 4.9 例 4-11 现金流量

(2) 按计息周期利率计算。

$F=1\ 000(F/P,\ 10\%/2,\ 2\times 5)=1\ 000(F/P,\ 5\%,\ 10)=1\ 000\times 1.628\ 9=1\ 628.9$(元)

上述两法计算结果略有差异，是因为按实际利率计算时，实际利率不是整数，无表可查，在利率间用线性内插法计算时引起系数有微小差异。此差异虽是允许的，但计算较烦琐，故在实际中常采用计息周期利率来计算。但应注意，对等额系列流量，只有计息周期与收付周期一致时才能按计息周期利率计算，否则，只能用收付周期实际利率来计算。

【例 4-12】 某人每半年存款 1 000 元，年利率 8%，每季计息一次，复利计息。问 5

年年末存款金额为多少?

解:现金流量如图 4.10 所示。

由于本例计息周期小于收付周期,不能直接采用计息周期利率计算,故只能用实际利率来计算。

计息周期利率 $i=r/m=8\%/4=2\%$

半年实际利率 $i_{\text{eff}}=(1+2\%)^2-1=4.04\%$

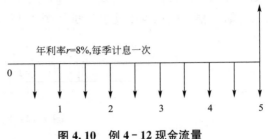

图 4.10 例 4-12 现金流量

则 $F=1\,000(F/A, 4.04\%, 2\times 5)=1\,000\times 12.029=12\,029$(元)

2. 计息周期大于收付周期的等值计算

由于计息周期大于收付周期,计息周期内的收付常采用下列三种方法之一进行处理。

(1) 不计息。在工程经济分析中,当计息期内收付不计息时,其支出计入期初,其收益计入期末。

(2) 单利计息。在计息期内的收付均按单利计息,其计算公式如下:

$$A_t=\sum A'_k[1+(m_k/N)\times i] \tag{4.35}$$

式中,A_t——第 t 计息期末净现金流量;

N——一个计息期内收付周期数;

A'_k——第 t 计息期内第 k 期收付金额;

m_k——第 t 计息期内第 k 期收付金额到达第 t 计息期末所包含的收付周期数;

i——计息期利率。

【**例 4-13**】 付款情况如图 4.11 所示,年利率为 8%,半年计息一次,复利计息,计息期内的收付款利息按单利计算,问年末金额多少?

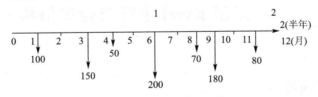

图 4.11 例 4-13 现金流量

解:计息期利率 $i=8\%/2=4\%$,由式(4.35)得

年利率 $r=8\%$,半年计息一次,计息期内的收付款利息按单利计算

$A_1=100[1+(5/6)\times 4\%]+150[1+(3/6)\times 4\%]+50[1+(2/6)\times 4\%]+200=507$

$A_2=70\left(1+\dfrac{4}{6}\times 4\%\right)+180\left(1+\dfrac{3}{6}\times 4\%\right)+80\left(1+\dfrac{1}{6}\times 4\%\right)=336$

然后利用普通复利公式即可求出年末金额 F 为

$F=507(F/P, 4\%, 1)+336=507\times 1.04+336=863.28$

(3) 复利计息。在计息周期内的收付按复利计算,此时,计息期利率相当于"实际利率",收付周期利率相当于"计息期利率"。收付周期利率的计算正好与已知名义利率去求解实际利率的情况相反。收付周期利率计算出来后即可按普通复利公式进行计算。

【**例 4-14**】 某人每月存款 100 元,期限一年,年利率 8%,每季计息一次,复利计息，计息期内收付利息按复利计算，问年末此人的存款金额有多少?

解：根据题意绘制现金流量如图 4.12 所示。

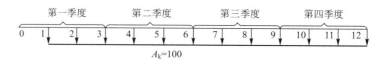

图 4.12 例 4-14 现金流量

名义利率 8%，每季计息一次，计息期内收付利息按复利计算。

计息期利率(即季度实际利率) $i_季 = 8\%/4 = 2\%$

运用实际利率公式计算收付期利率如下：

$$i_{\text{eff}} = \left(1 + \frac{r}{m}\right)^m - 1$$

$$i_季 = \left(1 + \frac{r_季}{3}\right)^3 - 1 = 2\%$$

解得
$$r_季 = 1.9868\%$$

则每月利率 $r_月 = 0.6623\%$，每月复利一次，这与季度利率 2%，季度复利一次是相同的。利用普通复利公式即可求出年末金额 F 为

$$F = 100(F/A, 0.6623\%, 12) = 100 \times 12.4469 = 1244.69(元)$$

注意：在计息周期内的收付按复利计算时，收付周期利率不能直接使用每月利率，即 $(8\%/12) = 0.6667\%$，因为复利是季度一次而非每月一次。

4.6 运用 Excel 进行资金等值换算

4.6.1 终值计算函数

终值计算函数的格式为 FV(rate，nper，pmt，pv，type)

其中，rate——利率；

nper——总投资期，即该项投资总的付款期数；

pmt——各期支付金额，在整个投资期内不变(该参数为 0 或省略，则函数值为复利终值)；

pv——现值，也称本金(该参数为 0 或省略，则函数值为年金终值)；

type 只有数值 0 或 1，0 或省略表示首付时间是期末，1 表示收付时间是期初。

【例 4-15】 年利率为 5%，现值为 2 000 元，计算 5 年后的终值。

解：直接在 Excel 某单元格中输入"=FV(5%，5，2 000)"

运算单元格后得到结果：-2 552.56。

也可以直接运用 Excel 的内置函数进行计算，得到的结果相同。

4.6.2 现值计算函数

现值计算函数的格式为 PV(rate，nper，pmt，fv，type)

其中，参数 rate，nper，pmt 和 type 的含义与 FV 函数中的参数含义相同。FV 代表未来值，在 PV 函数中，若 pmt 参数为 0 或省略，则函数值为复利现值；若 FV 参数为 0 或省略，则函数值为年金现值。

【例 4-16】 年利率为 5%，终值为 2 000 元，计算 5 年期的现值。

解：直接在 Excel 某单元格中输入"=PV(5%，5，2 000)"

运算单元格后得到结果：-1 567.05。

也可以直接运用 Excel 的内置函数进行计算，得到的结果相同。

【例 4-17】 年利率为 5%，年金为 400 元，计算 5 年期的年金现值。

解：直接在 Excel 某单元格中输入"=PV(5%，5，400)"

运算单元格后得到结果：-1 731.79。

也可以直接运用 Excel 的内置函数进行计算，得到的结果相同。

4.6.3 偿债基金和资金回收计算函数

该函数的格式为：PMT(rate，nper，pv，fv，type)

其中，参数 rate，nper，pmt 和 type 的含义与 FV 和 PV 函数中的参数含义相同。

在 pmt 函数中，若 PV 参数为 0 或省略，则函数值为偿债基金值；若 FV 参数为 0 或省略，则函数值资金回收值。

【例 4-18】 年利率为 5%，终值为 2 000 元，计算 5 年期的年金现值。

解：直接在 Excel 某单元格中输入"=PMT(5%，5，2 000)"

运算单元格后得到结果：-361.95。

也可以直接运用 Excel 的内置函数进行计算，得到的结果相同。

【例 4-19】 年利率为 5%，现值为 2 000 元，计算 5 年期的年金现值。

解：直接在 Excel 某单元格中输入"=PMT(5%，5，2 000)"

运算单元格后得到结果：-461.95。

也可以直接运用 Excel 的内置函数进行计算，得到的结果相同。

本 章 小 结

本章首先提出了现金流量概念及现金流量图绘制方法，重点介绍了资金时间价值的意义、衡量尺度及计算公式。资金时间价值分析的根本目的是促进资金使用价值的提高，资金等值是工程经济分析中非常重要的概念。运用 Excel 这一工具，可使资金等值换算更加便捷。

习　　题

一、单项选择题

1. 投资者投资某一个项目，首先要考虑在一定时间内获取的收益是否高于银行利息，所以利息常被视为资金的(　　)。
   A. 沉没成本　　　　B. 机会成本　　　　C. 基准收益率　　　　D. 回报
2. 利率是各国调整国民经济的杠杆之一，其高低首先取决于(　　)。
   A. 金融市场借贷资本的供求状况　　　B. 借贷资本的期限
   C. 通货膨胀的波动影响　　　　　　　D. 社会平均利润率的高低
3. 下列关于现金流量的说法中，正确的是(　　)。
   A. 收益获得的时间越晚、数额越大，其现值越大
   B. 收益获得的时间越早，数额越小，其现值越小
   C. 投资支出的时间越早、数额越小，其现值越大
   D. 投资支出的时间越晚、数额越小，其现值越小
4. 现金流入是(　　)。
   A. 生产成本　　　　B. 项目投资　　　　C. 收到的租金　　　　D. 税金
5. 现金流出是(　　)。
   A. 项目投资　　　　B. 收到的租金　　　　C. 应付账款　　　　D. 应收账款

二、多项选择题

1. 下列关于资金时间价值的说法中，正确的有(　　)。
   A. 在单位时间资金增值率一定的条件下，资金使用时间越长，则资金时间价值就越大
   B. 资金数量越大，则资金时间价值越大
   C. 资金周转速度越快，资金时间价值越大
   D. 在总投资一定的情况下，前期投资越大，资金的负效益越大
   E. 在回收资金额一定的情况下，在离现时点越远的时点上回收资金越多，资金时间价值越小
2. 现金流量图可以反映的项目信息包括(　　)。
   A. 现金流量的大小　　　　　　B. 现金流发生的时间点
   C. 净现值的大小　　　　　　　D. 投资回收的快慢
   E. 现金流量的方向
3. 年利率为10%，半年计息一次，则(　　)。
   A. 半年名义利率为5%　　　　B. 半年实际利率为5%
   C. 年实际利率为10.25%　　　D. 年实际利率为10%
   E. 年实际利率为5%

三、思考题

1. 什么是现金流量？

2. 构成现金流量的基本经济要素有哪些？
3. 绘制现金流量图的主要注意事项是什么？
4. 在工程经济分析中是如何对时间因素进行研究的？试举例说明。
5. 什么是资金的时间价值？如何理解资金的时间价值？
6. 单利与复利的区别是什么？试举例说明。
7. 什么是终值、现值、等值？
8. 什么是名义利率、实际利率？

四、计算题

1. 某企业一年前买了 1 万张面额为 100 元、年利率为 10%（单利）、3 年后到期一次性还本付息国库券。现在有一机会可以购买年利率为 12%、两年期、到期还本付息的无风险企业债券，该企业拟卖掉国库券购买企业债券，试问该企业可接受的国库券最低出售价格是多少？

2. 某人从 25 岁参加工作起至 59 岁，每年存入养老金 5 000 元，若利率为 6%，则此人在 60~74 岁每年可以领到多少钱？

3. 某企业获得 10 万元贷款，偿还期 5 年，年利率为 10%，试就下面四种还款方式，分别计算 5 年还款总额及还款额的现值。
   (1) 每年末还 2 万元本金和所欠利息。
   (2) 每年末只还所欠利息，本金在第 5 年年末一次还清。
   (3) 每年末等额偿还本金和利息。
   (4) 第 5 年年末一次还清本金和利息。

4. 某公司欲引进一项专利，对方提出有两种付款方式可供选择。一种是：一笔总算售价 25 万美元，一次支付；另一种是：总算与提成相结合，其具体条件是，签约时付费 5 万元，2 年建成投产后，按产品每年销售收入 60 万元的 6% 提成（从第 3 年年末开始至第 12 年末）。若资金利率为 10%，问从经济角度该公司应选择哪种付款方式？

5. 某企业向银行贷款 20 万元，条件是年利率 12%，每月计息一次，求 3 年年末应归还的本利和？

6. 某企业拟购买一项专利技术，预计该专利技术使用后可产生年净收益 28 万元，有效使用期为 6 年，若投资收益率为 15%，试求该专利技术的价值。

7. 某人每年年末等额存入 1 500 元，连续 10 年，准备在第 6 年、第 10 年、第 15 年年末支取三次，金额相等，若年利率为 12%，求支取金额为多少？

8. 某永久性投资项目，预计建成后年净收益 5 600 万元，若期望投资收益率 12%，求允许的最大投资现值为多少？

9. 某人每月末存款 100 元，期限 5 年，年利率 10%，每半年复利一次，计息周期内存款试分别按单利和复利计算，求第 5 年年末可得本利和多少？

第5章 工程项目单方案经济评价

学习目标

(1) 掌握静态投资回收期的计算公式、评价准则。
(2) 掌握净现值的计算公式、评价标准。
(3) 掌握内部收益率的经济含义、计算方法及评价准则。
(4) 熟悉动态投资回收期的计算方式。
(5) 熟悉净年值的计算方式及适用范围。
(6) 了解外部收益率、净现值率、投资收益率的含义。
(7) 了解偿债能力指标的含义及评价准则。
(8) 了解 Excel 计算评价指标的常用函数。

 **导入案例**

东方公司预投资建设一家生产电机的工厂,初始投资 1 000 万美元,当年正式投产。在正常年份的投入和产出预计为:每个月生产投入劳动力 20 000 人·时,人均工资每小时 15 美元;投入铜 50 000 磅,铜的价格为 80 美分/磅;每个月产出 8 000 台电机,每台电机价格为 52.50 美元。假定企业如此运转 20 年后废弃,最后设备的残值为 100 万美元。

案例分析:该项目决策需要考虑其各年的现金流量,需要用到本章所讲的投资回收期、净现值、内部收益率等评价指标。

5.1 工程项目经济评价指标概述

为了确保投资决策的正确性和科学性,研究工程项目经济评价的指标和方法是十分必要的。工程项目经济评价的方法和指标是多种多样的,这些指标从不同的侧面反映投资项目的某一工程技术方案的经济性。在具体选用哪一种方法或指标时,评价者可以依据可获得资料的多少,以及项目本身所处条件的不同,选用不同的指标和方法。

工程项目经济评价指标和方法可以从不同的角度进行分类,常见的分类有以下几种。

5.1.1 按评价指标计算所依据的经济要素是否确定

根据评价指标计算所依据的经济要素是否确定,工程项目经济评价的方法包括确定性评价方法和不确定性评价方法两类。确定性评价方法的指标计算所依据的相关经济要素是确定的;不确定性经济评价方法的指标计算所依据的相关经济要素是可变的,不是唯一的,盈亏平衡分析、敏感性分析属于不确定性分析。一般而言,同一个投资项目应同时进行确定性评价和不确定性评价。

5.1.2 按评价指标的计算是否考虑资金时间价值

按工程项目经济评价指标是否考虑资金的时间价值,可将项目经济评价方法分为动态评价指标和静态评价指标。静态评价方法是不考虑资金时间价值的方法,其特点是计算较简便、直观、易于掌握;但也存在着项目经济效益反映不准确等问题,静态投资回收期、投资收益率等属于静态投资回收期。动态评价指标是考虑资金时间价值的指标,如动态投资回收期、净现值、内部收益率等。动态评价指标克服了静态评价指标的缺点,但计算需要依据较多的数据和资料,过程也较复杂。

5.1.3 按评价指标所反映的经济性质

工程项目的经济性质体现在所投入资金的回收速度、项目的盈利能力和资金的使用效率等三个方面。同样可将工程项目的评价指标分为时间型评价指标、价值型评价指标和比率型评价指标。时间型评价指标是根据时间长短来衡量项目对其投资回收能力的指标；常用的时间型评价指标有静态投资回收期、动态投资回收期、增量静态投资回收期、增量动态投资回收期。价值型评价指标是反映项目投资的净收益绝对量的大小的指标；常用的价值型评价指标有净现值、净年值、费用现值和费用年值等。比率型评价指标是反映项目单位投资获利能力或项目对贷款利率的最大承受能力指标；常用的比率型评价指标有投资收益率、内部收益率、净现值率和费用效益比等。

5.1.4 按评价指标所反映的内容

工程项目经济评价指标可以从贷款者和借款者两个方面进行分析，评价指标可以分为反映盈利能力的指标和反映清偿能力的指标。反映盈利能力的指标有静态投资回收期、动态投资回收期、净现值、内部收益率、投资收益率等；反映清偿能力的指标有借款偿还期、利息备付率、偿债备付率等。

5.1.5 按评价指标在评价过程中所起的作用

工程项目经济评价指标根据其在评价过程中所起的作用可分为单方案评价指标和多方案优选指标。单方案评价指标仅能进行单一方案的可行性评价，如静态投资回收期、动态投资回收期、内部收益率、投资收益率、净现值率、费用效益比等。多方案优选指标适用于对两个或多个可行方案进行选优，如增量静态投资回收期、增量动态投资回收期、增量内部收益率等。由于计算公式本身的特殊性，净现值、净年值等指标既可用于单方案的评价，也可用于多方案的选优。

表5-1列出了工程项目评价常用的指标，这些指标的意义、计算及应用将在以后各章节中分别进行讨论。

表 5-1 工程项目评价常用的指标

评价指标		时间型评价指标	价值型评价指标	比率型评价指标
静态评价指标	单方案评价指标	静态投资回收期		投资收益率
	多方案评价指标	增量静态投资回收期		增量投资收益率
动态评价指标	单方案评价指标	动态投资回收期	净现值、净年值	内部收益率、净现值率、费用效益比
	多方案评价指标	增量动态投资回收期	净现值、净年值 费用现值、费用年值	增量内部收益率 增量费用效益比

5.2 时间型评价指标

时间型评价指标指的是投资回收期，一般也称作返本期或投资返本年限，是反映项目或方案投资回收速度的重要指标。它是以项目的净收益（包括利润和折旧）抵偿其全部投资所需要的时间，通常以年表示。投资回收期一般从投资开始年算起，如果从投产开始年算起，应加以说明。根据是否考虑资金的时间价值，投资回收期分为静态投资回收期和动态投资回收期。

5.2.1 静态投资回收期（P_t）

1. 静态投资回收期的定义

静态投资回收期是指在不考虑资金时间价值的条件下，以项目净收益抵偿全部投资所需要的时间。

2. 静态投资回收期的计算式

1) 基于概念的计算式

根据静态投资回收期的定义，P_t 的计算式为

$$\sum_{t=0}^{P_t}(CI-CO)_t = \sum_{t=0}^{P_t}NCF_t = 0 \tag{5.1}$$

式中：CI——某年份的现金流入量，元；
　　　CO——某年份的现金流出量，元；
　　　NCF——某年份的净现金流量，元；
　　　t——年份，年。

2) 实际计算式

实际的计算过程中，当累计净现金流量等于零时，往往不是某一自然年份。这时，可采用下列公式计算：

$$P_t = \begin{pmatrix}累计净现金流量开始\\出现正值的年份数\end{pmatrix} - 1 + \begin{pmatrix}\dfrac{上年累计净现金流量的绝对值}{当年净现金流量}\end{pmatrix} \tag{5.2}$$

3) 项目或方案净收益相等时

如果项目或方案的总投资为 I，项目或方案投产后年净收益相等且均为 R，则有：

$$\sum_{t=0}^{P_t}NCF_t = \sum_{t=0}^{m}I_t - \sum_{t=m}^{P_t}R = 0 \tag{5.3}$$

$$\sum_{t=0}^{m}I_t - \sum_{t=m}^{P_t}R = I - R(P_t - m) = 0 \tag{5.4}$$

$$P_t = \frac{I}{R} + m \tag{5.5}$$

以上各式中，m 为项目或方案的建设期。

3. 静态投资回收期的评价准则

将方案或项目计算得到的静态投资回收期 P_t 与行业或投资者设定的基准投资回收期 P_c 进行比较,若 $P_t \leqslant P_c$,则可以考虑接受该项目或方案;若 $P_t > P_c$,则可以考虑拒绝该项目或方案。静态投资回收期主要用于判断单一方案的可行与否,进行项目盈利能力分析。

4. 静态投资回收期的特点

(1) 静态投资回收期 P_t 的优点在于:第一,其含义明确、直观、计算过程较方便;第二,静态投资回收期在一定程度上反映了项目或方案的抗风险能力,静态投资回收期评价项目或方案的标准是资金回收期限的长短,而风险随着时间的延长可能会增加,资金回收速度快表明项目在时间尺度上有一定的抗风险能力。由于静态投资回收期综合反映了项目的盈利能力和抗风险能力,该指标是人们容易接受和乐于使用的一种经济评价指标。

(2) 静态投资回收期 P_t 这一指标也有不足之处,主要表现为:第一,该指标没有考虑资金的时间价值,如果作为项目或方案的取舍依据,可能会作出错误的判断;第二,该指标舍弃了投资回收期以后的现金流量情况,没有从整个项目周期出发来考虑,有一定的局限性;第三,基准回收期 P_c 确定问题。P_c 的确定取决于项目的寿命,而决定项目寿命的因素既有技术方面的,还有产品的市场需求方面的。随着技术进步的加速,各部门各行业的项目寿命相对缩短,从而导致部门或行业的 P_c 各不相同,而且应及时加以调整。部分行业的基准投资回收期见表 5-2。

表 5-2 部分行业基准投资回收期

行　业	基准投资回收期/年	行　业	基准投资回收期/年
冶　金	8.8～14.3	机　械	8～15
煤　炭	8～13	化　工	9～11
有色金属	9～15	纺　织	10～13
油田开采	6～8	建　材	11～13

总之,静态投资回收期没有从项目的寿命周期出发去考虑分析,也没有考虑资金的时间价值,有可能导致判断的失误;另外,由于没有公认的行业基准投资回收期,也给项目的经济评价工作带来了不明晰性。静态投资回收期不是全面衡量项目经济效益的理想指标,可以作为辅助指标与其他指标结合起来使用。

【例 5-1】 某项目的现金流量见表 5-3,试计算其静态投资回收期。若该项目的基准投资回收期为 5 年,则该项目是否可以考虑接受?

表 5-3 例 5-1 现金流量表　　　　　　　　单位:元

年　份	0	1	2	3	4	5	6	7	8
净现金流量	-6 000	-3 000	3 600	3 600	7 200	7 200	7 200	7 200	7 200
累计净现金流量	-6 000	-9 000	-5 400	-1 800	5 400	12 600	19 800	27 000	34 200

解: 根据式(5.2),有

$$P_t = 4 - 1 + \frac{|-1\ 800|}{7\ 200} = 3.25\ \text{年}$$

由于该项目的静态投资回收期 $P_t = 3.25$ 年 < 5 年

所以该项目可以接受。

5.2.2 动态投资回收期(P_t')

1. 动态投资回收期的定义

动态投资回收期是指在考虑资金时间价值的条件下，以项目净收益抵偿全部投资所需要的时间。该指标克服了静态投资回收期的缺陷，一般也从投资开始年算起。

2. 动态投资回收期的评价准则

将方案或项目计算得到的动态投资回收期 P_t' 与行业或投资者设定的基准投资回收期 P_c 进行比较，若 $P_t' \leqslant P_c$，可以考虑接受该项目或方案；若 $P_t' > P_c$，可以考虑拒绝该项目或方案。用于判断单一方案的可行与否，反映项目的盈利能力。

3. 动态投资回收期的计算式

1) 基于概念的计算式

根据动态投资回收期的定义，P_t' 的计算式为

$$\sum_{t=0}^{P_t'}(CI-CO)_t(1+i_c)^{-t} = \sum_{t=0}^{P_t'} NCF_t(1+i_c)^{-t} = 0 \tag{5.6}$$

式中，CI——某年份的现金流入量，元；

　　　CO——某年份的现金流出量，元；

　　　NCF——某年份的净现金流量，元；

　　　t——年份，年；

　　　i_c——基准收益率。

2) 实际计算式

实际的计算过程中，当累计净现金流量折现值等于零时，往往不是某一自然年份。这时，可首先根据各年净现金流量可采用下列公式计算：

$$P_t' = \begin{pmatrix} 累计折现值出 \\ 现正值的年数 \end{pmatrix} - 1 + \begin{pmatrix} \dfrac{上年累计折现值的绝对值}{当年净现金流量的折现值} \end{pmatrix} \tag{5.7}$$

3) 特殊计算式

设项目投资为 I，各年净现金流量相等为 R，寿命为 t，基准收益率为 i_c，动态投资回收期可按下式计算：

$$R = I \frac{i(1+i_c)^t}{(1+i_c)^t - 1} \tag{5.8}$$

由式(5.8)可得：

$$(1+i_c)^t = \frac{1}{1 - i_c \dfrac{I}{R}} \tag{5.9}$$

对式(5.9)两边取对数：

$$t = -\frac{\ln(1-i_c\frac{I}{R})}{\ln(1+i_c)} \tag{5.10}$$

由式(5.10)可得动态投资回收期 P'_t

$$P'_t = -\frac{\ln\left(1-i_c\frac{I}{R}\right)}{\ln(1+i_c)} \tag{5.11}$$

【例 5-2】 求例 5-1 的动态投资回收期,设基准收益率为 10%,并从动态投资回收期的角度考虑项目是否可以。

表 5-4 为例 5-2 计算表,其计算结果,代入式(5.7)可得:

$$P'_t = 4-1+\frac{|-3047.6|}{4917.6} = 3.62(年)$$

由于 $p'_t = 3.62$ 年 <5 年

该项目可以考虑接受。

与静态投资回收期为 3.25 年相比较,项目的动态投资回收期要长一些。

表 5-4 例 5-2 计算表　　　　　　　　　　单位:元

年份	0	1	2	3	4	5	6	7	8
净现金流量	-6 000	-3 000	3 600	3 600	7 200	7 200	7 200	7 200	7 200
10%的折现系数	1	0.909 1	0.826 4	0.751 3	0.683 0	0.620 9	0.564 5	0.513 2	0.466 5
净现金流量折现值	-6 000	-2 727.3	2 975.0	2 704.7	4 917.6	4 470.5	4 064.4	3 695.0	3 358.8
累计净现金流量折现值	-6 000	-8 727.3	-5 752.3	-3 047.6	1 870.0	6 340.5	10 404.9	14 099.9	17 458.7

4. 动态投资回收期的特点

(1) 动态投资回收期的计算,考虑了资金的时间价值,结果较为合理。

(2) 动态投资回收期同样没有考虑投资回收期之后现金流量情况,不能反映项目在整个寿命期内的真实经济效果。

5.3 价值型评价指标

价值型评价指标是通过计算各个项目方案在整个寿命期内的价值作为判断其经济可行性及选优的基础。

5.3.1 净现值(NPV)

净现值(net present value,NPV)指标是对投资项目进行动态评价的最重要的指标之一,该指标考察了项目寿命周期内各年的净现金流量。

1. 概念

所谓净现值是指把项目计算期内各年的净现金流量,按照一个给定的标准折现率(基准收益率)折算到建设期初(项目计算期第一年年初)的现值之和。净现值是考察项目在计算期内盈利能力的主要动态指标。

2. 表达式及计算方法

1) 基于概念的表达式

根据净现值的概念,净现值的表达式为

$$NPV = \sum_{t=0}^{n}(CI_t - CO_t)(1+i_c)^{-t}$$
$$= \sum_{t=0}^{n} CI_t(1+i_c)^{-t} - \sum_{t=0}^{n} CO_t(1+i_c)^{-t}$$
$$= \sum_{t=0}^{n} NCF_t(P/F, i_c, t) \tag{5.12}$$

式中,NPV——某方案或项目的净现值;

n——计算期(1,2,3,…,n);

CI_t——第 t 年现金流入量;

CO_t——第 t 年现金流出量;

i_c——设定的基准收益率;

$(1+i_c)^{-t}$——第 t 年的折现系数;

NCF_t——第 t 年净现金流量。

2) 特殊表达式

设工程项目只有初始投资为 I_0,以后各年具有相同的净现金流量 NB,则净现值的表达式为

$$NPV = NB(P/A, i_c, n) - I_0 \tag{5.13}$$

3) 净现值的计算

净现值 NPV 通常利用公式计算,也可以利用现金流量表逐年折现累计而求得。利用现金流量表逐年折现累计计算时,计算结果一目了然,便于检查,适用于寿命期较长而各年现金流量值不同且没有规律可循时的计算。

3. 经济含义及判别准则

1) 经济含义

净现值的经济含义可以这样解释:假如有一个投资项目,初始投资为 1 万元,其寿命期为 1 年,到期可获得净收益 12 000 元。如果设定基准收益率为 10%,根据净现值的计算公式,可以求出该项目的净现值为

$$NPV = 12\ 000 \times 0.909\ 1 - 10\ 000 = 909(元)$$

即投资者只要按照 10% 的利率筹集到资金,即使该项目再增加 909 元的投资,在考虑资金时间价值的前提下,项目在经济上可以做到不盈不亏。从另一个角度看,如果投资者以 10% 的利率筹集到 10 000 元的资金,项目在 1 年后可获得利润为

$$12\ 000 - 10\ 000 \times (1+10\%) = 1\ 000(元)$$

这 1 000 元的利润的现值恰好是 909 元(1 000×0.909 1),即净现值恰好等于项目在生产经营期所获得的净收益的现值。

2) 判别准则

根据式(5.12)计算出净现值后,结果不外乎三种情况,即 $NPV>0$,$NPV=0$,$NPV<0$。在用于工程项目的经济评价时其判别准则如下:

若 $NPV>0$,说明该项目或方案可行。因为这种情况说明投资方案实施后的投资收益水平不仅能够达到基准收益率的水平,而且还会有盈余,也即项目的盈利能力超过其投资收益期望的水平。

若 $NPV=0$,说明该项目或方案也可考虑接受。因为这种情况说明投资方案实施后的投资收益水平恰好等于基准收益率,也即其盈利能力能达到所期望的最低盈利水平。

若 $NPV<0$,说明方案不可行。因为这种情况说明投资方案实施后的投资收益达不到所期望的基准收益率水平。

【例 5-3】 某工程项目的现金流量如表 5-5 所示,已知 $i_c=12\%$,试用净现值指标确定其经济可行性。

表 5-5 某项目各年现金流量 单位:万元

年 份	0	1	2~8
销售收入			3 000
投 资	4 000	4 000	
经营成本			200
净现金流量	-4 000	-4 000	2 800

解:利用式(5.12)和表 5-5 中各年的净现金流量可得:

$NPV = -4\ 000 - 4\ 000(P/F,12\%,1) + 2\ 800(P/A,12\%,7)(P/F,12\%,1)$

$= -4\ 000 - 4\ 000 \times 0.892\ 9 + 2\ 800 \times 4.563\ 8 \times 0.892\ 9$

$= 3\ 838.45 (万元)$

计算结果表明,该投资方案除达到预定的 12% 的收益率以外,还有现值为 3 838.45 万元的余额。因此,该方案可行。

【例 5-4】 某项目第 1 年年初固定资产投资为 150 万元,建设期为 2 年,第 2 年年底建成并投产运行,投产时需要流动资金 30 万元,年经营成本为 60 万元。若项目每年可获得销售收入为 98 万元,项目服务年限为 10 年,到时回收残值 20 万元,年利率为 10%。试计算该项目的净现值。

解:利用式(5-12)和题意可得:

$NPV = -150 - 30(P/F,10\%,2) + (98-60)(P/A,10\%,10)(P/F,10\%,2)$

$\quad + (20+30)(P/F,10\%,12)$

$= -150 - 30 \times 0.826\ 4 + 38 \times 6.144\ 6 \times 0.826\ 4 + (20+30) \times 0.318\ 6$

$= 34.15 (万元)$

由于计算出的 $NPV>0$,表明该项目用其项目生产期所获得的全部收益的现值补偿了全部投资现值之后,还有 34.15 万元的现值净收益。因此,该项目的经济效益良好,方案可行。

4. 基准收益率的确定

从净现值的计算公式(5.12)可以看出,一个方案或项目的净现值不仅取决于其本身的现金流量,还与基准收益率 i_c 有关系,在现金流量一定的情况下,基准收益率越高,项目的净现值就越低。基准收益率也可称为基准折现率,是投资者以动态的观点确认的,可以接受的投资方案最低标准收益的收益水平,也代表了投资者所期望的最低的盈利水平。基准收益率的确定应综合考虑以下几个因素。

1) 资金成本和机会成本

资金成本是指项目或方案为筹集和使用资金而付出的代价。主要包括资金筹集成本和资金使用成本。

资金筹集成本又称融资费用,指资金在筹措过程中支付的各项费用,包括手续费、发行费、印刷费、公证费和担保费等。资金使用成本又称为资金占用费用,包括股利和各种利息。资金筹集成本属于一次性费用,使用资金过程中不再发生,而资金的使用成本却在资金使用过程中多次发生。

机会成本是指投资者将有限的资金用于拟建项目而放弃的其他投资机会所能获得的最好收益。

一般而言,基准收益率不应低于单位资金成本和资金的机会成本。

2) 投资风险

由于工程项目的收益在未来才可能取得,随着时间的推移,这种收益具有不确定性,相应会产生风险。为了补偿可能产生的风险损失,在确定基准收益率时要考虑一个适当的风险报酬。风险报酬率的大小取决于未来工程项目经营风险的大小。一般而言,风险大的项目,风险报酬率也应该大。

3) 通货膨胀

通货膨胀是指由于货币的发行量超过商品流通所需的货币量而引起的货币贬值和物价上涨的现象。通常用通货膨胀率这一指标来表示通货膨胀的程度。当出现通货膨胀时,会造成工程项目在建设和经营过程中材料、设备、土地和人力资源费用等的上升,因此在确定基准收益率时,应考虑通货膨胀的影响。

综合以上分析,基准收益率的计算公式为

$$I_c = (1+r_1)(1+r_2)(1+r_3) - 1 \approx r_1 + r_2 + r_3 \tag{5.14}$$

式中,I_c——基准收益率;

r_1——年单位资金成本和单位投资机会成本中较大者,$r_1 = \text{MAX}$(单位资金成本,单位投资机会成本);

r_2——年风险报酬率;

r_3——年通货膨胀率。

在采用不变价格计算项目现金流量的情况下,基准收益率可表示为

$$I_c = (1+r_1)(1+r_2) - 1 \approx r_1 + r_2 \tag{5.15}$$

式(5.14)和(5.15)近似处理的前提条件是 r_1、r_2、r_3 均为小数。

5. 计算期的确定

项目计算期 n 也影响着净现值及其他相关指标的最终计算结果。项目计算期也称为项

目经济寿命，是指对项目进行经济评价时应确定的项目服务年限。一般而言，项目计算期包括拟建项目的建设期和生产期两个阶段。

项目建设期是指项目从开始施工到全部建成投产所需要的时间。一个拟建项目建设期的长短和其行业性质、建设方式以及建设规模有关，应根据实际需要和施工组织设计来确定。从现金流量分析的角度看，建设期内只有现金流出，没有或很少有现金流入；另一方面，过长的计算期会推迟项目获利时间点的到来，从而影响到项目预期的投资效益。因此，在确保工程项目建设质量的前提下，应尽可能缩短建设期。

生产期指项目从建成到固定资产报废为止所经历的一段时间。项目生产期的确定应根据项目的性质、设备技术水平、产品技术进步及更新换代的速度综合确定。工业生产类项目的生产期一般不超过20年，而水利、交通等项目的生产期可延长为30年。

6. 净现值优缺点

净现值指标的优点在于，它不仅考虑了资金时间价值，是一个动态评价指标；而且考虑了项目方案整个计算期内的现金流量情况，能够比较全面地反映方案的经济状况；此外，该指标经济意义明确，能够直接以货币额表示项目的净收益。

该指标的缺点在于，首先必须确定一个较合理的基准收益率，实际的操作中，基准收益率的确定是非常困难的；另外，基准收益率只能表明项目方案的盈利能力超过、达到或未达到要求的收益水平，而实际的盈利能力究竟比基准收益率高多少或低多少，则反映不出来，不能真实反映项目方案投资中单位资金的效率。

7. 净现值适用范围

净现值可用于独立方案的评价及可行与否的判断，当 $NPV \geqslant 0$ 时，项目方案可行，可以考虑接受；当 $NPV < 0$ 时，项目方案不可行，应予拒绝。此外，净现值还用于多方案的比较和优选，通常以净现值大的为优。

5.3.2 净年值(NAV)

1. 概念及表达式

净年值(net annual value，NAV)，也称净年金，该指标是通过资金时间价值的计算将项目方案的净现值换算为计算期内各年的等额年金，是考察项目投资盈利能力的指标。

净年值的表达式为

$$NAV = \sum_{t=0}^{n} (CI - CO)_t (1 + i_c)^{-t} (A/P, i_c, n) = NPV(A/P, i_c, n) \quad (5.16)$$

2. 判别准则

由 NAV 的表达式可以看出，NAV 实际上是 NPV 的等价指标，也即在对于单个投资项目而言，用净年值指标进行评价和净现值指标进行评价，其结论是相同的。其评价准则是

当 $NAV \geqslant 0$ 时，可以认为项目方案可以考虑接受；

当 $NAV < 0$ 时，项目方案不可行。

3. 适用范围

净年值指标主要用于寿命期不同的多方案比选中。

要指出的是，用净年值指标评价工程项目投资方案的经济可行与否的结论与净现值是一致的。但是，这两个指标所给出的信息的经济含义不同。净现值所表达的信息是项目在整个寿命期内所获得的超出最低期望盈利的超额收益现值；净年值给出的信息是项目在整个寿命期内每年的等额超额收益。

【例 5-5】 题意同例 5-4，试用净年值判断其可行性。

某项目第 1 年年初固定资产投资为 150 万元，建设期为 2 年，第 2 年年底建成并投产运行，投产时需要流动资金 30 万元，年经营成本为 60 万元。若项目每年可获得销售收入为 98 万元，项目服务年限为 10 年，到时回收残值 20 万元，年利率为 10%。试计算该项目的净现值。

解：利用式(5.16)和题意可得：

$$
\begin{aligned}
NAV &= -150(A/P, 10\%, 12) - 30(P/F, 10\%, 2)(A/P, 10\%, 12) \\
&\quad + (98-60)(P/A, 10\%, 10)(P/F, 10\%, 2)(A/P, 10\%, 12) \\
&\quad + (20+30)(P/F, 10\%, 12)(A/P, 10\%, 12) \\
&= -150 \times 0.1468 - 30 \times 0.8264 \times 0.1468 + 38 \times 6.1446 \times 0.8264 \times 0.1468 \\
&\quad + 50 \times 0.3186 \times 0.1468 \\
&= -22.02 - 3.64 + 28.33 + 2.34 \\
&= 5.01(万元)
\end{aligned}
$$

由于计算出的 $NAV>0$，表明该项目方案用其生产期所获得的全部收益的现值补偿了全部投资现值之后，每年还会有 5.01 万元的超额收益。因此，该项目的经济效益良好，方案可行。

5.4 效率型评价指标

效率型评价指标反映了工程项目投资效率的高低，且以比率的形式体现的一类经济评价指标。

5.4.1 内部收益率(IRR)

1. 概念

内部收益率是净现值为零时的折现率，即在该折现率水平下，项目方案的现金流出量的现值等于现金流入量的现值。该指标同净现值一样是被广泛使用的项目方案经济评价指标。由于其反映的是项目投资所能达到的收益率水平，其大小完全取决于方案本身，因而被称为内部收益率。

依据工程项目经济评价的层次不同，内部收益率又分别称为用于财务评价的财务内部收益率($FIRR$)和用于费用效益分析的经济内部收益率($EIRR$)。本章的分析是围绕项目方案现金流量展开，为不失一般性，用 IRR 表示内部收益率。

2. 表达式

根据内部收益率的概念，内部收益率的表达式为

$$\sum_{t=0}^{n}(CI-CO)_t(1+IRR)^{-t}=0 \tag{5.17}$$

从经济意义上而言，内部收益率 IRR 的取值范围应是：$-1<IRR<\infty$，大多数情况下的取值范围是 $0<IRR<\infty$。

3. 计算方式

由式(5.17)可知，求解内部收益率是解以折现率为未知数的多项高次代数方程。如果各年的净现金流量不等，且计算期 n 较长时，求解 IRR 更是烦琐，有时甚至难以实现。一般情况下，可采用线性内插法进行求解 IRR 的近似值。

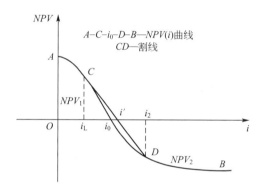

图 5.1 线性内插法求解 IRR

如图 5.1 所示为净现值 NPV 随折现率 i 变化的示意图，ACi_0DB 为净现值函数曲线。由于 i_0 对应的净现值 NPV 为 0，所以 i_0 就是所求的 IRR。由于实际求 i_0 也较困难。可以用直线 CD 代替曲线 CD，可以较方便地找到 i' 点，以 i' 近似代替 i_0 点，具体步骤如下：

第一，列出项目方案的净现值表达式；

第二，选择一个适当的折现率 i_1 带入净现值计算公式，使得 $NPV_1>0$；

第三，再选择一个适当的折现率 i_2 带入净现值计算公式，使得 $NPV_2<0$；

第四，重复第二、第三步，要求 i_1 与 i_2 相差不超过 2%；

第五，代入如下公式，即可求出项目方案的内部收益率。

$$IRR=i_1+\frac{NPV_1}{NPV_1+|NPV_2|}(i_2-i_1) \tag{5.18}$$

式中，i_1——试算用的较低的折现率；

i_2——试算用的较高的折现率；

NPV_1——用 i_1 计算的净现值（正值）；

NPV_2——用 i_2 计算的净现值（负值）。

【例 5-6】 表 5-6 所表示的是某项目方案的净现金流量，求其内部收益率。

表 5-6 某项目方案的净现金流量   单位：万元

年份	0	1	2	3	4	5
净现金流量	-100	20	30	20	40	40

解：根据公式(5.18)

$$NPV_1(i_1=13\%)=\sum_{t=0}^{5}NCF_t(1+0.13)^{-t}=1.29(万元)$$

$$NPV_2(i_2=15\%)=\sum_{t=0}^{5}NCF_t(1+0.15)^{-t}=-4.02(万元)$$

$$IRR=13\%+\frac{1.29}{1.29+|-4.02|}\times(15\%-13\%)=13.49\%$$

所以,该项目方案的内部收益率为 13.49%。

4. 判别准则

计算得到的 IRR 与项目的基准收益率 i_c 比较:①IRR 大于或等于 i_c 表明项目的收益率已超过或达到设定的基准收益率水平,项目方案可以考虑接受;②IRR 小于 i_c,表明项目的收益率未达到设定基准收益率水平,项目应予拒绝。

5. 内部收益率的经济含义

内部收益率的经济含义在于项目方案计算期内,如按 $i=IRR$ 计算各年的净现金流量时,会始终存在着未能收回的投资;只有在项目方案寿命终了时,投资恰好被完全收回。因此,内部收益率是建设项目寿命期内没有收回投资的收益率。

下面通过表 5-7 中的具体实例加以说明。

表 5-7 某项目方案净现金流量表　　　　　　　　　　单位:万元

年　份	0	1	2	3	4	5
净现金流量	-2 000	300	500	500	500	1 200

对于表 5-7 的净现金流量,我们来求其内部收益率 IRR。

$i_1=12\%$ 时,$NPV_1=21.02$ 万元

$i_2=14\%$ 时,$NPV_2=-95.34$ 万元

根据公式(5.18),$IRR=12\%+\dfrac{21.02}{21.02+|-95.34|}\times(14\%-12\%)=12.4\%$

可知,该项目方案的内部收益率为 12.4%。

如果按照 12.4% 的增值率进行增值,则项目全部投资回收过程见表 5-8。

表 5-8 全部投资回收的现金流量分析表　　　　　　单位:万元

年份 ①	年初未回收的投资 ②	年初未回收投资到年末的余额 ③=②×(1+12.4%)	可用于回收投资的资金 ④	年末未回的投资 ⑤=③-④
1	2 000	2 248	300	1 948
2	1 948	2 189	500	1 689
3	1 689	1 897	500	1 397
4	1 397	1 569	500	1 069
5	1 069	1 200	1 200	0

从表 5-8 的计算可以看出,以内部收益率作为投资增值的利率,在项目终了时,以每年的净收益恰好把投资全部收回来。也就是说,在项目方案整个寿命期内,项目始终处于偿还未被收回投资的状态。因此,内部收益率是项目对初始投资的偿还能力或项目对贷

款利率的最大承担能力。其值越高，一般情况下方案的投资盈利能力越高。由于内部收益率不是用来计算初期投资的收益的，所以，不能使用内部收益率直接比较多个项目的优劣顺序。

6. 内部收益率的多解讨论

可以把内部收益率的表达式看做一元 n 次方程。若令 $(1+IRR)^{-1}=X$，$F_t=(CI-CO)_t$，则：

$$F_0+F_1X^1+F_2X^2+\cdots+F_nX^n=0 \tag{5.19}$$

式(5.19)应该有 n 个解(包括复数根和重根)。由于负根无经济意义，只有正实数根才有可能是项目的内部收益率，而方程的正实数根才可能是项目的内部收益率，而方程正实数根的个数可能不止一个。

n 次方程正实数根的个数可以用笛卡尔符号规则来判断，即正实数根的个数不会超过项目净现金流量序列 F_0，F_1，F_2，$\cdots$，F_n 的正负号变化的次数(0 可视为无符号)。如果少的话，则少偶数个。也就是说，在 $-1<IRR<\infty$ 的区域内，若项目净现金流量 $(CI-CO)_t(t=0,1,2,\cdots,n)$ 的正负号仅变化一次，方程有唯一解，该解就是内部收益率；若项目净现金流量的正负号仅变化多次，方程有多个正实数解，应通过检验确定是否存在内部收益率。具体以表 5-9 的四个方案的净现金流量来加以讨论。

表 5-9　四个方案的净现金流量　　　　　　　　　单位：万元

年份	0	1	2	3	4	5
方案 1	-2 000	300	500	500	500	1 200
方案 2	-1 000	-500	-500	500	0	2 000
方案 3	-100	60	50	-200	150	100
方案 4	-100	470	-720	360	0	0

在表 5-9 中，方案 1 的净现金流量序列的正负号变化一次，有一个正实数根就是内部收益率，前面分析过，$IRR=12.4\%$；方案 2 的净现金流量序列的正负号变化一次，只有一个正实数根，$IRR=6\%$；方案 3 的净现金流量序列正负号变化三次，故最多只有三个正实数根，能使净现值方程等于 0 成立的有三个解 0.129 7、-2.3、-1.423 8，经检验 0.129 7 符合内部收益率的经济含义，是该项目的内部收益率；方案 4 的净现金流量序列正负号变化三次，使净现值方程等于 0 成立的有三个解 0.20、0.50、1，经检验均不符合经济含义，该项目没有内部收益率。

从现金流量的角度来说，大多数项目都是在建设期集中投资，现金流入量小于现金流出量；甚至可能在投产初期也出现净现金流量为负值的现象；但进入正常生产期或达到设计规模后就可能出现现金流入量大于现金流出量，此时净现金流量为正值。因而，正常情况下，在整个计算期内净现金流量序列的符号从负值到正值只改变一次。

如果在计算期内项目的净现金流量序列的符号只变化一次，则这类项目称为常规项目。大多数投资项目为常规项目。对常规项目而言，由于净现金流量符号变化一次，则内部收益率方程的正实数根的解是唯一的，此解就是该项目的内部收益率。

如果在计算期内项目的净现金流量序列的符号变化多次，此类项目称为非常规项目。

例如，在生产期大量追加投资，或者某些年份集中偿还债务，或者经营费用支出过多等，都有可能导致净现金流量序列的符号正负多次变化，构成非常规项目。根据笛卡尔符号规则，非常规项目内部收益率方程的解显然不止一个。对其中的正实数根需要按照内部收益率的经济含义进行检验，并以这些根作为盈利率，看在项目的寿命周期内是否存在未被收回的投资，只有在项目终了时投资才能全部被收回。如果所有的正实数根都不能满足内部收益率的经济含义，则其都不是项目的内部收益率。对这类工程项目，可以认为内部收益率这一评价指标已经失效，不能用其来进行项目的经济评价和选择。

7. 内部收益率的特点

内部收益率这一指标的优点：①内部收益率这一指标比较直观，概念清晰、明确，可以直接表明项目投资的盈利能力和资金的使用效率；②内部收益率是由内生决定，即其是由项目现金流量本身特征决定的，不是由外部决定的。这与净现值、净年值等指标需要事先设定一个基准收益率才能进行计算和比较来说，操作起来困难较小，容易决策。

内部收益率也存在一些缺点：①内部收益率计算烦琐，对于非常规项目来说，还存在着多解和无解的问题，分析、判断和检验比较复杂；②内部收益率虽然能够明确表示出项目投资的盈利能力，但实际上内部收益率的过高或过低往往失去实际意义；③内部收益率适用于单一方案或独立方案的经济评价或可行性判断，不能直接用于多方案的比较和选优。

5.4.2 外部收益率（ERR）

1. 外部收益率的概念

外部收益率（ERR）是项目在寿命周期内，各年现金流出量的终值（按 ERR 折算）累计与各年现金流入量（按照基准折现率折算）的终值累计相等时的折现率。

2. 外部收益率的计算表达式

外部收益率的计算表达式为

$$NFV = -\sum_{t=0}^{n} CF'_t (1+ERR)^{n-t} + \sum_{t=0}^{n} CF''_t (1+i_c)^{n-t} = 0 \tag{5.20}$$

式中，NFV——净终值；

ERR——外部收益率；

CF'_t——第 t 年现金流出量；

CF''_t——第 t 年现金流入量；

i_c——基准折现率。

3. 外部收益率的经济含义

外部收益率的经济含义与内部收益率相似，都是反映项目在寿命周期内的盈利能力，两者的区别是，ERR 假设所回收的资金是以相当于基准收益率 i_c 进行再投资，而 IRR 假设所回收的资金仍然是以 IRR 进行再投资。

4. 外部收益率的判别标准

应用 ERR 指标评价项目的经济效果时，判别标准如下：

若 $ERR \geq i_c$,项目在经济上是可行的;若 $ERR < i_c$,则项目在经济上不可行。

外部收益率的特点是不会出现多个解的情况,可以用代数方法直接求解。外部收益目前使用不普遍,但对非常规项目评价有优越之处。

【例 5-7】 已知某方案的净现金流量见表 5-10,若 i_c 为 10%,试用 ERR 判断该方案的可行性。

表 5-10 某方案的净现金流量表

年 份	0	1	2	3
净现金流量	-2 000	780	640	560

解: 据 ERR 的计算公式有

$$1\,200(1+ERR)^3 = 560 + 640(1+0.1) + 700(1+0.1)^2$$

则:

$$(1+ERR)^3 = 1.759\,2$$

通过计算,可得 $ERR = 20.7\%$。显然 $ERR \geq i_c$,故该方案在经济上是可行的。

5.4.3 净现值率(NPVR)

1. 净现值率概念

净现值率又称为净现值指数,是指项目方案的净现值与项目全部投资现值的比,一般用 NPVR 表示。

净现值率是在净现值的基础上发展起来的。由于净现值指标仅反映一个项目所获净收益现值的绝对量大小,不直接考虑项目投资额的大小,为了考察项目方案投资的使用效率,常用净现值率作为净现值指标的辅助评价指标。净现值率的经济含义是单位投资现值所能带来的净现值的大小。

2. 净现值率表达式

$$NPVR = \frac{NPV}{I_p} = \frac{\sum_{t=0}^{n}(CI-CO)_t(1+i_c)^{-t}}{\sum_{t=0}^{n}I_t(1+i_c)^{-t}} \tag{5.21}$$

式中,I_t——第 t 年的投资;
I_p——全部投资的现值。

3. 净现值率判别标准

若 $NPVR \geq 0$,则项目方案在经济上是可以考虑接受;反之则不行。用净现值率进行方案比较时,净现值率大的方案为优。

用净现值率指标和净现值指标进行方案的可行性比较时所得的结论是一致的,但是,进行多方案的比较或进行项目方案的排队时,这两个指标的评价结论会出现相互矛盾的情况。

【例 5-8】 求例 5-3 中项目方案的净现值率,并判断其可行性。

解：已知该项目方案的净现值 $NPV=3\,838.45$ 万元，则

$$NPVR = \frac{3\,838.45}{4\,000 + 4\,000(1+12\%)^{-1}} = 0.51$$

由于 $NPVR>0$，该项目在经济上是可以考虑接受的。

5.4.4 投资收益率(R)

1. 投资收益率的概念

投资收益率是指项目投资方案达到设计生产能力后一个正常年份的年净收益与方案的投资总额的比率，一般用 R 表示。投资收益率表明投资方案在正常生产中，单位投资每年所创造的年净收益额。如果生产期内各年的净收益额变化幅度较大，可计算生产期内年平均净收益与投资总额的比率。投资收益率是衡量投资方案获利水平的静态评价指标。

2. 投资收益率的表达式与评价准则

投资收益率的计算公式为

$$R = \frac{A}{I} \times 100\% \tag{5.22}$$

式中，A——项目方案达到设计生产能力后一个正常年份的年净收益或年平均收益；
I——项目总投资。

投资收益率的决策准则为投资收益率 $R \geqslant$ 行业平均基准收益率。满足该条件，项目可行；否则，该项目应该被否定。

3. 投资收益率的特点

投资收益率是考察项目单位投资盈利能力的静态指标。该指标的优点在于简单、直观反映项目单位投资的盈利能力。该指标的不足之处在于没有考虑资金的时间价值，是一种静态的评价方法。

4. 投资收益率的一些应用指标

在投资收益率的实际计算中，经常应用到以下一些指标：

1) 总投资收益率(R_z)

总投资收益率表示总投资的盈利水平，是指项目达到设计生产能力后正常年份的年息税前利润或生产期年平均的年息税前利润与项目总投资的比率。其计算公式为

$$R_z = \frac{EBIT}{I} \times 100\% \tag{5.23}$$

式中，$EBIT$——项目正常年份的年息税前利润或营运期内年平均息税前利润。

其中，年息税前利润＝年营业收入－营业税金及附加－息税前总成本；
　　　息税前总成本＝年经营成本＋年固定资产折旧＋无形资产摊销费＋维简费

2) 投资利润率(R_L)

投资利润率是项目达到正常生产年份的利润总额或生产期年平均利润总额与项目总投资的比率。其计算公式为

$$R_L = \frac{NP}{I} \tag{5.24}$$

式中，NP——项目正常年份的利润总额或生产期内年平均利润总额。

3) 资本金利润率(R_E)

资本金利润率是指项目达产后正常生产年份的利润总额或生产期年平均利润总额与项目资本金的比率。资本金利润率是反映项目资本金盈利能力的重要指标。

$$R_E = \frac{NP}{EC} \times 100\% \tag{5.25}$$

式中，EC——项目资本金。

4) 投资利税率(R_s)

投资利税率是指项目达到生产能力后的一个正常生产年份的利润和税金总额或项目生产期内的平均利税总额与总投资的比率。其计算公式为

$$R_s = \frac{TP}{I} \times 100\% \tag{5.26}$$

式中，TP——项目正常生产年份的利润和税金总额或年平均的利税总额，TP＝年销售收入－年总成本费用。

投资利税率数值越大，说明项目为社会提供的利润和向国家缴纳的税金越多。投资利税率要和同行业的企业的平均投资利税率作比较，以判断项目的盈利水平。

5.4.5 效益费用比(B/C)

1. 效益费用比的概念

效益费用比是用工程项目净效益现值(年值)和除以净费用的现值(年值)和得到的，一般用 B/C 表示。效益费用比是一个广泛用于公共项目评价的指标。

公共项目与一般生产性工程不同，公共项目以谋求社会效益为目的，而且其兴办者、投资者和受益者是分离的。对这些投资的目的是为公众创造福利的项目而言，并非项目本身一定要获得直接的超额收益，其效益可能体现在别的方面。例如，不以盈利为目的公路建设项目，会对使用该公路的公众产生效益，包括由于汽车速度的加快和公交设施的建设而节省运输时间、由于线路变得更直而缩短运输距离；由于路面的平整而节约燃料、由于路面光滑而节省汽车维修费用和燃料费用、由于达到安全标准而减少车祸等。这些效益通过净现值、内部收益率等指标是无法计算的，应采用效益费用比来分析。

2. 效益费用比的表达式

根据效益费用比的概念，其计算公式为

$$B/C = \frac{\sum_{t=0}^{n} B_t (1+i_c)^{-t}}{\sum_{t=0}^{n} C_t (1+i_c)^{-t}} = \frac{\sum_{t=0}^{n} B_t (P/F, i_c, t)}{\sum_{t=0}^{n} C_t (P/F, i_c, t)} \tag{5.27}$$

式中，B——工程项目的净效益，B 等于项目方案对承办者和社会带来的收益，并减去方案实施给公众带来的损失，B 相当于公众得益放入净累积值；

C——工程项目的净费用，C 等于项目方案投资者的所有费用支出，并扣除方案实施对投资者带来的所有节约，C 相当于公用事业部门净支出的累

计值。

或

$$B/C = \frac{\sum_{t=0}^{n} B_t (P/F, i_c, t)(A/P, i_c, t)}{\sum_{t=0}^{n} C_t (P/F, i_c, t)(A/P, i_c, t)} \tag{5.28}$$

3. 效益费用比的评价准则

用费用效益比作为评价指标时，若 $B/C \geqslant 1$，则该项目在经济上是可以接受的；否则经济上应该给予拒绝。

5.5 清偿能力指标

5.5.1 借款偿还期(P_d)

1. 借款偿还期的概念

借款偿还期是指根据国家财政规定及投资项目的具体财务条件，以项目可作为偿还贷款的项目收益(利润、折旧、摊销费及其他收益)来偿还项目投资借款本金和建设期利息所需要的时间。是反映项目借款偿债能力的重要指标。

2. 借款偿还期的计算公式

$$I_d = \sum_{t=1}^{P_d} (R_p + D + R_o - R_r) \tag{5.29}$$

式中，P_d——借款偿还期(从借款开始年计算)；
　　　I_d——投资借款本金和利息之和(不包括已用自有资金支付的部分)；
　　　R_p——第 t 年可用于还款的利润；
　　　D——第 t 年可用于还款的折旧和摊销费；
　　　R_o——第 t 年可用于还款的其他收益；
　　　R_r——第 t 年企业留利。

3. 借款偿还期的实际应用公式

实际计算中，借款偿还期可直接根据资金来源与运用表或借款还本付息计算表推算，其具体推算公式如下：

$$I_d = 借款偿还后开始出现盈余年份 - 开始借款年份数 + \frac{当年应偿还借款额}{当年可用于还款的资金额} \tag{5.30}$$

4. 借款偿还期评价准则

计算出借款偿还期后，要与贷款机构的要求期限进行对比，等于或小于贷款机构提出的要求期限，即认为项目有清偿能力。否则，认为项目没有清偿能力，从清偿能力角度考虑，则认为项目是不可行的。

借款偿还期指标适用于那些计算最大偿还能力，尽快还款的项目，不适用于那些预先给定借款偿还期的项目。对于预先给定借款偿还期的项目，应采用利息备付率和偿债备付率指标分析项目的偿债能力。

5.5.2 利息备付率(ICR)

1. 利息备付率的概念

利息备付率(ICR)是指在借款偿还期内的息税前利润(EBIT)与应付利息(PI)的比值，它从付息资金来源的充裕性角度反映项目偿付债务利息的保障程度。

2. 利息备付率的计算公式

利息备付率计算公式为

$$ICR = \frac{EBIT}{PI} \tag{5.31}$$

式中，PI——计入总成本费用的应付利息。

3. 利息备付率的评价准则

利息备付率从付息资金来源的充裕性角度反映项目偿付债务利息的能力，它表示使用项目息税前利润支付利息的保证倍率。对于正常经营项目，利息备付率应当大于2，否则，表示项目的付息能力保障程度不足。尤其是当利息备付率低于1时，表示项目没有足够的资金支付了利息，偿债风险很大。

5.5.3 偿债备付率(DSCR)

1. 偿债备付率的概念

偿债备付率(DSCR)是指项目在借款偿还期内，用于计算还本付息的资金(EBITDA-TAX)与应还本付息金额(PD)的比值，它表示可用于还本付息的资金偿还借款本息的保障程度。

2. 偿债备付率的计算公式

偿债备付率计算公式为

$$DSCR = \frac{EBITDA - TAX}{PD} \tag{5.32}$$

式中，EBITDA——息税前利润加折旧和摊销；

TAX——企业所得税；

PD——应还本付息金额，包括还本金额和计入总成本费用的全部利息。融资租赁费用可视同借款偿还。运营期内的短期借款本息也应纳入计算。

如果项目在运行期内有维持运营的投资，可用于还本付息的资金应扣除维持运营的投资。

3. 偿债备付率的评价准则

偿债备付率表示可用于还本付息的资金偿还借款本息的保证倍数，偿债备付率越高，表示可用于还本付息的资金保障程度越高。正常情况下，偿债备付率应当大于1，且越高越好。偿债备付率低，说明还本付息的资金不足，偿债风险大。当指标值小于1时，表示当年资金来源不足以偿还当期债务，需要通过短期借款偿付已到期的债务。

5.5.4 资产负债率(LOAR)

1. 资产负债率的概念

资产负债率($LOAR$)是指各期末负债总额(TL)同资产总额(TA)的比率，是反映企业各个时期面临的财务风险程度及偿债能力的指标。

2. 资产负债率的计算公式

资产负债率的计算公式为

$$LOAR = \frac{TL}{TA} \times 100\% \tag{5.33}$$

式中，TL——期末负债总额；

TA——期末资产总额。

3. 资产负债率的评价准则

适度的资产负债表，表明企业经营安全、稳健，具有较强的筹资能力，也表明企业和债权人的风险较小。资产负债率到底多少比较合适，没有绝对的标准，一般认为该指标 0.5～0.8 是合适的。从盈利性角度出发，权益的所有者希望保持较高的债务资本比，以此赋予权益资金有较高的杠杆力(即用较少的权益资本来控制整个项目)。另一方面，资产负债比越高，项目的风险也越大，因为权益资本投资的大部分形成土地使用权、房屋和机械设备，变现较为困难，除非企业宣布破产。因此，银行和债权人一般不愿意贷款给权益资金出资额低于总投资 50% 的项目。

5.5.5 流动比率

1. 流动比率概念

流动比率是反映项目偿还短期债务能力的指标。

2. 流动比率计算公式

流动比率的计算公式为

$$流动比率 = \frac{流动资产总额}{流动负债总额} \times 100\% \tag{5.34}$$

式中，流动资产指可以在一年或超过一年的一个营业周期变现或耗用的资产，包括货币资金、短期投资、待摊费用、存货、应收账款、预付资金等。

流动负债包括短期借款、应付账款、应缴纳税金、一年内到期的长期借款等。

3. 流动比率评价准则

流动比率越高，单位流动负债将由更多的流动资产作保障，短期偿债能力就越强。但比率过高,说明项目流动资产利用效率低;比率过低,不利于项目获得贷款。一般认为,流动比率为 2 比较合适。

5.5.6 速动比率

1. 速动比率概念

速动比率是指项目在很短时间内偿还短期债务的能力。

2. 速动比率计算公式

速冻比率的计算公式为

$$\text{速动比率} = \frac{\text{速动资产总额}}{\text{流动负债总额}} \times 100\% = \frac{\text{流动资产} - \text{存货}}{\text{流动负债总额}} \times 100\% \tag{5.35}$$

3. 速动比率评价准则

在流动资产中,现金、应收账款等是变现最快的部分。速动比率越高,短期偿债能力越强。同样,速动比率过高也会影响资产利用效率,进而影响项目经济效益。一般认为,速动比率为 1 比较合适。

5.6 运用 Excel 计算评价指标

在 Excel 中有对工程经济评价指标计算非常有用的财务分析函数。这些函数可以帮助我们计算相关的工程经济评价指标,而不必构造长而复杂的公式。

5.6.1 求净现值

在 Excel 中有净现值函数,可以直接用来求解基于一系列未来净现金流量和折现率的某一投资项目的净现值。

净现值函数的格式为 NPV(rate,value1,value2,…,value29),其中,rate 代表利率或折现率;value1,value2,…,value29 代表不同年份的净现金流量。

应该注意的是,净现值函数假定前几期的现金流量为负,如果投资在第 0 年发生,那么就不应该把投资作为函数的 value 参数之一,而应该从该函数的计算结果中减去预先支付的投资额。

【例 5-9】 题意同例 5-3,用 Excel 求解净现值。($i_c = 12\%$)

解:方法一:直接在 Excel 某单元格中输入"=NPV(12%,−4 000,2 800,2 800,2 800,2 800,2 800,2 800,2 800)−4 000"

运算单元格后得到结果:3 837.96(注意由于计算精度的问题,本题计算结果与例 5-3 稍有差别)。

方法二:可以直接运用 Excel 的内置函数,如图 5.2 所示,得到的计算结果与方法一相同。

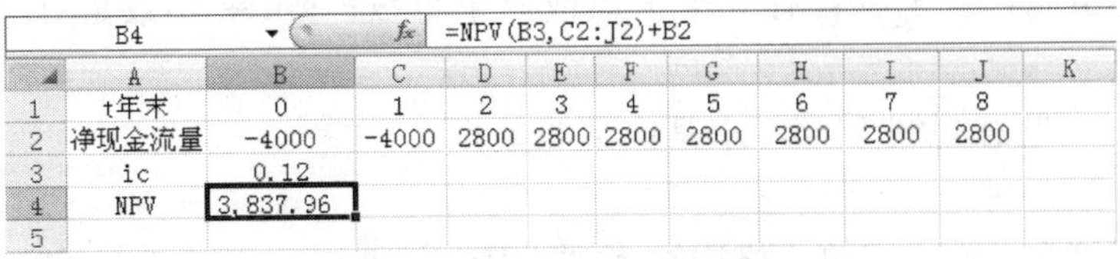

```
         B4              fx   =NPV(B3,C2:J2)+B2
     A        B      C     D     E     F     G     H     I     J    K
1  t年末      0      1     2     3     4     5     6     7     8
2  净现金流量 -4000 -4000 2800  2800  2800  2800  2800  2800  2800
3  ic        0.12
4  NPV       3,837.96
5
```

图 5.2 用 Excel 求解净现值

5.6.2 求净年值

用 Excel 求解净年值 NAV，可以先计算得到净现值，再用 PMT 函数来计算。

PMT 函数的格式为 PMT(rate, nper, pv, fv, type)。其中 nper 代表计算期；pv 代表现值；fv 代表终值；type 代表数字 0 或 1，即 1 为期初，0 为期末或省略。用以指定各期的付款时间是在期初还是期末，如果省略 type，则假定其值为零。

【例 5-10】 某工程项目的净现金流量见表 5-11，求其净年值（$i_c=15\%$），并判断项目的可行性。

表 5-11 某工程项目的净现金流量 单位：万元

t 年末	0	1	2	3	4	5~12
净现金流量	-40	-80	-80	34	44	64

解：
方法一：直接在 Excel 某单元格中输入"=PMT(15%, 12, -(NPV(15%, -80, -80, 34, 44, 64, 64, 64, 64, 64, 64, 64)-40))"

运算单元格后得到计算结果：7.68 万元。该项目可行。

方法二：可以直接运用 Excel 的内置函数，如图 5.3 所示，得到的结果与方法一相同。

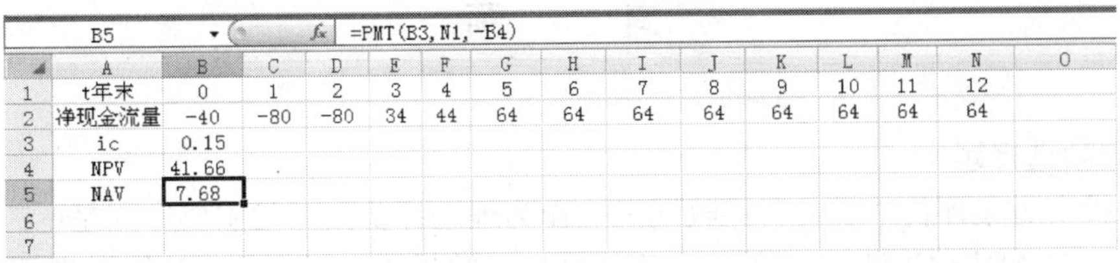

```
        B5            fx   =PMT(B3,N1,-B4)
     A        B    C    D   E   F   G   H   I   J   K   L   M   N   O
1  t年末      0    1    2   3   4   5   6   7   8   9   10  11  12
2  净现金流量 -40 -80 -80  34  44  64  64  64  64  64  64  64  64
3  ic        0.15
4  NPV       41.66
5  NAV       7.68
6
7
```

图 5.3 用 Excel 求解净年值

5.6.3 求内部收益率

Excel 具有求解内部收益率的函数，直接用其求解 IRR 将会大大提高计算的精度和效率。

内部收益率函数的格式为 IRR(values, guess)。其中，values 参数是一个数组或含有数值的单元格的引用，应至少含有一个正数或一个负数；guess 参数是可选的，为制定的计算起始点。

【例 5-11】 题意同例 5-6，求其内部收益率。

解：

方法一：直接在 Excel 某单元格中输入“＝IRR({－100，20，30，20，40，40})”运算单元格后得到计算结果：13.47％

方法二：直接运用 Excel 的内置函数，如图 5.4 所示，得到的计算结果与方法一相同。

B3 =IRR(B2:G2)

	A	B	C	D	E	F	G	H
1	t年末	0	1	2	3	4	5	
2	净现金流量	-100	20	30	20	40	40	
3	IRR	13.47%						
4								

图 5.4　用 Excel 求解内部收益率

本章小结

本章介绍了工程项目经济评价的指标体系及常用指标，较系统地分析了常用的时间型指标、价值型指标、效率性指标的概念、计算方式、经济意义、评价标准等，对常见的偿债能力指标也作了简要介绍。时间型评价指标，反映了项目的投资回收时间，结合该时间段内其他影响现金流量的因素，可用于风险的控制和评价。价值型评价指标可以反映该项目的投资价值，比率型评价指标反映了该项目盈利能力。这些指标的应用对工程项目的评价与决策有着重要的意义。通过 Excel 计算评价指标，可以提高项目经济评价的效率。

习　　题

一、单项选择题

1. 在投资方案评价中，投资回收期只能作为辅助评价指标的主要原因是(　　)。
   A. 只考虑投资回收前的效果，不能准确反映投资方案在整个计算期内的经济效果
   B. 忽视资金具有时间价值的重要性，回收期内未能考虑投资收益的时间点
   C. 只考虑投资回收的时间点，不能系统反映投资回收之前的现金流量
   D. 基准投资回收期的确定比较困难，从而使方案选择的评价准则不可靠
2. 下列关于净现值的讨论中，正确的是(　　)。
   A. 净现值是反映投资方案在建设期内获利能力的动态评价指标
   B. 投资方案的净现值是指用一个预定的基准收益率，分别把整个计算期内各年所发生的净现金流量都折现到投资方案开始运营时的现值之和

C. 当方案的 $NPV \geq 0$ 时，说明该方案能满足基准收益率要求的盈利水平

D. 方案的 $NPV < 0$ 时，说明该方案在运营期是亏损的

3. 作为净现值的辅助评价指标，净现值率是指（　　）的比值。

A. 项目净现值与项目全部投资额

B. 项目全部投资现值与项目全部投资额

C. 项目净收益与项目全部投资额

D. 项目净现值与项目全部投资额现值

二、多项选择题

1. 在工程经济分析中，内部收益率是考查项目盈利能力的主要评价指标，该指标包括的特点包括（　　）。

A. 内部收益率需要事先设定一个基准收益率来确定

B. 内部收益率考虑了资金的时间价值以及项目在整个计算期内的经济状况

C. 内部收益率能够直接衡量项目初期投资的收益程度

D. 内部收益率不受外部参数的影响，完全取决于投资过程的现金流量

E. 对于具有非常规现金流量的项目而言，其内部收益率往往不是唯一的

2. 下列评价指标中，可以反映投资方案盈利能力的动态评价指标有（　　）。

A. 投资收益率　　B. 内部收益率　　C. 净现值率　　D. 利息备付率

E. 净现值

3. 下列关于投资方案经济效果评价指标的说法中，正确的有（　　）。

A. 投资收益率在一定程度上反映了投资效果的优劣

B. 投资收益率不适用于评价投资规模较大的项目

C. 净现值能够反映投资方案中单位投资的使用效率

D. 净现值和内部收益率均考虑了整个计算期的经济状况

E. 内部收益率不能直接衡量项目未收回投资的收益率

三、思考题

1. 试分析静态投资回收期的特点。
2. 静态投资回收期和动态投资回收期有何区别？
3. 净现值和净现值率的经济含义有何区别？
4. 试分析基准收益率的变化对净现值的影响。
5. 内部收益率的经济含义是什么？
6. 流动比率和速动比率有何区别？
7. 试总结工程项目经济评价中静态指标和动态指标各有哪些。

四、计算题

1. 某方案得净现金流量如表 5-12 所示，若基准收益率为 8%，求静态投资回收期、动态投资回收期、净现值和内部收益率。

表 5-12　某方案净现金流量表　　　　　单位：万元

年末	1	2	3	4～7	8	9	10
净现金流量	−15 000	−2 500	−2 500	4 000	5 000	6 000	7 000

2. 某工程项目投资为一次性完成，各年的净收益均相等，若静态投资回收期为 4 年，基准收益率为 10%。求其动态投资回收期。

3. 某方案初始投资为 180 万元，年销收入为 150 万元，寿命为 6 年，残值为 15 万元，年经营费用为 75 万元。试求该方案的内部收益率。

4. 若建一个仓库需要 80 000 元，一旦拆除，即毫无价值，假定仓库每年净收益为 14 000 元。

(1) 若该仓库使用寿命为 8 年，求其内部收益率。

(2) 若希望得到 10% 的收益率，则该仓库至少使用多少年才值得投资。

5. 某设备由两种不同的型号，有关数据如表 5-13 所示，若要求的基准收益率为 10%。试分析应该选择哪种设备。

表 5-13　　两种设备的有关数据　　　　　　　　单位：元

设备	初始投资	年销售收入	年经营费用	残值	寿命/年
设备 A	120 000	70 000	6 000	20 000	10
设备 B	90 000	70 000	8 500	10 000	8

6. 某拟建项目计划第 1 年初投资 1 000 万元，第 2 年年初投资 2 000 万元，第 3 年年初投资 1 500 万元，从第 3 年起连续 8 年每年可获得净现金流入量 1 450 万元，期末残值忽略不计。若投资者希望的收益率为 12%。试判断该项目是否可行。

7. 某工程项目初期投资 150 万元，年销售收入 90 万元，年折旧费用 20 万元，计算期为 6 年，年经营成本 50 万元，所得税税率为 25%，不考虑固定资产残值。试计算该工程项目的内部收益率。

第6章 工程项目多方案经济评价

学习目标

(1) 掌握工程项目方案类型划分标准。
(2) 掌握互斥型方案比选的原则。
(3) 掌握互斥型方案评价步骤。
(4) 掌握寿命不等的互斥型方案经济评价方法。
(5) 掌握寿命相等的互斥型方案经济评价方法。
(6) 掌握资金不受限制的独立型方案经济评价方法。
(7) 掌握资金受限制的独立型方案经济评价方法。
(8) 熟悉混合相关型方案经济评价方法。
(9) 熟悉现金流量相关型方案经济评价方法。
(10) 了解互补性方案经济评价方法。

导入案例

国外某大型零售业连锁企业欲进军我国零售业市场，拟在北京、上海、天津、重庆、广州五个大城市设立超市，其在每个城市又可在三个不同的区位选址，则该企业将有不同备选方案，见表6-1。

表6-1 某零售企业超市选址方案一览表

选址	城市				
	北京 A	上海 B	天津 C	重庆 D	广州 E
选址1	A_1	B_1	C_1	D_1	E_1
选址2	A_2	B_2	C_2	D_2	E_2
选址3	A_3	B_3	C_3	D_3	E_3

案例分析：本项目的方案选择首先应根据该企业的资金情况确定方案之间的关系类型，然后选择相应的评价方法进行评价，最后得出最优的方案组合。这正是本章所讲述的多方案的选择问题。

对于多个投资项目方案比选或选优的问题，需要明确方案之间的关系类型。不同的方案类型，所采用的经济评价指标也是不同的。工程项目方案类型关系的确定、不同方案类型经济评价方法的建立及其应用是本章学习的主要内容。

6.1 工程项目方案类型

前面第5章介绍了工程项目经济评价的指标。对于单一方案而言，通过计算不同的经济评价指标，依据各个指标的评价标准，就可判断该方案的经济可行性，从而决定方案的取舍。但在工程项目的决策过程中，为保证项目最终效益的实现，都应从技术和经济相结合的角度进行多方案分析论证，根据经济评价的结果结合其他因素进行决策。可以认为，工程项目投资决策的过程就是多方案评价和择优的过程。因此，只有对多方案进行评价，才能决策出技术上先进，经济上合理，社会效益最大化的最优方案。

多方案经济评价方法的选择与项目方案的类型（即项目方案之间的相互关系）有关。按照方案之间经济关系的类型，多方案可以划分成以下几种类型。

（1）互斥型方案。互斥型方案是指在一组方案中，选择其中一个方案，则排除了接受其他方案的可能性，也称为互斥多方案或互斥方案。也就是说在互斥型方案中只能选择一个方案，其余方案必须放弃，方案之间的关系具有相互排斥的性质。互斥型方案是工程的实践中最常见到的，如一栋楼房层数的选择、一座水库坝高的选择、一座建筑物结构类型的选择、一个工程主体结构的施工工艺的确定等。这类决策问题常常面对的就是互斥方案的选择。

（2）独立型方案。独立型方案是指在一组备选方案中，任一方案的采用与否都不影响其他方案的取舍。即在独立型方案中，各方案之间现金流量独立，互不干扰，方案之间不具有相关性，采纳一个方案并不要求放弃另外的方案，如一个区域为实现社会经济的发展，要建设交通运输项目、资源开发项目、环境保护项目、高新技术产业项目等，在项目功能不存在矛盾的前提下，这些项目可视为独立项目。可以认为单一方案是独立方案的特例。

（3）混合型方案。混合项目是指项目组中存在着两个层次，高层次由一组独立型方案构成，每一个独立型方案又包括若干个互斥型方案，总体上称之为混合型方案。例如，某集团公司有三个投资项目 A、B、C，A 是工业生产类项目，有 A_1、A_2、A_3、三个生产方案；B 是一个房地产开发项目，有 B_1、B_2、B_3 三种不同用途开发方案；C 是一个高速公路项目，有 C_1、C_2 两个建设方案。对该集团公司而言，A、B、C 三个投资项目是相互独立的，即在资金允许的情况下，三个项目可以同时投资，或者可以投资其中的一个或两个项目。但对于 A 项目只能采取其中的一个生产方案，A_1、A_2、A_3 三个生产方案是互斥的；对于 B 项目只能开发一种用途的房地产项目，B_1、B_2、B_3 三种用途的房地产开发项目方案是互斥的；对于 C 项目，只能开工建设一种方案的高速公路，C_1、C_2 两个建设方案是互斥的。该集团公司这样的投资方案就是混合型方案。

（4）互补型方案。互补型方案是指存在依存关系的一组方案。根据相互依存关系，互补型方案分为对称型互补方案和不对称型互补方案。对称型互补方案中，方案间相互依存，互为对方存在的前提条件，如煤炭资源开发中矿井建设项目和铁路专用线项目，两者互为对方存在的前提条件，缺任何一个都不能实现预定目标；不对称互补方案中其中某一个方案的存在是另一个方案存在的前提条件，如办公楼建设方案和空调系统建设方案，没有空调系统，办公楼仍可以发挥一定的作用，但空调系统方案必须依托于办公楼的存在。

（5）现金流量相关型方案。现金流量相关型方案是指方案间现金流量存在影响的一组方案。在该类型的多方案中，方案之间不完全是排斥关系，也不完全是独立关系，一个方案成立与否会影响其他方案现金流量的变化，如两个城市之间要建设交通运输项目，既可以建设公路项目，也可以建设铁路项目，公路项目方案和铁路项目方案既非完全排斥也非完全独立，一个方案的取舍必然影响另一方案的现金流量。

不同类型多方案经济评价指标和方法是不同的，但比较的宗旨只有一个：最有效的分配有限的资金，以获得最好的经济效益。

6.2 互斥型方案的经济评价

6.2.1 互斥型方案比较概述

1. 互斥型方案比较的原则

进行互斥型方案比选时，除必须满足可比性原理，以保证论证过程能够全面、正确地反映实际情况，保证决策的正确性，还应遵循如下原则：

1）增量分析原则

对不同的方案进行评价和比较必须从增量角度进行，即投资额较低的方案在被证明是可行的基础上，计算两个方案的现金流量差，分析研究某一方案比另一方案增加的投资在经济上是否合算，得到相关的增量评价指标，再与基准指标对比，以确定投资大的方案还是投资小的方案为优方案。

2) 环比原则

多个互斥方案进行比较时，为选出最优方案，理论上来讲，各方案除与"0"方案进行比较外(0方案表示其净现值 NPV 为 0 或内部收益率为 i_c)，各方案间还应进行横向的两两比较，这带来了计算量的加大。在实际的比较中，可采用环比的原则来减少比较次数，将各方案按投资额从小到大排序，依次比较，最终选出最优方案。

2. 互斥型方案的评价步骤

对于互斥型方案的评价步骤主要包括以下两个步骤。

1) 绝对经济效果检验

绝对经济效果检验主要是考察备选方案中各方案自身的经济效果是否满足评价准则的要求，这一步骤称为可行性判断。该步骤主要是采用第 5 章中的相关经济评价指标进行检验，如静态投资回收期 P_t、净现值 NPV、净年值 NAV、内部收益率 IRR 等。只有自身的经济效果满足了评价准则(静态投资回收期 $P_t \leqslant$ 基准投资回收期，净现值 NPV$\geqslant$0 或净年值 NAV$\geqslant$0，内部收益率 IRR$\geqslant$基准收益率)要求的备选方案才能进入下一评价步骤。

2) 相对经济效果检验

在通过绝对经济效果检验的方案中进行评价选择，选出相对最优的方案，这一步骤也可称为选优。

6.2.2 寿命期相同的互斥型方案经济评价

对于寿命期相同的互斥方案，可将方案的寿命期设定为共同的分析期。这样，利用资金时间价值等原理进行经济效果评价时，各方案在时间上具有可比性，寿命期相等的互斥型方案比选时，可采用增量分析法、直接比较法和最小费用法。

1. 增量分析法

对相互比较的两个方案，可计算其在投资、年销售收入、年经营费用、净残值等方面的增量，构成新现金流量即增量现金流量，因此，对不同方案的增量现金流量进行分析的方法称为增量分析。对互斥方案进行经济评价时，根据不同方案的现金流量，可采用静态增量投资回收期 ΔP_t、动态增量投资回收期 $\Delta P'_t$、增量净现值 ΔNPV、增量内部收益率 ΔIRR 等指标进行方案的比选。

1) 静态增量投资回收期(ΔP_t)。

(1) 增量投资回收期。

增量投资回收期，也称追加投资回收期或差额投资回收期，指的是投资额不同的工程项目的建设方案，用成本的节约或收益的增加来回收增量投资期限。对于两个投资额不同的方案而言，一般来说，投资额大的方案其年经营成本往往低于投资额小的方案的年经营成本，或投资额大的方案其年净收益往往高于投资额小的方案的年净收益。增量投资回收期即是投资额大的方案用年经营成本的节约或者年净收益的增加额来补偿其投资增量的时间。

(2) 静态增量投资回收期概念及计算式。

静态增量投资回收期是指在不考虑资金时间价值的条件下的增量投资回收期。其一般计算式为

$$\sum_{t=0}^{\Delta P_t}(NCF_1-NCF_2)_t=0 \tag{6.1}$$

式中，NCF_1、NCF_2 分别为方案 1 和方案 2 的净现金流量。一般而言，方案 1 代表初始投资额较大的方案。

(3) 静态增量投资回收期特殊计算式。

① 相比较的两方案产出的数量和质量基本相同，且两方案的经营成本均为常数。

静态增量投资回收期是投资额大的方案 1 用其年经营成本的节约额补偿其投资增量的时间，计算公式为

$$\Delta P_t=\frac{I_1-I_2}{C_2-C_1}=\frac{\Delta I}{\Delta C} \tag{6.2}$$

式中，I_1、I_2——方案 1 和方案 2 的投资额；

C_1、C_2——方案 1 和方案 2 的经营成本。

② 相比较的两个方案的投入和产出不同，但年净收益为常数。

静态增量投资回收期是投资额大的方案 1 用其年净收益的增加额补偿其投资增量的时间，计算公式为

$$\Delta P_t=\frac{I_1-I_2}{R_2-R_1}=\frac{\Delta I}{\Delta R} \tag{6.3}$$

式中，R_1、R_2——方案 1 和方案 2 的年净收益。

(4) 静态增量投资回收期评价准则。

静态增量投资回收期的评价准则：当 $\Delta P_t \leqslant P_c$，说明投资大的方案相比较于投资额小的方案的投资增量可在基准投资回收期内收回，即投资额大的方案优于投资额小的方案；否则，投资额小的方案优于投资额大的方案。

【例 6-1】 某项目有两个可行方案供选择，方案 1 的投资为 4 800 万元，年平均经营成本为 600 万元；方案 2 的投资为 1 800 万元，年平均经营成本为 1 200 万元。设基准投资回收期为 6 年。试选择较优的方案。

解：由题意知，$I_1=4\,800$，$I_2=1\,800$，$\Delta I=3\,000$

$C_1=600$，$C_2=1\,200$，$\Delta C=600$

所以，$\Delta P_t=\dfrac{\Delta I}{\Delta C}=\dfrac{3\,000}{600}=5$（年）

由于增量静态投资回收期小于基准投资回收期，所以，投资额大的方案为优方案。

特别提出的是，本题已告知两个方案为可行方案，故在解题的过程中省略了互斥方案评价的第一步，即省略了可行性判断，而直接进行了选优。

2) 动态增量投资回收期（$\Delta P'_t$）

(1) 概念及计算式。

动态增量投资回收期是指在考虑资金时间价值的条件下，投资额大的方案用年经营成

本的节约额或年净收益的增加额补偿其投资增量所需要的时间。其计算公式为

$$\sum_{t=0}^{\Delta P'_t}(NCF_1-NCF_2)_t(1+i_c)^{-t}=0 \tag{6.4}$$

动态增量投资回收期在实际的计算中，通常用表格的方式进行。

（2）动态增量投资回收期评价准则。

动态增量投资回收期的评价准则：当 $\Delta P'_t \leqslant P_c$，说明投资额大，经营成本低或年净收益高的方案较优；若 $\Delta P'_t > P_c$，说明投资额小，经营成本高或年净收益低的方案较优。

要说明的是，增量投资回收期主要用于互斥方案的选优，对于较优的方案是否可行还需要另外作判断。

3）增量净现值（ΔNPV）

（1）增量净现值法比选的原理。

增量净现值法比选的原理是，在参与比较的方案达到基准收益率要求的基础上，判定投资多的方案比投资少的方案所增加的投资是否值得，如果增量投资值得投资，则投资额大的方案为优方案；否则，投资额小的方案为较优方案。

（2）增量净现值法的计算公式。

设方案1和方案2是两个投资额不等的互斥型方案，有共同的计算期 n 年，方案1比方案2的投资额大，则两个方案的增量净现值计算如下：

$$\begin{aligned}\Delta NPV_{1-2} &= \sum_{t=0}^{n}[(CI_1-CO_1)_t-(CI_2-CO_2)_t]\times(1+i_c)^{-t} \\ &= \sum_{t=0}^{n}(CI_1-CO_1)_t\times(1+i_c)^{-t}-(CI_2-CO_2)\times(1+i_c)^{-t} \\ &= NPV_1-NPV_2 \end{aligned} \tag{6.5}$$

（3）增量净现值法评价准则。

如果 $\Delta NPV>0$，则表明增量投资部分是值得的，投资额大的方案优于投资额小的方案；如果 $\Delta NPV<0$，则表明增量投资部分不能达到预期的基准收益率水平，该部分投资是不值得的，因此，投资额小的方案是较优方案。

（4）增量净现值法的评价步骤。

使用增量净现值指标进行评价时应遵循以下步骤：

① 将参与比较的各备选方案按投资额从小到大顺序排列；

② 增设投资和净收益均为0的"0方案"，用以判定基础方案是否满足基准收益率的要求；

③ 将投资小的 A_i 方案作为临时最优方案，投资大的方案 A_j 作为竞争方案（$j>i$），计算 $\Delta NPV_{A_j-A_i}$，如果 $\Delta NPV_{A_j-A_i}>0$，则 A_j 方案优于 A_i 方案，A_j 方案取代原来的临时最优方案 A_i，作为新的临时最优方案；如果 $\Delta NPV_{A_j-A_i}<0$，则淘汰 A_j 方案，A_i 方案仍作为临时最优方案与下一个方案进行比较；

④ 不断重复步骤③，直到找到最优方案。

【例6-2】 某企业购置设备，现有三个，各方案的现金流量见表6-2，各方案的寿命均为10年，第10年年末的残值为0。设基准收益率 i_c 为12%。问选择哪个方案在经济上更有利？

表 6-2　三个方案的有关数据

项目方案	期初投资/万元	年净收益/万元	寿命期/年
方案 1	7 500	2 100	10
方案 2	12 000	2 800	10
方案 3	15 000	3 700	10

解：将各备选方案按投资额的大小由小到大排序为方案 1、方案 2、方案 3，增设投资和净收益均为 0 的 "0 方案"。

① 将方案 1 和 0 方案进行比较，计算这两个方案的增量净现金流量，按基准收益率 $i_c=12\%$，计算增量净现值 ΔNPV_{1-0}，

$\Delta NPV_{1-0}=2\ 100(P/A,12\%,10)-7\ 500=2\ 100\times5.650\ 2-7\ 500=4\ 365$（万元）

因为 $\Delta NPV_{1-0}>0$，说明方案 1 优于 0 方案，继续保留方案 1 作为临时最优方案；

② 将方案 2 和方案 1 进行比较，计算这两个方案的增量净现金流量，按基准收益率 $i_c=12\%$，计算增量净现值 ΔNPV_{2-1}，

$\Delta NPV_{2-1}=(2\ 800-2\ 100)(P/A,12\%,10)-(12\ 000-7\ 500)=700\times5.650\ 2-4\ 500=-545$（万元）

因为 $\Delta NPV_{2-1}<0$，说明增量投资不合适，方案 1 优于方案 2，继续保留方案 1 作为临时最优方案；

③ 将方案 3 和方案 1 进行比较，计算这两个方案的增量净现金流量，按基准收益率 $i_c=12\%$，计算增量净现值 ΔNPV_{3-1}，

$\Delta NPV_{3-1}=(3\ 700-2\ 100)(P/A,12\%,10)-(15\ 000-7\ 500)=1\ 600\times5.650\ 2-7\ 500=1\ 540$（万元）

因为 $\Delta NPV_{3-1}>0$，说明方案 3 优于方案 1，方案 1 被淘汰，方案 3 是最优方案。

4）增量内部收益率（ΔIRR）

（1）增量内部收益率概念。

增量内部收益率，又称差额内部收益率或追加内部收益率。对于两个投资额不等的方案而言，如果投资额大的方案的年净现金流量与投资额小的方案的年净现金流量的差额现值之和等于 0，此时的折现率增量内部收益率。也可以表述成增量内部收益率是指增量净现值等于零的折现率或两个项目方案净现值相等时的折现率，一般用 ΔIRR 表示。

（2）增量内部收益率的表达式。

$$\sum_{t=0}^{n}[(CI-CO)_2-(CI-CO)_1]_t(1+\Delta IRR)^{-t}=0 \qquad (6.6)$$

式中，ΔIRR——增量内部收益率；

$(CI-CO)_2$——投资额大的方案的年净现金流量；

$(CI-CO)_1$——投资额小的方案的年净现金流量。

（3）增量内部收益率的判别准则。

若 $\Delta IRR>i_c$，则投资额大的方案为优；若 $\Delta IRR<i_c$，则投资额小的方案为优。

应注意的是，使用增量内部收益率这一指标进行多方案比较时，必须保证每个方案都是可行的，或至少投资额最小的方案是可行的。而且，要求被比较的各方案的寿命期或计

算期必须相同。

由于增量内部收益率的计算式仍然是一元 n 次方程,实际计算中同样采用线性内插法求解。

(4) 增量内部收益率评价步骤。

增量内部收益率法与增量净现值法的评价步骤基本相同。

① 将参与比较的各备选方案按投资额从小到大顺序排列;

② 增设投资和净收益均为 0 的"0 方案",用以判定基础方案是否满足基准收益率的要求;

③ 将投资小的 A_i 方案作为临时最优方案,投资大的方案 A_j 作为竞争方案($j>i$),计算 $\Delta IRR_{A_j-A_i}$,如果 $\Delta IRR_{A_j-A_i}>i_c$,则,A_j 方案优于 A_i 方案,A_j 方案取代原来的临时最优方案 A_i,作为新的临时最优方案;如果 $\Delta NPV_{A_j-A_i}<i_c$,则淘汰 A_j 方案,A_i 方案仍作为临时最优方案与下一个方案进行比较;

④ 不断重复步骤③,直到找到最优方案。

【例 6-3】 题意同例 6-2,试用增量内部收益率判断哪个方案在经济上最优。

① 比较方案 1 和"0 方案",计算两者的增量内部收益率 ΔIRR_{1-0},

$2\,100(P/A,\Delta IRR_{1-0},10)-7\,500=0$

求得,$\Delta IRR_{1-0}=24.99\%>i_c=12\%$,方案 1 优于"0 方案",淘汰"0 方案",方案 1 仍为临时最优方案;

② 比较方案 2 和方案 1,计算两者的增量内部收益率 ΔIRR_{2-1},

$(2\,800-2\,100)(P/A,\Delta IRR_{2-1},10)-(12\,000-7\,500)=0$

求得,$\Delta IRR_{2-1}=8.96\%<i_c=12\%$,方案 1 优于方案 2,淘汰方案 2,方案 1 仍为零时最优方案;

③ 比较方案 3 和方案 1,计算两者的增量内部收益率 ΔIRR_{3-1},

$(3\,700-2\,100)(P/A,\Delta IRR_{3-1},10)-(15\,000-7\,500)=0$

求得,$\Delta IRR_{3-1}=16.83\%>i_c=12\%$,方案 3 优于方案 1,淘汰方案 1,方案 3 为最优方案。

5) 增量投资收益率(ΔR)

(1) 增量投资收益率的概念。

增量投资收益率是指投资额较大方案的每年经营成本节约额或年净收益的增加额与其投资增加额的比,用 ΔR 表示增量投资收益率。对于两个产出相同的方案,如果一个方案投资额高而经营成本低或净收益高,另一个方案投资小而年经营成本高或净收益低,此时,可以采用增量投资收益率作为比较的标准。

(2) 增量投资收益率的计算公式。

$$\Delta R = \frac{C_2 - C_1}{I_1 - I_2} \tag{6.7}$$

式中,C_1、C_2 对比两个方案的年经营成本,且 $C_2>C_1$;

I_1、I_2 对比两个方案的投资额,且 $I_1>I_2$。

或

$$\Delta R = \frac{A_1 - A_2}{I_1 - I_2} \tag{6.8}$$

式中，A_1、A_2 对比两个方案的年净收益，且 $A_1 > A_2$；

(3) 增量投资收益率的评价标准。

$\Delta R \geq i_c$ 时，投资额大的方案为优；$\Delta R < i_c$ 时，投资额小的方案为优。增量投资收益率主要用于多方案在可行基础上的选优。

对于产量不同的几个方案作比较时，可按单位产品的投资额及单位产品的经营成本进行计算。

【例 6-4】 已知三个工程项目方案的有关数据见表 6-3，试比较这三个方案的优劣。设基准收益率为 15%。

表 6-3 三个工程项目方案的有关数据　　　　　　　　　　单位：万元

有关数据	方案 1	方案 2	方案 3
总投资	200	220	280
年收入	90	100	110
年经营成本及税金	40	30	20

解：三个方案的投资收益率计算如下。

$$R_1 = \frac{90-40}{200} \times 100\% = 25\%$$

$$R_2 = \frac{100-30}{220} \times 100\% = 31.8\%$$

$$R_3 = \frac{110-20}{280} \times 100\% = 32.1\%$$

计算结果表明三个方案的投资收益率均大于 15%，均为可行方案。下面按增量投资收益率来分析三个方案的优劣。

$$\Delta R_{1-2} = \frac{(100-30)-(90-40)}{220-200} = \frac{70-50}{20} = 100\%$$

$\Delta R_{1-2} = 100\% > 15\%$，应选择投资额大的方案 2；

$$\Delta R_{2-3} = \frac{(110-20)-(100-30)}{280-220} = \frac{80-70}{60} = 16.7\%$$

$\Delta R_{2-3} = 16.7\% > 15\%$，应选择投资额大的方案 3；

由上面的计算可以看出，三个方案中，方案 3 最优。

6) 增量效益费用比（$\Delta B/C$）

(1) 增量效益费用比计算公式。

当用效益费用比这一指标比较两个方案时，应采用增量效益费用比（$\Delta B/C$）。

$$\Delta B/C = \frac{\sum\limits_{t=0}^{n}(B_1-B_2)_t(1+i_c)^{-t}}{\sum\limits_{t=0}^{n}(C_1-C_2)_t(1+i_c)^{-t}} = \frac{\sum\limits_{t=0}^{n}(B_1-B_2)_t(P/F,i_c,t)}{\sum\limits_{t=0}^{n}(C_1-C_2)_t(P/F,i_c,t)} \quad (6.9)$$

式中，B_1、B_2——相比较两方案的净效益流量；

C_1、C_2——相比较两方案的净费用流量。

或

$$\Delta B/C = \frac{\sum_{t=0}^{n}(B_1-B_2)_t(P/F,i_c,t)(A/P,i_c,t)}{\sum_{t=0}^{n}(C_1-C_2)_t(P/F,i_c,t)(A/P,i_c,t)} \tag{6.10}$$

(2) 增量效益费用比评价标准。

增量效益费用比的评价准则：$\Delta B/C \geq 1$，则增加净费用是有利的，应该选择净费用大的方案；否则，就应选择净费用小的方案。

【例 6 - 5】 建设一条高速公路，有两条备选方案：沿河路线和越山路线。两条路线的平均车速都提高了 60 千米/小时，日平均流量都是 5 000 辆，寿命均为 30 年，且无残值，基准收益率为 8%。其他数据见表 6 - 4。试用增量效益费用比选择两个方案的优劣。

表 6 - 4　两个方案的相关效益费用数据

方　案	沿河路线	越山路线
线路全长/千米	20	15
投资/万元	500	660
年维护及运行费用/[万元/(千米·年)]	0.2	0.25
大修费每 10 年一次/(万元/10 年)	90	70
运输费用节约/[元/(千米·辆)]	0.098	0.112 7
时间费用节约/[元/(小时·辆)]	2.6	2.6

解：(1) 求沿河路线的年净效益与年净费用。

① 时间费用的节约 = 5 000×365×20/60×2.6÷10 000 = 158.17(万元/年)

运输费用的节约 = 5 000×365×20×0.098÷10 000 = 357.7(万元/年)

沿河路线的净效益 B_1 = 158.17 + 357.7 = 515.87(万元/年)

② 投资、维护及大修等费用

= 0.2×20 + [500 + 90(P/F, 8%, 10) + 90(P/F, 8%, 20)](A/P, 8%, 30) = 53.83(万元/年)

沿河路线的净费用 C_1 = 53.83(万元/年)

(2) 求越山路线的年净效益与年净费用。

① 时间费用的节约 = 5 000×365×15/60×2.6÷10 000 = 118.63(万元/年)

运输费用的节约 = 5 000×365×15×0.112 7÷10 000 = 308.52(万元/年)

沿河路线的净效益 B_2 = 118.63 + 308.52 = 427.15(万元/年)

② 投资、维护及大修等费用

= 0.25×15 + [660 + 70(P/F, 8%, 10) + 70(P/F, 8%, 20)](A/P, 8%, 30) = 66.59(万元/年)

沿河路线的净费用 C_2 = 66.59(万元/年)

(3) 求 $\Delta B/C$。

$$\Delta B/C = \frac{B_1-B_2}{C_1-C_2} = \frac{515.87-427.15}{53.83-66.59} = -6.95$$

因此，越山路线增加的费用不值得，应选择沿河路线建设方案。

2. 直接比较法

1) 净现值 NPV 法或净年值 NAV 法

当互斥型方案的计算期相同时，在已知各投资方案的现金流入量与现金流出量的前提下，直接用净现值或净年值进行方案的评价选优最为简便。

(1) 评价步骤。

① 绝对经济效果检验：计算各方案的 NPV 或净年值 NAV，并加以检验，若某方案的 $NPV \geqslant 0$ 或 $NAV \geqslant 0$，则该方案通过了绝对经济效果检验，可以继续作为备选方案，进入下一步的选优；若某方案的 $NPV \leqslant 0$ 或 $NAV \leqslant 0$，则该方案没有资格进入下一步的选优。

② 相对经济效果检验：两两比较通过绝对经济效果检验的各方案的净现值 NPV 或净年值 NAV 的大小，直至保留净现值 NPV 或净年值 NAV 最大的方案；

③ 选最优方案：相对经济效果检验后保留的方案为最优方案。

(2) 评价准则。

① $NPV_i \geqslant 0$ 且 $MAX(NPV_i)$ 所对应的方案为最优方案；

② $NAV_i \geqslant 0$ 且 $MAX(NAV_i)$ 所对应的方案为最优方案。

【例 6-6】 题意同例 6-2，试用净现值或净年值判断哪个方案在经济上最优。

解： ① 用净现值进行方案的选优：

$NPV_1 = -7\,500 + 2\,100(P/A, 12\%, 10) = -7\,500 + 2\,100 \times 5.650\,2 = 4\,365$（万元）

$NPV_2 = -12\,000 + 2\,800(P/A, 12\%, 10) = -12\,000 + 2\,800 \times 5.650\,2 = 3\,821$（万元）

$NPV_3 = -15\,000 + 3\,700(P/A, 12\%, 10) = -15\,000 + 3\,700 \times 5.650\,2 = 5\,906$（万元）

方案 3 的净现值最大，方案 3 为最优方案。

② 用净年值进行方案的选优：

$NAV_1 = -7\,500(A/P, 12\%, 10) + 2\,100 = -7\,500 \times 0.177\,0 + 2\,100 = 773$（万元）

$NAV_1 = -12\,000(A/P, 12\%, 10) + 2\,800 = -12\,000 \times 0.177\,0 + 2\,800 = 676$（万元）

$NAV_1 = -15\,000(A/P, 12\%, 10) + 3\,700 = -15\,000 \times 0.177\,0 + 3\,700 = 1\,045$（万元）

方案 3 的净年值最大，方案 3 为最优方案。

2) 净现值 NPV 与增量净现值 ΔNPV 的比较

通过上面的例 6-2、例 6-6 可以看出，当互斥型方案寿命相等时，直接比较各方案的净现值 NPV 并取 NPV 最大的方案与用增量净现值分析的结果是一致的。这是因为：

$$\begin{aligned}\Delta NPV_{2-1} &= \sum_{t=0}^{n}[(CI_2 - CI_1) - (CO_2 - CO_1)]_t(1+i_c)^{-t} \\ &= \sum_{t=0}^{n}(CI_2 - CO_2)_t(1+i_c)^{-t} - \sum_{t=0}^{n}(CI_1 - CO_1)_t(1+i_c)^{-t} \\ &= NPV_2 - NPV_1\end{aligned}$$
(6.11)

所以，当 $\Delta NPV_{2-1}(i_c) \geqslant 0$ 时，必有 $NPV_2 \geqslant NPV_1$，即 NPV 指标具有可加性。在互斥型方案寿命相等时，以直接用净现值指标比选最为简便。在互斥型方案比选中，可计算出各方案自身现金流量的净现值，净现值最大的方案即为最优方案。

3. 最小费用法

1) 最小费用法应用前提。

在互斥型方案经济评价的实践中，经常会遇到各个产出方案的效果相同或基本相同，有时又难以估算，如一些公共基础类项目、环保类项目、教育类项目等。这些项目所产生的效益无法或很难用货币来直接计量，也就得不到其具体现金流量的情况，因而无法用净现值、增量内部收益率等指标进行经济评价，前面提到得增量分析法或直接比较法也就无法应用。此时，可假设各方案的收益相同，方案比较时可不考虑收益，而仅对各备选方案的费用进行比较，以备选方案中费用最小的作为最优方案，这种方法称为最小费用法。最小费用法包括费用现值法和费用年值法。

2) 费用现值（present cost，PC）比选法

(1) 费用现值概念。

项目方案在寿命期内不同时点的现金流出量按设定的折现率折现到期初的现值之和称为费用现值，一般用 PC 表示费用现值。

(2) 表达式。

① 一般表达式为

$$PC = \sum_{t=0}^{n} CO_t(1+i_c)^{-t} = \sum_{t=0}^{n} CO_t(P/F, i_c, t) \tag{6.12}$$

② 若用 I 表示投资，C 表示经营成本，存在着净残值 L_F

$$PC = \sum_{t=0}^{n} (I+C-L_F)_t (P/F, i_c, t) \tag{6.13}$$

③ 若投资 I 为一次性，年经营成本 C 相等，无残值 L_F

$$PC = I + C(P/A, i_c, n) \tag{6.14}$$

④ 投资 I 为一次性投入，年经营成本 C 相等，有残值 L_F

$$PC = I + C(P/A, i_c, n) - L_F(P/F, i_c, n) \tag{6.15}$$

(3) 使用前提。

费用现值这一指标的应用是建立在如下的假设基础上的：用于计算费用现值的项目方案是可行的。主要用于：①各方案产出效益相同或基本相同；②各方案满足相同需要，效益难以用价值形态表示。

(4) 判别准则。

只能用于多方案比较选优，以费用现值最小的方案为最优方案。

【例 6-7】 某项目的两个采暖方案均能满足相同的采暖需要，有关数据见表 6-5。在基准折现率为 10% 的情况下，试计算各方案的费用现值。

表 6-5 两个采暖方案的有关数据　　　　　　　　单位：万元

方　案	总投资（第 0 时点）	年运行费用（1～10 年）
方案 1	300	90
方案 2	360	75

解：根据题意及公式(6.14)计算各方案的费用现值如下：

$PC_1 = 300 + 90(P/A, 10\%, 10) = 300 + 90 \times 6.1446 = 853.01(万元)$

$PC_2 = 360 + 75(P/A, 10\%, 10) = 360 + 75 \times 6.1446 = 820.85(万元)$

根据费用现值最小的选优原则，方案 2 的费用现值最小，方案 2 为最优方案。

3) 费用年值(annual cost，AC)法

(1) 概念。

按设定的折现率将方案寿命期内不同时点发生的所有支出费用换算为与其等值的等年值称为费用年值，也称年成本，一般用 AC 表示。

(2) 表达式。

$$AC = PC(A/P, i_c, n) = \sum_{t=0}^{n} CO_t (P/F, i_c, t)(A/P, i_c, n) \qquad (6.16)$$

(3) 判别准则。

费用年值 AC 只能用于多方案的比较和选择，且以最小年费用的方案为最优方案。

【例 6-8】 两个供热系统方案，能满足相同的供热需求，有关数据见表 6-6，$i_c = 15\%$。试用费用年值进行选择。

表 6-6 两个采暖方案的有关数据　　　　　　　　单位：万元

方 案	总投资(第 0 时点)	使用寿命/年	年经营成本	净残值
方案 1	30	6	20	5
方案 2	40	9	16	0

解：根据题意及公式(6.16)

$AC_1 = 30(A/P, 15\%, 6) + 20 - 5(A/F, 15\%, 6) = 27.34(万元)$

$AC_2 = 40(A/P, 15\%, 9) + 16 = 24.38(万元)$

由于 $AC_2 < AC_1$，根据费用年值的判别准则，可知方案 2 为优方案。

6.2.3 计算期不同的互斥型方案经济评价

当相互比较的互斥型方案具有不同的计算期时，由于方案之间不具有可比性，不能直接采用增量分析法或直接比较法进行方案的比选。为了满足时间上的可比性，需要对各备选方案的计算期进行适当的调整，使各方案在相同的条件下进行比较，才能得出合理的结论。

1. 年值法

年值法主要采用的净年值指标进行方案的比选，当各个方案的效益难以计量或效益相同时，也可采用费用年值指标。在年值法中，要分别计算各备选方案净现金流量的等额净年值 NAV 或费用年值 AC，并进行比较，以净年值 NAV 最大(或费用年值 AC 最小)的方案为最优方案。年值法中是以"年"为时间单位比较各方案的经济效果，从而使计算期不同的互斥型方案间具有时间的可比性。

采用年值法进行计算期不等的互斥型方案的比选，实际上隐含着这样的假设：各方案在其计算期结束时可按原方案重复实施。由于一个方案在其重复期内，等额净年值不变，

故不管方案重复多少次，只需计算一个计算期的等额净年值就可以了。

【例 6-9】 建筑公司要购买一种用于施工的设备，现有两种设备供选择，设基准收益率为 12%，有关数据见表 6-7。试问应选择哪种设备。

表 6-7　两种设备的有关数据　　　　　　　　　单位：万元

设　备	总投资(第 0 时点)	使用寿命/年	年销售收入	年经营成本	净残值
设备 1	16 000	6	11 000	5 200	1 500
设备 2	27 000	9	11 000	4 600	3 000

解：
$NAV_1 = -16\,000(A/P, 12\%, 6) + (11\,000 - 5\,200) + 1\,500(A/F, 12\%, 6)$
$\quad\quad = -16\,000 \times 0.243\,2 + 5\,800 + 1\,500 \times 0.123\,2$
$\quad\quad = 2\,094(万元)$
$NAV_2 = -27\,000(A/P, 12\%, 9) + (11\,000 - 4\,600) + 3\,000(A/F, 12\%, 9)$
$\quad\quad = -27\,000 \times 0.187\,7 + 6\,400 + 3\,000 \times 0.067\,7$
$\quad\quad = 1\,543(万元)$

由于 $NAV_1 > NAV_2$，应该选择设备 1。

2. 最小公倍数法

最小公倍数法是以各备选方案计算期的最小公倍数为比较期，假定在比较期内各方案可重复实施，现金流量重复发生，直至比较期结束。以最小公倍数作为共同的计算期，使得各备选方案有相同的比较期，具备时间上的可比性，可采用净现值等指标进行方案的选择。

当相互比较的各方案最小公倍数不大且技术进步等因素的影响不大时，现金流量可以重复发生的假定可以认为基本符合事实，这是因为技术进步与通货膨胀具有一定的相互抵消作用。但当最小公倍数很大时（如两个相互比较的方案计算期分别为 10 年和 11 年，其最小公倍数为 110 年），假定在最小公倍数的比较期内各方案的现金流量可以重复实施就会脱离实际。另外，某些不可再生的矿产资源开发类项目，方案可重复实施的假设也不成立，也就无法用最小公倍数进行方案的比选。最小公倍数法主要适用于方案确实可重复实施的、技术进步不快的产品及设备方案。

【例 6-10】 对例 6-9 应用最小公倍数法进行设备的选择。

解： 由于两种设备的寿命不同，其最小公倍数为 18 年，即设备 1 重复 2 次，设备 2 重复 1 次，最小公倍数 18 年为共同的计算期。

$NPV_1 = -16\,000 - (16\,000 - 1\,500) \times (P/F, 12\%, 6) - (16\,000 - 1\,500) \times (P/F, 12\%, 12)$
$\quad\quad\quad + 1\,500 \times (P/F, 12\%, 18) + (11\,000 - 5\,200) \times (P/A, 12\%, 18)$
$\quad\quad = -16\,000 - 14\,500 \times 0.506\,6 - 14\,500 \times 0.256\,7 + 1\,500 \times 0.130\,0 + 5\,800 \times 7.249\,7$
$\quad\quad = 15\,175(万元)$
$NPV_2 = -27\,000 - (27\,000 - 3\,000) \times (P/F, 12\%, 9) + 3\,000 \times (P/F, 12\%, 18)$
$\quad\quad\quad + (11\,000 - 4\,600) \times (P/A, 12\%, 18)$
$\quad\quad = -27\,000 - 24\,000 \times 0.360\,6 + 3\,000 \times 0.130\,0 + 6\,400 \times 7.249\,7$

=11 134(万元)

由于 $NPV_1 > NPV_2$,应该选择设备1。

3. 研究期法

研究期法是选择一个共同的研究期作为各个备选方案共同的计算期,在计算期内,直接采用方案本身的现金流量(或假定现金流量重复),在计算期末,计入计算期未结束方案的余值。通过研究期法的处理,计算期不同的方案有了共同的计算期,可以按照计算期相同的互斥型方案的比较方法进行方案的选择。

采用研究期法时,应尽可能利用方案原有的现金流量信息,把主观判断方案余值的影响减到最小。一般来说有以下三种做法:①取最长寿命作为共同分析的计算期;②取最短寿命作为共同分析的计算期;③取计划规定的年限作为共同分析计算期。对于共同分析计算期末,对未结束方案的余值,可预测此时方案的市场价值作为现金流入量。

研究期法有效弥补了最小公倍数法的不足,适用于技术更新较快的产品和设备方案的比选,但对计算期末未结束方案余值的确定是否准确,应给予重视。

6.2.4 寿命无限长互斥型方案经济评价

通常情况下,各备选方案的计算期都是有限的;但某些特殊工程项目的服务年限或工作状态是无限的,如果维修得足够好,可以认为能无限期延长,即其使用寿命无限长,如公路、铁路、桥梁、隧道等。对这种永久性设施的等额年费用可以计算其资本化成本。所谓资本化成本是指项目在无限长计算期内等额年费用的折现值,可用 CC 表示。设等额年费用(或年净收益)为 A:

$$CC = \lim_{n \to \infty}(P/A, i_c, n) = A \lim_{n \to \infty}\left[\frac{(1+i_c)^n - 1}{i_c(1+i_c)^n}\right]$$

$$= A\left[\lim_{n \to \infty}\frac{(1+i_c)^n}{i_c(1+i_c)^n} - \lim_{n \to \infty}\frac{1}{i_c(1+i_c)^n}\right] = \frac{A}{i_c} \quad (6.17)$$

【例 6-11】 有两个互斥型方案,有关数据见表6-8,设基准收益率为10%。试求方案可以无限重复下去时的最优方案。

表6-8 两个方案的有关数据 单位:万元

方案	总投资(第0时点)	使用寿命/年	年净收益
方案1	7 500	4	3 800
方案2	12 000	6	4 000

解:计算方案1、方案2寿命为无限大的净现值。

$NPV_{\infty 1} = [-7\,500(A/P, 10\%, 4) + 3\,800](P/A, 10\%, \infty)$

$= 14\,338(万元)$

$NPV_{\infty 2} = [-12\,000(A/P, 10\%, 6) + 4\,000](P/A, 10\%, \infty)$

$= 12\,448(万元)$

因为 $NPV_{\infty 1} > NPV_{\infty 2}$,所以方案1为最优方案

6.3 独立型方案的经济评价

独立型方案经济评价的特点：不需要进行方案比较，所有的方案都是独立的；各个方案之间不具有排他性，选用一个方案并不要求放弃另一个方案；在资金允许或资金无限制的条件下，几个方案或全部方案可以同时成立。

6.3.1 资金不受限制的独立型方案的经济评价

在资金不受限制的情况下，独立方案的采纳与否，只取决于方案自身的经济效果。也就是说，资金不受限制的独立型方案的经济评价只需检验其是否通过净现值 NPV 或内部收益率 IRR 等指标的评价标准（$NPV \geqslant 0$，$IRR \geqslant i_c$）即可，凡是通过了方案自身的"绝对经济效果检验"，即认为其在经济效果上达到了基本要求，可以接受，否则，应予以拒绝。

【例 6-12】 两个独立型方案的投资和净收益等数据见表 6-9，基准收益率 i_c 为 15%。试进行评价和选择。

表 6-9 两个方案的有关数据   单位：万元

方案	总投资(第 0 时点)	使用寿命/年	年净收益
方案 1	150	5	75
方案 2	150	5	40

解：计算两个方案的净现值 NPV

$$NPV_1 = -150 + 75(P/A, 15\%, 5)$$
$$= 101(万元)$$
$$NPV_2 = -150 + 40(P/A, 15\%, 5)$$
$$= -16(万元)$$

由于 $NPV_1 > 0$，$NPV_2 < 0$，所以方案 1 可以接受，方案 2 予以拒绝。

【例 6-13】 有两个独立型方案 A 和 B，方案 A 期初投资 200 万元，每年净收益为 50 万元，寿命为 8 年；方案 B 期初投资 400 万元，每年净收益为 80 万元，寿命为 10 年。若基准收益率为 15%，试对方案进行选择。

解：选择净年值指标进行评价。

$$NAV_A = -200(A/P, 15\%, 8) + 50$$
$$= 5(万元)$$
$$NAV_B = -400(A/P, 15\%, 10) + 80$$
$$= 0.3(万元)$$

由于方案 A 和方案 B 的净年值均大于 0，根据净年值的评判标准，可以得出 A、B 两方案均合理可行的结论。

6.3.2 资金受限制的独立型方案的经济评价

独立型方案经济评价中，如果资金受到限制，就不能像资金无限制的方案那样，凡是通过了绝对经济效果检验的方案都被采用。因此，在通过了绝对经济效果检验的方案中，由于资金受限，也必须放弃其中一个或一些方案。独立型方案经济评价的标准是在满足资金限额的条件下，取得最好的经济效果。

1. 互斥方案组合法

互斥方案组合法是利用排列组合的方法，列出待选择方案的所有组合。保留投资额不超过限制且净现值大于零的方案组合，淘汰其余方案组合，保留的组合方案中，净现值最大的一组所包含的方案即为最优的方案组合。

互斥方案组合法进行方案选择的步骤：

① 列出独立方案的所有可能组合，形成若干个新的组合方案，则所有可能组合方案形成互斥组合方案（m 个独立方案则有 2^m 个组合方案）；

② 每个组合方案的现金流量为被组合的各独立方案的现金流量的叠加；

③ 将所有的组合方案按初始投资额从小到大的顺序排列；

④ 排除总投资额超过投资资金限额的组合方案；

⑤ 对所剩的所有组合方案按互斥方案的比较方法确定最优的组合方案；

⑥ 最优组合方案所包含的独立方案即为该组独立方案的最佳选择。

互斥型方案组合法能够在各种情况下确保选择的方案组合是最优的可靠方法，是以净现值最大化作为评价目标，保证了最终所选出的方案组合的净现值最大。

【例 6-14】 现有三个独立型项目方案 A、B、C，其初始投资分别为 150 万元、450 万元和 375 万元，年净收益分别为 34.5 万元、87 万元和 73.5 万元。三个方案的计算期均为 10 年，基准收益率为 10%，若投资限额为 700 万元，试进行方案选择。

解：首先计算三个方案的净现值。

$$NPV_A = -150 + 34.5(P/A, 10\%, 10)$$
$$= 62.0(万元)$$

$$NPV_B = -450 + 87(P/A, 10\%, 10)$$
$$= 84.6(万元)$$

$$NPV_C = -375 + 73.5(P/A, 10\%, 10)$$
$$= 76.6(万元)$$

由于 A、B、C 三个方案的净现值均大于零，从单方案检验的角度来看三个方案均可行。

现在由于总投资要限制在 700 万元以内，而 A、B、C 三个方案加在一起的总投资额为 975 万元，超过了投资限额，因而不能同时实施。

按照互斥方案组合法，其计算结果见表 6-10。

表 6-10 用互斥方案组合法比选最佳方案组合   单位：万元

序号	组合方案 ABC	总投资额	净收益	净现值	结论
1	000	0	0	0	
2	100	150	34.5	62.0	
3	010	450	87	84.6	
4	001	375	73.5	76.6	
5	110	600	121.5	146.6	最佳
6	101	525	108	138.6	
7	011	825			投资超限
8	111	975			投资超限

计算结果表明，方案 A 和方案 B 的组合为最佳投资组合方案，也即最终应选择方案 A 和方案 B。

2. 净现值率排序法

净现值率排序法就是在计算各方案净现值率的基础上，将净现值率大于或等于 0 的方案按净现值率从大到小排序，并依次选取项目方案，直至所选项目方案的投资总额最大限度的接近或等于投资限额为止。净现值率排序法所要达到的目标是在一定的投资限额的约束下，使所选项目方案的投资效率最高。

【例 6-15】 有八个可供选择的独立型方案，各方案初始投资及各年净收益见表 6-11。如投资限额为 1 400 万元，按净现值率排序法作出选择（$i_c = 12\%$）。

表 6-11 八个独立型方案的相关数据   单位：万元

方　案	初始投资	1~10 年净收益
A	240	44
B	280	50
C	200	36
D	300	56
E	160	34
F	240	50
G	220	44
H	180	30

解： 根据表 6-11，计算各方案的净现值、净现值率及净现值率排序结果见表 6-12。

根据表 6-12，首先选择排序第一的方案 E，所需资金为 160 万元，离 1 400 万元的资金约束还有 1 240 万元；选择排序第二的方案 F，所需资金为 240 万元，在选择了 E、F 后，还有 1 000 万元的剩余资金；依此类推，直到选择方案所需要的资金总额小于或等于

1 400 万元为止，此时，所选择的方案组合为最优的方案。按照这样的思路，该题的最优组合为 E、F、G、D、A、C，所用资金总额为 1 360 万元。

表 6-12　八个方案按照净现值率排序结果

方案	净现值 NPV	净现值率 NPVR	按净现值率 NPVR 排序
A	8.6	0.036	5
B	2.5	0.009	7
C	3.4	0.017	6
D	16.4	0.055	4
E	32.1	0.201	1
F	42.5	0.177	2
G	28.6	0.130	3
H	−10.5	—	—

由于投资项目的不可分性，净现值率排序法不能保证现有资金的充分利用，不能达到净现值最大的目标。所以，各方案只有在投资占预算投资比例很低，或各方案投资额相差不大时，才能达到或接近达到净现值最大的目标。

6.4　其他类型方案的经济评价

除了上面提到的互斥型方案、独立型方案外，在工程建设的实践中，还有其他类型的方案，如混合型方案、互补性方案、现金流量相关型方案等，我们需要选择合适的经济评价方法，选择最优的方案或方案组合。

6.4.1　混合型方案的经济评价

1. 无资金约束条件下的选择

各个项目相互独立，而且没有资金限制，因此，只要项目可行，就可以采纳。把各个独立型项目所属的互斥型方案进行比较然后择优，即只要从各个独立项目中选择净现值最大且不小于零的互斥型方案加以组合即可。

2. 有资金约束条件下的资金选择

这种情况下最优方案组合选择的思路与无资金约束条件下选择混合方案的方法基本相同。只是在选择方案的时候应考虑到总投资额不能超过资金限额。其基本步骤如下：

① 评价各方案的可行性，舍弃不可行的方案；

② 在总投资额不超过资金限额的情况下，进行独立方案的组合，并且在每个项目之中只能选择一个方案；

③ 求每一组合方案的净现值或净年值；

④ 根据净现值最大或净年值最大选择最优的方案组合。

【例 6-16】 三个下属部门 A、B、C，每个部门提出了若干个方案，其有关数据见表 6-13。

表 6-13 三个部门有关投资方案的现金流量　　　　　　　单位：万元

部门	方案	投资额	年净收益
A	A_1	100	28
	A_2	200	50
B	B_1	100	14
	B_2	200	30
	B_3	300	45
C	C_1	100	51
	C_2	200	63
	C_3	300	87

设三个部门之间的投资是相互独立的，但部门内部的投资方案是互斥的，寿命期为 8 年，基准收益率为 10%。

(1) 若无资金限制，应选择哪些方案？
(2) 若资金限额为 450 万元，应选择哪些方案？

解：用净现值求解。

(1) 若资金无限制，应在各个部门中选择一个净现值最大且大于 0 的方案加以组合。

先求各个方案的净现值并判断其可行性。各个方案的净现值见表 6-14，从该表可以看出，B 部门所有投资方案均不可行。因此，应在 A、C 部门中各选一个净现值最大的方案进行组合，最优方案组合为 A_2 和 C_1。

表 6-14 三个部门各个投资方案的净现值　　　　　　　单位：万元

部门	方案	投资额	净现值
A	A_1	100	49.40
	A_2	200	66.70
B	B_1	100	−25.30
	B_2	200	−35.95
	B_3	300	−59.93
C	C_1	100	172.08
	C_2	200	136.10
	C_3	300	164.16

(2) 在资金限额 450 万元的情况下，将可行的方案进行组合，求出每一组合的净现值，净现值最大的组合就是最优组合。各组合方案及其净现值见表 6-15。

表 6-15 各投资方案组合及其净现值   单位：万元

序号	方案组合	总投资额	总净现值
1	A_1	100	49.40
2	A_2	200	66.70
3	C_1	100	172.08
4	C_2	200	136.10
5	C_3	300	164.16
6	A_1、C_1	200	221.48
7	A_1、C_2	300	185.50
8	A_1、C_3	400	213.6
9	A_2、C_1	300	238.78
10	A_2、C_2	400	202.80
11	A_2、C_3	500	投资超限

由表 6-15 可以看出，由 A_2 和 C_1 组成的方案组合净现值最大，为 238.78 万元，因此最优组合方案为 A_2 和 C_1。

6.4.2 互补型方案的经济评价

对于对称型互补方案，如方案 A 和方案 B 互为前提条件，此时，应将两个方案作为一个综合项目(A+B)进行经济评价；对于不对称型互补方案，可以转化为互斥型方案进行经济评价和选择，如写字楼建设方案和安装空调方案，可以转化为有空调的写字楼和没有空调的写字楼两个互斥型方案的比较问题。

6.4.3 现金流量相关型方案的经济评价

对现金流量相关型方案的经济评价，应首先确定方案之间的相关性，对其现金流量之间的相互影响作出准确的估计，然后根据方案之间的关系，把方案组合成互斥的组合方案。例如，实现跨江运输，可以考虑的方案有轮渡方案 L 或建桥方案 Q，则方案 L 和方案 Q 为现金流量相关型方案，可以考虑的方案组合有方案 L、方案 Q 和 LQ 组合方案。要注意的是，在 LQ 组合方案中，某一方案的现金流入量将因另一方案的存在而受到影响，方案 L 和方案 Q 同时建设时，对其现金流入量应重新进行预测。组合后应按照互斥型方案的经济评价方法对组合方案进行比选。

【例 6-17】 为满足运输需要，可在两地间建一条公路或架一座桥梁，也可既建公路又架桥。若两个方案同时建设，由于运输量分流，两个项目的现金流量都将减少，有关数据见表 6-16。当 i_c 为 10% 时，请选择最佳方案。

解：求三个方案的净现值，净现值最大的为最优方案。

$NPV_A = -200 - 100(P/F, 10\%, 1) + 120(P/A, 10\%, 9)(P/F, 10\%, 1)$
       $= 337.29(万元)$

$NPV_B = -100 - 50(P/F, 10\%, 1) + 60(P/A, 10\%, 9)(P/F, 10\%, 1)$
       $= 168.65(万元)$

$NPV_C = -300 - 150(P/F, 10\%, 1) + 150(P/A, 10\%, 9)(P/F, 10\%, 1)$
       $= 348.89(万元)$

根据净现值判断准则，应选择既建公路又架桥的方案C。

表6-16 三个方案的现金流量数据　　　　　　　　　　单位：万元

方案	第0时刻点投资	第1年年末投资	第2~10年净收益
建公路A	200	100	120
架桥梁B	100	50	60
建公路和架桥梁C	300	150	150

本 章 小 结

本章主要讲述了工程项目经济评价中多方案比较选优的方法。在进行多方案比较选优时，要分析各备选方案以及相互之间存在的多种关系，根据方案之间的关系选择合适的判断选优方法，一般将方案之间的关系分成互斥型方案、独立型方案、混合型方案、互补性方案、现金流量相关型方案，不同的方案类型，比较选优的方法不同。

习 题

一、单项选择题

1. 某企业对投资A、B两个项目进行经济评价，总投资资金为100万元，其中A项目需要资金80万元，B项目需要资金60万元。则应将两个方案视为(　　)。
    A. 独立型方案　　　　B. 互斥方案　　　　C. 相关方案　　　　D. 组合方案

2. 下列有关互斥项目方案经济比选的方法的说法不正确的是(　　)。
    A. 寿命期相同的方案，净现值大于或等于零且净现值最大的方案最优
    B. 差额内部收益率法比较时，若差额内部收益率大于基准收益率，则投资额大的方案为优
    C. 寿命期不同的方案也可以用差额内部收益率法直接比较
    D. 净年值法适用于计算期相同的或者计算期不相同的方案的比较

3. 在寿命期相同的互斥方案比选时，按照净现值与内部收益率指标计算得出的结论产生矛盾时，应采用(　　)最大原则作为方案比选的决策依据。

A. 内部收益率　　B. 净现值　　C. 净现值率　　D. 投资收益率

二、多项选择题

1. 投资项目方案经济比选中,计算期相同的互斥方案可以采用的比选方法有(　　)。
   A. 投资回收期　　B. 净现值法　　C. 盈亏平衡法
   D. 费用现值法　　E. 差额投资内部收益率法
2. 进行多方案经济效果评价时,下列做法中正确的有(　　)。
   A. 评价现金流量相关型方案时,将现金流量间具有正影响的方案视为独立方案
   B. 比选有资金限制的独立方案时,用独立方案互斥化法能保证获得最佳组合方案
   C. 评价经济上互补而又对称的互补型方案时,可将其结合为一个综合体来考虑
   D. 评价经济上互补又不对称的互补型方案时,可以分别组成独立方案来考虑
   E. 评价现金流量相关型方案时,将现金流量间具有负影响的方案视为互斥方案
3. 对于独立的常规投资项目,下列描述正确的有(　　)。
   A. 财务内部收益率是财务净现值等于零时的折现率
   B. 在某些情况下存在多个财务内部收益率
   C. 财务内部收益率考虑了项目在整个计算期的经济状况
   D. 财务净现值随折现率的增大而增大
   E. 财务内部收益率与财务净现值的评价结论是一致的

三、思考题

1. 方案的可比性具体包括哪些内容?
2. 对互斥型方案进行经济评价包括哪些步骤?
3. 静态增量投资回收期评价准则是什么?
4. 增量内部收益率评价准则是什么?
5. 增量内部收益率评价的步骤是什么?
6. 试分析费用现值和费用年值的适用条件。
7. 试分析采用年值法进行经济评价所隐含的假设。
8. 试分析互斥方案组合法进行方案选择的步骤。
9. 试分析净现值率排序法适用的条件。

四、计算题

1. 已知两个项目建设方案,方案 A 投资为 300 万元,年净收益为 60 万元;方案 B 投资为 270 万元,年净收益为 54 万元。基准投资回收期为 6 年,请选出最优方案。
2. 两个互斥型方案的数据见表 6-17,寿命均为 10 年,若基准收益率为 15%,试用增量内部收益率判定方案的优劣。

表 6-17　两个互斥型方案的有关数据　　　　　　　　单位:万元

方案	投资	年经营费用	年销售收入
方案 A	1 500	650	1 150
方案 B	2 300	825	1 475

3. 现有四个互斥型投资方案,有关数据见表 6-18,假定各方案的寿命期均为 8 年,

基准收益率为 10%，试用增量内部收益率选出最优方案。

表 6-18 四个互斥型方案的有关数据   单位：万元

方案	投资	年净收益
方案 A	2 000	400
方案 B	2 500	480
方案 C	3 000	600
方案 D	3 500	720

4. 有两种可供选择的设备。A 设备投资 10 000 元，使用寿命为 5 年，残值为 1 000 元，使用后年净收益为 4 500 元；B 设备投资 30 000 元，使用寿命为 10 年，残值为零，使用后年净收益为 10 000 元。设基准收益率为 15%，试分别用净现值法、净年值法比较两个方案的经济效益。

5. 某项目规划 15 年完成。开始投资 60 000 元，5 年后再投资 50 000 元，10 年后再投资 40 000 元。每年的保养费用分别为前 5 年每年 1 500 元，次 5 年每年 2 500 元，最后 5 年每年 3 500 元。15 年年末的残值为 8 000 元。试用 8% 的基准折现率计算该项目的费用现值和费用年值。

6. 设计部门提出了两种运动看台设计方案。方案一：钢筋混凝土建造，投资 35 万元，每年保养费 2 000 元。方案二：砖混结构，投资 20 万元，以后每三年油漆一次需 1 万元，每 12 年更换座位需 4 万元，36 年全部木造部分拆除更新需要 10 万元。设基准收益率为 5%，在永久使用的情况下，哪个方案更经济？

7. 现有三个独立型方案 A、B、C，寿命期均为 10 年，起初投资和每年净收益见表 6-19，当投资额为 800 万元时，试用互斥方案组合法求最优方案组合 (i_c=10%)。

表 6-19 三个独立型方案的有关数据   单位：万元

方案	A	B	C
投资	200	375	400
每年净收益	42	68	75

8. 有 6 个可供选择的独立方案，各方案初期投资及每年净收益见表 6-20，当资金限额为 1 950 万元、2 700 万元时，按净现值率排序法，对方案作出选择 (i_c=12%)。

表 6-20 题 8 有关数据   单位：万元

方案	A	B	C	D	E	F
投资	600	640	700	750	720	680
1~10 年净收益	250	280	310	285	245	210

9. 现有 8 个相互独立的投资方案，期初投资额和每年年末净收益见表 6-21，各方案寿命均为 10 年，基准收益率为 10%，当资金限额为 95 万元、180 万元时，用净现值率排序法进行方案选择。

表 6-21 8 个方案的有关数据

方案	A	B	C	D	E	F	G	H
投资	10	14	13	15	18	17	16	12
1~10 年净收益	3.04	3.47	3.56	3.91	4.86	4.34	4.25	3.30

第 7 章 不确定性与风险分析

学习目标

(1) 掌握不确定分析的概念及主要的不确定性因素。
(2) 掌握线性盈亏平衡分析、互斥方案盈亏平衡分析方法。
(3) 掌握敏感性分析的概念。
(4) 掌握风险的含义及其识别的过程和方法。
(5) 掌握风险估计的内涵和内容。
(6) 熟悉单因素敏感性分析方法。
(7) 熟悉风险决策的原则及条件。
(8) 了解多因素敏感性分析方法。
(9) 了解 Excel 在不确定性分析中的应用。

导入案例

某房地产开发商在某城市近邻获得一宗 30 亩(1 亩≈666.67 平方米)的土地,按城市规划,该地区可建居民住宅,容积率为 2.5;该房地产开发商现有资金 4 000 万元,拟进行该地块开发,通过估算,该商品房开发项目楼面单方造价为 3 800 元/m^2,其中土建费用为 1 050 元/m^2,土建工程采取招标方式委托建筑公司建设,建设期 1 年,开工时预付工程款为 20%,期中支付 50%,期末验收后支付 25%,剩余 5% 作为质量保证金,交付使用 1 年后支付;除土建费用之外的其他费用用于开工前全部支付。商品房建成后预计 2 年内全部售出。其销售量和销售价格预计见表 7-1 和表 7-2。

表 7-1 商品房销售量占建筑面积的百分比

概率	0.2	0.5	0.3
预售	10%	30%	20%
第 1 年	40%	60%	55%
第 2 年	50%	10%	25%

表 7-2 商品房销售价格预测

概率	0.3	0.5	0.2
预售	4 200 元	4 400 元	4 500 元
第 1 年	4 400 元	4 500 元	4 800 元
第 2 年	4 600 元	4 800 元	5 000 元

销售费用支出预计:开工时 50 万元;完工开盘时 100 万元;开盘 1 年后每年 50 万元。基准折现率为 10%。

案例分析:该项目在前期决策阶段所采用的数据均来自估算和预测,投资、销售量、销售价格等因素在将来的建设销售过程中存在很大的不确定性。本章就是研究如何运用盈亏平衡分析和敏感性分析方法确定项目的不确定性。

工程经济的分析中,所采用的数据大部分来自估算和预测,与未来项目建设、经营中的实际值很有可能不一致,即具有一定程度的不确定性(uncertainty)。进行不确定性分析,主要是为了分析不确定因素对经济评价指标的影响,也就是说,通过分析其对投资方案经济效果的影响程度,了解项目可能存在的风险和财务的可靠性。不确定性分析主要包括敏感性分析和盈亏平衡分析。

7.1 不确定分析概述

从理论上讲,不确定性是指对项目有关的因素或未来的情况缺乏足够的信息因而无法作出正确的估计;由于没有全面考虑所有评价项目的因素而造成的实际价值与预期价值之间的差异。

与不确定性相区别的是风险的概念。风险是指由于随机原因所引起的项目总体的实际价值与预期价值之间的差异。风险是与出现不利结果的概率相关联的，出现不利结果的概率(可能性)越大，风险也就越大。

不确定性分析是指在预测或估计一些主要因素发生变化的情况下，分析对其经济评价指标的影响。

7.1.1 不确定性问题的产生

在未来情况不可能完全确定的情况下，工程项目的大部分数据是由人们估算、预测而来的，与项目上马后的实际数据可能会有一些偏差。这就给工程项目的投资带来潜在的风险，如对产销和需求的估计、对原材料或产品销售价格的估计等都存在着不确定性。项目评价必须对工程项目的准确性和可靠性加以严格审查，进行风险分析，以判断其承担风险的能力。导致估算和预测偏差的原因主要有以下几个方面：

（1）基本数据的误差，这一般是由原始统计数据的差错造成的；
（2）样本数据量不够，不足以反映客观的变动趋势或数据之间的关系；
（3）统计方法的局限性或数学模型过于简化，不能很好地反映实际情况；
（4）假设前提不准确；
（5）无法预见的经济或社会政治情况的变动；
（6）经济关系或经济结构的变化；
（7）存在不能以数量表示的因素；
（8）新产品或替代品的出现；
（9）技术或工艺的变化和重大突破。

除此之外，以下的一些不稳定因素也可能存在，如国民收入和人均收入的增长率的变化；有力的竞争者的出现或消失；家庭消费结构的变化；需求弹性的变化；运费、税收因素的变化等。

7.1.2 主要的不确定性因素

在现实经济生活中，下列几种因素是要发生变化的，正是由于它们的变化，使得投资项目及其经济分析存在着不确定性。

1. 价格的变动

在市场经济条件下，货币的价格随着时间的推移而降低，即物价总的趋势是上涨的。房地产单价(或租金水平)或建材等原料价格，是影响经济效益的最基本因素，通过投资费用、生产成本、销售价格反映到经济效益指标上来。房地产投资项目的经济寿命一般为10～20年，在这一时期内，租金水平必然变化；在建设期间，由于建设周期较长，建材等价格将发生变化。所以，价格的变动成了投资分析中重要的不确定性因素。

2. 投资费用的变化

如果在投资估算时，项目的总投资不足，或者是由于其他原因而延长了建设期，都将引起项目投资费用的变化，导致项目的投资规模、总成本费用和利润总额等项经济指标的变化。

3. 经济形势的变化

投资项目的财务分析，是受政府现行法规制约或影响的。其中，税收制度、财政制度、金融制度、价格体制和房改进程等对项目的经济效益起着决定性作用。随着经济形势的变化，相关的经济法规等必然发生变化。

4. 其他因素

其他因素包括面很广，如房地产建筑质量、物业管理水平、技术进步等。应根据具体项目特点及客观情况，抓住关键因素，正确判断。

7.1.3　不确定性问题的分析方法

不确定性问题的分析方法主要有盈亏平衡分析法和敏感性分析。

盈亏平衡分析是通过盈亏平衡点（Break Even Point，BEP）分析项目成本与收益的平衡关系的一种方法。各种不确定因素（如投资、成本、销售量、产品价格、项目寿命期等）的变化会影响投资方案的经济效果，当这些因素的变化达到某一临界值时，就会影响方案的取舍。盈亏平衡分析的目的就是找出这种临界值，即盈亏平衡点，判断投资方案对不确定因素变化的承受能力，为决策提供依据。盈亏平衡点的表达形式有多种，既可以用实物产量、单位产品售价、单位产品可变成本以及年固定成本总量表示，也可以用生产能力利用率（盈亏平衡点率）等相对量表示。其中产量与生产能力利用率，是进行项目不确定性分析中应用较广的。根据生产成本、销售收入与产量（销售量）之间是否呈线性关系，盈亏平衡分析可分为线性盈亏平衡分析与非线性盈亏平衡分析。

敏感性分析是投资项目的经济评价中常用的一种研究不确定性的方法，是在确定性分析的基础上，进一步分析不确定性因素对投资项目的最终经济效果指标的影响及影响程度。敏感性因素一般可选择主要参数（如销售收入、经营成本、生产能力、初始投资、寿命期、建设期、达产期等）进行分析。若某参数的小幅度变化能导致经济效果指标的较大变化，则称此参数为敏感性因素，反之则称其为非敏感性因素。

7.2　盈亏平衡分析

7.2.1　盈亏平衡分析的概念

工程项目的盈亏平衡分析又称为损益平衡分析（break even analysis），是根据项目正常生产年份的产品产量（或销售量）、固定成本、可变成本、产品价格和销售税金等因素，确定项目的盈亏平衡点 BEP，即盈利为零时的临界值，然后通过 BEP 分析项目的成本与收益的平衡关系及项目抗风险能力的一种方法。由于方案盈亏平衡分析是研究产品产量、成本和盈利之间的关系，所以又称量本利分析。

根据成本总额对产量的依存关系，全部成本可以分成固定成本和变动成本两部分。在一定期间把成本分解成固定成本和变动成本两部分后，再同时考虑收入和利润，建立关于成本、产销量和利润三者关系的数学模型。这个数学模型的表达形式为

$$利润＝销售收入－总成本－税金 \tag{7.1}$$

工程项目的经济效果，会受到许多因素的影响，当这些因素发生变化时，可能会导致原来盈利的项目变为亏损项目。盈亏平衡分析的目的就是找出这种由盈利到亏损的临界点，根据此判断项目风险的大小以及风险的承受能力，为投资决策提供科学依据。由于项目的收入与成本都是产品产量的函数，按照变量之间的函数关系，将盈亏平衡分析分为两种：①当项目的收入与成本都是产量的线性函数时，称为线性盈亏平衡分析；②当项目的收入与成本都是产量的非线性函数时，称为非线性盈亏平衡分析。

通过盈亏平衡分析可以找出盈亏平衡点，考察企业(或项目)对产出品变化的适应能力和抗风险能力。用产量和生产能力利用率表示的盈亏平衡点越低，表明企业适应市场需求变化的能力越大，抗风险能力越强；用产品售价表示的盈亏平衡点越低，表明企业适应市场价格下降的能力越大，抗风险能力越强。盈亏平衡分析只适宜在财务分析中应用。

7.2.2 线性盈亏平衡分析

1. 销售收入、产品成本、销售税金及附加与产品产量的关系

1) 销售收入与产量关系

投资项目的销售收入与产品销量(假设以销定产)的关系有两种情况：

第一种情况是销售不会影响市场供需状况，则在其他市场条件不变时，产品的售价不会随销售量而变，即

$$TR = PQ \tag{7.2}$$

式中，TR——销售收入；

P——单位产品价格；

Q——产品销售量亦即项目的产量。

第二种情况是该项目的生产销售将明显地影响市场的供求关系，或存在批量折扣时，这时 $P=P(Q)$，项目的销售收入为

$$TR = \int_0^Q P(Q)\mathrm{d}Q \tag{7.3}$$

2) 产品成本与产品产量的关系

项目的成本由固定成本和变动成本两部分构成。固定成本是指在一定生产规模内不随产量的变动而变动的费用；变动成本是指随产品的产量变动而变的费用。变动成本与产品产量接近，为正比例关系。因此总成本费用与产品产量的关系可近似地认为是线性关系，即

$$C = C_f + C_v Q \tag{7.4}$$

式中，C——总成本费用；

C_f——固定成本；

C_v——单位产品的变动成本。

2. 线性盈亏平衡分析模型

线性盈亏平衡分析模型是假定产品销售收入与产品总成本都是产品产量的线性函数。对应的盈亏平衡点也相应称为线性平衡点，或称之为保本点，即企业不赔不赚时的销售量所在之处。在线性的情况下，在盈亏平衡图(图 7.1)上，BEP 点表示为总成本与总销售收入线相交之点。

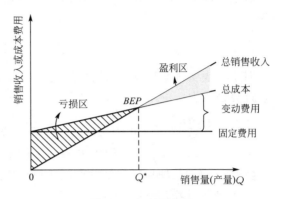

图 7.1 盈亏平衡图

盈亏平衡点是个重要的数量指标，进行可行性研究时，无论是预测利润，还是分析项目的抗风险能力，都需要计算盈亏平衡点。根据盈亏平衡点的定义，当达到盈亏平衡状态时，总成本费用等于总销售收入，设 Q^* 为盈亏平衡点时的产量，TC 表示总成本，达到盈亏平衡时有

$$TR = TC$$
$$PQ^* = C_f + C_v Q^*$$

即

$$Q^* = \frac{C_f}{P - C_v} \tag{7.5}$$

如果价格是含税的，则可用式(7.6)来计算盈亏平衡点产量，即

$$P(1-r)Q^* = C_f + C_v Q^*$$

则有

$$Q^* = \frac{C_f}{P(1-r) - C_v} \tag{7.6}$$

式中，r——产品销售税率。

对建设项目运用盈亏平衡点分析时应注意：盈亏平衡点要按项目投产后的正常年份计算，而不能按计算期内的平均值计算。若产量 $Q > Q^*$，则利润 $TR - TC > O$；若产量 $Q < Q^*$，则利润 $TR - TC < O$。从图 7.1 中可以看到，盈亏平衡点越低，达到此点的盈亏平衡产销量就越少，项目投产后的盈利的可能性越大，适应市场变化的能力越强，抗风险能力也越强。

盈亏平衡点除可用产量表示外，还可用销售收入、生产能力利用率、单位产品价格以及单位产品变动成本等来表示。

如果按设计生产能力进行生产和销售，BEP 还可以由盈亏平衡点价格 $BEP(P)$ 来表达，即

$$P^* = \frac{C_f}{Q_c(1-r)} + \frac{C_v}{1-r} \tag{7.7}$$

式中，P^*——盈亏平衡点价格；

Q_c——设计生产能力的产量即达产的产量。

生产能力利用率的盈亏平衡点是指盈亏平衡点销售量占达产时产量的比例，即

$$q^* = \frac{Q^*}{Q_c} \times 100\% = \frac{C_f}{Q_c [P(1-r) - C_v]} \times 100\% \qquad (7.8)$$

若按设计生产能力进行生产和销售，且销售价格已定，则盈亏平衡单位产品变动成本为

$$C_v = P(1-r) - \frac{C_f}{Q_c} \qquad (7.9)$$

对于一些项目不知道产品的价格时，盈亏平衡点通常可采用生产能力利用率或产量表示，计算公式为

$$BEP(q^*) = \frac{年固定成本}{年销售收入 - 年可变成本 - 年销售税金及附加} \times 100\% \qquad (7.10)$$

$$BEP(Q^*) = BEP(q^*) \times 设计生产能力 \qquad (7.11)$$

【例 7-1】 某项目生产某种产品年设计生产能力为 30 000 件，单位产品价格为 3 000 元，总成本费用为 7 800 万元，其中固定成本 3 000 万元，总变动成本与产品产量成正比，销售税率为 5%，求以产量、生产能力利用率、销售价格、销售收入、单位产品变动成本表示盈亏平衡点。

解：单位变动成本

$$C_v = \frac{TC - C_f}{Q_c} = \frac{(7\,800 - 3\,000) \times 10^4}{3 \times 10^4} = 1\,600(元/件)$$

盈亏平衡点的产量

$$Q^* = \frac{C_f}{P(1-r) - C_v} = \frac{3\,000 \times 10^4}{3\,000 \times (1 - 5\%) - 1\,600} \approx 2.4(万件)$$

盈亏平衡点的生产能力利用率

$$q^* = \frac{Q^*}{Q_c} \times 100\% = \frac{2.4 \times 10^4}{3 \times 10^4} \times 100\% = 80\%$$

盈亏平衡点的价格

$$P^* = \frac{C_f}{Q_c(1-r)} + \frac{C_v}{1-r} = \frac{3000 \times 10^4}{3 \times 10^4 (1-5\%)} + 1\,600 = 2\,736.8(元/件)$$

盈亏平衡点的销售收入（税后）

$$TR = PQ^* = 3\,000 \times (1-5\%) \times 2.4 \times 10^4 = 6\,840(万元)$$

盈亏平衡点的单位产品变动成本

$$C_v = P(1-r) - \frac{C_f}{Q_c} = 3\,000 \times (1-5\%) - \frac{3\,000 \times 10^4}{3 \times 10^4} = 1\,850(元/件)$$

线性盈亏平衡分析方法简单明了，但这种方法在应用中有一定的局限性，主要表现在实际的生产经营过程中，收益和支出与产品产量之间的关系往往是呈现出一种非线性的关系，这时就需要用到非线性盈亏平衡分析方法。

7.2.3 非线性盈亏平衡分析

在实际生产中销售收入和生产总成本与销售量之间不一定都是线性变化关系，而往往是非线性变化的。例如，在新产品研制中，变动成本与生产量之间就不是直线关系而是曲

线变化。原因是研制阶段产量少成本高；正式投产以后，大批量生产工效高，单位变动成本就会下降；又如，变动成本中的原材料费，也可能由于购买量大而受到优惠；另外，销售收入也可能因为产品以优惠价格批量出售而给客户而减少。此外，垄断竞争下，随着项目产销量的增加，市场上产品的单位价格就要下降，因而销售收入与产销量之间是非线性关系；同时，企业增加产量时原材料价格可能上涨，同时要多支付一些加班费、奖金及设备维修费，使产品的单位可变成本增加，从而总成本与产销量之间也成非线性关系。这些因素综合影响的结果使销售收入和生产成本与产量之间可能成为非线性函数关系，归纳起来可能有三种情况：

（1）销售收入变化为直线，生产成本变化为曲线；
（2）销售收入变化为曲线，生产成本变化为直线；
（3）销售收入和生产成本变化均为曲线。

不论是上述哪一种情况，都不能采用前述的线性盈亏平衡分析方法计算盈亏平衡点，而只能采用非线性盈亏平衡分析方法进行计算。现以上述第三种情况为例，设：

$$\left. \begin{array}{l} TR = a_1 Q + a_2 Q^2 \\ TC = b_0 + b_1 Q + b_2 Q^2 \end{array} \right\} \quad (7.12)$$

式中，b_0——固定成本；
a_1，a_2，b_1，b_2——与产量有关的收益或成本系数。

对上述非线性的成本与收益曲线进行盈亏分析，一般而言，盈亏平衡点的产量满足下面的方程：

$$TR = TC$$

即

$$a_1 Q + a_2 Q^2 = b_0 + b_1 Q + b_2 Q^2$$

可以转换成

$$(a_2 - b_2)Q^2 + (a_1 - b_1)Q - b_0 = 0 \quad (7.13)$$

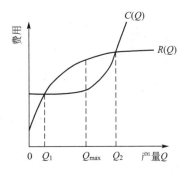

图 7.2　非线性盈亏平衡分析图

此方程是一个一元二次方程，可求得两个平衡点的临界产量 Q_1 和 Q_2（图 7.2）。(Q_1, Q_2) 称为盈利区，$Q < Q_1$，或 $Q < Q_2$ 称为亏损区，使 $TR - TC$ 取极大值的 Q_{max} 就是企业的最优产量。

7.2.4　互斥方案的盈亏平衡分析

如果要对若干个互斥方案进行比选，有某个不确定因素影响各方案的取舍，这时将各方案的经济效果指标作为因变量，建立各经济效果指标与不确定因素之间的函数关系。由于各方案经济效果函数的斜率不同，所以各函数曲线必然会发生交叉，即在不确定因素的不同取值区间内，各方案的经济效果指标高低的排序不同，由此来确定方案的取舍。

【例 7-2】　某房地产开发商拟投资开发建设住宅项目，建筑面积为 5 000～10 000m²，现有 A、B、C 三种方案，各方案的技术经济数据见表 7-3。现假设资本利率为 5%，试确定各建设方案经济合理的建筑面积范围。

表 7-3 三种方案的技术经济数据

方案	造价/(元/m²)	运营费/万元	寿命/年
A	1 200	35	50
B	1 450	25	50
C	1 750	15	50

解：建设建筑面积为 x，则各方案的年度总成本分别为

$$AC(x)_A = 1\,200x(A/P, 5\%, 50) + 350\,000$$
$$AC(x)_B = 1\,450x(A/P, 5\%, 50) + 250\,000$$
$$AC(x)_C = 1\,750x(A/P, 5\%, 50) + 150\,000$$

令 $AC(x)_A = AC(x)_B$ 求得 $x_{AB} = 7\,299\text{m}^2$

令 $AC(x)_C = AC(x)_B$ 求得 $x_{BC} = 6\,083\text{m}^2$

令 $AC(x)_A = AC(x)_C$ 求得 $x_{AC} = 6\,636\text{m}^2$

以横轴表示建筑面积，纵轴表示年度总成本，绘出盈亏平衡分析图（图 7.3）。从图 7.3 中可以看出，当建筑面积小于 6 083m² 时，方案 C 为优；当建筑面积为 6 083～7 299m² 时，方案 B 为优；当建筑面积为大于 7 299m² 时，方案 A 为优。

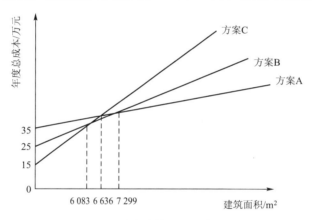

图 7.3 三种方案的盈亏平衡分析图

7.3 敏感性分析

7.3.1 相关概念

1. 敏感性分析概念

敏感性分析是指通过测定一个或多个敏感因素的变化所导致的决策评价指标的变化幅度，以判断各种因素的变化对实现项目预期经济目标的影响程度，从而对外部条件发生不利变化的投资建设方案的承受能力作出判断。不确定因素的变化会引起项目经济指标随之

变化，各个不确定因素对经济指标的影响又是不一样的，有的因素可能对项目经济的影响较小，而有的因素可能会对项目经济带来大幅度的变动，我们就称这些对项目经济影响较大的因素为敏感性因素。敏感性分析就是要找出项目的敏感性因素，并确定其敏感程度，以预测项目承担的风险。

一般进行敏感性分析所涉及的不确定性因素主要有产量(生产负荷)、产品生产成本、主要原材料价格、燃料或动力价格、可变成本、固定资产投资、建设周期、折现率、外汇汇率等。敏感性分析不仅能使决策者了解不确定因素对项目经济评价指标的影响，并使决策者对最敏感的因素或可能产生最不利变化的因素提出相应的决策和预防措施，还可以启发评价者对那些较为敏感的因素重新搜集资料进行分析研究，以提高预测的可靠性。

对敏感性分析应注意三个方面的问题：

（1）敏感性分析是针对某一个(或几个)效益指标而言来找其对应的敏感因素，即具有针对性；

（2）必须有一个定性(或定量)的指标来反映敏感因素对效益指标的影响程度；

（3）作出因这些因素变动对投资方案承受能力的判断。敏感性分析不仅可以应用于拟建项目经济评价中，以帮助投资者作出最后的决策，还可以用在项目规划阶段和方案选择中。敏感性分析一般分为两类：单因素敏感性分析和多因素敏感性分析。单因素敏感性分析是指在进行敏感性分析时，假定只有一个因素是变化的，其他的因素均保持不变，分析这个可变因素对经济评价指标的影响程度和敏感程度。多因素敏感性分析是指同时有两个或者两个以上的因素发生变化时，分析这些可变因素对经济评价指标的影响程度和敏感程度。

2. 敏感性分析步骤

敏感性分析可按以下步骤进行。

1) 确定敏感性分析指标

在进行敏感性分析时，首先要确定最能反映项目经济效益的分析指标，具有不同特点的项目，反映经济效益的指标也大不相同，一般为净现值 NPV 和内部收益率 IRR。

2) 确定分析的不确定因素

影响项目经济评价的不确定因素很多，通常有产品销量、产量、价格、经营成本、项目建设期和生产期等。在实际的敏感性分析中，没必要也不可能对全部的不确定因素均进行分析，一般只选对那些在费用效益构成中所占比重比较大，对项目经济指标影响较大的最敏感的几个因素进行分析。通常将销售收入、产品售价、产品产量、经营成本、计算期限和投资等因素作为敏感性因素进行敏感性分析。

3) 确定不确定性因素的变化范围

不确定因素的变化，一般有一定范围，如销售收入，将来会受市场影响，项目产量和售价，将在一定预测范围内变化，这个范围可通过市场调查或初步估计获得。假设某产品价格近几年变化为$-10\%\sim10\%$，这就可将价格变化范围定为$-15\%\sim15\%$来进行敏感性分析。

4) 计算评价指标，绘制敏感性分析图并进行分析

计算各种不确定性因素在可能变动幅度和范围内导致项目经济评价指标的变化结果，并以一一对应的数量关系，绘制出敏感性分析图。

在进行这种分析计算过程中，先假设一个变量发生变化，其他因素变量不变，计算其不同变动幅度，如－5％～5％，－10％～10％等所对应的经济评估指标值，这样一个一个地计算下去，直到把所有敏感性因素计算完为止。然后，利用计算出来的一一对应关系，在敏感性分析图上绘出相应因素的敏感性变化曲线。纵坐标表示敏感性分析指标，横坐标表示各敏感性因素变化，零点为原来没变的情况；分析曲线的变化趋势，确定线性，最大地允许变化幅度和最敏感因素。敏感性分析作为一种风险分析，主要是为了表明项目承担风险的能力，如某个不确定性因素变化引起项目经济评价指标的变化不大，则认为项目经济生命力强，承担风险能力大。显然，项目经济评价指标对不确定性因素的敏感度越低越好。所以，敏感性分析，主要是寻找引起项目经济评价指标下降的最敏感性因素并对其进行综合评价，提出把风险降低到最低限度的对策，为投资决策提供参考。

7.3.2 单因素敏感性分析

单因素敏感性分析是敏感性分析的基本方法。其步骤和方法如下。

1. 确定敏感性分析经济评价指标

敏感性分析的对象是具体的技术方案及其反映的经济效益。投资回收期、投资收益率、净现值、内部收益率等，都可作为敏感性分析指标。需要注意的是，选择进行敏感性分析的指标必须与确定性分析的评价指标相一致。

2. 选取不确定因素，并设定变化范围

在进行敏感性分析时，并不需要对所有的不确定因素都加以考虑和计算，而应视方案的具体情况选取几个变化可能性较大，并对经济效益目标值影响作用较大的因素（指标）即可。例如，产品售价变动、产量规模变动、投资额变化或是建设期缩短、达产期延长等，一般对方案的经济效益造成影响。

3. 计算因素变动对分析指标的影响程度

假定其他因素不变，一次仅变动一个因素。重复计算各个进行敏感性分析的因素变化对评价指标影响的具体数值。然后采用敏感性分析计算表或分析图的形式，把不确定因素的变动与分析指标的对应数量关系反映出来，以便于测定敏感性因素。

4. 确定敏感因素

敏感因素是指能引起评价指标产生较大变化的因素。确定某一因素敏感与否，有两种方法：一是相对测定法，即设定要分析的因素均从基准值开始变动，且各因素每次变动的幅度相同，比较在同一变动幅度下各因素的变动对评价指标的影响，即可判断出各因素的敏感程度；二是绝对测定法，即先设定有关经济效果评价指标的临界值，如令净现值为零或内部收益率等于基准收益率，然后求出待分析的因素最大允许变动幅度，并与其可能出现的最大变动幅度相比较，如果某因素可能出现的变动幅度超过最大允许变动幅度，则表明该因素是方案的敏感因素。

5. 结合确定性分析进行综合评价，判断方案的风险程度

在项目的各方案比较中，对主要因素变化不敏感的方案，其抵抗风险的能力比较强，

获得满意经济效果的可能性比较大,优于敏感方案,应优先考虑接受。有时,还根据敏感性分析的结果,采取相应的对策。

【例 7-3】 某一投资方案,其设计能力为年产某产品 1 500 台,预计产品售价 1 800 元/台,单位产品成本为 700 元/台,估算投资额为 800 万元,方案寿命期为 8 年,试对此方案的投资回收期作敏感性分析。

解:本例敏感性分析指标是静态投资回收期,先作确定性分析。

$$静态投资回收期 = \frac{800 \times 10^4}{1\,500 \times (1\,800 - 700)} = 4.8(年)$$

选择产品售价、产量和投资作为进行敏感性的因素,并计算这些因素变化时对投资回收期的影响程度,具体计算结果见表 7-4。

表 7-4 因素变化对静态投资回收期的影响程度

因素变化率%	20	10	0	−10	−20
产量/(台/年)	4	4.4	4.8	5.39	6.06
售价/(元/台)	3.65	4.17	4.8	5.8	7.21
投资/元	5.82	5.33	4.8	4.4	3.88

确定敏感因素。根据表 7-4 绘制敏感性分析图 7.4,由图 7.4 中可以看出,方案的投资回收期对产品售价最敏感。在其他因素不变的情况下,如果售价降低幅度超过 24%,则投资回收期将超过方案的寿命期 8 年,方案将无利可图。因此,产品售价是个敏感因素,应注意采取有效措施,防止产品售价大幅下跌。

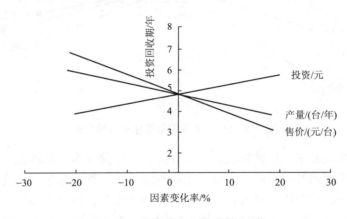

图 7.4 单因素变化敏感性分析

【例 7-4】 某企业拟投资生产一种新产品,计划一次性投资 2 000 万元,建设期 1 年,第二年起每年预计可取得销售收入 650 万元,年经营成本预计为 250 万元,项目寿命期为 10 年,期末预计设备残值收入 50 万元,基准收益率为 10%,试分析该项目净现值对投资、年销售收入、年经营成本、项目寿命期以及基准收益率等因素的敏感性。

解:首先计算该项目的净现值。

$NPV = -2\,000 + (650 - 250)(P/A, 10\%, 9)(P/F, 10\%, 1) + 50(P/F, 10\%, 10) = 113.48(万元)$

对于影响项目净现值的各参数，任何一个不同于预计值的变化都会使净现值发生变化。现假设在其他参数不变的前提下，分别计算各影响参数在其预测值的基础上变化－20%、－10%、10%、20%的幅度时项目的净现值，计算结果见表7－5。

表7－5 单因素变化对净现值的影响程度

变化率\影响因素	20%	10%	0	－10%	20%
总投资/万元	－286.52	－86.52	113.48	313.48	513.48
年销售收入/万元	796.48	455.88	113.48	－225.32	－567.13
年经营成本/万元	－146.72	－15.72	113.48	246.28	377.28
项目寿命期/年	377.77	251.73	113.48	－38.78	－206.48
基准收益率/%	－80.95	12.92	113.48	221.05	336.80

根据表中数据可以绘制出敏感性分析图7.5。

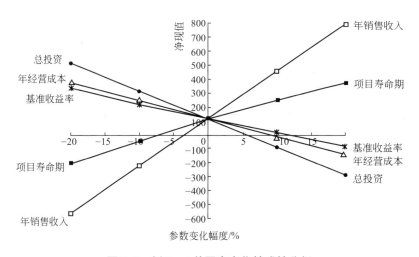

图7.5 例7－4单因素变化敏感性分析

从图7.5中可以看出，年销售收入、总投资、年经营成本、基准收益率、项目寿命期曲线的陡度依次从高到低，在同一百分率变动的情况下，其引起净现值变化的幅度也依次从高到低，即净现值对年销售收入、总投资、年经营成本、基准收益率、项目寿命期变化的敏感程度依次从高到低。因此在敏感性分析图上，直线的陡度越大，项目评价指标对该因素的变动越敏感；反之，直线越平缓，项目评价指标对该因素变动越不敏感。

7.3.3 多因素敏感性分析

单因素敏感性分析方法适合于分析项目方案的最敏感因素，但忽略了各个变动因素综合作用的可能性。无论是哪种类型的技术项目方案，各种不确定因素对项目方案经济效益的影响，都是相互交叉综合发生的，而且各个因素的变化率及其发生的概率是随机的。因此，研究分析经济评价指标受多个因素同时变化的综合影响，研究多因素的敏感性分析，更具有实用价值。多因素敏感性分析要考虑可能发生的各种因素不同变动幅度的多种组合，计算起来要比单因素敏感性分析复杂得多。

1. 双因素敏感性分析

单因素敏感性分析可得到一条敏感曲线，而分析两个因素同时变化的敏感性时，得到的是一个敏感曲面。

【例 7-5】 某项目基本方案的参数估算值见表 7-6，基准收益率 $i_c=9\%$。试进行双因素敏感性分析。

表 7-6 某项目基本方案参数

因素	初期投资 I/万元	年销售收入 B/万元	年经营成本 C/万元	期末残值 L/万元	寿命 n/年
估算值	1 500	600	250	200	6

解：设 x 表示投资额变化的百分比，用 y 表示年销售收入（或价格）变化的百分比，则当折现率为 i，且投资和价格分别具有变化率 x 和 y 时，净现值为

$$NPV(i)=-I(1+x)+[B(1+y)-C](P/A,i,6)+L(P/F,i,6)$$
$$=-I+(B-C)(P/A,i,6)+L(P/F,i,6)-Ix+B(P/A,i,6)y$$

即 $NPV(i)$
$$=-1\,500+350\times(P/A,i,6)+200\times(P/F,i,6)-1\,500x+600\times(P/A,i,6)y$$

显然 $NPV(i)>0$，则 $IRR>i$。取 $i=i_c=9\%$（基准收益率），则：

$$NPV(i_c)=189.36-1\,500x+2\,691.6y$$

此式为一平面方程。令 $NPV(i_c)=0$，可得该平面于 Oxy 坐标面的交线：

$$Y=0.577x-0.070\,4$$

如图 7.6 所示，此交线将 Oxy 平面分为两个区域，Oxy 平面上任意一点 (x,y) 代表投资和价格的一种变化组合，当这点在交线的左上方时，净现值 $NPV(i_c)>0$，即 $IRR>i_c$；若在右下方，则净现值 $NPV(i_c)<0$，因而 $IRR<i_c$，为了保证方案在经济上接受，应该设法防止处于交线右下方区域的变化组合情况出现。

图 7.6 双因素敏感性分析

2. 三因素敏感性分析

对于三因素敏感性分析，一般须列出三维的数学表达式，但也可采取降维的方法处理。

【例 7-6】 对例 7-5 中的方案作关于投资、价格和寿命三因素同时变化时的敏感性分析。

解：设 x 和 y 的意义同例 7-5，n 表示寿命期。$NPV(n)$ 表示寿命为 n 年，方案的折现率为基准收益率（$i_c=9\%$），投资和价格分别具有变化率 x 和 y 时的净现值，则：

$$NPV(n)=-I+(B-C)(P/A,9\%,n)+L(P/F,9\%,n)-Ix+B(P/A,9\%,n)y$$

同样地，对给定的 x、y 和 n，$NPV(n)>0$，意味着内部收益率 $IRR>i_c$。依次取 $n=5$、6、7；并令 $NPV(n)=0$，按照例 7-5 中对双因素变化时的敏感性分析过程，可得到下列的临界线(图 7.7)。

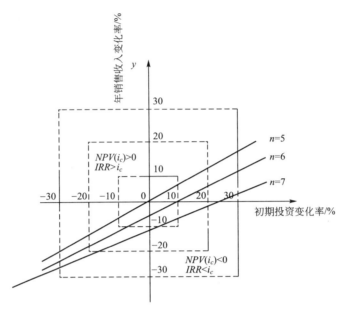

图 7.7 三因素敏感性分析

$$NPV(5) = -8.654 - 1\,500x + 2\,333.76y = 0$$
$$Y_5 = 0.642\,7x + 0.003\,7$$
$$NPV(6) = 189.36 - 1\,500x + 2\,691.6y = 0$$
$$Y_6 = 0.557x - 0.070\,4$$
$$NPV(7) = 370.92 - 1\,500x + 3\,019.74y = 0$$
$$Y_7 = 0.496\,7x - 0.122\,8$$

这些临界线的意义如下：$n=5$，即寿命期为 5 年，由于 $Y|_{x=0} = 0.0037 > 0$；所以，若要项目的内部收益率达到基准收益率，必须增加销售收入或减少投资而使其条件保持不变。$n=6$，7 时，$Y|_{x=0} < 0$；故项目在价格和投资方面都有一定的潜力，可承担一定的风险。另外，随着 n 的增大，即寿命期的延长，x 的系数逐渐减小，因此，投资的敏感度将越来越小。同样地，如果取 $x=10\%$ 等，可得到关于年销售收入与寿命期的临界曲线。例如，$x=10\%$ 时，令 $NPV=0$，其临界曲线为

$$y = \frac{664 - 403 \times 1.09^n}{1\,200 \times (1.09^n - 1)}$$

或

$$n = (\ln 1.09)^{-1} \ln\left(1 + \frac{261}{403 + 1\,200y}\right)$$

同样可求出 $x=20\%$、0、20% 时的临界曲线并作敏感性分析图。

3. 三项预测值敏感性分析

三项预测值的基本思路是，对技术方案的各种参数分别给出三个预测值(估计值)，即

悲观的预测值 P、最可能的预测值 M 和乐观的预测值 O，根据这三个预测值即可对技术方案进行敏感性分析并作出评价。

【例 7-7】 某企业准备购置新设备，投资、寿命等数据见表 7-7，试就使用寿命年支出和年销售收入三项因素按最有利、最可能和最不利三种情况。对项目的净现值进行敏感性分析，$i_c=8\%$。

表 7-7　新设备方案基本数据　　　　　　　　　　　　　　　单位：万元

因素	总投资	使用寿命/年	年销售收入	年支出
最有利(O)	15	18	11	2
最可能(M)	15	10	7	4.3
最不利(P)	15	8	5	5.7

解： 计算过程如表 7-8 所示。

表 7-8　方案净现值在各种状态下的计算结果　　　　　　　　单位：万元

年销售收入	年支出								
	O			M			P		
	寿命								
	O	M	P	O	M	P	O	M	P
O	69.35	45.39	36.72	47.79	29.89	23.50	34.67	20.56	15.46
M	31.86	18.55	13.74	10.3	3.12	0.52	−2.82	−6.28	−7.53
P	13.12	5.31	2.24	−8.44	−10.30	−10.98	−21.56	−19.70	−19.00

在表 7-8 中，最大的 NPV 是 69.35 万元，即寿命、销售收入、年支出均处于最有利状态时，$NPV=(11-2)(P/A,8\%,18)-15=9\times9.3719-15=69.35$（万元）。

在表 7-8 中，最小的 NPV 是 −21.56 万元，即寿命在 O 状态，销售收入和年支出处在 P 状态时，$NPV=(5-5.7)(P/A,8\%,18)-15=-0.7\times9.3719-15=-21.56$（万元）。

对于年销售收入和年支出的各种状态，寿命从 O 状态变化为 M 状态时，所引起的净现值的平均变化为 $NPV_n(O\to M)=9.75$ 万元；寿命从 M 状态变化为 P 状态时，引起净现值的平均变化为 $NPV_n(M\to P)=3.54$ 万元，寿命从 O 状态变化为 P 状态时，净现值的平均变化为 $NPV_n(O\to P)=6.64$ 万元。

对于寿命和年支出的各种状态，年销售收入从 O 状态变化为 M 状态时，所引起的净现值的平均变化为 $NPV_B(O\to M)=29.10$ 万元。年销售收入从 M 状态变为 P 状态时，所引起的净现值的平均变化为 $NPV_B(M\to P)=14.53$ 万元；年销售收入从 O 状态变化为 P 状态时，所引起的净现值的平均变化为 $NPV_B(O\to P)=21.81$ 万元。

对于寿命和年销售收入的各种状态，年支出从 O 状态变化为 M 状态时，所引起的净现值的平均变化为 $NPV_c(O\to P)=16.76$ 万元。年支出从 M 状态变化为 P 状态时，引起净现值的平均变化为 $NPV_c(M\to P)=10.18$ 万元；年支出从 O 状态变化为 P 状态时，净

现值的平均变化为 $NPV_c(O→P)=13.74$ 万元。

我们可以求出净现值平均变化的相对比值为

$$NPV_B(O→M)/NPV_n(O→M)=29.10÷9.75=2.99$$
$$NPV_B(M→P)/NPV_n(M→P)=14.53÷3.54=4.10$$
$$NPV_B(O→P)/NPV_n(O→P)=21.81÷6.64=3.28$$
$$NPV_B(O→M)/NPV_c(O→M)=29.10÷16.76=1.38$$
$$NPV_B(M→P)/NPV_c(M→P)=14.53÷10.18=1.43$$
$$NPV_B(O→P)/NPV_c(O→P)=21.81÷13.74=1.59$$

从这些相对比值得到各因素的敏感程度依次为年销售收入→年支出→寿命。

总之，通过敏感性分析，可以找出影响项目经济效益的关键因素，使项目评价人员将注意力集中于这些关键因素，必要时可对某些最敏感的关键因素重新预测和估算，并在此基础上重新进行经济评价，以减少投资的风险。

7.3.4 敏感性分析的局限性

敏感性分析在一定程度上就各种不确定因素的变动对项目经济指标的影响作了定量描述，这有助于决策者了解项目的风险情况，有助于确定在决策过程中及项目实施中需要重点研究与控制的因素。但是，敏感性分析没考虑各种不确定因素在未来发生一定幅度变动的概率。这可能会影响分析结论的实用性与准确性。在实际中，各种不确定性因素在未来发生变动的概率往往有所差别。常常会出现这样的情况，通过敏感性分析找出的某个敏感性因素未来发生不利变动的概率很小，实际引起的风险并不大；若另一个不太敏感的因素未来发生不利变动的概率却很大，实际上所引起的风险反而比那个敏感性因素更大。这类问题是敏感性分析所无法解决的，为弥补这一不足，可借助于概率分析。

尽管敏感性分析在现实中很受欢迎（首要的原因是其所涉及的计算都十分简单），但是其中仍然存在许多问题，包括以下几个方面。

（1）它对各种变量的变动分开进行考虑，但往往会忽略变量之间存在的联系。例如，广告不仅会使产量发生变化，同时也会给价格带来影响，因为价格和产量通常是相关联的。更复杂的方法则试图模拟出多个变量在不同的经济状态或"情景"下同时发生变化所产生的影响。石油行业巨头壳牌集团公司作为这种技术的成功代表而众所周知。

（2）它认为，某些变动会在项目的持续期内不断发生，例如，每一年的经营计划中都提到销售量的变化率为10%。实际上，关键要素的变量往往是随机波动的，因而无法对其进行预测。

（3）它批判地指出了一些无法为管理者所控制，从而不能作为行动指导的要素。这些要素对于明确项目所面临的风险仍然是有帮助的。

（4）没有提供任何决策原则——没有指出可以接受的最高的敏感性水平。这要取决于管理层的判断以及对待风险的态度。

（5）没有指出所分析的变量发生变异的可能性。要素发生变异是具有潜在破坏性的，但是其发生的概率很小，所以很少对其进行考虑。

7.4 风险分析

7.4.1 风险的含义和分类

1. 风险的含义及特征

风险是指由于发生不测事件，使实际结果和预期背离而导致利益损失的可能性。

从上述定义可以引申出风险的几个基本特征：①风险是客观存在的，是无法回避和消除的。人们通常所说的规避风险、消除风险有两重含义：一是指改变或消除所从事的活动，既然活动消除了，风险自然就消除了；二是指将风险所造成的经济损失通过各种经济的、技术的手段转移和分散。②风险是相对的、变化的。不同的对象有不同的风险，随着时间、空间的改变，风险也会发生变化。③风险是可以测量的，即可以通过定性或定量的方法对风险进行评估。④风险伴随着收益，自然灾害和意外事故等带来的风险只会产生损失，但经济活动中的风险是和潜在的收益共生的。

2. 风险的分类

风险的分类方法有很多。以下是几种与风险管理有密切关系的分类方法。

1) 按风险损害的对象

可分为财产风险、人身风险、责任风险、信用风险。财产风险是导致财产发生毁损、灭失和贬值的风险。人身风险是指因生、老、病、死、残等原因而导致经济损失的风险。责任风险是指因侵权或违约，依法对他人遭受的人身伤亡或财产损失负有赔偿责任的风险，如合同法规定，雇主对其雇员在从事工作范围内的活动中造成的身体伤害，承担经济给付责任。信用风险是指在经济交往中，权利人与义务人之间由于一方违约或犯罪而造成另一方经济损失的风险。

2) 按风险的性质

可分为纯粹风险、投机风险和收益风险。纯粹风险是指只有损失可能而无获利机会的风险，即造成损害可能性的风险。其所致结果有损失和无损失两种。投机风险是指既可能造成损害，也可能产生收益的风险。其所致结果有三种，即损失、无损失和盈利。收益风险是指只会产生收益而不会导致损失的风险。对不同的个人而言，虽然付出的代价是相同的，但其收益可能是大相径庭的，这也可以说是一种风险，有人称之为收益风险。

3) 按损失的原因

可分为自然风险、社会风险、经济风险、技术风险、政治风险、法律风险。自然风险是指由于自然现象或物理现象所导致的风险。社会风险是由于个人行为反常或不可预测的团体的过失、疏忽、侥幸、恶意等不当行为所致的损害风险。经济风险是指在产销过程中，由于有关因素变动或估计错误而导致的产量减少或价格涨跌的风险等。技术风险是指伴随着科学技术的发展、生产方式的改变而发生的风险。政治风险是指由于政治原因，如政局的变化、政权的更替、政府法令和决定的颁布实施，以及种族和宗教冲突、叛乱、战

争等引起社会动荡而造成损害的风险。法律风险是指由于颁布新的法律和对原有法律进行修改等原因而导致经济损失的风险。

4）按风险涉及的范围

可分为特定风险和基本风险。特定风险是指与特定的人有因果关系的风险，即由特定的人所引起且损失仅涉及个人的风险。基本风险是指其损害波及社会的风险。基本风险的起因及影响都不与特定的人有关，至少是个人所不能阻止的风险。

特定风险和基本风险的界限，会因时代背景和人们观念的改变而有所不同。

7.4.2 风险识别

风险识别是项目风险管理的基础和重要组成部分。风险识别就是确定何种风险事件可能影响项目，并将这些风险的特性整理成文档。

1. 风险识别过程

风险识别是项目管理者识别风险来源、确定风险发生条件、描述风险特征并评价风险影响的过程。风险识别需要确定风险来源、风险事件、风险征兆三个相互关联的因素。风险来源，即时间、费用、技术、法律等；风险事件，给项目带来积极或消极影响的事件；风险征兆，又称为触发器，是指实际的风险事件发生的苗头和征兆。风险的识别过程一般可分为五个步骤：确定目标、明确最重要的参与者、收集资料、项目风险形势估计以及利用直接或间接的症状将潜在项目风险识别出来（项目风险识别的结果）。

1）确定目标

确定风险识别的目标，就是要明确对什么项目进行风险识别。确定了目标后，风险识别才能有的放矢。

2）明确最重要的参与者

明确最重要的参与者，就是确定参与项目风险识别的人员。这是项目风险识别首先要进行的组织工作。项目风险识别需要项目组织集体共同参与。

3）收集资料

项目风险识别应注重下列几方面数据信息的收集。

（1）项目产品或服务的说明书。

项目产品或服务的性质具有多种不确定性，在某种程度上决定了项目可能遇到什么样的风险。例如，项目产品投入市场的不确定性，项目产品市场需求的不确定性。因此，识别项目的风险可以从识别产品或服务的不确定性入手，而项目产品或服务的说明书则可以为我们提供大量风险识别所需的信息。在通常情况下，应用较新技术的产品或服务可能遇到的风险要比应用成熟技术的产品或服务大。项目产品或服务的说明书可以从项目章程、项目合同中得到，也可以参考用户的需求建议书。

（2）项目的前提、假设和制约因素。

可以从审查项目其他方面的管理计划中得到项目所有的前提、假设和制约因素。

项目范围管理计划：审查项目成本、进度目标是否定得合理等。人力资源与沟通管理计划：审查人员安排计划，确定哪些人对项目的顺利完成有重大影响。

项目资源需求计划：除了人力资源，项目所需的其他资源，如物资设备或设施的获取、维护、操作等对项目的顺利完成是否可能造成影响。

项目采购与合同管理计划：审查项目合同采取的计价形式，不同形式的合同对项目组承担的风险有很大影响。在通常情况下，成本加酬金类合同对业主是不利的，然而，如果项目所在地的人工费、材料价格预期会下降，则成本加酬金合同也可能给业主带来利益。

(3) 与本项目类似的案例借鉴过去类似项目的经验和教训是识别项目风险的重要手段。一般的项目公司会积累和保存所有项目的档案，包括项目的原始记录等。通常可以通过如下渠道来获得经验和教训：

① 查看项目档案。可能包括经过整理的经验教训，其中说明了问题及其解决的办法，或者可以从项目利害关系者或组织中其他人的经验中获得。

② 阅读公开出版的资料。对于许多应用领域都可以利用商用数据库、学术研究结果、基准测试和其他公开出版的研究成果。

③ 采访项目参与者。向曾经参与项目的有关各方调查、征集有关资料。

4) 项目风险形势估计

(1) 风险形势估计的目的。

风险形势估计就是要明确项目的目标、战略、战术以及实现项目目标的手段和资源，以确定项目及其环境的变数。项目风险估计还要明确项目的前提和假设。通过项目风险形势估计可以将项目规划时没有被意识到的前提和假设找出来。明确项目的前提和假设可以减少许多不必要的风险分析工作。

(2) 风险形势估计的内容。

通过项目风险形势估计，判断和确定项目目标是否明确，是否具有可测性，是否具有现实性，有多大不确定性；分析保证项目目标实现的战略方针、战略步骤和战略方法；根据项目资源状况分析实现战略目标的战术方案存在多大的不确定性，彻底弄清项目有多少可以动用的资源，对于实施战术，进而实现战略意图和项目目标是非常重要的。

5) 项目风险识别的结果

风险识别的结果就是风险识别之后的输出，也是项目风险量化的输入，一般由项目风险来源表、风险征兆、风险的类型说明、其他要求几部分组成。

(1) 项目风险来源表。

项目风险来源表将所有已经识别出的项目风险罗列出来并将每个风险来源加以说明。至少要包括如下说明：①风险事件的可能后果；②对该来源产生的风险事件预期发生时间所作的估计；③对该来源产生的风险事件预期发生次数所作的估计。

(2) 项目风险征兆。

风险征兆，有时也被称为触发器或预警信号，是指示风险已经发生或即将发生的外在表现，是风险发生的苗头和前兆。

(3) 项目风险的类型说明。

为了便于进行风险分析、量化、评价和管理，还应该对识别出来的风险进行分组或分类。分组或分类有多种角度，一般可以按项目阶段进行划分，也可以按管理者来划分。建设项目的风险可以按照项目阶段分为项目建议书、项目可行性研究、项目融资、项目设计、项目采购、项目施工及运营七组。建设项目施工阶段的风险则可按管理者分为业主风险和承包商风险两类。每一组和每一类风险都可以按照需要再进一步细分。

(4) 其他要求。

项目管理是一个不断改进和不断完善的过程,因此任何一个阶段的工作结果都要包括对前面工作进行改进的建议和要求,项目风险识别工作的结果当然也应该对风险识别过程中发现的项目管理其他方面的问题提出完善和改进的建议与要求。例如,在利用 WBS(工作分解结构)进行风险识别时,如果发现 WBS 存在可以改进之处,则应该要求负责 WBS 工作的项目成员进一步完善和改进 WBS。

2. 风险识别方法

风险识别的目的是为决策减少风险损失,提高决策的科学性、安全性和稳定性。具体而言,风险识别应解决如下问题:①决策活动中可能会产生哪些风险?②产生风险的因素是什么?③这些风险会导致什么不利结果,出现的概率有多大?要回答上述问题,在风险识别中需要采用一些专门的分析方法。

风险识别阶段的基本任务是帮助决策者发现风险和识别风险。这一阶段主要侧重于对风险的定性分析。风险识别的一般原则是从成因角度入手,找出产生风险的关键性因素,判断风险的性质。决策系统的风险受内、外两方面的因素影响。进行风险识别,可分别从内部条件因素和外部环境因素两方面分析和鉴别。常用的识别方法有头脑风暴法、德尔斐法、幕景分析法、SWOT 法等几种。

1) 头脑风暴法

头脑风暴法又叫集思广益法,是通过营造一个无批评的自由的会议环境,使与会者畅所欲言、充分交流、互相启迪,产生出大量创造性意见的过程。头脑风暴法一般适用于问题简单、目标明确的情况。如果决策分析的问题较复杂,首先需要对分析的问题进行分解。例如,分析的问题是一个包含环境污染、财政政策、人口控制、就业政策多角度和多层面的社会经济系统的综合决策问题,可先将问题分解成几个子系统问题来研究。在第一级分解后,还可以继续考虑作进一步的分解。例如,环境污染问题作为一级子系统,还可以分解成城市环境污染和农村环境污染两个子系统。在作了适当的分解后,要分析的问题得到了简化,要解决的任务更为突出、目标更为明确。运用头脑风暴法进行有关风险辨识的讨论时,与会成员的讨论指向若能趋于集中,效果将更加突出。

组织头脑风暴会议,一般应注意遵循以下原则:①与会成员的专业选择与分析的决策问题的性质要一致,同时又要注意选择不同特点的专家参加,如成员中,既要有方法论学者,又要有擅长理论分析的专家,还要包括有丰富实践经验的专家。②参加小组讨论的专家最好互不相识,会上不公布专家所在的单位、年龄、职称和职务,让每一位与会成员感觉到大家都是平等的,便于大家在讨论时不会因某些已知的信息(比如对方的职务、职称等)影响自己观点和思想的表达或陈述。③要创造自由的、无拘无束的会议环境,会议主持人应说明会议的召开方式及特点,使与会成员没有任何顾虑,做到畅所欲言,最大限度地激发头脑思维,使与会成员真正产生思维共振、交融与相互启迪。④鼓励与会成员对已经提出的想法进行修正和完善,为其提供优先发言的机会。⑤主持人还应在适当的时候作诱导性发言,尽量启发专家的思维,引导与会成员开展讨论和提出质疑。

2) 德尔斐法

德尔斐法(Delphi)是一种反馈匿名函询法。其做法是,在对所要预测的问题争得专家意见之后，进行整理、归纳、统计，再匿名反馈给各专家，再次征求意见，再集中，再反馈，直至得到稳定的意见。其过程可简单表示为匿名征求专家意见归纳、统计—匿名反馈—归纳、统计……若干轮后，停止。德尔斐法的应用步骤如下：

第一步：挑选企业内部、外部的专家组成小组，专家们不会面，彼此互不了解；

第二步：要求每位专家对所研讨的内容进行匿名分析；

第三步：所有专家都会收到一份全组专家的集合分析答案，并要求所有专家在这次反馈的基础上重新分析，如有必要，该程序可重复进行。

德尔斐法的最大优点是简明直观，操作容易。美国加利福尼亚大学对德尔斐法的预测结果信度和效度的检验表明，其预测的准确性和可靠性都比较令人满意，这种方法的实际应用价值较高。

3）幕景分析法

幕景分析法是一种能在风险分析中帮助辨识引起风险的关键因素及其影响程度的方法。所谓幕景，是指对一个决策对象（如一个工程项目、一个企业的发展问题）未来某种状态的描述，包括用图形、曲线或数据的描述。现代的大型风险决策问题，一般都必须依靠计算机才能完成复杂的计算和分析任务。应用幕景分析，则是在计算机上实现各种状态变化条件下的模拟分析。某种因素发生不同的变化时，对整个决策问题会产生什么影响？影响程度如何？有哪些严重后果？这些分析像电影上的镜头一样可以一幕一幕地展现出来，供分析人员进行比较研究。幕景分析的结果一般可分为两类：一类是对未来某种状态的描述；另一类是描述目标问题的发展过程，预测未来一段时期内目标问题的变化链和演变轨迹。例如，对一项投资方案的风险分析，幕景分析可以提供未来三年内该投资方案最好、最可能发生和最坏的前景，并且可以详细给出这三种不同情况下可能发生的事件和风险，为决策提供参考依据。

（1）幕景分析法在识别项目风险时主要表现为以下四个方面的功能：①识别项目可能引起的风险性后果，并报告提醒决策者；②对项目风险的范围提出合理的建议；③就某些主要风险因素对项目的影响进行分析研究；④对各种情况进行比较分析，选择最佳结果。

（2）幕景分析法可以通过筛选、监测和诊断，给出某些关键因素对于项目风险的影响。

① 筛选。所谓筛选，就是按一定的程序将具有潜在风险的产品过程、事件、现象和人员进行分类选择的风险识别过程。

② 监测。监测是在风险出现后对事件、过程、现象、后果进行观测、记录和分析的过程。

③ 诊断。诊断是对项目风险及损失的前兆、风险后果与各种起因进行评价与判断，找出主要原因并进行仔细检查的过程。风险识别元素之间的关系如图7.8所示。

该图表述了风险因素识别的幕景分析法中的三个过程使用着相似的工作元素，即疑因估计、仔细检查和征兆鉴别三项工作，只是在筛选、监测和诊断这三个过程中，这三项工作的顺序不同。具体顺序如下所述。

筛选：仔细检查→征兆鉴别→疑因估计。

监测：疑因估计→仔细检查→征兆鉴别。

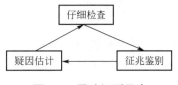

图7.8 风险识别元素

诊断：征兆鉴别→疑因估计→仔细检查。

4) SWOT 法

SWOT 法是分析风险发生状况的有效工具和方法。以分析企业风险为例，S 代表企业内部条件优势，W 代表企业劣势，O 代表外部环境为企业提供的有利机会，T 代表环境威胁。将上述四项内容组合在一起，可得到一个四象限矩阵图(图 7.9)。

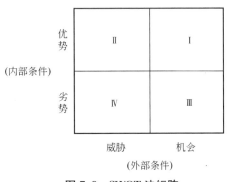

图 7.9 SWOT 法矩阵

SWOT 法可以通过比较分析企业内部条件和外部环境的相互关系，确定企业风险发生的领域和影响状况。从图 7.9 中可以看出，内部条件和外部条件组合构成四个区域。在第 I 区域，从外部环境看，为企业的发展提供了机会，从内部条件看，企业又正好具备优势条件，此时企业处于最佳经营状态，产生风险的可能性最小，是企业最理想的经营条件。第 II 区域表明，外部环境中存在一些威胁因素，也就是不利于企业发展的因素，但企业内部条件具有优势。如果企业能较好地发挥自身优势，努力克服外部环境带来的一些困难，消除其不利影响，企业仍有可能维持较理想的经营环境和条件，产生风险的可能性就可以减小。第 III 区域显示，外部环境存在有利于企业发展的机会，但企业内部条件不佳，此时必须重点抓住有利的外部环境提供的发展机遇，努力改善内部的经营条件、提高内部管理水平，这样就有可能壮大企业的力量、减小风险发生的可能性。第 IV 区域表明，企业既面临不利的外部环境，又不具备自身内部条件的优势，企业产生重大风险的可能性最大。在进行风险识别时，处于这一区域的企业应作为关注和监测的重点。

7.4.3 风险估计

投资项目风险识别仅解决了有无风险事件的问题。风险事件发生的可能性，以及风险事件发生的后果和影响范围的大小等问题还有待作进一步的分析估计。

1. 项目风险估计的内涵

投资项目风险估计是对项目各个阶段的风险事件发生可能性的大小、可能出现的后果、可能发生的时间和影响范围的大小等所作的估计。投资项目风险估计的作用是为分析整个项目风险或某一类风险提供基础，并进一步为风险评价提供依据。

2. 项目风险估计过程

投资项目风险估计过程如图 7.10 所示。

1) 收集数据

投资项目风险估计的第一步是要收集与风险事件相关的数据和资料。这些数据和资料可从过去类似投资项目的经验总结或记录中取得，具有可统计性。在某些情况下，有价值的、可供使用的历史数据资料不一定十分完备。此时，可用专家调查等方法获得具有经验性的主观评价资料。

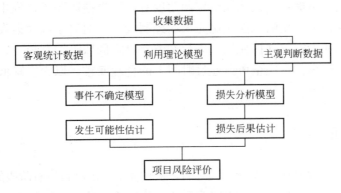

图 7.10 风险估计过程

2）建立风险模型

以取得的有关风险事件的数据资料为基础，对风险事件发生的可能性和可能的结果给出明确的量化的描述，即风险模型。该模型又分为风险概率模型和损失模型，分别用以描述不确定因素与风险事件发生概率的关系，以及不确定因素与可能损失的关系。

3）风险发生的概率和后果的估计

项目风险模型建立以后，就可以用适当的方法去估计每一风险事件发生的概率和可能造成的后果。通常用概率来表示风险事件发生的可能性。

4）项目风险评价

经对不同风险事件发生概率和可能出现的后果估计后，就具备了对项目整体风险，或某一部分风险，或某一阶段风险进行评价的条件。通常是将风险事件的发生概率和可能的结果结合起来进行评价。

3. 项目风险估计的内容

1）风险事件发生可能性的估计

投资项目风险估计的首要任务是分析和估计风险事件发生的概率，即风险事件发生可能性的大小，这是项目风险分析估计最重要和最困难的一项工作。主要原因在于两方面：一是与风险事件相关的系列数据的收集相当困难；二是不同投资项目差异性较大，用类似投资项目数据推断当前项目风险事件发生的概率，其误差可能较大。

2）风险事件后果严重程度的估计

项目风险估计的第二项任务是分析和估计投资项目风险事件发生以后，其后果的严重程度，即投资项目风险事件可能带来损失的大小。在项目实施的过程中，经常会遇到这样的情况：风险事件发生的概率不一定很大，但它一旦发生，其后果是十分严重的。

3）风险事件影响范围的估计

项目风险估计的第三项任务是对风险事件影响范围的估计，包括分析风险事件可能影响的部位，或可能影响的方面和工作。在项目实施过程中，对某些风险事件，其发生的概率和本身造成的后果都可能不是很大，但一旦发生会影响到工程项目的各个方面或许多工作，此时，有必要对其进行严格的控制。

4）风险事件发生时间的估计

项目风险事件的发生时间，即风险事件出现的时间，也是项目风险事件分析中的重要工作。这有两方面的考虑：一是从风险控制角度看，可根据风险事件发生的时间先后进行控制，一般情况下，早发生的风险应优先采取控制措施，而对于相对迟发生的风险，则可通过对其进行跟踪和观察，并抓住机遇进行调节，以降低风险控制成本；二是在项目实施过程中，对某些风险事件，完全可以通过时间上的合理安排，以大大降低其发生的概率或减少其可能带来的后果。

7.4.4 风险评价

风险评价是在估计和量化了单个风险之后，从整体上考虑项目所有阶段的各个风险，各风险之间可能的相互作用、相互影响以及对项目的总体影响，项目主体是否能承担这些风险。

1. 项目风险评价的作用

在项目管理中，项目风险评价是一必不可少的环节，其作用主要表现在以下几个方面。

（1）通过风险评价，确定风险大小的先后次序。对项目中各类风险进行评价，根据其对项目目标的影响程度，包括风险出现的概率和后果，以确定其排序，为考虑风险控制先后次序和风险控制措施提供依据。

（2）通过风险评价，确定各风险事件间的内在联系。项目中各种各样的风险事件，乍看是互不相干的，但当进行详细分析后，便会发现某些风险事件的风险源是相同的或有着密切的关联。

（3）通过风险评价，把握风险之间的相互关系，将风险转化为机会。

（4）通过风险评价，可进一步认识已估计的风险发生的概率和引起的损失，降低风险估计过程中的不确定性。当发现原估计和现状出入较大，必要时可根据项目进展现状，重新估计风险发生的概率和可能的后果。

2. 项目风险评价的程序

项目风险评价程序如下。

1）确定风险评价基准

不同的项目主体具有不同的风险承担能力，因此各项目主体对每一个风险后果的可接受水平也不一样。国家规定的安全参考指标或行业公认的安全指标可作为参考依据。

2）确定整体风险水平

在这一阶段要了解单个风险之间的内在联系，相互影响和转化条件，一般而言，发生概率大的风险事故造成的损失较少，但概率小的风险事故能造成严重损失。处理项目中的各风险时应分清主次，分清轻重缓急，要分清楚哪些是重点风险。

3）比较单个风险水平和单个评价基准，以及整体风险水平和整体评价基准，确定风险是可以接受、不能接受还是不可行

其中，政策风险是指由于政策的潜在变化有可能给本项目的投资者带来各种不同形式的经济损失，政府的政策对项目的影响是全局性的，其变化趋向直接关系到项目的成败。目前，我国政策对企业的全面创新是全面支持的，而好的政策可以为企业争取一个好的环境，能使企业有很快的发展。但政策风险一旦发生，将会给项目带来不可挽回的损失。所以政策风险是不可以接受的。

经济风险是指因经济前景的不确定性，经济实体在从事正常的经济活动时，蒙受经济损失的可能性，是市场经济发展过程中的必然现象。项目中经济风险产生的原因主要有：①信用风险，指因个人或团体在不遵守诺言或者违约的行为引起的风险；②市场风险，指市场的变化或市场供求等因素引起的风险。由此可见，信用风险是可控的，可以通过签订合同的办法来降低损失或得到补偿；市场风险是不可控制的，是客观存在的。

技术风险主要指技术的可靠性、适用性和稳定性等方面的问题。技术风险造成的损失是巨大的，但技术风险是可以控制的。

管理风险是指企业由于管理能力方面的问题所带来的损失。管理风险通常来源于两个方面：一是组织内部没有建立相关的管理制度；二是企业没有真正实施已经建立的管理制度。由于组织对内部人员没有建立有效的激励机制和约束机制，内部人员延迟信息传递或泄密等类似现象的出现就很难避免，如企业知识产权和商业秘密的泄密等；但管理风险是可以控制的。

7.4.5 风险决策

概率分析可以给出方案经济效果指标的期望值和标准差，以及经济效果指标的实际值发生在某一区间的概率，这为人们在风险条件下决定方案的取舍提供了依据。但是，概率分析并没有给出在风险条件下方案取舍的原则和多方案比选的方法。

1. 风险决策的条件

风险决策的条件包括：

(1) 存在着决策人希望达到的目标(如收益最大或损失最小)；

(2) 存在着两个或两个以上的方案可供选择；

(3) 存在着两个或两个以上不以决策者的主观意志为转移的自然状态(如不同的市场条件或其他经营条件)；

(4) 可以计算出不同方案在不同自然状态下的损益值(损益值是指对损失或收益的度量结果，在经济决策中即为经济效果指标)；

(5) 在可能出现的不同自然状态下，决策者不能肯定未来将出现哪种状态，但能确定每种状态出现的概率。

2. 风险决策的原则

要解决风险决策问题，首先要确定风险决策的原则，通常采用的风险决策原则有四种。

1) 优势原则

在 A 与 B 两个备选方案中，如果不论在什么状态下 A 总是优于 B，则可以认定 A 相对于 B 是优势方案，或者说 B 相对于 A 是劣势方案。劣势方案一旦认定，就应从备选方案中剔除，这就是风险决策的优势原则。在有两个以上备选方案的情况下，应用优势原则一般不能决定最佳方案，但能减少备选方案的数目，缩小决策范围。在采用其他决策原则进行方案比选之前，应首先运用优势原则剔除劣势方案。

2) 期望值原则

该原则是依据各可选方案损益值的期望值大小进行决策。如果损益值以费用或成本表示，应选择期望值最小的方案；如果损益值以收益表示，则应选择期望值最大的方案。

3）最小方差原则

方差反映了实际发生的方案损益值偏离其期望值的程度，所以方差较大，方案的风险也较大，或者其稳定性和可靠性较小。因而，倾向于选择损益值方差较小的方案，这就是最小方差原则。有时收益期望值大的方案，其方差也较小，期望值原则与最小方差原则没有矛盾。但在不少情况下，期望值原则与最小方差原则并不一致。对于按照期望值原则与最小方差原则选择结论不一致情况下的决策，目前尚难以确定一个广泛接受的解决方法，因为不同决策者对方案风险大小的判断不一样。一般而言，风险承受能力较强的决策者倾向于按期望值原则进行决策，而风险承受能力弱者则宁愿按最小方差原则选择期望收益不太高但更为安全的方案。

4）最大可能原则

最大可能原则是指，若一种状态发生的概率显著大于其他状态，则根据这种状态下各方案损益值的大小进行决策，而置其余状态的情况于不顾。这实际上是把风险决策问题化为确定性决策问题来解决。最大可能原则有一定的适用条件，只有当某一状态发生的概率大大高于其他状态发生的概率，并且各方案在不同状态下的损益值差别不是很大时才可应用最大可能原则。

5）满意原则

对于比较复杂的风险决策，往往又难以找出最佳方案，因此可采用一种比较现实的决策原则，即满意原则。满意原则是定出一个足够满意的目标值，将备选方案在不同状态下的损益值与此目标值相比较，损益值优于或等于此目标值的概率最大的方案为应选择的方案。

7.4.6 风险应对

风险应对是指在确定了决策的主体经营活动中存在的风险，并分析出风险概率及其风险影响程度的基础上，根据风险性质和决策主体对风险的承受能力而制定的回避、承受、降低或者分担风险等相应防范计划。制定风险应对策略主要考虑四个方面的因素：可规避性、可转移性、可缓解性、可接受性。

1. 风险应对的内容

风险应对过程的活动是执行风险行动计划，以求将风险降至可接受程度。包括以下内容：

1）对触发事件的通知作出反应

得到授权的个人必须对触发事件作出反应。适当的反应包括回顾当前现实以及更新行动时间框架，并分派风险行动计划。

2）执行风险行动计划

应对风险应该按照书面的风险行动计划进行。

3）对照计划，报告进展

确定和交流对照原计划所取得的进展。定期报告风险状态，加强小组内部交流。小组必须定期回顾风险状态。

4）校正偏离计划的情况

有时结果不能令人满意，就必须换用其他途径。将校正的相关内容记录下来。

2. 风险应对的措施

在评估了相关的风险之后，管理当局就要确定如何应对。应对包括风险回避、降低、分担和承受。在考虑应对的过程中，管理当局评估对风险的可能性和影响的效果，以及成本效益，选择能够使剩余风险处于期望的风险容限以内的应对。管理当局识别所有可能存在的机会，从主体范围或组合的角度去认识风险，以确定总体剩余风险是否在主体的风险容量之内。

应对风险的措施有四种——规避风险、接受风险、降低风险和分担风险，下面将结合示例进行详细分析。

1）规避风险

通过避免未来可能发生事件的影响而消除风险。规避风险的办法有①通过公司政策、限制性制度和标准，阻止高风险的经营活动、交易行为、财务损失和资产风险的发生；②通过重新定义目标，调整战略及政策，或重新分配资源，停止某些特殊的经营活动；③在确定业务发展和市场扩张目标时，避免追逐"偏离战略"的机会；④审查投资方案，避免采取导致低回报、偏离战略，以及承担不可接受的高风险的行动；⑤通过撤出现有市场或区域，或者通过出售、清算、剥离某个产品组合或业务，规避风险。

2）接受风险

维持现有的风险水平。做法是：①不采取任何行动，将风险保持在现有水平；②根据市场情况许可等因素，对产品和服务进行重新定价，从而补偿风险成本；③通过合理设计的组合工具，抵消风险。

3）降低风险

利用政策或措施将风险降低到可接受的水平。方法有：①将金融资产、实物资产或信息资产分散放置在不同地方，以降低遭受灾难性损失的风险；②借助内部流程或行动，将不良事件发生的可能性降低到可接受的程度，以控制风险；③通过给计划提供支持性的证明文件并授权合适的人作决策，应对偶发事件。必要时，可定期对计划进行检查，边检查边执行。

4）分担风险

将风险转移给资金雄厚的独立机构。例如，①保险。在明确的风险战略的指导下，与资金雄厚的独立机构签订保险合同；②再保险。如有必要，可与其他保险公司签订合同，以减少投资风险；③转移风险。通过结盟或合资，投资于新市场或新产品，获取回报；④补偿风险。通过与资金雄厚的独立机构签订风险分担合同，补偿风险。

7.5 Excel 在不确定性分析中的应用

7.5.1 利用 Excel 进行盈亏平衡分析

结合实例来说明如何利用 Excel 进行盈亏平衡分析。

【例 7-8】 某企业生产 A、B、C 三种产品，A 产品年销售量 100 000 件，单价 10

元/件，单位变动成本 8.5 元/件；B 产品年销售量 25 000 台，单价 20 元/台，单位变动成本 16 元/台；C 产品年销售量 10 000 套，单价 50 元/套，单位变动成本 25 元/套；全厂固定成本 300 000 元。根据以上资料，可以建立分析表格如图 7.11 所示。

	A	B	C	D	E	F	G	H
1	多品种静态盈亏平衡分析					单位：元		
2	项目	销售量	单价	单位变动成本	销售收入	边际贡献	边际贡献率	固定成本
3	A产品	100000	10	8.5	1000000	150000	15%	
4	B产品	25000	20	16	500000	100000	20%	
5	C产品	10000	50	25	500000	250000	50%	
6	合计				2000000	500000	25%	300000
7	项目	销售比重		保本额	保本量			
8	A产品	50%		600000	60000			
9	B产品	25%		300000	15000			
10	C产品	25%		300000	6000			
11	全厂综合保本额			1200000				

图 7.11 某企业的多品种盈亏平衡分析

有关计算分析公式如下：

$$销售收入 = 销售量 \times 单价$$
$$边际贡献 = 销售量 \times (单价 - 单位变动成本)$$
$$边际贡献率 = 边际贡献 \div 销售收入$$
$$销售比重 = 某产品销售收入 \div 全厂各产品销售收入合计$$
$$全厂综合边际贡献率 = \sum 某产品边际贡献率 \times 该产品销售比重$$
$$全厂综合保本额 = 全厂固定成本 \div 全厂综合边际贡献率$$
$$某产品保本额 = 全厂综合保本额 \times 该产品销售比重$$
$$某产品保本量 = 某产品保本额 \div 该产品单价$$

输入已知数据及定义完公式后，即可马上计算出各个可变单元格的数值来，即全厂综合保本额 1 200 000 元，产品 A、B、C 的保本额分别为 600 000 元、300 000 元和 300 000 元，保本量分别为 60 000 件、15 000 台和 6 000 套。

各单元格的计算公式为

单元格 E3：E5："= B3：B5 * C3：C5"（数组公式输入）。

单元格 F3：F5："=B3：B5 * (C3：C5 - D3：D5)"（数组公式输入）。

单元格 G3：G6："=F3：F6/E3：E6"（数组公式输入）。

单元格 E6："=SUM(E3：E5)"。

单元格 F6："=SUM(F3：F5)"。

单元格 B8：B10："=E3：E5/E6"（数组公式输入）。

单元格 D8：D10："=B8：B10 * D11"（数组公式输入）。

单元格 E8：E10："=D8：D10/C3：C5"（数组公式输入）。

单元格 D11："=H6/G6"。

图 7.11 建立了各产品的单价、单位变动成本和固定成本与保本额或保本量之间的关系，利用图 7.11 即可分析其对盈亏平衡点的影响。

7.5.2 利用 Excel 进行敏感性分析

结合实例来说明如何利用 Excel 进行敏感性分析。

【例 7-9】 图 7.12 为某一投资方案的有关资料,所采用的数据是根据对未来可能出现的情况预测的,未来的投资额、付现成本和销售收入都有可能在±30%的范围内变动。试对这三个因素作敏感性分析。企业采用直线法计提折旧,基准收益率为 15%。

	A	B	C	D	E	F	G	H	I
1			投资项目的原始数据						
2	年份	第0年	第1-9年	第10年	基准收益率	所得税税率			
3	初始投资	2000			0.15	33%			
4	销售收入		1800	1800					
5	付现成本		1100	1100					
6	期末残值			120	净现值				
7	净现金流量	-2000	531.04	651.04	694.83				
8		不确定性因素变化对项目净现值的影响							
9	因素并变动率	-30%	-20%	-10%	0%	10%	20%	30%	净现值为0时因素变动率
10	投资额变动	1195.46	1005.85	861.71	694.83	527.95	361.08	194.20	41.61%
11	销售收入变动	-1120.96	-515.70	89.57	694.83	1277.36	1905.36	2510.62	-11.45%
12	付现成本变动	1804.48	1434.60	1064.71	694.83	324.95	-44.94	-414.82	10.79%

图 7.12 不确定性因素对净现值的影响

一般性的敏感性分析方法和步骤如下:

(1) 设计如图 7.12 所示的分析表格。

(2) 在单元格 B10:H10 中输入投资额变动对净现值的影响计算公式:

"=PV(E3,10,-((C4-C5)*(1-F3)+SLN(B3*(1+B9:H9),D6,10)*F3))+D6/(1+E3)^10-B3*(1+B9:H9)"。

(3) 在单元格 B11:H11 中输入销售收入变动对净现值的影响计算公式:

"=PV(E3,10,-((C4*(1+B9:H9)-C5)*(1-F3)+SLN(B3,D6,10)*F3))+D6/(1+E3)^10-B3"。

(4) 在单元格 B12:H12 中输入付现成本变动对净现值的影响计算公式:

"=PV(E3,10,-((C4-C5*(1+B9:H9))*(1-F3)+SLN(B3,D6,10)*F3))+D6/(1+E3)^10-B3"。

以上各单元格区域的公式输入均为数组公式输入,则计算结果如图 7.12 所示。

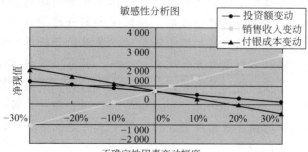

图 7.13 敏感性分析图

对计算结果绘制分析图(图 7.13),步骤如下:

(1) 选取单元格区域 A9：H12，单击工具栏上的【图表向导】按钮，在【图表向导—4 步骤之 1—图表类型】对话框中，【图表类型】选"XY 散点图"，【子图表类型】选"平滑线散点图"，单击【下一步】按钮。

(2) 在【图表向导—4 步骤之 2—图表源数据】对话框中，不做任何输入，单击【下一步】按钮。

(3) 在【图表向导—4 步骤之 3—图表选项】对话框中，在【图表标题】栏中输入"敏感性分析图"，在【数值（X）轴】栏中输入"不确定性因素变动幅度"，在【数值（Y）轴】栏中输入"净现值"，单击【下一步】按钮。

(4) 在【图表向导—4 步骤之 4—图表位置】对话框中，不做任何输入，单击【确定】按钮。

(5) 对图表的大小、坐标数值、标题等格式进行调整，使图表赏心悦目，则图表制作即告完成。

可见，销售收入对净现值的影响最大，付现成本其次，而投资额的影响最小。

然后可以利用单变量求解工具求出当净现值为零时每个不确定性因素的变动数值，方法是在 J10 中输入公式"=PV(E3, 10, -((C4-C5)*(1-F3)+SLN(B3*(1+I10), D6, 10)*F3))+D6/(1+E3)^10-B3*(1+I10)"，并将 J10 作为目标单元格，I10 作为可变单元格，即可利用单变量求解工具计算出净现值为零时的投资额最大变动率。用同样的方法可以求出净现值为零时的销售收入和付现成本最大变动率。可见，当销售收入和付现成本不变时，投资额增加到 41.64% 以上时会使方案变得不应被接受；当投资额和付现成本不变时，销售收入低于预期值的 11.48% 以上时会使方案变得不应被接受；而当投资额和销售收入不变时，付现成本高于预期值 18.79% 以上时会使方案变得不应被接受。因此，三个因素的敏感性由强到弱的排序依次为：销售收入、付现成本和投资额。

本 章 小 结

本章首先介绍了不确定因素的概念，不确定问题的产生，以及主要的不确定性因素有哪些；然后介绍了盈亏平衡分析的概念，线性盈亏平衡分析、非线性盈亏平衡分析和互斥方案的盈亏分析方法，并通过实例帮助学生更好的学习和理解相应的盈亏平衡分析法；之后介绍了敏感性分析的概念和步骤以及单因素敏感性分析和多因素敏感性分析的内容，同样辅以实例以助于学生更好地熟悉敏感性分析方法，并且分析了敏感性分析的局限性；再后，介绍了有关风险的含义及特征、分类，风险识别的过程和方法，风险估计的内涵、过程和内容，风险评价的作用和程序，风险决策的原则和条件，风险应对的内容和措施；最后将 Excel 运用于不确定性分析中，使学生能借助信息技术手段进行不确定性分析。

习　题

一、单项选择题

1. 在基本的量本利图中，销售收入线与(　　)线的交点是盈亏平衡点。
   A. 变动成本　　　B. 总利润　　　C. 固定成本　　　D. 总成本
2. 生产性建设项目的预计产品市场需求量距盈亏平衡点越远，则项目(　　)。
   A. 安全性越小　　　　　　　　B. 抗风险能力越小
   C. 安全性越大　　　　　　　　D. 发生亏损的机会越大
3. 敏感性分析是考查项目涉及的各种不确定因素对项目基本方案经济指标的影响，找出敏感因素，估计项目效益对它们的敏感程度，粗略的预测(　　)。
   A. 项目可能遭受的损失　　　　B. 项目可能承担的风险
   C. 项目风险费用　　　　　　　D. 项目风险大小

二、多项选择题

1. 一般情况下，(　　)是导致项目不确定性的原因。
   A. 建设投资估算误差　　　　　B. 决策者水平的局限
   C. 生产工艺或技术的更新　　　D. 假设条件与实际情况相差太远
   E. 政策、法律的调整或改变
2. 在进行项目的敏感性分析时，考查的不确定因素通常有(　　)。
   A. 建设投资　　　B. 产品价格　　　C. 产品成本
   D. 内部收益率　　E. 工期、汇率
3. 不确定性与风险的区别在于(　　)。
   A. 不确定性可以量化，风险不可以量化　　B. 风险可以保险
   C. 不确定性比风险有更大的影响　　　　　D. 不确定性的发生概率未知
   E. 不确定性不可以分析

三、思考题

1. 简述什么是不确定性，什么是风险，主要的不确定性因素有哪些。
2. 简述盈亏平衡分析的概念、原理及作用。
3. 简述线性盈亏平衡分析模型并画出盈亏平衡图。
4. 简述敏感性分析的概念及进行敏感性分析的步骤。

四、计算题

1. 某企业投产后，它的年固定成本为 60 000 元，单位变动成本为 25 元，由于原材料整批购买，每多生产一件产品，单位变动成本可降低 0.001 元，单位销售价格为 55 元，销售量每增加一件产品，售价下降 0.003 5 元。试求盈亏平衡点及最大利润时的销售量。
2. 某项目的建设有三种备选方案。A 方案：从国外引进设备，固定成本 800 万元，单位可变成本 10 元；B 方案：采用一般的国产自动化装置，固定成本 500 万元，单位可变成本 12 元；C 方案：采用自动化程度较低的国产装置，固定成本 300 万元，单位可变成本 15 元。试分析不同方案适用的生产规模。

3. 企业加工一产品，有 A、B 两种设备供选择，有关数据见表 7-9。

表 7-9 A、B 两种设备的相关数据

方案	初始投资/万元	加工费/(元/件)
A	2 000	800
B	3 000	600

(1) $i=12\%$，使用年限为 8 年，年产量多少时，使用 A 设备有利？

(2) $i=12\%$，年产量为 13 000 件，设备使用年限为多长时，选用 A 设备有利？

4. 设某项目基本方案的初期投资 $P_0=1500$ 万元，销售收入 $S=650$ 万元，经营成本 $C=280$ 万元，项目服务期为 8 年，估计预测误差不超过 $\pm 10\%$，基准收益率 $=12\%$。试进行敏感性分析。

5. 利用 Excel 对上述第 4 题进行分析。

第 8 章 工程项目资金筹措

学习目标

(1) 掌握既有法人融资和新设法人融资的概念、适用条件、特点。
(2) 掌握项目资本金的筹措方式及应注意的问题。
(3) 掌握资金成本的含义、性质及作用。
(4) 掌握资金成本的计算公式。
(5) 熟悉项目资本金的来源。
(6) 熟悉债务筹资方式及渠道。

导入案例

某大型建设项目是我国重点水利枢纽工程项目、世界上最大的水电站之一,是肩负着发电、航运、防洪、电力调度的多功能、多目的综合性大型水利项目。工程总量浩大,建设历经18年,动迁人口超过百万,总投资超过2 000亿元。

1. 项目背景

2009年,工程建设全面完成。鉴于项目建设的多功能性,主体工程建成投产只完成了整体项目战略的第一步。至此,整体项目由建设期向后续管理期转变。工程后续工作面临着移民安稳致富、区域经济发展、库区生态建设与环境保护、地质灾害防治、水库综合效益拓展等问题。

为解决上述问题,发挥工程的综合效益、实现库区的长远发展,国家制定了该工程后续工作规划。后续规划所需资金投入量大,多数项目具有很高的公益性,社会收益远大于个人收益,投资经济回报率低甚至无回报,并且投资周期长、投资规模大。如何筹集资金,落实工程后续工作规划,全面实现工程建设的多重目标成为后续工作中的重点和难点。

2. 项目目标及项目内容

鉴于中华财务咨询有限公司(以下简称"中华咨询")在财政管理、资金管理和大型专题研究方面的特有优势,以及多年为政府部门、大型国有企业集团服务的经验,工程主管部门特请中华咨询为某工程后续工作资金筹措方案进行研究。项目的核心目标是根据该工程后续工作规划,研究规划配套资金筹措方案,并提出资金管理建议。项目内容包括:

1) 分析后续工作的重大意义和现实资金需求。分析后续工作对区域及全国经济发展的重要意义,库区经济社会基础和后续工作需求,并总结分析国家制定的多个后续工作规划的内容和资金需求。

2) 筹资方案设计。鉴于庞大的资金需求量,资金筹措需要通过多级财政利用多种渠道,并有效引导调动市场资金参与。研究首先在区分受益范围、使用目的的基础上,划分筹资责任主体。进而在衡量各主体特点、资源优势的基础上设计筹资方案,包括中央财政、地方财政、市场资本三个层面的筹资方式、相关原则,引导市场资本的相关政策导向。

3) 资金管理方案建议。首先,区别于前期移民建设开发,后续规划资金管理需要从分散管理向集中管理转变。其次,规划内容的广泛和项目间资金管理需求的差异,增加了资金管理的复杂性。最后,大规模资金的有效监管也对资金管理提出了更高的要求。针对某工程后续工作规划资金管理的特殊要求,研究给出了创新性的资金管理建议。试问这个项目如何筹资?

案例分析:对于如何项目如何筹资的判断,需要通过计算资金成本来回答。不同的筹资来源,对应着不同的资金成本的计算方法。各种筹资方式、资金成本的计算是本章学习的主要内容。

8.1 融资主体及其融资方式

工程项目融资是以项目预期现金流量为其债务资金(如银行贷款)的偿还提供保证的,换言之,工程项目融资用来保证项目债务资金偿还的资金来源主要依赖于项目本身的经济强度,即项目未来的可用于偿还债务的净现金流量和项目本身的资产价值。是否采用工程项目融资方式融资取决于项目公司的能力,通常为一个项目单独成立的项目公司采用项目融资方式筹资。工程项目融资与传统的企业融资相比,有如下具体体现:

(1) 工程项目融资以融资建设一个具体的项目或收购一个已有的项目为出发点,以项目为导向;企业融资则以一个企业的投资和资金运动需要为出发点。

(2) 在工程项目融资中,项目债务资金提供者主要关心项目本身的经济强度、效益前景、战略地位等,其偿还保证依赖于项目本身的预期净现金流量和盈利性;而在企业融资中,项目债务资金提供者主要关心企业资信、偿债能力、获利能力和企业管理当局经营管理能力。

(3) 工程项目融资比一般的企业融资需要更大的、更集中的资金量,更长的占用周期。

因此,工程项目的融资分析就可以分为资本金来源分析和债务资金来源分析两类,并且研究每一种融资方案的融资成本和融资风险,对拟订的融资方案进行比选,以优化融资方案。

8.1.1 项目融资主体

分析、研究项目的融资渠道和方式,提出项目的融资方案,应首先确定项目的融资主体。

正确确定项目的融资主体,有助于顺利筹措资金和降低债务偿还风险。确定项目的融资主体应考虑项目投资的规模和行业特点,项目与既有法人资产,经营活动的联系,既有法人财务状况,项目自身的盈利能力等因素。

项目的融资主体是指进行项目融资活动并承担融资责任和风险的经济实体。为建立投资责任约束机制,规范项目法人的行为,明确其责、权、利,提高投资效益,依据《中华人民共和国公司法》(以下简称《公司法》),原国家计划委员会(今国家发展和改革委员会)制定了《关于实行建设项目法人责任制的暂行规定》(计建设[1996]673号)。实行项目法人责任制,由项目法人对项目的策划、资金筹措、建设实施、生产经营、债务偿还和资产的保值增值,实行全过程负责。项目的融资主体应是项目法人。按是否依托于项目组建新的项目法人实体划分,项目的融资主体分为新设法人和既有法人。两类项目法人在融资方式和项目的财务分析方面均有较大不同。

1. 既有项目法人融资

1) 既有项目法人融资主体的适用条件

(1) 既有法人为扩大生产能力而兴建的扩建项目或原有生产线的技术改造项目。

(2) 既有法人为新增生产经营所需水、电、气等动力供应及环境保护设施而兴建的项目。

(3) 项目与既有法人的资产以及经营活动联系密切。

(4) 既有法人具有为项目进行融资和承担全部融资责任的经济实力。

(5) 项目盈利能力较差，但项目对整个企业的持续发展具有重要作用，需要利用既有法人的整体资信获得债务资金。

2) 既有项目法人融资特点

既有项目法人融资是指依托现有法人进行的融资活动，其特点如下：

(1) 拟建项目不组建新的项目法人，由既有法人统一组织融资活动并承担融资责任和风险；

(2) 拟建项目一般是在既有法人资产和信用的基础上进行的，并形成增量资产；

(3) 从既有法人的财务整体状况考察融资后的偿债能力。

2. 新设项目法人融资

1) 新设项目法人融资主体的适用条件

(1) 项目发起人希望拟建项目的生产经营活动相对独立，且拟建项目与既有法人的经营活动联系不密切。

(2) 拟建项目的投资规模较大，既有法人财务状况较差，不具有为项目进行融资和承担全部融资责任的经济实力，需要新设法人募集股本金。

(3) 项目自身具有较强的盈利能力，依靠项目自身未来的现金流量可以按期偿还债务。

2) 新设项目法人融资特点

新设项目法人融资是指新组建项目法人进行的融资活动，其特点如下：

(1) 项目投资由新设项目法人筹集的资本金和债务资金构成；

(2) 由新设项目法人承担融资责任和风险；

(3) 从项目投产后的经济效益情况考察偿债能力。

3. 项目法人与项目发起人及投资人的关系

投资活动有一个组织发起的过程，为投资活动投入财力、人力、物力或信息的叫做项目发起人或项目发起单位。项目发起人可以是项目的实际权益资金投资的出资人（项目投资人），也可以是项目产品或服务的用户或者提供者、项目业主等。项目发起人可以来自政府或民间。

项目投资人是作为项目权益投资的出资人定位的。例如，按照公司法设立一家公司时公司注册资本的出资人，一家股份公司认购股份的出资人，对于投资项目而言，资本金的出资人也就是权益投资的投资人。投资人提供权益资金的目的就是为了获取项目投资所形成的权益。权益投资人取得对项目或企业产权的所有权、控制权和收益权。

投资活动的发起人和投资人可以只有一家（一家发起，发起人同时也是唯一的权益投资的出资人），也可以有多家。因此，项目投资主体也可以分为两种情况：一是单一投资主体，二是多元投资主体。单一投资主体不涉及投资项目责、权、利在各主体之间的分配关系，可以自主决定其投资产权结构和项目法人的组织形式。多元投资主体则必须围绕投资项目的责、权、利在各主体之间的分配关系,恰当地选择合适的投资产权结构和项目法人的组织形式。

8.1.2 既有法人融资方式

既有法人融资是指建设项目所需的资金来源于既有法人内部融资、新增资本金和新增债务资金。新增债务资金依靠既有法人整体的盈利能力来偿还,并以既有法人整体的资产和信用承担债务担保。既有法人项目的总投资构成及资金来源如图 8.1 所示。

图 8.1 既有法人项目的总投资构成及资金来源

(1) 可用于拟建项目的货币资金包括既有法人现有的货币资金和未来经营活动中可能获得的盈余现金。现有的货币资金是指现有的库存现金和银行存款,这些资金扣除必要的日常经营所需的货币资金额后,可用于拟建项目。未来经营活动中可能获得的盈余现金,是指在拟建项目的建设期内,企业在经营活动中获得的净现金节余,这些资金可抽出一部分用于项目建设。

(2) 资产变现的资金包括转让长期投资、提高流动资产使用效率、出售固定资产而获得的资金。企业的长期投资包括长期股权投资和长期债权投资,一般都可以通过转让而变现。存货和应收账款对流动资金需要量影响较大,企业可以通过加强财务管理,提高流动资产周转率、减少存货、应收账款等流动资产占用而取得现金,也可以出让有价证券取得现金。企业的固定资产中,有些由于产品方案改变而被闲置,有些由于技术更新而被替换,都可以出售变现。

(3) 资产经营权变现的资金是指既有法人可以将其所属资产经营权的一部分或全部转让而取得的用于项目建设的现金。例如,某公司将其已建成的一条高速公路的 20% 的经营权转让给另一家公司,转让价格为未来 20 年这条高速公路收益的 20%,将取得的资金用于建设另一条高速公路。

(4) 非现金资产包括实物、工业产权、非专利技术、土地使用权等,当这些资产适用于拟建项目时,经资产评估可直接用于项目建设。

以既有法人融资方式筹集的债务资金虽然用于项目投资,但债务人是既有法人。债权人可对既有法人的全部资产(包括拟建项目的资产)进行债务追索,因而债权人的债务风险较低。在这种融资方式下,不论项目未来的盈利能力如何,只要既有法人能够保证按期还本付息,银行就愿意提供信贷资金。因此,采用这种融资方式,必须充分考虑既有法人整体的盈利能力和信用状况，分析可用于偿还债务的既有法人的整体（包括拟建项目）的未来的净现金流量。

8.1.3 新设法人融资方式

新设法人融资是指由项目发起人（企业或政府）发起组建新的具有独立法人资格的项目公司，由新组建的项目公司承担融资责任和风险，依靠项目自身的盈利能力来偿还债务，以项目投资形成的资产、未来收益或权益作为融资担保的基础。建设项目所需资金的来源包括项目公司股东投资的资本金和项目公司承担的债务资金。

1. 项目资本金

项目资本金是指在项目总投资中，由投资者认缴的出资额，这部分资金对项目的法人而言属非债务资金，投资者可以转让其出资，但不能以任何方式抽回。在我国，除了公益性项目等部分特殊项目主要由中央和地方政府用财政预算投资建设外，大部分投资项目都应实行资本金制度。

1996 年《国务院关于固定资产投资项目试行资本金制度的通知》规定了各种经营性国内投资项目资本金占总投资的比例。作为计算资本金比例基数的总投资，是指投资项目的固定资产投资（即建设投资和建设期利息之和）与铺底流动资金之和。其中，交通运输、煤炭项目，资本金比例为 35% 及以上；钢铁、邮电、化肥项目，资本金比例为 25% 及以上；电力、机电、建材、石油加工、有色金属、轻工、纺织、商贸及其他行业的项目，资本金比例为 20% 及以上。项目资本金的具体比例，由项目审批单位根据项目经济效益、银行贷款意愿与评估意见等情况，在审批可行性研究报告时核定。经国务院批准，对个别情况特殊的国家重点建设项目，可适当降低资本金比例。

外商投资项目包括外商独资、中外合资、中外合作经营项目，按我国现行规定，其注册资本与投资总额的比例为：投资总额在 300 万美元以下（含 300 万美元）的，其注册资本的比例不得低于 70%；投资总额在 300 万美元以上至 1 000 万美元（含 1 000 万美元）的，其注册资本的比例不得低于 50%；投资总额在 1 000 万美元以上至 3 000 万美元（含 3 000 万美元）的，其注册资本的比例不得低于 40%；投资总额在 3 000 万美元以上的，其注册资本比例不得低于 1/3。投资总额是指建设投资、建设期利息和流动资金之和。

按照我国现行规定，有些项目不允许国外资本控股，有些项目要求国有资本控股。

2. 债务资金

新设法人项目公司债务资金的融资能力取决于股东能对项目公司借款提供多大程度的担保。实力雄厚的股东，能为项目公司借款提供完全的担保，可以使项目公司取得低成本资金，降低项目的融资风险；但担保额度过高会使项目公司承担过高的担保费，从而增加项目公司的费用支出。

3. 无追索权与有限追索权的项目融资

狭义上讲，新建项目法人融资就是指具有无追索或有限追索形式的融资活动。彼得·内维特在其著作 Project Financing（1995 年第六版）中，给出了项目融资的定义："项目融资就是在向一个具体的经济实体提供贷款时，贷款方首先分析该经济实体的现金流量和收益，将此视为偿还债务的资金来源，并将该经济实体的资产视为这笔贷款的担保物，若这两点可作为贷款的安全保障则予以贷款。"根据这个定义，工程项目融资用以保证项目债务偿还的资金来源主要依赖于项目本身的资产与收益（即项目未来可用于偿还债务的净现金流量和项目本身的资产价值），并将其项目资产作为抵押条件来处理，而该项目投资者的一般信用能力则通常不作为重要的分析因素。

根据有无追索权，项目融资可分为无追索权的项目融资和有限追索权的项目融资。

所谓"有限追索权"项目融资是指项目发起人或股本投资人只对项目的借款承担有限的担保责任，即项目公司的债权人只能对项目公司的股东或发起人追索有限的责任。追索的有限性表现在时间及金额两个方面。时间方面的追索限制通常表现为项目建设期内项目公司的股东提供担保，而项目建成后，这种担保则会解除，改为以项目公司的财产抵押。金额方面的限制可能是股东只对事先约定金额的项目公司借款提供担保，其余部分不提供担保，或者仅仅只是保证在项目投资建设及经营的最初一段时间内提供事先约定金额的追加资金支持。极端情况下，项目发起人与股东对项目公司借款提供完全的担保，即项目公司的贷款人对股东及发起人有完全的追索权。

所谓"无追索权"项目融资是指项目公司的债权人对于发起人及项目公司股东完全无追索的融资方式。换而言之，就是股东除了承担股本投资责任以外，不对新设立的公司提供融资担保。

由于在新设项目法人融资方式下，项目的权益投资人一般不对项目的借款提供担保或只提供部分担保，因此降低了项目对于投资人的风险。

为了实现新设项目法人融资的有限追索，需要以某种形式将项目有关的各种风险，在债权人、项目投资人、与项目开发有直接或间接利益关系的其他参与者之间进行分担。在项目融资过程中，项目借款人应识别和分析项目的各种风险因素，明确自己、债权人和其他参与者所能承受风险的最大能力和可能性，充分利用与项目有关的一切可以利用的优势，设计出对投资者（借款人）最低追索的融资结构。

4. 既有法人融资方式和新设法人融资方式的比较

相对于既有项目法人融资（下称公司融资）形式，新设项目法人融资（下称项目融资）具有显著不同的特点。

1）以项目为导向安排融资

项目融资不是依赖于项目投资者或发起人的资信，而是依赖于项目的现金流和资产。债权人关心的是项目在贷款期间能够产生多少现金流量用于还款，贷款的数量、融资成本的高低都是与项目的预期现金流量和资产价值密切相关的。正是因为如此，有些投资人或发起人以自身的资信难以借到的资金，或难以得到的担保条件，可以通过项目融资来实现。

采用项目融资与公司融资方式相比，一般可以获得更高的贷款比例。根据项目经济强度状况不同，通常可为项目提供 $60\%\sim70\%$ 的资本需求量。不仅如此，项目的贷款期限也可以根据项目的经济生命周期来安排，一般比商业贷款期限长。

2）有限追索

债权人对项目借款人的追索形式和程度是区分项目融资和公司融资形式的重要标志。对于公司融资而言，债权人为项目借款人提供的是完全追索形式的债务资金，主要依赖的是借款人自身的资信状况，而不是项目的现金流量和资产价值。

而对于项目融资而言，债权人可在借款的某个特定时期(如项目的建设期)或特定的范围内对项目借款人实施追索。

3) 资产负债表外的会计处理

若项目资金采用公司融资方式获得，则项目发起方或投资人要直接从金融机构贷款，后果是其资产负债率会大大提高，增大了发起人或投资人的财务风险，也会限制其进一步举债的能力。特别是当一家公司在从事超过自身资产规模的项目，或者同时进行几个较大项目开发时，这种融资方式会对公司造成极大的压力。

如果这种项目贷款安排全部体现在公司的资产负债表上，会造成公司的资产负债比例失衡，影响未来的发展能力。

项目融资则可以通过对其投资结构和融资结构的设计，将贷款安排为一种非公司负债型的融资。采用项目融资形式时，贷款人对项目的债务追索权主要被限制在项目公司的资产和现金流量中，项目发起人和投资人所承担的是有限责任，其资产负债表不会因此而受到影响。项目发起人或投资人向金融机构提供了一些担保，也不会直接影响到其资产负债表上的负债和权益比例，这些债务最多只是以报表说明的形式反映在公司资产负债表中。

4) 融资周期长，融资成本较高

与传统的公司融资方式相比，新设项目法人融资花费的时间要更长，通常从开始准备到完成整个融资计划需要 3～6 个月的时间，有些大型工程项目融资甚至要几年的时间才能完成。由于前期工作繁多，加之有限追索的性质，导致融资成本显著提高。项目融资成本包括：

(1) 资金筹集成本。包括融资前期花费的咨询费、承诺费、手续费、律师费等。前期的资金筹集成本与融资规模有直接关系，一般占到贷款金额的 0.5%～2%。融资规模越大，资金筹集成本所占比例就越小。

(2) 利息成本。项目融资的利息一般要高于同等条件下的公司贷款利息。这也使融资成本明显增加。

项目融资与传统的公司融资主要不同见表 8-1。

表 8-1 项目融资与传统(公司)融资方式比较

	项目融资	传统(公司)融资
融资基础	项目的资产和现金流量(放贷者最关注的是项目效益)	投资者/发起人的资信
追索程度	有限追索权(特定阶段或范围内)或无追索权	完全追索(用抵押资产以外的其他资产偿还债务)
风险分担	所有参与者	投资/放贷/担保者
股权比例	投资者出资比例较低，杠杆比率高	投资者出资比例较高
会计处理	资产负债表外融资(债务不出现在发起人的资产负债表上，仅出现在项目公司的资产负债表上)	项目债务是投资者的债务的一部分，出现在其资产负债表上
融资成本	资金的筹集费用和使用费用一般均高于公司融资方式	融资成本一般低于项目融资方式

8.2 项目资本金的融通

项目资本金主要强调的是作为项目实体而不是企业所注册的资金。注册资金是指企业实体在工商行政管理部门登记的注册资金,通常指营业执照登记的资金,即会计上的"实收资本"或"股本",是企业投资者按比例投入的资金。在我国注册资金又称为企业资本金。因此,项目资本金有别于注册资金。

8.2.1 项目资本金的来源

项目资本金可以用货币出资,也可以用实物、工业产权、非专利技术、土地使用权作价出资。对作为资本金的实物、工业产权、非专利技术、土地使用权,必须经过有资格的资产评估机构依照法律、法规评估作价,不得高估或低估。以工业产权、非专利技术作价出资的比例不得超过投资项目资本金总额的20%,国家对采用高新技术成果有特别规定的除外。

投资者以货币方式缴纳的资本金,其资金来源有以下几个方面。

(1) 各级人民政府的财政预算内资金、国家批准的各种专项建设基金、经营性基本建设基金回收的本息、土地批租收入、国有企业产权转让收入、地方人民政府国家有关规定收取的各种规费及其他预算外资金。

(2) 国家授权的投资机构及企业法人的所有者权益、企业折旧资金以及投资者按照国家规定从资金市场上筹措的资金。

(3) 社会个人合法所有的资金。

(4) 国家规定的其他可以用作投资项目资本金的资金。

对某些投资回报率稳定、收益可靠的基础设施、基础产业投资项目,以及经济效益好的竞争性投资项目,经国务院批准,可以试行通过可转换债券或组建股份制公司发行股票方式筹措本金。

为扶持不发达地区的经济发展,国家主要通过在投资项目资本金中适当增加同家投资的比重,在信贷资金中适当增加政策性贷款比重以及适当延长政策性贷款的还款期等措施增强其投融资能力。

8.2.2 项目资本金的筹措

根据出资方的不同,项目资本金分为国家出资、法人出资和个人出资。根据国家法律、法规规定,建设项目可通过争取国家财政预算内投资、发行股票、自筹投资和利用外资直接投资等多种方式来筹集资本金。

1. 国家预算内投资

国家预算内投资,简称"国家投资",是指以国家预算资金为来源并列入国家计划的固定资产投资。目前包括国家预算、地方财政、主管部门和国家专业投资或委托银行贷给建设单位的基本建设拨款及中央基本建设基金，拨给企业单位的更新改造拨款，以及中央财政安排的专项拨款中用于基本建设的资金。国家预算内投资的资金一般来源于国家税收，也有一部分来自于国债收入。

目前国家预算内投资虽然占全社会固定资产总投资的比重较低，但却是能源、交通、原材料以及国防、科研、文教卫生、行政事业建设项目投资的主要来源，对于整个投资结构的调整起着主导性的作用。

2. 自筹投资

自筹投资是指建设单位报告期收到的用于进行固定资产投资的上级主管部门、地方和单位、城乡个人的自筹资金。目前，自筹投资占全社会固定资产投资总额的一半以上，已成为筹集建设项目资金的主要渠道。建设项目自筹资金来源必须正当，应上缴财政的各项资金和国家有指定用途的专款，以及银行贷款、信托投资、流动资金不可用于自筹投资；自筹资金必须纳入国家计划，并控制在国家确定的投资总规模以内；自筹投资要符合一定时期国家确定的投资使用方向，投资结构去向合理，以提高自筹投资的经济效益。

3. 发行股票

股票是股份有限公司发放给股东作为已投资入股的证书和索取股息的凭证，是可作为买卖对象或质押品的有价证券。

1）股票的种类

按股东承担风险和享有权益的大小，股票可分为普通股和优先股两大类。

（1）优先股。

在公司利润分配方面较普通股有优先权的股份。优先股的股东按一定比例取得固定股息；企业清算时，能优先得到剩下的可分配给股东的股产。

（2）普通股。

在公司利润分配方面享有普通权利的股份。普通股股东除能分得股息外，还可在公司盈利较多时再分享红利。因此，普通股获利水平与公司盈亏息息相关。股票持有人不仅可据此分配股息和获得股票涨价时的利益，且有选举该公司董事、监事的机会，有参与公司管理的权利，股东大会的选举权根据普通股持有额计算。

2）发行股票筹资的优点

（1）以股票筹资是一种有弹性的融资方式。由于股息或红利不像利息那样必须按期付，当公司经营不佳或现金短缺时，董事会有权决定不发股息或红利，因而公司融资风险低。

（2）股票无到期日。其投资属永久性投资，公司不需为偿还资金而担心。

（3）发行股票筹集资金可降低公司负债比率，提高公司财务信用，增加公司今后的融资能力。

3）发行股票筹资的缺点

（1）资金成本高。购买股票承担的风险比购买债券高，投资者只有在股票的投资报酬高于债券的利息收入时，才愿意投资于股票。此外，债券利息可在税前扣除，而股息和红利须在税后利润中支付，这样就使股票筹资的资金成本大大高于债券筹资的资金成本。

(2) 增发普通股需给新股东投票权和控制权,从而降低原有股东的控制权。

4. 吸收国外资本直接投资

吸收国外资本直接投资主要包括与外商合资经营、合作经营、合作开发及外资独营等形式。国外资本直接投资方式的特点是不发生债权债务关系,但要让出一部分管理权,并且要支付一部分利润。

1) 合资经营(股权式经营)

合资经营是外国公司、企业或个人经我国政府批准,同我国的公司、企业在我国境内举办合营企业。合资经营企业由合营各方出资认股组成,各方出资多寡,由双方协商确定,但外方出资不得低于一定比例。合资企业各方的出资方式可以是现金、实物,也可以是工业产权和专有技术,但不能超出其出资额的一定比例,合营各方按照其出资比例对企业实施控制权、分享收益和承担风险。

2) 合作经营(契约式经营)

这种经营方式是一种无股权的契约式经济组织,一般情况下由中方提供土地、厂房、劳动力,由国外合作方提供资金、技术或设备而共同兴办的企业。合作经营企业的合作双方权利、责任、义务由双方协商并用协议或合同加以规定。

3) 合作开发

主要指对海上石油和其他资源的合作勘探开发,合作方式与合作经营类似。合作勘探开发,双方应按合同规定分享产品或利润。

4) 外资独营

外资独营是由外国投资者独资投资和经营的企业形式。按我国规定,外国投资者可以在经济特区、开发区及其他经我国政府批准的地区开办独资企业,企业的产、供、销由外国投资者自行规定。外资独营企业的一切活动应遵守我国的法律、法规和我国政府的有关规定,并照章纳税。纳税后的利润,可通过中国银行按外汇管理条例汇往国外。

5. 筹集项目资本金应注意的问题

筹集项目资本金应注意以下问题:

1) 确定项目资本金的具体来源渠道

对于一个工程项目而言,资本金是否落实,或者说是否到位是非常重要的,因为资本金是否到位,不但决定项目能否开工,而且更重要的是,资本金是决定其他资金提供者(如金融机构)的资金是否能够及时到位的重要因素。从前述内容可以看出,一个工程项目的资本金可能来自多种渠道,既可能有投资者自己的积累,也可能有政府的拨款、主管部门的投入或通过发行股票而获得的资金等。但作为一个具体的工程项目,其资本金的来源渠道可能是有限的一个或几个。项目的投资者可根据自己所掌握的有关信息,确定资本金具体的、可能的来源渠道。

2) 根据资本金的额度确定项目的投资额

不论是审批项目的政府职能部门,还是提供贷款的金融机构,都要求投资者投入一定比例的资本金,如果达不到要求,项目可能得不到审批,金融机构可能不会提供贷款。这就要求投资者根据自己所能筹集到的资本金确定一个工程项目的投资额。

3）合理掌握资本金投入比例

无论从承担风险的角度看，还是从合理避税、提高投资回报率的角度看，投资者投入的资本金比例越低越好。所以，投资者在投入资本金时，除了满足政府有关职能部门和其他资金提供者的要求外，不宜过多地投入资本金。如果企业自有资金比较充足，可以在项目上多投一些，但不宜全部作为资本金。这样不但可以相应地减少企业的风险，而且可以提高投资收益水平。

4）合理安排资本金的到位时间

实施一个工程项目，特别是大中型工程项目，往往需要比较长的时间，短则1~2年，长则2年以上甚至十多年。这就出现一个项目资本金什么时间到位的问题。一般情况下，一个工程项目的资金供应根据其实施进度进行安排。如果资金到位的时间与工程进度不符，要么会影响工程进度，要么会形成资金的积压，从而增加了筹资成本。作为投资者，投入的项目资本金不一定要一次到位，可以根据工程进度和其他相关因素，安排资本金的到位时间。

8.3 项目债务筹资

债务资金是项目法人依约筹措并使用、按期偿还本息的借入资金。债务资金体现了项目法人与债权人的债权债务关系，属于项目的债务，是债权人的权利。债权人有权依约按期索取本息，但不参与企业的经营管理，对企业的经营状况不承担责任。项目法人对借入资金在约定的期限内享有使用权，承担按期付息还本的义务。

8.3.1 国内债务筹资

1. 政策性银行贷款

政策性银行是指由政府创立、参股或保证的，专门为贯彻和配合政府特定的社会经济政策或意图，直接或间接地从事某种特殊政策性融资活动的金融机构。目前我国的政策性银行有国家开发银行、中国进出口银行和中国农业发展银行。政策性银行贷款的特点是贷款期限长、利率低，但对申请贷款的企业或项目有比较严格的要求。

国家开发银行贷款主要用于支持国家批准的基础设施项目、基础产业项目、支柱产业项目，以及重大技术改造项目和高新技术产业化项目建设。基础设施项目主要包括农业、水利、铁道、公路、民航、城市建设、电信等行业；基础产业项目主要包括煤炭、石油、电力、钢铁、有色、黄金、化工、建材、医药等行业；支柱产业项目主要包括石化、汽车、机械（重大技术装备）、电子等行业中的政策性项目；其他行业项目主要包括环保、高科技产业及轻工、纺织等行业政策项目。在我国的国家重点建设项目中，国家开发银行贷款占85%以上。开发银行的贷款期限可分为短期贷款（1年以下）、中期贷款（1~5年）和长期贷款（5年以上），贷款期限一般不超过15年。对大型基础设施建设项目，根据行业和项目的具体情况，贷款期限可适当延长。国家开发银行执行中国人民银行统一颁布的利率规定，对长期使用国家开发银行贷款并始终保持优良信誉的借款人，项目贷款利率可适当下浮，下浮的幅度控制在中国人民银行规定的幅度之内。

中国进出口银行是通过办理出口信贷、出口信用保险及担保、对外担保、外国政府贷款转贷、对外援助优惠贷款以及国务院交办的其他业务，贯彻国家产业政策、外经贸政策和金融政策，为扩大我国机电产品、成套设备和高新技术产品出口和促进对外经济技术合作与交流，提供政策性金融支持。

中国农业发展银行是按照国家的法律、法规和方针、政策，以国家信用为基础，筹集农业政策性信贷资金，承担国家规定的农业政策性金融业务，代理财政性支农资金的拨付，为农业和农村经济发展服务。

2. 商业银行贷款

1) 商业银行贷款的特点

(1) 筹资手续简单，速度较快。贷款的主要条款只需取得银行的同意，不必经过国家金融管理机关、证券管理机构等部门的批准。

(2) 筹资成本较低。借款人与银行可直接商定信贷条件，无需大量的文件制作，而且在经济发生变化的情况下，如果需要变更贷款协议的有关条款，借贷双方采取灵活的方式，进行协商处理。

2) 商业银行贷款期限

商业银行和贷款人签订贷款合同时，一般应对贷款期、提款期、宽限期和还款期作出明确的规定。贷款期是指从贷款合同生效之日起，到最后一笔贷款本金或利息还清日止的这段时间，一般可分为短期贷款、中期贷款和长期贷款，其中1年或1年以内的为短期贷款，1至3年的为中期贷款，3年以上的为长期贷款；提款期是从合同签订生效日起，到合同规定的最后一笔贷款本金的提取日止；宽限期是从贷款合同签订生效日起，到合同规定的第一笔贷款本金归还日止；还款期是从合同规定的第一笔贷款本金归还日起，到贷款本金和利息全部还清日止。

若不能按期归还贷款，借款人应在贷款到期日之前，向银行提出展期，至于是否展期，则由银行决定。申请保证贷款、抵押贷款、质押贷款展期的，还应由保证人、抵押人、出质人出具书面的同意证明。短期贷款展期期限累计不得超过原贷款期限；中期贷款展期期限累积不得超过原借款期限的一半；长期贷款展期期限累计不得超过3年。若借款人未申请展期或申请展期未得到批准，其贷款从到期日次日起，转入逾期贷款账户。若借款人根据自身的还贷能力，要提前归还贷款，应与银行协商。

3) 商业银行贷款金额

贷款金额是银行就每笔贷款向借款人提供的最高授信额度，借款金额由借款人在申请贷款时提出，银行核定。借款人在决定贷款金额时应考虑三个因素：①贷款种类、贷款金额通常不能超过贷款政策所规定的该种贷款的最高限额；②客观需要，根据项目建设、生产和经营过程中对资金的需要来确定；③偿还能力，贷款金额应与自身的财务状况相适应，保证能按期还本付息。

3. 国内非银行金融机构贷款

非银行金融机构主要有信托投资公司、财务公司和保险公司等。

1) 信托投资公司贷款

信托贷款是信托投资公司运用吸收的信托存款、自有资金和筹集的其他资金对审定的贷款对象和项目发放的贷款。与商业银行贷款相比，信托贷款具有以下几个特点：

（1）银行贷款由于现行信贷制度的限制，无法对一些企业特殊但合理的资金需求予以满足，信托贷款恰好可以满足企业特殊的资金需求。

（2）银行贷款按贷款的对象、期限、用途不同，有不同的利率，但不能浮动。信托贷款的利率则相对比较灵活，可在一定范围内浮动。

信托贷款主要有技术改造信托贷款、补偿贸易信托贷款、单位住房信托贷款、联营投资信托贷款和专项信托贷款等。

2）财务公司贷款

财务公司是由企业集团成员单位组建又为集团成员单位提供中长期金融业务服务为主的非银行金融机构。财务公司贷款有短期贷款和中长期贷款。短期贷款一般为1年、6个月、3个月以及3个月以下不定期限的临时贷款；中长期贷款一般为1～3年、3～5年以及5年以上的贷款。

3）保险公司贷款

虽然我国目前不论是法律法规的规定，还是现实的操作，保险公司尚不能对项目提供贷款，但从西方经济发达国家的实践来看，保险公司的资金，不但可以进入证券市场，用于购买各种股票和债券，而且可对项目提供贷款，特别是向有稳定收益的基础设施项目提供贷款。

8.3.2 国外资金来源

1. 外国政府贷款

外国政府贷款是指一国政府利用财政资金向另一国提供的援助性贷款。外国政府贷款的特点是期限长、利率低、指定用途、数量有限。

外国政府贷款的期限一般较长，如日本政府贷款的期限为15～30年（其中含宽限期5～10年）；德国政府贷款的期限最长达50年（其中宽限期为10年）。

在政府贷款协议中除规定总的期限外，还要规定贷款的提取期、偿还期和宽限期。

外国政府贷款具有经济援助性质，其利率较低或为零，如日本政府贷款的年利率为1.25%～5.75%，从1984年起，增收0.1%的一次性手续费。德国对受石油涨价影响较大的发展中国家提供的政府贷款的年利率仅为0.75%。

外国政府具有特定的使用范围，如日本政府贷款主要用于教育、能源、交通、邮电、工矿、农业、渔业等方面的建设项目以及基础设施建设。

政府间贷款是友好国家经济交往的重要形式，具有优惠的性质。目前，尽管政府贷款在国际间投资中不占主导地位，但其独特的作用和优势是其他国际间接投资形式所无法替代的。但同时也应当看到，投资国的政府贷款也是其实现对外政治经济目标的重要工具。政府贷款除要求贷以现汇（即可自由兑换外汇）外，有时还要附加一些其他条件。

2. 外国银行贷款

外国银行贷款也称商业信贷，是指从国际金融市场上的外国银行借入的资金。外国政府贷款和国际金融机构贷款条件优惠，但不易争取，且数量有限。因此吸收国外银行贷款已成为各国利用国外间接投资的主要形式。目前,我国接受的国外贷款以银行贷款为主。

外国商业信贷的利率水平取决于世界经济中的平均利润率和国际金融市场上的借贷供求关系,处于不断变化之中。从实际运行情况来看,国际间的银行贷款利率比政府贷款和国际金融机构贷款的利率要高,依据贷款国别、贷款币种、贷款期限的不同而又有所差异。

国外银行在提供中长期贷款时,除收取利息外,还要收取一些其他费用,主要有以下几方面。

（1）管理费。管理费亦称经理费或手续费,是借款者向贷款银团的牵头银行所支付的费用。管理费取费标准一般为贷款总额的 0.5%～1.0%。

（2）代理费。代理费指借款者向贷款银团的代理行支付的费用。代理费多少视贷款金额、事务的繁简程度,由借款者与贷款代理行双方商定。

（3）承担费。承担费是指借款者因未能按贷款协议商定的时间使用资金而向贷款银行支付的、带有赔偿性质的费用。

（4）杂费。杂费是指由借款人支付给银团贷款牵头银行的、为与借款人联系贷款业务所发生的费用(如差旅费、律师费和宴请费等)。杂费根据双方认可的账单支付。

国际间银行贷款可划分为短期贷款、中期贷款和长期贷款,其划分的标准是短期贷款的期限在 1 年以内,有的甚至仅为几天;中期贷款的期限为 1～5 年;长期贷款的期限在 5 年以上。银行贷款的偿还方法主要有到期一次偿还、分期等额偿还、分次等本偿还和提前偿还四种方式。

银行贷款所使用的货币是银行贷款条件的重要组成部分。在贷款货币的选择上,借贷双方难免有分歧。就借款者而言,在其他因素不变的前提下,更倾向于使用汇率趋于贬值的货币,以便从该货币未来的贬值中受益,而贷款者则相反。

3. 出口信贷

出口信贷亦称长期贸易信贷,是指商品出口国的官方金融机构或商业银行以优惠利率向本国出口商、进口方银行或进口商提供的一种贴补性贷款,是争夺国际市场的一种筹资手段。出口信贷主要有卖方信贷和买方信贷。

卖方信贷是指在大型设备出口时,为便于出口商以延期付款的方式出口设备,由出口商本国的银行向出口商提供的信贷。买方信贷是由出口方银行直接向进口商或进口方银行所提供的信贷。

4. 混合贷款、联合贷款和银团贷款

混合贷款也称政府混合贷款,是指政府贷款、出口信贷和商业银行贷款混合组成的一种优惠贷款形式。目前各国政府向发展中国家提供的贷款,大都采用这种形式。此种贷款的特点是:政府出资必须占有一定比重,目前一般达到 50%;有指定用途,如必须进口提供贷款的国家出口商的产品;利率比较优惠,一般为 1.5%～2%,贷款期也比较长,最长可达 30～50 年(宽限期可达 10 年),贷款金额可达合同的 100%,比出口信贷优越;贷款手续比较复杂,对项目的选择和评估都有一套特定的程序和要求,较之出口信贷要复杂得多。

联合贷款是指商业银行与世界性、区域性国际金融组织以及各国的发展基金、对外援助机构共同联合起来，向某一国家提供资金的一种形式。此种贷款比一般贷款更具有灵活性和优惠性，其特点是：政府与商业金融机构共同经营；援助与筹资互相结合，利率比较低，贷款期比较长；有指定用途。

银团贷款也叫辛迪加贷款，是指由一家或几家银行牵头，多家国际商业银行参加，共同向一国政府、企业的某个项目（一般是大型的基础设施项目）提供金额较大、期限较长的一种贷款。此种贷款的特点是：必须有一家牵头银行，该银行与借款人共同议定一切贷款的初步条件和相关文件，然后再由其安排参加银行，协商确定贷款额，达成正式协议后，即把下一步工作移交代理银行；必须有一个代理银行，代表银团严格按照贷款协议履行其权利和义务，并按各行出资份额比例提款、计息和分配收回的贷款等一系列事宜；贷款管理十分严密；贷款利率比较优惠，贷款期限也比较长，并且没有指定用途。

5. 国际金融机构贷款

国际金融机构包括世界性开发金融机构、区域性国际开发金融机构以及国际货币基金组织等覆盖全球的机构。其中世界性开发金融机构一般指世界银行集团五个成员机构中的三个金融机构，包括国际复兴开发银行（International Bank for Reconstruction and Development，IBRD）、国际开发协会（International Development Association，IDA）和国际金融公司（International Finance Corporation，IFC）；区域性国际开发金融机构指亚洲开发银行（Asian Development Bank，ADB）、欧洲复兴开发银行（European Bank for Reconstruction and Development，EBRD）、泛美开发银行（Inter-American Development Bank，IDB）等。在这些国际金融机构中，可以为中国提供项目贷款的包括世界银行集团的三个国际金融机构和亚洲开发银行。虽然国际金融机构筹资的数量有限，程序也较复杂，但这些机构所提供的项目贷款一般利率较低、期限较长。所以项目如果符合国际金融机构的贷款条件，应尽量争取从这些机构筹资。

1）国际复兴开发银行

国际复兴开发银行主要通过组织和发放长期贷款，鼓励发展中国家经济增长和国际贸易，来维持国际经济的正常运行。贷款对象是会员国政府、国有企业、私营企业等，若借款人不是政府，则要由政府担保。贷款用途多为项目贷款，主要用于工业、农业、运输、能源和教育等领域。贷款期一般在20年左右，宽限期为5年左右；利率低于国际金融市场利率；贷款额为项目所需资金总额的30%～50%。

在一般情况下，国际复兴开发银行为了减少风险，对单一项目的贷款一般不超过总投资额的50%，除特殊项目外，绝对金额不超过4亿等值美元，其余外汇资金可由国际复兴开发银行担保，贷款国政府作为贷款人，在国际市场上筹集，由于以主权国家作为贷款人，因而能获得优惠贷款。

国际开发协会的贷款对象为人均国民生产总值在765美元以下的贫穷发展中国家会员国或国营和私营企业；贷款期限为50年，宽限期为10年，偿还贷款时可以全部或部分用本国货币；贷款为无息贷款，只收取少量的手续费和承诺费。

2）国际金融公司

国际金融公司的宗旨是通过鼓励会员国，特别是欠发达地区会员国生产性私营企业的增长，来促进经济增长，并以此补充国际复兴开发银行的各项活动。

国际金融公司的投资目标是非国有经济，投资项目中国有股权比例应低于50%；一般要求企业的总资产在2 000万美元左右,项目投资额在1 000万美元以上,项目在行业中处于领先地位,有着清晰的主营业务和高素质的管理队伍。

国际金融公司在中国投资的重点是:①通过有限追索权项目筹资的方式,帮助项目融通资金;②鼓励包括中小企业在内的中国本土私营部门的发展;③投资金融行业,发展具有竞争力的金融机构,使其能达到国际通行的公司治理机制和运营的标准;④支持中国西部和内陆省份的发展;⑤促进基础设施、社会服务和环境产业的私营投资。

3) 亚洲开发银行

亚洲开发银行是亚洲、太平洋地区的区域性政府间国际金融机构。亚洲开发银行的项目贷款包括以下两类:

(1) 普通贷款,即用成员国认缴的资本和在国际金融市场上借款及发行债券筹集的资金向成员国发放的贷款。此种贷款期限比较长,一般为10~30年,并有2~7年的宽限期,贷款利率按金融市场利率,借方每年还需交0.75%的承诺费,在确定贷款期后固定不变。此种贷款主要用于农业、林业、能源、交通运输及教育卫生等基础设施。

(2) 特别基金,即用成员国的捐款为成员国发放的优惠贷款及技术援助,分为亚洲发展基金和技术援助特别基金,前者为偿债能力较差的低收入成员国提供长期无息贷款,贷款期长达40年,宽限期10年,不收利息,只收1%的手续费。特别基金资助经济与科技落后的成员国为项目的筹备和建设提供技术援助和咨询等。

8.3.3 融资租赁

融资租赁亦称金融租赁或资本租赁,是指不带维修条件的设备租赁业务。融资租赁与分期付款购入设备相类似,实质上是承租者通过设备租赁公司筹集设备投资的一种方式。

在融资租赁方式下,设备(即租赁物件)是由出租人完全按照承租人的要求选定的,所以出租人对设备的性能、物理性质、老化风险以及维修保养不负任何责任。在大多数情况下,出租人在租期内分期回收全部成本、利息和利润,租赁期满后,出租人通过收取名义货价的形式,将租赁物件的所有权转移给承租人。

1. 融资租赁的方式

1) 自营租赁

自营租赁亦称直接租赁,其一般程序为用户根据自己所需设备,先向制造厂家或经销商洽谈供货条件,然后向租赁公司申请租赁预约,经租赁公司审查合格后,双方签订租赁合同,由租赁公司支付全部设备款,并让供货者直接向承租人供货,货物经验收并开始使用后,租赁期即开始,承租人根据合同规定向租赁公司分期交付租金,并负责租赁设备的安装、维修和保养。

2) 回租租赁

回租租赁亦称售出与回租,是先由租赁公司买下企业正在使用的设备,然后再将原设备租赁给该企业的租赁方式。

3) 转租赁

转租赁是指国内租赁公司在国内用户与国外厂商签订设备买卖合同的基础上,选定一家国外租赁公司或厂商,以承租人身份与其签订租赁合同,然后再以出租人身份将该设备转租给国内用户,并收取租金转付给国外租赁公司的一种租赁方式。

2. 融资租赁的优缺点

1) 融资租赁的优点

(1) 可迅速取得所需资产,满足项目运行对设备的需求。

(2) 由于租金在很长的租赁期间内分期支付,因而可以有效缓解短期筹集大量资金的压力。

(3) 租金进入成本,在税前列支,可使企业获得税收上的利益。

2) 融资租赁的缺点

(1) 由于出租人面临承租人偿债和出租设备性能劣化的双重风险,因而融资租赁的租金通常较高。

(2) 在技术进步较快时,承租人面临设备性能劣化而不能对设备变性改造的障碍。

8.3.4 发行债券

债券是债务人为筹集债务资金而向债券认购人(债权人)发行的,约定在一定期限以确定的利率向债权人还本付息的有价证券。发行债券是项目法人筹集借入资本的重要方式。

1. 债券的种类

债券主要分类见表 8-2。

表 8-2 债券的划分标准与种类

划分标准	种 类
按发行方式分类	记名债券、无记名债券
按还本期限分类	短期债券、中期债券、长期债券
按发行条件分类	抵押债券、信用债券
按可否转换为公司股票分类	可转换债券、不可转换债券
按偿还方式分类	定期偿还债券、随时偿还债券
按发行主体分类	国家债券、地方政府债券、企业债券、金融债券

2. 债券筹资的优缺点

1) 债券筹资的优点

(1) 债券成本较低。与股票的股利相比较而言,债券的利息允许在所得税前支付,发行公司可享受税收上的利益,故公司实际负担的债券成本一般较低。

(2) 可利用财务杠杆。无论发行公司盈利多少,债券持有人一般只收取固定的利息,而更多的收益可用于分配给股东或用于公司经营,从而增加股东和公司的财富。

(3) 保障股东控制权。债券持有人无权参与发行公司的管理决策,因此公司发行债券不会像增发新股那样可能会分散股东对公司的控制权。

(4) 便于调整资本结构。在公司发行可转换债券以及可提前赎回债券的情况下,便于公司主动、合理地调整资本结构。

2) 债券筹资的缺点

(1) 财务风险较高。债券有固定的到期日,并需支付利息,发行公司必须承担按期付息偿本的义务。在公司经营不景气时,亦需向债券持有人付息偿本,这会给公司现金流量带来更大的困难,有时甚至导致破产。

(2) 限制条件较多。发行债券的限制条件一般要比长期借款、租赁筹资的限制条件多且严格,从而限制了对债券筹资方式的使用,甚至影响公司以后的筹资能力。

(3) 筹资数量有限。公司利用债券筹资一般受一定额度的限制。多数国家对此都有严格限定。我国《公司法》规定,发行公司流通在外的债券累计总额不得超过公司净资产的40%。

8.4 融资方案分析

8.4.1 资金成本的含义

1. 资金成本的一般含义

资金成本是指企业为筹集和使用资金而付出的代价。广义地讲,企业筹集和使用任何资金,不论是短期的还是长期的,都要付出代价;狭义的资金成本仅指筹集和使用长期资金(包括自有资金和借入长期资金)的成本、由于长期资金也被称为资本,所以,长期资金的成本也可称为资本成本。在这里所说的资金成本主要是指资本成本。资金成本一般包括资金筹集成本和资金使用成本两部分。

1) 资金筹集成本

资金筹集成本是指在资金筹集过程中所支付的各项费用,如发行投票或债券支付的印刷费、发行手续费、律师费、资信评估费、公证费、担保费、广告费等。资金筹集成本一般属于一次性费用,筹资次数越多,资金筹集成本也就越大。

2) 资金使用成本

资金使用成本又称为资金占用费,是指占用资金而支付的费用,主要包括支付给股东的各种股息和红利、向债权人支付的贷款利息以及支付给其他债权人的各种利息费用等。资金使用成本一般与所筹集的资金多少以及使用时间的长短有关,具有经常性、定期性的特征,是资金成本的主要内容。

资金筹集成本与资金使用成本是有区别的,前者是在筹借资金时一次支付的,在使用资金过程中不再发生,因此可作筹资费用的一项扣除,而后者在资金使用过程中多次、定期发生的。

2. 资金成本的性质

资金成本是一个重要的经济范畴,是在商品经济社会中由于资金所有权与资金使用权相分离而产生的。

(1) 资金成本是资金使用者向资金所有者和中介机构支付的占用费和筹资费。作为资金的所有者，不会将资金无偿让渡给资金使用者去使用；而作为资金的使用者，也不能无偿地占用他人的资金。因此，企业筹集资金以后，暂时地取得了这些资金的使用价值，就要为资金所有者暂时地丧失其使用价值而付出代价，即承担资金成本。

（2）资金成本与资金的时间价值既有联系，又有区别。资金的时间价值反映了资金随着其运动时间的不断延续而不断增值，是一种时间函数，而资金成本除可以看做是时间的函数外，还表现为资金占用额的函数。

（3）资金成本具有一般产品成本的基本属性。资金成本是企业的耗费，企业要为占用资金而付出代价、支付费用，而且这些代价或费用最终也要作为收益的扣除额来得到补偿。但是资金成本只有部分具有产品成本的性质，即这一部分耗费计入产品成本，而另一部分则作为利润的分配，不能列入产品成本。

3. 决定资金成本高低的因素

在市场经济环境小，多方面因素的综合作用决定着企业资金成本的高低，其中主要因素有总体经济环境、证券市场条件、企业内部的经营和融资状况以及项目融资规模。

1) 总体经济环境

总体经济环境决定了整个经济中资本的供给和需求，以及预期通货膨胀的水平。总体经济环境变化的影响，反映在无风险报酬率上。显然，如果整个社会经济中的资金需求和供给发生变动，或者通货膨胀水平发生变化，投资者也会相应改变其所要求的收益率，具体地说，如果货币需求增加，而供给其要求的投资收益率，使资金成本下降。如果预期通货膨胀水平上升，货币购买力下降，投资者也会提出更高的收益率来补偿预期的投资损失，导致企业资金成本上升。

2) 证券市场条件

证券市场条件影响证券投资的风险。证券市场条件包括证券的市场流动难易程度和价格波动程度。如果某种证券的市场流动性不好，投资者想买进或卖出证券相对困难，变现风险加大，要求的收益率就会提高；或者虽然存在对某证券的需求，但其价格波动较大，投资的风险大，要求的收益率也会提高。

3) 企业内部的经营和融资状况

企业内部的经营和融资状况是指经营风险和财务风险的大小。经营风险是企业投资决策的结果，表现在资产收益率的变动上；财务风险是企业筹资决策的结果，表现在普通股收益率的变动上，如果企业的经营风险和财务风险大，投资者便会有较高的收益率要求。

4) 项目融资规模

企业的融资规模大，资金成本较高。例如，企业发行的证券金额很大，资金筹集费和资金占用费都会上升，而且证券发行规模的增大还会降低其发行价格，由此也会增加企业的资金成本。

4. 资金成本的作用

资金成本是企业财务管理中的一个重要概念，国际上将其列为一项"财务标准"。企业都希望以最小的资金成本获取所需的资金数额，分析资金成本有助于企业选择筹资方案，确定筹资结构以及最大限度地提高筹资的效益。资金成本的主要作用如下：

1) 资金成本是选择资金来源、筹资方式的重要依据

企业筹集资金的方式多种多样,如发行股票、债券、银行借款等。不同的筹资方式,其资金成本也不尽相同。资金成本的高低可以作为比较各种筹资方式优缺点的一项依据,从而挑选最小的资金成本作为选择筹资方式的重要依据。但是,不能把资金成本作为选择筹资方式的唯一依据。

2) 资金成本是企业进行资金结构决策的基本依据

企业的资金结构一般是由借入资金与自有资金结合而成,这种组合有多种方案,如何寻求两者间的最佳组合,一般可通过计算综合资金成本作为企业决策的依据。因此,综合资金成本的高低是评价各个筹资组合方案,作为资金结构决策的基本依据。

3) 资金成本是比较追加筹资方案的重要依据

企业为了扩大生产经营规模,增加所需资金,往往以边际资金成本作为依据。

4) 资金成本是评价各种投资项目是否可行的一个重要尺度

在评价投资方案是否可行时,一般是以项目本身的投资收益率与其资金成本进行比较,如果投资项目的预期投资收益率高于其资金成本,则是可行的;反之,如果预期投资收益率低于其资金成本,则是不可行的。因此,国际上通常将资金成本视为投资项目的"最低收益率"和是否采用投资项目的"取舍率",同时将其作为选择投资方案的主要标准。

5) 资金成本也是衡量企业整个经营业绩的一项重要标准

资金成本是企业从事生产经营活动必须挣得的最低收益率。企业无论以什么方式取得的资金,都要实现这一最低收益率,才能补偿企业因筹资而支付的所有费用。如果将企业的实际资金成本与相应的利润率进行比较,可以评价企业的经营业绩。若利润率高于资金成本,认为经营良好;反之,企业经营欠佳,应该加强和改善生产经营管理,进一步提高经济效益。

8.4.2 资金成本的计算

1. 资金成本计算的一般形式

资金成本可用绝对数表示,也可用相对数表示。为便于分析比较,资金成本一般用相对数表示,称之为资金成本率,其计算公式为

$$K = \frac{D}{P-F} \tag{8.1}$$

$$K = \frac{D}{P(1-f)} \tag{8.2}$$

式中,D——资金成本(率);

P——筹集资金总额;

D——使用费;

F——筹资费;

f——筹资费费率(即筹资费占筹集资金总额的比率)。

资金成本是选择资金来源、拟定筹资方案的主要依据，也是评价投资项目可行性的主要经济指标。

2. 各种资金来源的资金成本

1）权益融资成本

（1）优先股成本。

公司发行优先股股票筹资，需支付的筹资费有注册费、代销费等，其股息也要定期支付，但它是公司用税后利润来支付的，不会减少公司应上缴的所得税。

优先股资金成本率的计算公式为

$$K_p = \frac{D_p}{P_0(1-f)} \tag{8.3}$$

或

$$K_p = \frac{P_0 \cdot i}{P_0(1-f)} = \frac{i}{1-f} \tag{8.4}$$

式中，K_P——优先股资金成本率；
P_0——优先股票面值；
D_P——优先股每年股息率；
i——股息率。

【例 8-1】 某公司发行优先股股票，票面额按正常市价计算为 200 万，筹资费费率为 4%，股息年利率为 14%，求其资金成本率。

解：资金成本率为 $K_p = \dfrac{200 \times 14\%}{200 \times (1-4\%)} = \dfrac{14\%}{1-4\%} = 14.58\%$

（2）普通股成本。

确定普通股资金成本的方法有股利增长模型法和资本资金定价模型法。

① 股利增长模型法。

普通股的股利往往不是固定的，因此，其资金成本率的计算通常用股利增长模型法计算。一般假定收益以固定的年增长率递增，则普通股成本的计算公式为

$$K_s = \frac{D_0}{P_0(1-f)} + g = \frac{i_0}{1-f} + g \tag{8.5}$$

式中，K_s——普通股成本率；
P_0——普通股票面值；
D_0——普通股预计年股利额；
i_0——普通股预计年股利率；
g——普通股利年增长率。

【例 8-2】 某公司发行普通股正常市价为 56 元，估计年增长率为 12%，第一年预计发放股利 2 元，筹资费用率为股票市价的 10%，求其资金成本率。

解：新发行普通股的资金成本率为

$$K_s = \frac{2}{56 \times (1-10\%)} + 12\% = 15.97\%$$

② 资本资金定价模型法。

这是一种根据投资者股票的期望收益来确定资金成本的方法。在这种前提下，普通股成本的计算公式为

$$K_s = R_F + \beta(R_m - R_F) \tag{8.6}$$

式中，R_F——无风险报酬率；
　　　β——股票的系数；
　　　R_m——平均风险股票报酬率。

【例 8-3】 某期间市场无风险报酬率为 10%，平均风险股票必要报酬率为 14%，某公司普通股 β 值为 1.2。求其资金成本率。

解：普通股的资金成本率为

$$K_s = 10\% + 1.2 \times (14\% - 10\%) = 14.8\%$$

2) 负债融资成本

(1) 债券成本。

企业发行债券后，所支付的债券利息列入企业的费用开支，因而使企业少缴一部分所得税，两者抵消后，实际上企业支付的债券的利息仅为：债券利息×(1−所得税税率)。因此，债券成本率可以按下列公式计算：

$$K_B = \frac{I(1-T)}{B(1-f)} \tag{8.7}$$

或

$$K_B = i_b \cdot \frac{1-T}{1-f} \tag{8.8}$$

式中，K_B——债券成本率；
　　　B——债券筹资额；
　　　I——债券年利息；
　　　i_b——债券年利息利率；
　　　T——所得税税率。

【例 8-4】 某公司发行总面额为 500 万元的 10 年期债券，票面利率为 12%，发行费用率为 5%，公司所得税税率为 33%，求其资金成本率。

解：该债券的资金成本率为

$$K_B = \frac{500 \times 12\% \times (1-33\%)}{500 \times (1-5\%)} = 8.46\%$$

若债券溢价或折价发行，为更精确地计算资金成本，应以实际发行价格作为债券筹资额。

【例 8-5】 假定上述公司发行面额为 500 万元的 10 年期债券，票面利率为 12%，发行费用率为 5%，发行价格为 600 万元，公司所得税税率为 33%，求其资金成本率。

解：该债券资金成本率为

$$K_B = \frac{500 \times 12\% \times (1-33\%)}{600 \times (1-5\%)} = 7.05\%$$

(2) 银行借款成本。

向银行借款，企业所支付的利息和费用一般可作企业的费用开支，相应减少部分利润，会使企业少缴一部分所得税，因而使企业的实际支出相应减少。

对每年年末支付利息、贷款期末一次全部还本的借款，其借款成本率为

$$K_g = \frac{I(1-T)}{G-F} = i_g \cdot \frac{1-T}{1-f} \quad (8.9)$$

式中：K_g——借款成本率；
G——贷款总额；
I——贷款年利息；
i_g——贷款年利率；
F——贷款费用。

(3) 租赁成本。

企业租入某项资产，获得其使用权，要定期支付租金，并且租金列入企业成本，可以减少应付所得税。因此，其租金成本率为

$$K_L = \frac{E}{P_L} \times (1-T) \quad (8.10)$$

式中，K_L——租赁成本率；
P_L——租赁资产价值；
E——年租金额。

3. 加权平均资金成本

企业不可能只使用某种单一的筹资方式，往往需要通过多种方式筹集所需资金。为进行筹资决策，就要计算确定企业长期资金的总成本——加权平均资金成本。加权平均资金成本一般是以各种资本占全部资本的比重为权重，对个别资金成本进行加权平均确定的。其计算公式为

$$K = \sum_{i=1}^{n} \omega_i \cdot K_i \quad (8.11)$$

式中，K——平均资金成本率；
ω_i——第 i 种资金来源占全部资产的比重；
K_i——第 i 种资金来源的资金成本率。

【例 8-6】 某企业账面反映的长期资金共 500 万元，其中长期借款 100 万元，应付长期债券 50 万元，普通股 250 万元，保留盈余 100 万元；其资金成本分别为 6.7%、9.1%、7%、11.26%、11%。求其加权平均资金成本率。

解： 企业的加权平均资金成本为

$$K = 6.7\% \times \frac{100}{500} + 9.17\% \times \frac{50}{500} + 11.26\% \times \frac{250}{500} + 11\% \times \frac{100}{500} = 10.09\%$$

上述计算中的个别资本占全部成本的比重，是按账面价值确定的，其资料容易取得。但当资本的账面价值与市场价值差别较大时，如股票、债券的市场价格发生较大变动，计

算结果会与实际有较大的差距,从而贻误筹资决策,为了克服这一缺陷,个别资本占全部资本比重的确定还可以按市场价值或目标价值确定。

本 章 小 结

工程项目融资方案有多种渠道和方式,不同的融资方案组合对项目未来的现金流量影响也不同。本章首先介绍了融资主体的概念及其融资方式——既有法人融资方式和新设法人融资方式;然后列举了项目资本金的来源以及项目资本金筹措的多种方式,并介绍了筹集项目资本金应注意的问题;之后介绍了国内债务筹资和国外资金来源的渠道和方式,并详细介绍了融资租赁和发行债券的方式、种类和优缺点;最后介绍了资金成本的定义、性质和作用,以及资金成本的一般计算公式、各种融资方式资金成本的计算方法和综合资金成本的计算方法。

习 题

一、单项选择题

1. 在项目资金筹措方式中,与发行债券相比,发行股票的特点是( )。
　　A. 不影响企业投资者的控制权　　　　B. 可以降低企业缴纳的所得税
　　C. 可以提高企业自有资金利润率　　　D. 可以降低企业的负责比率
2. 某企业发行普通股正常市价为 20 元,估计年增长率为 10%,第一年预计发放股利 1 元,筹资费用率为股票市价的 12%,则新发行普通股的成本率为( )。
　　A. 11.36%　　　B. 13.33%　　　C. 15.56%　　　D. 15.68%
3. 国际货币基金组织贷款的特点包括( )。
　　A. 贷款面向全球各国　　　　　　　B. 贷款期限为 1~5 年
　　C. 直接与企业发生借贷业务　　　　D. 贷款不得用于弥补国际收支逆差
4. 某企业账面反映的长期资金 4 000 万元,其中优先股 1 200 万元,应付长期债券 2 800 万元。发行优先股的筹资费费率 3%,年股息率 9%;发行长期债券的票面利率 7%,筹资费费率 5%,企业所得税税率 25%。则该企业的加权平均资金成本率为( )。
　　A. 3.96%　　　B. 6.11%　　　C. 6.65%　　　D. 8.15%

二、思考题

1. 工程项目融资与传统企业融资相比,有哪些区别?
2. 既有法人融资与新设法人融资的特点分别是什么?
3. 股票的种类以及股票筹资的优缺点是什么?
4. 什么是回租租赁?

三、计算题

1. 某公司发行总面额为 500 万元的 10 年期债券,票面利率为 9%,发行费用率为

5%，公司所得税税率为25%。试计算该债券的资金成本。

2. 某公司发行优先股股票，票面价格为100元，实际发行价格为98元，股息率为9%，筹资费率为1%。试计算该优先股的资金成本。

3. 某项目从银行贷款200万元，年利率为8%，在借贷期内每年支付利息2次，所得税为25%，筹资费率为1%。试计算该借贷资金的资金成本。

第9章 工程项目财务评价

学习目标

(1) 掌握可行性研究报告的内容。
(2) 掌握主要财务评价基本报表内容。
(3) 掌握各类财务评价指标的计算。
(4) 熟悉可行性研究的定义和程序。
(5) 了解项目寿命周期的阶段划分和内容。
(6) 了解财务评价辅助报表的内容。

导入案例

某通用机械厂（甲方）为使本场招待所工程尽快发挥效益，在未完成施工图的情况下，与某集团第八分公司（乙方）签订了施工合同，拨付了工程备料款，意在减少物价上涨的影响，加快建设速度。乙方按照甲方要求进场准备，搭设临时设施，租赁机械、工具，并购进大批建材等待开工。当甲方拿到施工图及设计概算时发现：甲方原计划投资150万元，而设计单位按甲方提出的标准和要求做出的设计方案其概算达215万元，一旦开工，很可能因资金不足而造成中途停建，但不开工，施工队伍已进场做了大量工作。甲方研究决定："方案另议，缓期施工。"当甲方将决定通知乙方后，乙方很快送来合计标的为40.5万元的索赔报告。

甲方认真核实了乙方费用证据及实物，同意乙方退场决定，并给予了实际发生的损失补偿。

案例分析：工程建设要先设计后施工，不按照基本建设程序仓促上马，急于取得经济效益，最终却得到相反的结果。

9.1 可行性研究概述

9.1.1 工程项目建设程序

1. 工程项目的组成

工程项目可由单项工程、单位工程、分部工程和分项工程等组成。

1）单项工程

单项工程一般是指具有独立设计文件，建成后可以独立发挥生产能力或效益的一组配套齐全的工程项目。单项工程的施工条件往往具有相对的独立性，一般单独组织施工和竣工验收。建设项目有时包括多个互有内在联系的单项工程，也可能仅有一个单项工程。

2）单位（子单位）工程

单位工程是指具备独立施工条件并能形成独立使用功能的建筑物及构筑物。对于建筑规模圈套的单位工程，可将其能形成独立使用功能的部分作为一个子单位工程。单位工程可以是一个建筑工程或者是一个设备与安装工程。

3）分部（子分部）工程

分部工程是按照单位工程的工程部位、专业性质和设备种类划分确定，是单位工程的组成部分。

4）分项工程

分项工程一般是按照主要工种、材料、施工工艺、设备类别等进行划分，是分部工程的组成部分。分项工程是工程项目施工安装活动的基础单元，是工程质量形成的直接过程。

2. 工程项目的分类

我国工程项目可以分为两类：

第一类称为基本建设项目，它构成我国工程项目的主要部分，一般是指在一个或几个施工建设现场，按照一个总体设计进行施工的各单项工程的总体，如一个工厂、一条铁路等都可以构成一个工程项目。工程项目按性质可分为新建、扩建、改建、恢复、迁建等项目；按建设规模可分为大、中、小型项目；除此之外，还可以按隶属关系、管理关系和行业等进行划分。

第二类是更新改造项目，是指对原有企业进行设备更新或技术改造的项目，是我国工程项目的另一个重要组成部分，其投资和基本建设项目投资合起来构成全社会的固定资产投资。更新改造与基本建设的主要区别在于：基本建设属于固定资产的外延扩大再生产，而更新改造属于固定资产的内涵扩大再生产。

3. 我国工程项目建设程序

工程项目的建设涉及面广、环节多，且是由多部门和多行业密切协作配合的社会经济活动。因此，为了完成工程项目的建设任务，达到预期的目标，必须有组织、有计划、按规定的程序进行。工程项目的建设程序就是对工程项目建设全过程中各个环节所做工作和先后顺序的规定，即建设项目在整个过程中，各项工作必须遵循的先后顺序。

工程项目的建设程序反映了工程建设工作的客观规律性，它是工程建设的实践经验的科学总结。坚持科学的工程项目建设程序，对确保工程项目的建设质量、工期和投资效果，实现项目建设的目标有着重要的现实意义。

一个工程项目要经历投资前期、建设期及生产经营期三个时期，其全过程如图 9.1 所示。

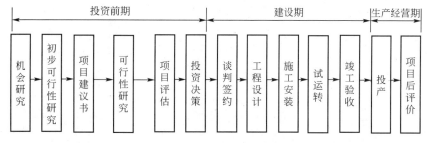

图 9.1 工程项目建设程序

投资前期是决定工程项目经济效果的关键时期，是研究和控制的重点。如果在项目实施中才发现工程费用过高，投资不足，或原材料不能保证等问题，将会给投资者造成巨大的损失。因此，无论是工业发达国家还是发展中国家，都把可行性研究视为工程建设的首要环节。投资者为了排除盲目性，减少风险，在竞争中取得最大利润，宁肯在投资前花费一定的代价也要进行投资项目的可行性研究，以提高投资获利的可靠程度。

9.1.2 可行性研究的含义

所谓可行性研究，也称技术经济论证，是指工程项目投资之前进行深入细致的调查研究，运用多种科学手段(包括技术科学、社会学、经济学及系统工程学等)对一项工程项目的必要性、可行性、合理性进行技术经济论证的综合科学。具体而言，工程项目可行性研究，是在工程投资决策之前，调查、研究与拟建工程项目有关的自然、社会、经济和技术资料，分析比较可能的工程项目建设方案，预测评价项目建成后的社会经济效益，并在此基础上结合项目建设的必要性、财务上的盈利性、经济上的合理性、技术的先进性和适用性以及建设条件上的可能性和可行性，为投资决策提供科学的依据。同时，可行性研究还能为银行贷款、合作者签约、工程设计等提供依据和基础资料，这是决策科学化的必要步骤和手段。

从可行性研究的概念可以看出，一个完整的工程项目可行性研究至少应包括三方面的内容：一是分析论证工程项目建设的必要性，主要是通过市场预测，分析工程项目所提供的产品或劳务的市场需求情况；二是分析论证工程项目建设的可行性，主要是通过对工程项目的建设条件、技术分析等的论证分析来进行；三是分析论证工程项目建设的合理性，包括财务上的盈利性和经济上的合理性，主要是通过工程项目的效益分析来完成的。其中，工程项目投资建设的合理性分析是工程项目可行性研究中最核心和最关键的内容。

9.1.3 可行性研究的阶段划分

对于投资额较大、建设周期较长、内外协作配套关系较多的建设工程，可行性研究的工作期限较长。为了节省投资，减少资源浪费，避免对早期就应淘汰的项目进行无效研究，一般将可行性研究分为机会研究、初步可行性研究、可行性研究（有时也叫详细可行性研究）和项目评估决策四个阶段。机会研究证明效果不佳的项目，就不再进行初步可行性研究；同样，如果初步可行性研究结论为不可行，则不必再进行可行性研究。

可行性研究各阶段研究的内容及要求、估算精度与需要时间见表9-1。

表9-1 可行性研究各阶段工作的目的和要求

研究阶段	机会研究	初步可行性研究	可行性研究	项目评价决策
研究性质	项目设想	项目初选	项目准备	项目评估
研究目的和内容	鉴别投资方向，寻求投资机会（含地区、行业、资源和项目的机会研究），选择项目，提出项目投资建议	对项目作初步评价，进行专题辅助研究，广泛分析、筛选方案，确定项目的初步可行性	对项目进行深入细致的技术经济论证，重点对项目的技术方案和经济效益进行分析评价，进行多方案比选，提出结论性意见	综合分析各种效益，对可行性研究报告进行全面审核和评估，分析判断可行性研究的可靠性和真实性
研究要求	编制项目建议书	编制初步可行性研究报告	编制可行性研究报告	提出项目评估报告
研究作用	为初步选择投资项目提供依据，批准后列入建设前期工作计划，作为国家对投资项目的初步决策	判定是否有必要进行下一步详细可行性研究，进一步判明建设项目的生命力	作为项目投资决策的基础和重要依据	为投资决策者提供最后决策依据，决定项目取舍和选择最佳投资方案

(续)

研究阶段	机会研究	初步可行性研究	可行性研究	项目评价决策
估算精度/%	±30	±20	±10	±10
研究费用(占总投资的百分比)/%	0.1~1.0	0.25~1.25	大项目 0.2~1 中小项目 1~3	—
需要时间/月	1~3	4~6	8~12 或更长	—

1. 机会研究阶段

机会研究又称投资机会论证。这一阶段的主要任务是提出建设项目投资方向建议,即在一个确定的地区和部门内,根据自然资源、市场需求、国家产业政策和国际贸易情况,通过调查、预测和分析研究,选择建设项目,寻找投资的有利机会。机会研究要解决两个方面的问题:一是社会是否需要;二是有没有可以开展项目的基本条件。

机会研究一般从以下几个方面着手开展工作:

(1) 以开发利用本地区的某一丰富资源为基础,谋求投资机会。

(2) 以现有工业的拓展和产品深加工为基础,通过增加现有企业的生产能力与生产工序等途径创造投资机会。

(3) 以优越的地理位置、便利的交通运输条件为基础,分析各种投资机会。

这一阶段的工作比较粗略,一般是根据条件和背景相类似的工程项目来估算投资额和生产成本,初步分析建设投资效果,提供一个或一个以上可能进行建设的投资项目或投资方案。这个阶段所估算的投资额和生产成本的精确程度大约控制在±30%左右,大中型项目的机会研究所需时间大约在1~3个月,所需费用约占投资总额的0.2%~1%。如果投资者对这个项目感兴趣,则可再进行下一步的可行性研究工作。

2. 初步可行性研究阶段

项目建议书经国家有关部门(如计划部门)审定同意后,对于投资规模较大、工艺技术较复杂的大中型骨干建设项目,仅靠机会研究还不能决定取舍,在开展全面研究工作之前,往往需要先进行初步可行性研究,进一步判明建设项目的生命力。这一阶段的主要工作目标有以下几点:

(1) 分析投资机会研究的结论,并在现有详细资料的基础上作出初步投资估算。该阶段工作需要深入弄清项目的规模、原材料资源、工艺技术、厂址、组织机构和建设进度等情况,进行经济效果评价,以判定是否有可能和必要进行下一步的详细可行性研究。

(2) 确定对某些关键性问题进行专题辅助研究。例如,市场需求预测和竞争能力研究,原料辅助材料和燃料动力等供应和价格预测研究,工厂中间试验、厂址选择、合理经济规模,以及主要设备选型等研究。在广泛的方案分析比较论证后,对各类技术方案进行筛选,选择效益最佳的方案,排除一些不利方案,缩小下一阶段的工作范围和工作量,尽量节省时间和费用。

(3) 鉴定项目的选择依据和标准,确定项目的初步可行性。根据初步可行性研究结果编制初步可行性研究报告,决定是否有必要继续进行研究,如通过所获资料的研究确定该项目设想不可行,则应立即停止工作。该阶段是项目的初选阶段,研究结果应作出是否投资的初步决定。

初步可行性研究与详细可行性研究相比,除研究的深度与准确度有差异外,其内容是大致相同的。初步可行性研究得出的投资额误差要求一般约为±20%,研究费用一般约占总投资额的0.25%~1.5%,时间一般为4~6个月。

3. 详细可行性研究阶段

详细可行性研究又称技术经济可行性研究,是可行性研究的主要阶段,是建设项目投资决策的基础。它为项目决策提供技术、经济、社会、商业方面的评价依据,为项目的具体实施提供科学依据。这一阶段的主要目标有以下几点:

(1) 深入研究有关产品方案、生产流程、资源供应、厂址选择、工艺技术、设备选型、工程实施进度计划、资金筹措计划,以及组织管理机构和定员等各种可能选择的技术方案,进行全面深入的技术经济分析和比较选择工作,并推荐一个可行的投资建设方案。

(2) 着重对投资总体建设方案进行企业财务效益、国民经济效益和社会效益的分析与评价,对投资方案进行多方案比较选择,确定一个能使项目投资费用和生产成本降到最低限度,以取得最佳经济效益和社会效果的建设方案。

(3) 确定项目投资的最终可行性和选择依据标准。对拟建投资项目提出结论性意见。对于可行性研究的结论,可以推荐一个认为最好的建设方案;也可以提出可供选择的几个方案,说明各个方案的利弊和可能采取的措施,或者也可以提出"不可行"的结论。按照可行性研究结论编制出可行性研究报告,作为项目投资决策的基础和重要依据。

这一阶段的内容比较详尽,所花费的时间和精力都比较大。而且本阶段还为下一步工程设计提供基础资料和决策依据。因此,在此阶段,建设投资和生产成本计算精度控制在±10%以内;大型项目研究工作所花费的时间为8~12个月,所需费用约占投资总额的0.2%~1%;中小型项目研究工作所花费的时间为4~6个月,所需费用约占投资总额的1%~3%。

4. 评估决策阶段

项目评估是由投资决策部门组织和授权给诸如国家开发银行、建设银行、投资银行、工程咨询公司或有关专家,代表国家或投资方(主体)对上报的建设项目可行性研究报告所进行的全面审核和再评价。其主要任务是对拟建项目的可行性研究报告提出评价意见,对该项目投资的可行与否作出最终决策(取舍),确定出最佳的投资方案。项目评估决策应在可行性研究报告的基础上进行。其内容包括:

(1) 全面审核可行性研究报告中所反映的各项情况是否属实;分析项目可行性研究报告中各项指标计算是否正确,包括各种参数、基础数据、定额费率的选择。

(2) 从企业、国家和社会等方面综合分析和判断工程项目的经济效益和社会效益;分析判断项目可行性研究的可靠性、真实性和客观性,对项目作出最终的投资决策;最后写出项目评估报告。

9.1.4 可行性研究的程序

可行性研究的基本工作程序大致可以概括为以下几个方面。

1. 签订委托协议

可行性研究编制单位与委托单位，应就项目可行性研究工作范围、内容、重点、深度要求、完成时间、经费预算和质量要求交换意见，并签订委托协议，据以开展可行性研究各阶段的工作。具备条件和能力的建设单位也可以在机构内部委托职能部门开展可行性研究工作。

2. 组建工作小组

根据委托项目可行性研究的范围、内容、技术难度、工作量、时间要求等组建项目可行性研究工作小组。一般工业项目和交通运输项目可分为市场组、工艺技术组、设备组、工程组、总图运输及公用工程组、环保组、技术经济组等专业组。各专业组的工作一般应由项目负责人统筹协调。

3. 制定工作计划

内容包括各项研究工作开展的步骤、方式、进度安排、人员配备、工作保证条件、工作质量评定标准和费用预算，并与委托单位交换意见。

4. 市场调查与预测

市场调查的范围包括地区及国内外市场，有关企事业单位和行业主管部门等，主要搜集项目建设、生产运营等各方面所必需的信息资料和数据。市场预测主要是利用市场调查所获得的信息资料，对项目产品未来市场供应和需求信息进行定性与定量分析。

5. 方案研制与优化

在调查研究、搜集资料的基础上，针对项目的建设规模、产品规格、场址、工艺、设备、总图、运输、原材料供应、环境保护、公用工程和辅助工程、组织机构设置、实施进度等，提出备选方案。进行方案论证比选优化后，提出推荐方案。

6. 项目评价

对推荐方案进行财务评价、费用效益分析、环境评价及风险分析等，以判别项目的环境可行性，经济合理性和抗风险能力。当有关评价指标结论不足以支持项目方案成立时，应重新构想方案或对原方案进行调整，有时甚至完全否定该项目。

7. 编写并提交可行性研究报告

项目可行性研究各专业方案，经过技术经济论证和优化以后，由各专业组分工编写。经项目负责人衔接协调综合汇总，提出可行性研究报告初稿。与委托单位交换意见，修改完善后，向委托方提交正式的可行性研究报告。

9.1.5 可行性研究报告

可行性研究过程形成的工作成果一般通过可行性研究报告固定下来，构成下一步工作的基础。可行性研究不必将所有工作过程都展示出来，只需详细说明最优方案，而简述其他备选方案的情况。

1. 可行性研究报告的作用

1) 作为经济主体投资决策的依据

可行性研究对与建设项目有关的各个方面都进行了调查研究和分析，并以大量数据论证了项目的必要性、可实现性以及实现后的结果，项目投资者或政府主管部门正是根据项目可行性研究的评价结果，并结合国家财政经济条件和国民经济长远发展的需要，才能作出是否应该投资和如何进行投资的决定。

2) 作为筹集资金和向银行申请贷款的依据

银行通过审查项目可行性研究报告，确认了项目的经济效益水平、偿债能力和风险状况，才能作出是否同意贷款的决定。

3) 编制科研实验计划和新技术、新设备需用计划以及大型专用设备生产与安排的依据

项目拟采用的重大新技术、新设备必须经过周密慎重的技术经济论证，确认可行的，方能拟订研究和制造计划。

4) 作为从国外引进技术、设备以及与国外厂商谈判签约的依据

利用外资项目，不论是申请国外银行贷款，还是与合资、合作方进行技术谈判和商务谈判、编制可行性研究都是一项至关重要的基础工作，甚至决定了谈判的成功与否。

5) 与项目协作单位签订经济合同的依据

根据批准的可行性研究报告，项目法人可以与有关协作单位签订原材料、燃料、动力、运输、土建工程、安装工程、设备购置等方面的合同或协议。

6) 作为向当地政府、规划部门、环境保护部门申请有关建设许可文件的依据

可行性研究报告经审查，符合市政府当局的规定或经济立法，对污染处理得当，不造成环境污染时，方能取得有关部门的许可。

7) 作为该项目工程建设的基础资料

建设项目的可行性研究报告，是项目工程建设的重要基础资料。项目建设过程中的任何技术性和经济性更改，都可以在原可行性研究报告的基础上通过认真分析得出项目经济效益指标变动程度的信息。

8) 作为项目科研实验、机构设置、职工培训、生产组织的依据

根据批准的可行性研究报告，进行与建设项目有关的生产组织工作，包括设置相宜的组织机构，进行职工培训，合理地组织生产等工作安排。

9) 作为对项目考核后评价的依据

工程项目竣工、正式投产后的生产考核，应以可行性研究所制订的生产纲领、技术标准以及经济效果指标作为考核标准。

2. 可行性研究报告的编制依据

1) 国民经济中长期发展规划和产业政策

国家和地方国民经济和社会发展规划是一个时期国民经济发展的纲领性文件，对项目建设具有指导作用。另外，产业发展规划也同样可作为项目建设的依据。例如，国家关于一定时期内优先发展产业的相关政策、国家为缩小地区差别确立的地区开发战略，以及国家为加强民族团结而确定的地区发展规划。

2) 项目建议书

项目建议书是工程项目投资决策前的总体设想，主要论证项目的必要性，同时初步分析项目建设的可能性，是进行各项投资准备工作的主要依据。基础性项目和公益性项目只有经国家主管部门核准后，并列入建设前期工作计划后，方可开展可行性研

究的各项工作。可行性研究确定的项目规模和标准原则上不应突破项目建议书相应的指标。

3）委托方的意图

可行性研究的承担单位应充分了解委托方建设项目的背景、意图、设想、认真听取委托方对市场行情、资金来源、协作单位、建设工期以及工作范围等情况的说明。

4）有关的基础资料

进行厂址选择、工程设计、技术经济分析需要可靠的自然、地理、气象、水文、地质、经济、社会等基础资料和数据。对于基础资料不全的，还应进行地形勘测、地质勘探、工业试验等补充工作。

5）有关的技术经济规范、标准、定额等指标

例如，钢铁联合企业单位生产能力投资指标、饭店单位客房投资指标等，都是进行技术经济分析的重要依据。

6）有关经济评价的基本参数和指标

例如，基准收益率、社会折现率、基准投资回收期、汇率等，这些参数和指标都是对工程项目经济评价结果进行衡量的重要依据。

3. 可行性研究报告的内容

工程项目的重要特点之一是不重复性，因而，每个工程项目应根据自身的技术经济特点确定可行性研究的工作要点，以及相应可行性研究报告的内容，根据国家发展和改革委员会的有关规定，一般工业项目可行性研究报告，可按以下内容编写。

1）总论

主要内容为：项目提出的背景、项目概况以及主要问题与建议。

2）市场预测

主要内容为：市场现状调查；产品供需预测；价格预测；竞争力分析；市场风险分析。

3）资源条件评价

主要内容为：资源可利用量；资源品质情况；资源赋存条件；资源开发价值。

4）建设规模与产品方案

主要内容为：建设规模与产品方案构成；建设规模与产品方案比选；推荐的建设项目于产品方案；技术改造项目于原有设施利用情况等。

5）场址选择

主要内容为：场址现状；场址方案比选；推荐的场址方案；技术改造项目当前场址的利用情况。

6）技术方案、设备方案和工程方案

主要内容为：技术方案选择；主要设备方案选择；工程方案选择；技术改造项目改造前后的比较。

7）主要原料、燃料供应及节能、节水措施

主要内容包括：主要原材料供应方案；燃料供应方案；节能措施；节水措施。

8）总图、运输与公用辅助工程

主要内容为：总图布置方案；场内外运输方案；公用工程与辅助工程方案；技术改造项目现有公用辅助设施利用情况。

9）环境影响评价

主要内容为：环境条件调查；影响环境因素分析；环境保护措施。

10）劳动安全、卫生与消防

主要内容为：危险因素和危害程度分析；安全防范措施；卫生保健措施；消防措施。

11）组织机构与人力资源配置

主要内容为：组织机构设置及其适应性分析；人力资源配置；员工培训。

12）项目实施进度

主要内容为：建设工期；实施进度安排；技术改造项目建设与生产的衔接。

13）投资估算与融资方案

主要内容为：建设投资和流动资金估算；资本金和债务资金筹措；融资方案分析。

14）财务评价

主要内容为：财务评价基础数据与参数选取；营业收入与成本费用估算；财务评价报表；盈利能力分析；偿债能力分析；风险与不确定性分析；财务评价结论。

15）费用效益分析

主要内容为：影子价格及评价参数选取；效益费用范围与数值调整；国民经济评价报表；国民经济评价指标；国民经济评价结论。

16）社会评价

主要内容为：项目对社会的影响分析；项目与所在地互适性分析；社会风险分析。

17）风险与不确定性分析

主要内容为：项目盈亏平衡分析、敏感性分析；项目主要风险识别；风险程度分析；防范风险对策。

18）研究结论与建议

主要内容为：推荐方案总体描述；推荐方案优缺点描述；主要对比方案；结论与建议。

可行性研究报告的基本内容可概括为三大部分：市场研究、技术研究和经济评价。这三部分构成了可行性研究的三大支柱。第一是市场研究，包括产品的市场调查与预测研究，这是建设项目成立的重要前提，其主要任务是要解决工程项目建设的"可行性"问题。第二是技术研究，即技术方案和建设条件研究，从资源投入、厂址、技术、设备和生产组织等问题入手，对工程项目的技术方案和建设条件进行研究，这是可行性研究的技术基础，它要解决建设项目在技术上的"可行性"问题。第三是效益研究，即经济评价，这是决策项目投资命运的关键，是项目可行性研究的核心部分，它要解决工程项目在经济上的"合理性"问题。

9.2 财务评价概述

9.2.1 财务评价概念

工程项目的财务评价又称为企业经济评价，是从企业角度出发，根据国家现行财税制度、市场价格体系和项目评价的有关规定，从项目的财务角度分析计算项目直接发生的财务效益和费用，编制财务评价报表，计算财务评价指标，对有关项目的基本生存能力、盈利能力、偿债能力和抗风险能力等财务状况进行分析评价，据以判断项目的财务可行性，明确项目对投资主体的价值贡献，为项目投资决策提供科学依据。

9.2.2 财务评价的任务

财务评价的基本任务是分析评价项目的基本生存能力、盈利能力、偿债能力和抗风险能力，主要包括下列内容。

1. 项目的基本生存能力分析

根据财务计划现金流量表，考察项目计算期内各年的投资活动、融资活动和经营活动所产生的各项现金流入和流出，计算净现金流量和累计盈余资金，分析项目是否有足够的净现金流量(净收益)维持正常运营。各年累计盈余资金不应出现负值，出现负值时应进行短期融资。项目生产(运营)期间的短期融资应体现在财务计划现金流量表中。

2. 项目的盈利能力分析

就是分析项目投资的盈利水平。应从以下两方面对其进行评价。

(1) 评价项目达到设计生产能力的正常生产年份可能获得的盈利水平，即按静态方法计算项目正常生产年份的企业利润及其占总投资的比率大小，如采用总投资收益率分析评价项目年度投资盈利能力。

(2) 评价项目整个寿命期内的总盈利水平。运用动态方法考虑资金时间价值，计算项目整个寿命期内企业的财务收益和总收益率，如采用财务净现值和财务内部收益率等指标分析评价项目寿命期内所能达到的实际财务总收益。

3. 项目的偿债能力分析

就是分析项目按期偿还到期债务的能力。通常表现为借款偿还期，对于已约定借款偿还期限的投资项目，还应采用利息备付率和偿债备付率指标分析项目的偿债能力。这些都是银行进行项目贷款决策的重要依据，也是分析评价项目偿债能力的重要指标。

4. 项目的抗风险能力分析

通过不确定性分析(如盈亏平衡分析、敏感性分析)和风险分析(如概率分析)，预测分析客观因素变动对项目盈利能力的影响，检验不确定性因素的变动对项目收益、收益率和投资借款偿还期等评价指标的影响程度，分析评价投资项目承受各种投资风险的能力，提高项目投资的可靠性和盈利水平。

9.2.3 财务评价的内容和步骤

1. 财务评价的内容

项目财务评价是在项目建设方案、产品方案和建设条件、投资估算和融资方案等进行详尽的分析论证、优选和评价的基础上，进行项目财务效益可行性研究分析评价

工作。

根据与资金筹措的关系，财务评价可分为融资前分析评价和融资后分析评价。

融资前分析评价应以销售（营业）收入、建设投资、经营成本和流动资金（净营运资金）的估算为基础，考察项目整个计算期内的现金流入和现金流出，编制项目投资财务现金流量表，根据资金时间价值原理，计算项目投资财务内部收益率和财务净现值等指标，从项目投资获利能力角度，考察评价项目方案设计的合理性。融资前分析计算的相关指标可选择计算所得税前指标和（或）所得税后指标，应作为初步投资决策与融资方案研究的依据。

融资后分析评价应以融资前分析和初步的融资方案为基础，考察评估项目的基本生存能力、盈利能力（可采用静态分析和融资后动态分析）及偿债能力，判断项目方案在融资条件下的合理性。融资后盈利能力分析应计算静态和动态分析指标，要进行权益投资和投资各方财务效益分析。

2. 财务评价的步骤

1) 确定项目评价基础数据，选择财务评价参数

通过项目的市场预测和技术方案分析，确定项目产品方案、合理生产规模；根据优化的生产工艺方案、设备选型、工程设计方案、建设地点和投资方案，拟订项目实施进度计划，组织机构与人力资源配置，选用财务评价的参数。这些参数包括主要投入物和产出物的价格、税率、利率、汇率、计算期、固定资产折旧率、无形资产和其他资产摊销年限、生产负荷和基准、收益率等。据此进行项目财务预测，获得项目总投资额、生产成本费用、销售（营业）收入、税金及利润等一系列直接财务费用和效益数据，并对这些财务基础数据和参数进行分析。

2) 编制财务评价报表

将上述财务基础数据和参数进行汇总先编制财务评价基础报表，再编制财务评价基本报表。财务评价基本报表主要有项目投资财务现金流量表、资本金财务现金流量表、投资各方财务现金流量表、财务计划现金流量表、利润与利润分配表、资金来源与运用表、借款还本付息计划表和资产负债表等。

3) 计算并分析财务评价指标

通过编制上述财务评价基本报表，可以直接计算出一系列财务评价指标，包括反映项目盈利能力、偿债能力等的静态和动态评价指标，并将这些指标值分别与国家有关部门颁布或投资者自己确定的基准值进行对比，对项目的各种财务状况作出分析，并从财务角度提出项目在财务上是否可行的结论。

4) 进行不确定性分析和风险分析

采用敏感性分析、盈亏平衡分析和概率分析等方法，对上述财务评价指标进行不确定性分析和风险分析。计算出各类抗风险能力指标，分析可能面临的风险及在不确定情况下承受风险的能力，得出项目在不确定情况下的财务评价结论与建议。

5) 编写财务评价报告，作出最终结论

根据财务评价、不确定性与风险分析评价的结果，对工程项目的财务可行性作出最终判断和结论，并编写项目财务评价报告。

9.3 财务评价报表与财务评价指标

财务评价主要是通过财务评价指标的计算来分析项目的基本生存能力、盈利能力、偿债能力和抗风险能力等财务状况,而评价指标的计算一般是通过编制财务评价报表实现的。

财务评价报表是对企业财务状况、经营成果和现金流量的结构性描述,是反映企业特定日期财务状况和某一会计期间经营成果和现金流量的书面文件。

9.3.1 财务评价报表的种类

工程项目财务评价中把财务报表分为基本报表和辅助报表两类。

1. 财务评价基本报表

财务评价基本报表主要包括:
——项目投资现金流量表;
——项目资本金现金流量表;
——投资各方现金流量表;
——利润及利润分配表;
——财务计划现金流量表;
——资产负债表;
——借款还本付息计划表。

2. 财务评价辅助报表

财务评价辅助报表主要包括:
——投资使用计划与资金筹措表;
——固定资产投资估算表;
——流动资金估算表;
——总成本费用估算表;
——外购材料、燃料动力估算表;
——固定资产折旧费估算表;
——无形资产与递延资产摊销费估算表;
——销售收入及销售税金估算表。

9.3.2 财务评价基本报表的内容

1. 现金流量表的编制

1) 现金流量表的概念

工程项目的现金流量系统将项目计算期内各年的现金流入与现金流出按照各自发生的

时点序列排列,表达为具有确定时间概念的现金流量系统。现金流量表是反映项目现金流入和流出的报表,是对工程项目现金流量系统的表格式反映,用以计算各项评价指标,进行项目财务盈利能力分析。

现金流量表的编制基础是会计上的收付实现制原则,是以现金是否收到或付出,作为该时期收入和费用是否发生的依据。只有收到现金的收入才能记作收入,同样,只有付出现金的费用才记作费用。因此,现金流量表中的成本是经营成本。按投资计算基础的不同,现金流量表分为项目投资现金流量表、项目资本金现金流量表和投资各方现金流量表。

2) 项目投资现金流量表

项目投资现金流量表是以项目为一个独立系统,从融资前的角度进行设置。它将项目建设所需的总投资作为计算基础,反映项目在整个计算期(包括建设期和生产经营期)内现金的流入和流出,其现金流量构成见表9-2。通过项目投资现金流量表可计算项目财务内部收益率、财务净现值和投资回收期等评价指标,并可考察项目的盈利能力,为各个方案进行比较建立共同的基础。

根据需要,可从所得税前(即息税前)和(或)所得税后(即息税后)两个角度进行考察,选择计算所得税前和(或)所得税后指标。但要注意,这里所指的"所得税"是根据息税前利润(计算时其原则上不受融资方案变动的影响,即不受利息多少的影响)乘以所得税率计算的,称为"调整所得税"。这区别于"利润与利润分配表"、"资本金现金流量表"和"财务计划现金流量表"中的所得税。

表9-2 项目投资现金流量表

序号	项 目	计 算 期						
		1	2	3	4	5	6	... n
1	现金流入(CI)							
1.1	销售(营业)收入							
1.2	补贴收入							
1.3	回收固定资产余值							
1.4	回收流动资产							
2	现金流出(CO)							
2.1	建设投资							
2.2	流动资金							
2.3	经营成本							
2.4	销售税金及附加							
2.5	维持运营投资							
3	所得税前净现金流量(1-2)							
4	累计税前净现金流量							
5	调整所得税							
6	所得税后净现金流量(3-5)							
7	累计税后净现金流量							

计算指标: 　　　　　　　　　　　所得税前　　　　　所得税后
　　财务净现值($i_c=$　%):
　　财务内部收益率:
　　投资回收期:

3) 项目资本金现金流量表

项目资本金现金流量表是从项目法人(或投资者整体)角度出发,以项目资本金作为计算的基础,把借款本金偿还和利息支付作为现金流出,用以计算资本金内部收益率,反映投资者权益投资的获利能力。资本金财务现金流量构成见表9-3。

表9-3 项目资本金现金流量表

序号	项 目	计 算 期							
		1	2	3	4	5	6	…	n
1	现金流入(CI)								
1.1	销售(营业)收入								
1.2	补贴收入								
1.3	回收固定资产余值								
1.4	回收流动资产								
2	现金流出(CO)								
2.1	项目资本金								
2.2	借款本金偿还								
2.3	借款利息支付								
2.4	经营成本								
2.5	销售税金及附加								
2.6	所得税								
2.7	维持运营投资								
3	净现金流量(1−2)								

计算指标:
　资本金内部收益率:

4) 投资各方现金流量表

投资各方现金流量表是分别从各个投资者的角度出发,以投资者的出资额作为基础,用以计算投资各方收益率。投资各方现金流量表构成见表9-4。

表9-4 投资各方现金流量表

序号	项 目	计 算 期							
		1	2	3	4	5	6	…	n
1	现金流入(CI)								
1.1	实分利润								
1.2	资产处置收益分配								
1.3	租赁费收入								
1.4	技术转让或使用收入								
1.5	其他现金流入								
2	现金流出(CO)								
2.1	实交资本								
2.2	租赁资产支出								
2.3	其他现金流出								
3	净现金流量(1−2)								

计算指标:
　投资各方内部收益率:

2. 利润及利润分配表

利润及利润分配表是反映企业在一定会计期间的经营成果的报表。此表编制的基础是会计上的权责发生制原则。根据该原则，收入或费用的确认，应当以收入或费用的实际发生作为确认计量的标准。凡是当期已经实现的收入和已经发生或应当负担的费用，不论款项是否收付，都应当作为当期的收入和费用处理；凡是不属于当期的收入和费用，即使款项已经在当期收付，都不应当作为当期的收入和费用处理。因此，利润及利润分配表使用的是总成本费用。利润及利润分配表的格式见表9-5。

表9-5 利润及利润分配表

序号	项目	合计	计 算 期					
			1	2	3	4	…	n
1	销售收入							
2	销售税金及附加							
3	总成本费用							
4	利润总额							
5	所得税(25%)							
6	税后利润							
7	期初未分配利润							
8	可供分配利润							
9	盈余公积金(10%)							
10	可供投资者分配利润							
11	分配投资者股利							
12	未分配利润							
13	息税前利润							
14	利息备付率							
15	偿债备付率							

3. 财务计划现金流量表

财务计划现金流量表反映项目计算期各年的投资、融资及经营活动的现金流入和流出，用于计算累计盈余资金，分析项目的财务生存能力。财务计划现金流量表构成见表9-6。

表9-6 财务计划现金流量表

序号	项目	合计	计 算 期					
			1	2	3	4	…	n
1	经营活动净现金流量( )							
1.1	现金流入							
1.1.1	营业收入							
1.1.2	增值税销项税							

（续）

序号	项目	合计	计算期					
			1	2	3	4	…	n
1.1.3	补贴收入							
1.1.4	其他流入							
1.2	现金流出							
1.2.1	经营成本							
1.2.2	增值税进项税							
1.2.3	营业税金及附加							
1.2.4	增值税							
1.2.5	所得税							
1.2.6	其他流出							
2	投资活动净现金流量							
2.1	现金流入							
2.2	现金流出							
2.2.1	建设投资							
2.2.2	维持运营投资							
2.2.3	流动资金							
2.2.4	其他流出							
3	筹资活动净现金流量							
3.1	现金流入							
3.1.1	资本金投入							
3.1.2	建设资金借款							
3.1.3	流动资金借款							
3.1.4	债券							
3.1.5	短期借款							
3.1.6	其他流入							
3.2	现金流出							
3.2.1	各种利息支出							
3.2.2	偿还债务本金							
3.2.3	应付利润							
3.2.4	其他流出							
4	净现金流量(1+2+3)							
5	累计盈余资金							

4. 资产负债表

资产负债表综合反映项目计算期内各年末资产、负债和所有者权益的增减变化及对应关系，用以考察项目资产、负债、所有者权益的结构是否合理，进行清偿能力分析。资产负债表的编制依据是资产＝负债＋所有者权益，报表格式见表9-7。

表9-7 资产负债表

序号	项目	计算期			
		1	2	...	n
1	资产				
1.1	流动资产总额				
1.1.1	货币资金				
1.1.2	应收账款				
1.1.3	预付账款				
1.1.4	存货				
1.2	在建工程				
1.3	固定资产净值				
1.4	无形及其他资产净值				
2	负债及投资人权益				
2.1	流动负债总额				
2.1.1	应付账款				
2.1.2	流动资金借款				
2.2	长期借款				
2.3	负债小计				
2.4	投资人权益				
2.4.1	资本金				
2.4.2	资本公积金				
2.4.3	累计盈余公积金				
2.4.4	累计未分配利润				
	资产负债率				
	流动比率				
	速动比率				

5. 借款还本付息计划表

借款还本付息计划表反映项目计算期内各年借款本金偿还和利息支出情况。借款还本付息计划表的基本结构见表 9-8。

表 9-8 借款还本付息计划表

序号	项 目	合计	计算期					
			1	2	3	4	5	6
1	借款 1							
1.1	期初借款余额							
1.2	当期还本付息							
	其中：还本							
	付息							
1.3	期末借款余额							
2	借款 2							
2.1	期初借款余额							
2.2	当期还本付息							
	其中：还本							
	付息							
2.3	期末借款余额							
3	债券							
3.1	期初债务余额							
3.2	当期还本付息							
	其中：还本							
	付息							
3.3	期末债务余额							
4	借款和债券合计							
4.1	期初余额							
4.2	当期还本付息							
	其中：还本							
	付息							
4.3	期末余额							
计算指标	偿债备付率							
	利息备付率							

9.3.3 财务评价基本报表与评价指标的关系

财务评价指标与财务基本报表的关系见表 9-9。

表 9-9 财务评价指标与财务基本报表的关系表

评价内容	基本报表	评价指标	
		静态指标	动态指标
盈利能力分析	项目投资现金流量表	全部投资回收期	财务内部收益率财务净现值
	项目资本金现金流量表	—	资本金财务内部收益率
	投资各方现金流量表	—	投资各方财务内部收益率
	利润及利润分配表	总投资收益率	
清偿能力分析	资金来源与运用表 借款还本付息表	借款偿还期 偿债备付率 利息备付率	—
	资产负债表	资产负债率 流动比率 速动比率	—
	借款还本付息计划表	利息备付率 偿债备付率	
生存能力分析	财务计划现金流量表	净现金流量 累计盈余资金	

9.4 新设法人财务评价实例

9.4.1 概述

1. 项目概况

本项目是某集团公司国内陆上一个新开发油田建设项目,位于某盆地的中部。本地区地势平坦,植被覆盖,地面条件较好。经过 5 年的勘探在本地区已发现石油地质探明储量 3 850 万吨,本开发方案计划动用含有面积 76 平方千米,动用探明石油地质储量 2 580 万吨,动用可采储量 520 万吨,建成产能 48 万吨。

本项目的经济评价范围为油田开发方案包括的开发井及相应的地面工程,针对本油田的建设和生产进行评价。

2. 编制依据

(1)《建设项目经济评价方法与参数》(第三版)。

(2)某集团公司颁布的《石油工业建设项目经济评估参数》(2005~2006)。

3. 建设规模和主要开发指标预测

根据开发方案,本油田的设计产能是 48 万吨,共部署开发井 558 口,其中,油井 427 口,水井 131 口。开发方案的主要开发指标预测详见表 9-10。

表 9 - 10 主要开发指标预测值

时间	总井数/口	油井数/口	水井数/口	年产油/万吨	年产液/万吨	年注水/万立方米
1	310	237	73	13.3	19.0	43.6
2	558	427	131	37.3	57.4	81.4
3	558	427	131	42.7	68.9	93.5
4	558	427	131	34.2	59.9	84.5
5	558	427	131	29.0	59.3	83.9
6	558	427	131	25.3	60.1	85.3
7	558	427	131	22.5	62.5	88.9
8	558	427	131	20.0	64.5	91.5
9	558	427	131	17.8	66.0	93.6
10	558	427	131	15.8	68.9	98.9
11	558	427	131	14.1	70.5	99.3
12	558	427	131	12.6	73.8	102.6

4. 计算期

根据油田的开发的特点和行业规定，本项目的计算期确定为12年（包括2年的建设期），本项目是边建设边生产。

5. 目标市场及价格说明

本油田生产的原油由某油田公司统一销售，生产期销售价以及国际原油价格25美元/桶为基础计算。

6. 外汇与人民币兑换率

本项目的原油价格采用美元计价，美元与人民币的汇率按 1∶8.11 计算。

9.4.2 费用与效益估算

1. 投资估算

油田开发是在勘探的基础上进行的，只有通过勘探发现了可采储量才能进行开发，在勘探阶段发生的投资属于已发生投资。对勘探投资的会计处理有"成果法"和"完全成本法"两种方法，在"成果法"下，将成功探井、评价井的投资予以资本化，在开发阶段计提折旧、折耗，其他勘探投资费用化，进入当期费用，目前主要国际石油公司都采用"成果法"核算勘探投资；而在"完全成本法"下，将所有勘探投资予以资本化，在开发阶段计提折旧、折耗。

如果油田的勘探不是由本公司完成，储量是通过购买其他公司完成，在油田开发的经济评价中将购买价格作为油田开发总投资的一部分；如果勘探是由本公司完成，根据本公司采用成本核算的不同，在开发阶段对勘探投资的处理也不同，如果采用的是"成果法"，则在油田开发的经济评价中仅将成功探井、评价井的投资计入项目投资;如果采用的是"完全成本法"则将完全勘探投资计入项目投资。

目前我国勘探开发都是由一个公司自己完成(不包括对外合作),储量并未资本化。本项目的项目开发都是由某集团公司完成,该公司采用"成果法"核算勘探投资,所以本项目经济评价的投资估算采用"成果法",将成功探井、评价井的投资计入项目建设投资。

1) 建设投资估算

(1) 估算范围。本项目的投资估算包括558口开发井(其中利用成功探井2号、评价井23号,新钻开发井553口)、处理能力为50万吨/年的集中处理站、原油集输系统、注水系统、供电系统、通讯系统、道路工程等。

(2) 估算依据及说明:

① 油藏、钻井、采油、地面等工程专业提供的工程量;

② 与本项目地质、油藏情况相近油田近三年的钻井成本资料;

③ 某工程造价中心发布的油田地面工程投资估算指标及有关的工程造价文件;

④ 某工程造价中心发布的工程建设其他费用计算方法和标准;

⑤ 按某公司颁布的《建设项目经济评价参数》,基本预备费率取10%;

⑥ 按某公司颁布的《建设项目经济评价参数》,涨价预备费率取10%。

(3) 估算值。

① 固定资产费用。

固定资产费用包括工程费用和固定资产其他费用。

工程费用包括以下几方面。

(a) 利用成功探井、评价井费用:项目的勘探和开发是由同一个公司完成,公司按成果法核算成本,本项目开发方案利用成功探井2号、评价井23口,投资为9 500元。因为是发生费用,所以这部分费用不再记取固定资产其他费用、预备费用等。

(b) 新钻开发井费用:新钻开发井553口,平均井深2 020m,根据与本项目相邻的某油田近3年实际发生的钻井成本并结合本项目的实际情况,确定本项目单位钻井综合成本为980元/米,新钻井开发费用为105 513万元。这部分费用是采用综合指标估算,不再计取固定资产其他费用、预备费等。

(c) 地面工程投资:根据地面设计方案,估算地面工程投资35 000万元。

固定资产其他费用包括建设单位管理费、可行性研究费用、安全环保评价费、勘察设计费、联合试运转费等,经估算为3 200万元。这里的固定资产其他费用是与工程费用中的地面工程相对应的费用,已包含所有费用,不再单独估算固定资产其他费用。

② 无形资产费用。

主要为土地征用及迁移补偿费用,估算值为1 600万元。

③ 其他资产费用。

主要包括生产准备费、开办费、办公及生活家具购置等,估算值为700万元。

④ 预备费。

预备费包括基本预备费和价差预备费。

基本预备费=(地面工程费用+固定资产其他费用+无形资产费用+其他资产费用)×

基本预备费基本预备费率为10%，估算值为4 050万元。本项目不考虑价差预备费。

⑤ 建设投资。

建设投资包括固定资产费用、无形资产费用、其他资产费用、预备费，总计159 563万元，详见附表9-6。

2）建设期利息估算

本项目建设投资的55%为自有资金，45%为银行借款，借款有效年利率为6.26%。由于本项目是边建设边生产，建设期发生的利息直接计入当期财务费用，所以在建设投资中建设期利息为零。

3）流动资金估算

油田开发生产每年的产量都不一样，每年流动资金的需求量也不一样，为简化计算，按该公司规定，本项目的流动资金采用扩大指标估算法，按经营成本的20%估算流动资金。并需要流动资金1 618万元，第一年投入992万元，第二年投入626万元。

油田开发项目在生产期每年经营成本都是变化的，经营成本的变化导致每年所需流动资金也是变化的，但考虑到经营成本每年的变化不大，为简化计算可考虑将原油产量达到最高年份所需的流动资金作为项目的流动资金或按生产期平均经营成本作为项目流动资金的计算基础。本项目将第二年所需流动资金作为项目的流动资金。

4）总投资

本项目总投资包括建设投资、建设期利息和流动资金三部分，共计161 181万元。

2. 固定资产、无形资产和其他资产的原值形成

本项目边建设边生产，工程单体建设完成后即投入使用，形成相应的资产原值。为简化计算，各年实际发生的投资，在第二年年初分别形成固定资产、无形资产和其他资产原值，为简化计算，预备费全部形成固定资产；利用成功探井、评价井的投资在建设期第一年年初形成固定资产原值。各年新增资产原值见表9-11。

表9-11 新增资产原值表 单位：万元

序号	项目	合计	1	2	3
1	固定资产原值	157 263	9 500	76 837	70 926
2	无形资产原值	1 600	—	832	768
3	其他资产原值	700	—	364	336

3. 经营成本和总成本费用计算

本项目的成本估算采用制造成本法。

1）生产成本估算

（1）操作成本估算。根据类似油田近三年实际发生的操作成本，并结合本项目的实际情况估算其操作成本。

① 材料费：采油过程中直接消耗于油气井、计量站、集输站、集输管线以及其他生产设施的各种材料。该项费用主要与生产井数有关，按单井所需材料费进行估算，单井材料费为1.5万元/(井·年)。

②燃料费：采油过程中直接消耗的各种燃料。主要与产液量相关，按产液量所需燃料费进行估算，吨液燃料费为 0.2 元/吨液。

③动力费：采油过程中直接消耗的电力等。主要与产液量有关，按产业量估算动力费吨液动力费为 16 元/吨液。

④生产工人工资：直接从事于生产的采油队、集输站等生产人员的工资、奖金、津贴和补贴。按定员和工资标准进行估算。本项目新增生产工人 200 人，年工资 3 万元/人，生产工人工资为每年 600 万元。

⑤职工福利费：按工资总额的 14% 提取，每年 84 万元。

⑥驱油物注入费：为提取采收率，多采油气，对地层进行注水所发生的费用。主要与注水量相关，按注水量进行估算，单位注水费为 6.3 元/吨水。

⑦井下作业费：井下作业费包含维护性井下作业和增产井下作业费两部分，维护性井下作业费是维护油水井正常生产必须发生的费用，包括检泵、修井等；增产井下作业费是为增产原油产量而进行的井下作业，包括压裂、酸化等。如果开发方案的原油产量包括措施产量，则井下作业费包括维护性井下作业费和增产井下作业费两部分，否则在成本中只估算维护性井下作业费。

一般情况下，井下作业费可按采油工程方案所提供的作业井次进行估算，如果采油工程方案不能提供详细的井下作业工程量，也可按单井井下作业费进行估算。

本项目开发方案的原油产量包括措施产量，所以井下作业费包含维护性井下作业费和增产井下作业费两部分，按单井井下作业费进行估算，单井井下作业费为 3.3 万元/(井·年)。

⑧测井试井费：原油生产过程中为掌握油田地下油水分布动态所发生的测井试井费用，主要与生产井数有关，按生产井数进行估算，单井测试井试井费为 0.5 万元/(井·年)。

⑨维护修理费：为了维持油气生产的正常运行，保证油田地面设施原有的生产能力，对油田地面设施进行维护、修理所发生的费用，为保证安全生产修建小型防洪堤、防火墙、防风沙林等不属于资本化支出的费用，以及辅助设施发生的修理费用。主要与地面工程的建设规模有关，按单井所需维护费用估算，单井维护修理费为 0.8 万元/(井·年)。

⑩油气处理费：指原油脱水、脱气、脱硫、含油污水脱油，回收过程中所发生的费用。主要与产液量有关，按产液量估算油气处理费，吨液处理费为 6 元/吨液。

⑪运输费：为油气产生提供运输服务以及按规定缴纳的车辆养路费等，包括单井拉油运费。按产油量进行估算，吨油运输费用为 3 元/吨油。

⑫其他直接费：除上述费用以外直接用于油气生产的其他费用，主要与生产井数有关，按生产井数进行估算，单井其他直接费用为 0.6 万元/(井·年)。

⑬厂矿管理费：油气生产单位包括采油(气)厂、矿两级生产管理部门为组织和管理生产所发生的各项费用。按每个生产工人每年 9 000 元的话管理费定额计算厂矿管理费，每年的厂矿管理费为 180 万元。

(2) 折旧、折耗：固定资产折旧、折耗采用直线法，按有关规定油气资产的综合折旧年限为 10 年，固定资产残值率 0%。这里的固定资产折旧、折耗包含所有新增资产的折旧、折耗，管理费和营业费中不包含折旧、折耗费。

2）管理费用

管理费用是指上级行政管理部门为管理和组织生产经营所发生的各项费用。为简化计算，除摊销费和矿产资源补偿费以外的其他费用均称为其他管理费用。

（1）摊销费：包括无形资产和其他资产的摊销费，无形资产的摊销费期为10年，其他资产摊销期时5年。

（2）矿产资源补偿费：按营业收入的1％算。

（3）其他管理费：按每人每年3万元算，其他管理费为每年600万元。

3）财务费用

主要为生产经营期间发生的建设投资借款和流动资金借款利息净支出，根据融资方案确定。

4）营业费用

营业费用是指在原油销售过程中所发生的费用，根据本项目所属油田公司近3年实际发生的营业费用，本项目的吨油营业费用为10元/吨。

5）生产成本和费用估算结果

经估算，本项目生产期内年均总成本和费用22 122万元，年均单位生产成本和费用972万元/吨，年均单位经营成本335元/号，年均单位操作成本283元/吨。尽管总成本和费用在生产期内略有下降，但由于原油产量递减，单位成本在生产期内是逐年增加的。

成本和费用的估算详见总成本费用估算表见附表9-7。

4．收入和税金估算

1）收入估算

根据有关部门的规定，生存期原油价格以国际油价25美元/桶为基础进行计算，折算到本油田的出场价为1 550元/吨(不含增值税)，原有商品率为96％。经计算，评价期内的年均营业收入为35 290万元。

2）税金估算

本项目所需交纳的税金包括营业税金及附加(城市维护建设税、教育费附加、资源税)及增值税。

（1）增值税的计算。原油生产的增值税率为17％，应纳增值税税额计算公式为

$$应纳增值税税额＝当前销项税额－当前进项税额$$

① 销项税。

$$销项税额＝营业收入(不含税)\times 税率$$

② 进项税。

(a) 材料费、燃料费、动力费按100％的比例计算增值税进项税额：

$$进项税额＝外购材料费、燃料费、动力费\times 增值税税率$$

(b) 维修及修理费按50％的比例计算增值税进项税额：

$$进项税额＝外购材料费\times 50\%\times 增值税税率$$

(c) 井下作业费、驱油物注入费、测井试井费、油气处理费按30%的比例计算增值税进项税额：

进项税额＝(井下作业费、驱油物注入费、测井试井费、油气处理费)×30%×增值税税率

生产期年均增值税额为5 507万元。

(2) 营业税金及附加。城市维护建设费按增值税的7%计算，教育费附加按增值税的3%计算，原油资源税的课税对象为原油商品量，税率为22元/吨。生产期的年均营业税金及附加为1 052万元。

营业收入、营业税金和增值税估算详见附表9-8。

9.4.3 资金筹措

本项目新增建设投资150 063万元(不含成功探井、评价井投资9 500万元)的55%为资本金，剩余45%为银行借款。所需流动资金的30%为辅助流动资金，70%为银行借款。

建设投资的借款利率6.26%，借款偿还期为6年，根据油田开发项目在开采初期经营现金流量较大而后期逐渐减少的特点，在油田开采初期尽量多还款，从借款的第2年开始还款，每年的还款比例分别为25%、25%、20%、15%、10%、5%。

流动资金借款利率为5.7%。

资金筹措详见项目总投资使用计划与资金筹措表见附表9-7。

9.4.4 财务分析

1. 盈利能力分析

1) 项目财务现金流量表分析

根据项目财务现金流量表(附表9-1)，所得税后项目财务内部收益率是15.2%，大于12%(12%是按照"加权平均资本成本"法测算的行业基准收益率)的行业是最低要求；财务净现值12 737万元，大于零；投资回收期5.63年，小于行业急转回收期8年。因此本项目的财务盈利能力可满足要求。

2) 资本金财务现金流量表分析

根据资本金财务现金流量表(附表9-2)，项目的资本金财务内部收益率是20.4%，满足投资者的要求。

3) 利润与利润分配表分析

油田开发项目的特点是原油产量逐年递减，营业收入不断下降，而生产成本基本保持稳定，还可能略有上升，所以在生产期利润逐年减少，本项目第10年和第11年发生经营亏损。

根据利润与利润分配表(附表9-3)计算的平均净利润为8 114万元。

$$总投资收益率(ROI)=EBIT/TI\times100\%=8.3\%$$

式中，$EBIT$——生产期内年平均息税前利息；
　　　TI——项目总投资。

$$资本金净利润率(ROE)=NP/EC=8.8\%$$

式中，NP——生产期内年平均净利润；
　　　EC——项目资本金。

项目总投资收益率高于7%的行业标准，资本金净利润率可满足投资者的要求。

2. 生存能力分析

财务计划现金流量表见附表9-4，尽管本项目每年的经营活动净现金流量逐年减少，但都在1亿元以上，并且累积盈余资金量最低为1788万元，逐年增加，到生产期末达到10.34亿元，所以本项目具有较强的财务生存能力。

3. 偿还能力分析

项目的还本付息见借款还本付息计划表(附表9-5)。由于项目的还款方案是针对油田开发的特点设计，在生产初期偿还了较多债务，所以利息备付率指标基本上都是上升的，每年的利息备付率基本在10以上，偿债备付率在2以上。因此，本项目具有良好的财务状况和足够的偿还能力。

9.4.5 不确定性分析和风险分析

由于油田开发项目每年的盈亏平衡点都不一样，正常生产年份的盈亏平衡点不具有代表性，还可能引起误解，所以本项目不再进行盈亏平衡分析。

1. 敏感性分析和临界点分析

影响项目效益的主要因素为投资、原油价格、原油产量、经营成本、汇率等。对各敏感因素的分析结果详见表9-12和图9.2。

表9-12 敏感性分析表

序号	不确定因素	变化率/%	内部收益率/%	敏感度系数	临界点/%	临界值
	基本方案		15.2			
1	原油产量	-20	7.4	2.61	91	
		-10	11.5	2.55		
		10	19.3	2.51		
		20	23.2	2.52		
2	原油价格	-20	7.2	2.67	92	1 426 (元/吨)
		-10	11.4	2.61		
		10	19.4	2.57		
		20	23.4	2.59		

(续)

序号	不确定因素	变化率/%	内部收益率/%	敏感度系数	临界点/%	临界值
3	经营成本	−20	16.7	−0.43	148	
		−10	16.1	−0.44		
		10	14.7	−0.44		
		20	14.0	−0.45		
4	建设投资	−20	24.9	−3.1	110	177 299（万元）
		−10	19.6	−2.72		
		10	12.0	−2.2		
		20	9.2	−2.02		
5	汇率	−20	7.2	2.67	92	7.46
		−10	11.4	2.61		
		10	19.4	2.57		
		20	23.4	2.59		

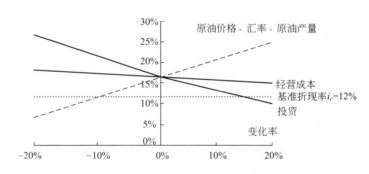

图 9.2　项目财务内部收益率敏感性分析

从表 9-12 可知，对项目效益影响最大的因素，从大到小分别为原油价格、汇率、原油产量、投资、经营成本。当原油价格下降 8%，为 1 426 元/吨时，到达效益临界点；当美元与人民币的汇率下降 8%，为 1∶7.46 时，达到效益临界点；当原油产量下降 9% 时，达到效益临界点；当经营成本增加 48% 时，达到效益临界点；当投资建设增加 10%，为 177 299 万元时，达到效益临界点。

2. 风险分析

1）产量风险

石油开采属于资源开采业，深埋地下，由于对油藏认识所限，储量、产量的风险比较大，尤其是勘探项目，开发项目的产量也存在风险，投产后原油产量低于预期的可能性比较大。

2）原油价格风险

近年来国际市场原油价格波动比较大，对石油开发决策带来一定影响，根据目前有关

第9章 工程项目财务评价

附表 9-1 财务分析报表 1——项目财务现金流量表

货币单位：万元

序号	项目名称	合计	计算期 1	2	3	4	5	6	7	8	9	10	11	12
1	现金流入	425 104	19 790	55 502	63 538	50 890	43 152	37 646	33 480	29 760	26 486	23 510	20 981	20 368
1.1	营业收入	423 485	19 790	55 502	63 538	50 890	43 152	37 646	33 480	29 760	26 486	23 510	20 981	18 749
1.2	补贴收入													
1.3	回收固定资产余值													1 619
1.4	回收流动资金	1 619												
2	现金流出	265 212	93 722	82 354	10 424	9 542	9 141	8 894	8 762	8 637	8 521	8 470	8 382	8 364
2.1	建设投资	159 563	87 533	72 030										
2.2	流动资金	1 619	992	627										
2.3	经营成本	91 410	4 603	8 015	8 495	8 005	7 845	7 769	7 768	7 761	7 747	7 789	7 781	7 834
2.4	营业税金及附加	12 619	594	1 682	1 929	1 538	1 296	1 124	994	877	774	680	601	530
2.5	维持运营投资													
3	所得税前净现金流量（1-2）	159 892	-73 931	-26 852	53 114	41 348	34 011	28 753	24 718	21 123	17 966	15 041	12 599	12 004
4	累计所得税前净现金流量		-73 931	-100 783	-47 669	-6 322	27 689	56 442	81 160	102 282	120 248	135 289	147 888	159 892
5	融资前所得税	52 764	4 502	12 215	12 239	8 356	5 935	4 200	2 892	1 728	686			11
6	所得税后净现金流量（3-5）	107 128	-78 434	-39 067	40 875	32 992	28 076	24 553	21 826	19 395	17 279	15 041	12 599	11 993
7	累计所得税后净现金流量		-78 434	-117 501	-76 626	-43 634	-15 558	8 995	30 820	50 215	67 495	82 535	95 134	107 128

计算指标：
项目财务内部收益率（所得税前） 25.5%
项目财务内部收益率（所得税后） 15.2%
项目财务净现值（所得税前）（$i_c=12\%$） 48 269
项目财务净现值（所得税后）（$i_c=12\%$） 12 737
项目投资回收期（年） 5.63

附表 9-2 财务分析报表 2——项目资本金现金流量表

货币单位：万元

序号	项目名称	合计	计算期 1	2	3	4	5	6	7	8	9	10	11	12
1	现金流入	425 104	19 790	55 502	63 538	50 890	43 152	37 646	33 480	29 760	26 486	23 510	20 981	20 368
1.1	营业收入	423 485	19 790	55 502	63 538	50 890	43 152	37 646	33 480	29 760	26 486	23 510	20 981	18 749
1.2	补贴收入													
1.3	回收固定资产余值	1 619												1 619
1.4	回收流动资金													
2	现金流出	327 737	63 178	72 691	42 052	34 824	27 991	22 139	16 972	12 097	9 250	8 534	8 446	9 562
2.1	资本金	92 520	52 716	39 805										
2.2	借款本金偿还	68 662	0	8 779	16 882	15 126	11 750	8 374	4 997	1 621	0	0	0	1 123
2.3	借款利息支付	14 489	1 139	3 277	3 742	2 686	1 739	1 003	479	166	65	65	65	65
2.4	经营成本	91 410	4 603	8 015	8 495	8 005	7 845	7 769	7 768	7 761	7 747	7 789	7 781	7 834
2.5	营业税金及附加	12 619	594	1 682	1 929	1 538	1 296	1 124	994	877	774	680	601	530
2.6	所得税	48 036	4 127	11 134	11 004	7 470	5 361	3 869	2 734	1 673	665	0	0	0
2.7	维持运营投资中的资本金				—									
3	净现金流量(1−2)	97 367	−43 387	−17 189	21 486	16 066	15 161	15 507	16 508	17 663	17 236	14 976	12 535	10 806

计算指标：
资本金财务内部收益率 20.4%

210

附表 9-3 财务分析报表 3——利润与利润分配表

货币单位：万元

序号	项目名称	合计	1	2	3	4	5	6	7	8	9	10	11	12
1	营业收入	423 485	19 790	55 502	63 538	50 890	43 152	37 646	33 480	29 760	26 486	23 510	20 981	18 749
2	营业税金及附加	12 619	594	1 682	1 929	1 538	1 296	1 124	994	877	774	680	601	530
3	总成本费用	265 462	6 692	20 082	28 263	26 716	25 609	24 799	24 201	23 813	23 698	23 740	22 782	15 068
4	补贴收入													
5	利润总额（1−2−3+4）	145 403	12 505	33 738	33 345	22 636	16 246	11 723	8 286	5 070	2 015	−910	−2 402	3 151
6	弥补以前年度亏损额	3 151												3 151
7	应纳税所得额（5−6）	142 252	12 505	33 738	33 345	22 636	16 246	11 723	8 286	5 070	2 015	−910	−2 402	
8	所得税	48 036	4 127	11 134	11 004	7 470	5 361	3 869	2 734	1 673	665			
9	净利润（5−8）	97 367	8 378	22 605	22 341	15 166	10 885	7 855	5 551	3 397	1 350	−910	−2 402	3 151
10	期初未分配利润													
11	可供分配利润（9+10）	97 367	8 378	22 605	22 341	15 166	10 885	7 855	5 551	3 397	1 350	−910	−2 402	3 351
12	提取法定盈余公积金	10 068	838	2 260	2 234	1 517	1 088	785	555	340	135			315
13	可供投资者分配的利润（11−12−13）	87 299	7 540	20 344	20 107	13 649	9 796	7 069	4 996	3 057	1 215	−910	−2 402	2 836
14	投资方利润分配	86 443	7 540	20 344	20 107	13 649	9 796	7 069	4 996	3 057	1 215	−910	−2 402	2 836
15	未分配利润（13−14）													
16	息税前利润（利润总额+利息支出）		13 643	37 016	37 088	25 321	17 985	12 726	8 764	5 236	2 079	−846	−2 337	3 216
17	息税折旧摊销前利润（息税前利润+折旧+摊销）	145 936		45 805	53 114	41 348	34 011	28 753	24 718	21 123	17 966	15 041	12 599	10 385

附表 9-4 财务分析报表 4——财务计划现金流量表

货币单位：万元

序号	项目名称	合计	1	2	3	4	5	6	7	8	9	10	11	12
1	经营活动净现金流量表(1.1-1.2)	263 038	10 467	34 672	42 110	33 878	28 650	24 884	21 984	19 449	17 301	15 041	12 599	12 004
1.1	现金流入	497 096	23 155	64 938	74 399	59 541	50 488	44 046	39 172	34 819	30 989	27 507	24 548	2 355
1.1.1	增值税销项税额	71 992	3 364	9 435	10 801	8 651	7 336	6 400	5 692	5 059	4 503	3 997	3 567	3 187
1.2	营业收入	423 485	19 790	55 502	63 538	50 890	43 152	37 646	33 480	29 760	26 486	23 510	20 981	18 749
1.2.1	补贴收入													
1.2.2	其他流入	1 619												
1.3	现金流出	224 058	12 688	30 266	3 229	25 663	21 838	19 162	17 188	15 370	13 688	12 466	11 948	11 551
1.3.1	经营成本	91 410	4 603	8 015	8 495	8 005	7 845	7 769	7 768	7 761	7 747	7 789	7 781	7 834
1.3.2	增值税进项税额	5 905	232	490	529	499	497	500	508	515	520	531	536	547
1.3.3	营业税金及附加	12 619	594	1 682	1 929	1 538	1 296	1 124	994	877	774	680	601	530
1.3.4	增值税													
1.3.5	所得税	48 036	4 127	11 134	11 004	7 470	5 361	3 869	2 734	1 673	665			
1.3.6	其他流出													
2	投资活动净现金流量(2.1-2.2)	-161 182	-88 525	-72 657										
2.1	现金流入													
2.2	现金流出	161 182	88 525	72 657										
2.2.1	建设投资	159 563	87 533	72 030										
2.2.2	维持生产投资													
2.2.3	流动资金	1 619	992	627										
2.2.4	其他流出													

(续)

序号	项目名称	合计	计算期											
			1	2	3	4	5	6	7	8	9	10	11	12
3	筹资活动现金流量(3.1-3.2)	-8 412	79 846	40 257	-39 876	-31 461	-23 285	-16 446	-10 472	-4 844	-1 279	846	2 337	-4 034
3.1.	现金流入	161 182	88 525	72 657										
3.1.1	资本金	92 520	52 716	39 805										
3.1.2	建设投资借款	67 528	35 115	32 414										
3.1.3	流动资金借款	1 133	694	439										
3.1.4	债券													
3.1.5	短期债券													
3.1.6	其他流入													
3.2	现金流出	169 594	8 679	32 400	39 876	31 461	23 285	16 446	10 472	4 844	1 279	-846	-2 337	4 034
3.2.1	各种利息支出	14 489	1 139	3 277	3 742	2 686	1 739	1 003	479	166	65	65	65	65
3.2.2	偿还债务本金	68 662		8 779	16 882	15 126	11 750	8 374	4 997	1 621				1 133
3.2.3	投资方利润分配	86 443	7 540	20 344	19 251	13 649	9 796	7 069	4 996	3 057	1 215	-910	-2 402	2 836
3.2.4	其他流出													
4	净现金流量(1+2+3)	103 444	1 788	2 271	2 234	2 417	5 365	8 438	11 512	14 605	16 021	15 886	14 936	7 970
5	累计盈余资金		1 788	4 059	6 293	8 710	14 075	22 413	34 025	48 630	64 651	80 538	95 474	103 444

附表 9-5 财务分析报表 5——借款还本付息计划表

货币单位：万元

序号	项目名称	合计	计算期											
			1	2	3	4	5	6	7	8	9	10	11	12
1	借款													
1.1	期初借款余额		0	35 115	58 750	41 868	26 741	14 991	6 618	1 621				
1.2	当期还本付息	81 267	1 099	11 991	20 560	17 747	13 424	9 312	5 411	1 722				
	其中：还本	67 528	0	8 779	16 882	15 126	11 750	8 374	4 997	1 621				
	付息	13 739	1 099	3 213	3 678	2 621	1 674	938	414	101				
1.3	期末借款余额		35 115	58 750	41 868	26 741	14 991	6 618	1 621	0				
2	债券													
2.1	期初借款余额													
2.2	当期还本付息													
	其中：还本													
	付息													
2.3	期末债务余额													
3	借款和债券合计													
3.1	期初余额		0	35 115	58 750	41 868	26 741	14 991	6 618	1 621				
3.2	当期还本付息	81 267	1 099	11 991	20 560	17 747	13 424	9 312	5 411	1 722				
	其中：还本	67 528	0	8 779	16 882	15 126	11 750	8 374	4 997	1 621				
	付息	13 739	1 099	3 213	3 678	2 621	1 674	938	414	101				
3.3	期末余额		35 115	58 750	41 868	26 741	14 991	6 618	1 621	0				
	计算指标													
	利息备付率		12.0	11.3	9.9	9.4	10.3	12.7	18.3	31.5				
	偿债备付率		12.8	3.8	2.6	2.3	2.5	3.1	4.5	11.8				

附表 9-6　财务分析辅助报表 1——建设投资估算报表　　货币单位：万元

序号	工程或费用名称	估算值	其中：外币	比例/%
1	固定资产费用	153 213		96
1.1	工程费用	150 013		94
1.1.1	利用成功探井、评价井费用	9 500		6
1.1.2	新钻井开发费用	105 513		66
1.1.3	地面工程费用	35 000		22
1.2	固定资产其他费用	3 200		2
2	无形资产费用	1 600		1
3	其他资产费用	700		0
4	预备费	4 050		3
4.1	基本预备费	4 050		3
4.2	涨价预备费			
5	建设投资合计	159 563		100

权威部门的分析预测，未来国际原油价格将在不低于 40 美元/桶的高位运行，该项目生产期国际原油价格按 25 美元/桶计算，原油价格风险比较小。

3）投资风险

由于受地质认识的限制，在油田建设过程中，钻井数、井深及地面工程量都可能有所变化，导致投资增加，风险加大。

4）经营成本风险

由于本油田的经营成本是根据类似油田进行预测，所以在油田的生产过程中实际经营成本存在一定的不确定性，但根据上面的敏感性分析，当经营成本增加 48% 时，才达到效益临界点，因此经营成本增加引起的风险比较小。

5）汇率风险

目前中国面临人民币升值压力，已几次"破 8"，由于国内原油价格已于国际接轨，人民币的升值会导致原油出厂价格下降，所以人民币的增值会增加项目风险。

所以本项目的主要风险将来自原油产量、建设投资和汇率，在方案实施过程中应加强对油藏规律的认识和研究，优化开发方案，提高产量降低投资。

9.4.6　评价结论

税后项目财务内部收益率为 15.2%，大于 12% 的行业标准，资本金财务内部收益率为 20.4%，可满足投资者的要求。项目财务净现值 12 737 万元；投资回收期 5.63 年，满足投资回收期小于 8 年的行业标准。本项目具有较强的财务盈利能力、足够的偿债能力和财务生存能力，因此本项目在财务上是可行的。

附表 9-7 财务分析辅助报表 2——项目总投资使用计划于资金筹措表

货币单位：万元

序号	项目	合计	1	2	3	4	5	6	7	8	9	10	11	12
1	总投资	161 181	88 534	72 657										
1.1	建设投资	159 563	87 533	72 030										
1.2	建设期利息													
1.3	流动资金	1 618	992	626										
2	资金筹措	161 181	88 524	72 657										
2.1	资金本	92 520	52 418	39 617										
2.1.1	用于建设投资	92 035	52 418	39 617										
2.1.2	用于流动资金	485	298	188										
2.1.3	用于建设期利息													
2.2	债务资金	68 661	35 809	32 852										
2.2.1	用于建设投资	67 528	35 115	32 414										
2.2.2	用于建设期利息													
2.2.3	用于流动资金	1 133	694	438										

第9章 工程项目财务评价

附表 9-8 财务分析辅助报表 3——营业收入、营业税金和增值税估算表

货币单位：万元

序号	项目名称	合计	计算期											
			1	2	3	4	5	6	7	8	9	10	11	12
1	营业收入	423 485	19 790	55 502	63 538	50 890	43 152	37 646	33 480	29 760	26 486	23 510	20 981	18 749
	单价（元/吨）	273	1 550	1 550	1 550	1 550	1 550	1 550	1 550	1 550	1 550	1 550	1 550	1 550
	数量（万吨）		12.8	35.8	41.0	32.8	27.8	24.3	21.6	19.2	17.1	15.2	13.5	12.1
2	营业税金及附加	12 619	594	1 682	1 929	1 538	1 296	1 124	994	877	774	680	601	530
2.2	城市维护建设税	4 626	219	626	719	571	479	413	363	318	279	243	212	185
2.2	教育费附加	1 983	94	268	308	245	205	177	156	136	119	104	91	79
2.3	资源税	6 011	281	788	902	722	612	534	475	422	376	334	298	266
3	增值税	66 087	3 132	8 945	10 272	8 152	6 839	5 900	5 183	4 544	3 982	3 466	3 031	2 640
	销项税	71 992	3 364	9 435	10 801	8 651	7 336	6 400	5 692	5 059	4 503	3 997	3 567	3 187
	进项税	5 905	232	490	529	499	497	500	508	515	520	531	536	547

附表 9-9 财务分析辅助报表 4——总成本费用估算表

货币单位：万元

序号	项目名称	合计	计算期											
			1	2	3	4	5	6	7	8	9	10	11	12
1	生产成本	234 506	4 627	15 135	22 576	22 294	22 261	22 276	22 344	22 397	22 437	22 529	21 612	14 018
1.1	操作成本	77 243	3 677	6 502	6 849	6 567	6 535	6 550	6 618	6 671	6 711	6 803	6 836	6 825
1.1.1	原材料	9 672	465	837	837	837	837	837	837	837	837	837	837	837
1.1.2	燃料	146	4	11	14	12	12	12	12	13	13	14	14	15
1.1.3	动力	11 693	304	918	1 102	958	949	963	1 000	1 032	1 056	1 102	1 128	1 181
1.1.4	生产工人工资及福利	8 208	684	684	684	684	684	684	684	684	684	684	684	684
1.1.5	驱油物注入费	6 596	275	513	589	532	529	537	560	576	590	623	626	656
1.1.6	井下作业费	21 278	1 023	1 841	1 841	1 841	1 841	1 841	1 841	1 841	1 841	1 841	1 841	1 841
1.1.7	测井试井费	3 224	155	279	279	279	279	279	279	279	279	279	279	279
1.1.8	维护及修理费	5 158	248	446	446	446	446	446	446	446	446	446	446	446
1.1.9	稠油热采费													
1.1.10	轻烃回收费													
1.1.11	油气处理费	4 385	114	344	413	359	356	361	375	387	396	413	423	443
1.1.12	运输费	854	40	112	128	103	87	76	68	60	53	47	42	38
1.1.13	其他直接费	3 869	186	335	335	335	335	335	335	335	335	335	335	335
1.1.14	厂矿管理费	2 160	180	180	180	180	180	180	180	180	180	180	180	180
1.2	折旧折耗	157 263	950	8 634	15 726	15 726	15 726	15 726	15 726	15 726	15 726	15 726	14 776	7 093
2	管理费用	13 735	798	1 311	1 535	1 409	1 332	1 276	1 162	1 058	1 025	995	970	864
2.1	无形资产及其他资产摊销	2 300		156	300	300	300	300	227	160	160	160	160	77
2.2	矿产资源补偿费	4 235	198	555	635	509	432	376	335	298	265	235	210	187
2.3	其他管理费	7 200	600	600	600	600	600	600	600	600	600	600	600	600

(续)

序号	项目名称	合计	计算期											
			1	2	3	4	5	6	7	8	9	10	11	12
3	财务费用	14 489	1139	3 277	3 742	2 686	1 739	1 003	479	166	65	65	65	65
3.1	长期借款利息	13 739	1 099	3 213	3 678	2 621	1 674	938	414	101	0	0		
3.2	流动资金借款利息	750	40	65	65	65	65	65	65	65	65	65	65	65
3.3	短期借款利息							23						
4	营业费用	2 732	128	358	410	328	278		216	192	171	152	135	121
5	总成本费用(1+2+3+4)	265 462	6 692	20 082	28 263	26 716	25 609	24 799	24 201	23 813	23 698	23 740	22 782	15 068
6	经营成本费用	91 410	4 603	8 015	8 495	8 005	7 845	7 769	7 768	7 761	7 747	7 789	7 781	7 834

工程经济学

附表 9-10 辅助财务分析报表 4-1——折旧、折耗及摊销计算表

货币单位：万元

序号	项目名称	合计	计算期											
			1	2	3	4	5	6	7	8	9	10	11	12
1	固定资产													
	原值	157 263	9 500	85 337	157 263									
	当期折旧、折耗			8 634	15 726	15 726	15 726	15 726	15 726	15 726	15 726	15 726	14 776	
	净值		8 550	76 753	131 953	116 227	100 500	84 774	69 048	53 322	37 595	21 869	7 093	7 093
2	无形资产													
	原值	1 600		832	1 600									
	当期摊销费			83	160	160	160	160	160	160	160	160	160	
	净值			749	1 357	1 197	1 037	877	717	557	397	237	77	77
3	其他资产摊销													
	原值	700		364	700									
	当期摊销费			73	140	140	140	140	67	67				
	净值			291	487	347	207	67						

本 章 小 结

本章主要介绍了可行性研究和项目财务评价两个问题。可行性研究是我国建设程序中要求项目投资方或业主必须要做的工作，否则项目就不可能立项，由此可以看出项目可行性研究对于项目的重要性。可行性研究的内容包括技术、经济、安全、环境和管理等四个大类，而项目财务评价是其中的一个组成部分，通过项目财务评价可以获知项目在经济上是否可以有利可图，项目的经济性是衡量项目是否可行的重要标准之一。项目财务评价主要从项目的盈利能力、项目的偿债能力和项目生存能力三个方面进行评价，每一个方面都需要依靠编制相应的财务报表，并计算评价指标来实现的。

习 题

一、单项选择题

1. 按我国的建设程序，可行性研究应在(　　)进行。
   A. 建设任务书下达之后　　　　　　B. 项目建议书被批准之后
   C. 机会研究完成之后　　　　　　　D. 可行性研究准备完成之后

2. 财务评价的具体工作包括：①编制财务报表；②计算评价指标；③进行财务分析；④预测财务基础数据。正确的工作顺序是(　　)。
   A. ②③④①　　　B. ①④③②　　　C. ④③①②　　　D. ④①②③

3. 在项目投资现金流量表中，用所得税前净现金流量计算所得税后净现金流量，扣除项为(　　)。
   A. 所得税　　　　　　　　　　　　B. 利润总额×所得税率
   C. 息税前利润×所得税率　　　　　D. 应纳税所得额×所得税率

二、多项选择题

1. 既有法人改扩建项目财务分析的特点有(　　)。
   A. 在不同程度上利用了原有资产和资源，以存量调动增量
   B. 原来已在生产，若不改扩建，原有状况不会发生变化
   C. 建设期内建设与生产可能同步进行
   D. 项目的效益和费用可随项目的目标不同而有很大差别
   E. 改扩建项目的费用仅包括因改造引起的停产损失

2. 财务分析应遵循的原则有(　　)。
   A. 费用与效益计算口径的一致性原则
   B. 费用与效益识别的有无对比原则
   C. 决策与效益相依存原则
   D. 动态分析与静态分析相结合，以静态分析为主的原则

E. 基础数据确定的稳定原则

3. 在下列项目中，包含在项目资本金现金流量表中而不包含在项目投资现金流量表中的有（　　）。

A. 营业税金及附加　　　　　　　　B. 建设投资
C. 借款本金偿还　　　　　　　　　D. 借款利息支付
E. 经营成本

三、思考题

1. 什么是建设项目发展周期？
2. 可行性研究及其作用是什么？
3. 可行性研究分几个阶段进行？
4. 财务评价的概念是什么？内容包括哪些？
5. 项目财务评价时，需要编制哪些主要辅助报表和基本报表？
6. 项目投资现金流量表和项目资本金现金流量表的主要差别有哪些？

四、计算题

1. 某项目建设期固定资产借款本息之和为 8 000 万元，借款偿还期为 5 年，年利率为 10%，用等额偿还本金和利息的方法，列表计算各年偿还本金和利息。

2. 有一投资项目，建设投资 50 万元（不含建设期利息），于第 1 年投入；流动资金投资 20 万元，于第 2 年年初投入，全部为借款，利率 8%。项目于第 2 年投产，产品销售收入第 2 年为 50 万元，第 3～8 年为 80 万元；经营成本第 2 年为 30 万元，第 3～8 年为 45 万元；增值税率为 17%；第 2～8 年折旧费每年为 6 万元；第 8 年末处理固定资产可得收入 8 万元。试根据以上条件列出项目投资现金流量表。

第10章 经济费用效益分析

学习目标

(1) 掌握经济效益与经济费用的识别原则。
(2) 掌握项目直接效益、直接费用与项目间接效益与间接费用的识别方法。
(3) 熟悉经济费用效益分析报表的编制及指标计算。
(4) 了解经济费用效益分析的必要性，经济费用效益分析的对象。
(5) 了解经济费用效益分析与财务评价的关系。

导入案例

2006年4月，中国铁道部部长宣布，中国政府将投资超过1 500亿元，采用轮轨技术修建一条由北京至上海的现代化高速铁路，铁路全长1 300千米。铁路预计2010年完工，届时京沪线将实现客货运输的分离，客运速度可达300千米/小时，北京到上海只需5个小时，从而实现中国两大经济区——京津唐地区与长三角之间的客货无障碍运输。

自1977年3月铁道部向国家计划委员会（今国家发展和改革委员会）正式上报《新建北京至上海高速铁路项目建议书》到中国政府正式决定修建京沪高速铁路，经历了将近十年时间，关于修建京沪线究竟采用轮轨技术还是磁悬浮技术，一直成为各方争论的焦点。

2003年年初，我国建设的从上海浦东机场进城的全长30千米、全世界首条高速磁悬浮运营线正式投入运营。这条商业运营专用线的运营，不仅标志着磁悬浮作为一种技术已经成熟，更意味着人类第六种运输方式——磁悬浮交通正式诞生。2006年4月，由国家发展和改革委员会、科技部和上海市等有关方面组成的验收委员会，在安全评估、初验和后评价基础上，对上海磁悬浮运营线进行了正式验收。然而，上海磁悬浮铁路2004~2006年共亏损约10亿元。

高速铁路方案在工程造价、技术成熟度、与现有铁路网络兼容性、票价承受能力、增加投资与节省时间的效益比等方面都比磁悬浮列车具有较大优势，而磁悬浮列车也具备高速铁路所没有的优点，如快速、阻力小、能耗低、噪声小、振动低、制动快、爬坡能力强、洁净、不耗油、安全、舒适、维护少等。同时，采用磁悬浮技术更重要的是在国外不完全具备实施的条件下中国领先实施，不仅能带动整个系统实现产业化，而且能积累技术、培育人才，实现技术跨越式发展。

案例分析：轮轨技术和磁悬浮技术的选择问题应从技术和经济两个角度考虑，既应满足技术上的要求，也应满足经济上的合理性。这正需要用到本章讲述的经济费用效益分析原理。

10.1 经济费用效益分析概述

经济费用效益分析应从资源合理配置的角度，分析项目投资的经济效率和对社会福利所做出的贡献，评价项目的经济合理性。对于财务现金流量不能全面、真实地反映其经济价值，需要进行经济费用效益分析的项目，应将经济费用效益分析的结论作为项目决策的主要依据之一。

10.1.1 经济费用效益分析的必要性

正常运作的市场是将稀缺资源在不同用途和不同时间上合理配置的有效机制。然而，市场的正常运作要求具备若干条件，包括资源的产权清晰、完全竞争、公共产品数量不多、短期行为不存在等。如果这些条件不能满足，市场就不能有效地配置资源，即市场失灵。市场失灵包括：

(1) 无市场、薄市场(thin market)。首先，很多资源的市场还根本没发育起来，或根本不存在。这些资源的价格为零，因而被过度使用，日益稀缺。其次，有些资源的市场虽然存在，但价格偏低，只反映了劳动和资本成本，没有反映生产中资源耗费的机会成本。毫不奇怪，价格为零或偏低时，资源会被浪费。例如，我国一些地区的地下水和灌溉用水价格偏低，因而被大量浪费。

(2) 外部效果(externalities)。外部效果是企业或个人的行为对活动以外的企业或个人造成的影响。外部效果造成私人成本(内部成本或直接成本)和社会成本不一致，导致实际价格不同于最优价格。外部效果可以是积极的也可以是消极的。河流上游农民种树，保持水土，使下游农民旱涝保收，这是积极的外部效果。上游滥砍滥伐，造成下游洪水泛滥和水土流失，这是负面的外部效果。

(3) 公共物品(public goods)。公共物品的显著特点是，一个人对公共物品的消费不影响其他消费者对同一公共物品的消费。在许多情况下，个人不管付钱与否都不能被从公共物品的消费中排除出去，如国防。因为没人能够或应该被排除，所以消费者就不愿为消费公共物品而付钱。消费者不愿付钱，私人企业赚不了钱，就不愿意提供公共物品。因此，自由市场很难提供充足的公共物品。

(4) 短视计划(myopia planning)。自然资源的保护和可持续发展意味着为了未来利益而牺牲当前消费。因为人们偏好当前消费，未来利益被打折扣，因而造成应留给未来人的资源被提前使用。资源使用中的高贴现率和可再生资源的低增长率，有可能使某种自然资源提早耗尽。

市场失灵的存在使得财务评价的结果往往不能真实地反映项目的全部利弊得失，必须通过经济费用效益分析对财务评价中失真的结果进行修正。

在加强和完善宏观调控，建立社会主义市场经济体制的过程中，应重视建设项目的经济费用效益分析，主要理由如下：

(1) 经济费用效益分析是项目评价方法体系的重要组成部分，市场分析、技术方案分析、财务分析、环境影响分析、组织机构分析和社会评价都不能代替经济费用效益分析的功能和作用。

(2) 经济费用效益分析是市场经济体制下政府对公共项目进行分析评价的重要方法，是市场经济国家政府部门干预投资活动的重要手段。

(3) 在新的投资体制下，国家对项目的审批和核准重点放在项目的外部效果、公共性方面，经济费用效益分析强调从资源配置经济效率的角度分析项目的外部效果，通过费用效益分析及费用效果分析的方法判断建设项目的经济合理性，是政府审批或核准项目的重要依据。

经济费用效益分析的研究内容包括经济费用效益分析、经济费用效果分析，主要是识别国民经济效益、效果与费用，计算和选取影子价格(见10.3.4)，编制费用效益分析报表，计算效益费用分析指标和费用效果分析指标，并进行方案比选。

10.1.2 经济费用效益分析的对象

对于财务价格扭曲，不能真实反映项目产出的经济价值，财务成本不能包含项目对资源的全部消耗，财务效益不能包含项目产出的全部经济效果的项目，需要进行经济费用效益分析。

在现实经济中，由于市场本身的原因及政府不恰当的干预，都可能导致市场配置资源的失灵，市场价格难以反映建设项目的真实经济价值，客观上需要通过经济费用效益分析来反映建设项目的真实经济价值，判断投资的经济合理性，为投资决策提供依据。

需要进行经济费用效益分析的项目：①自然垄断项目。对于电力、电信、交通运输等行业的项目，存在着规模效益递增的产业特征，企业一般不会按照帕累托最优原则进行运作，从而导致市场配置资源失效；②公共产品项目，即项目提供的产品或服务在同一时间内可以被共同消费，具有"消费的非排他性"（未花钱购买公共产品的人不能被排除在此产品或服务的消费之外）和"消费的非竞争性"特征（一人消费一种公共产品并不以牺牲其他人的消费为代价）。由于市场价格机制只有通过将那些不愿意付费的消费者排除在该物品的消费之外才能得以有效运作，因此市场机制对公共产品项目的资源配置失灵；③具有明显外部效果的项目。外部效果是指一个个体或厂商的行为对另一个个体或厂商产生了影响，而该影响的行为主体又没有负相应的责任或没有获得应有报酬的现象。产生外部效果的行为主体由于不受预算约束，因此常常不考虑外部效果结果承受者的损益情况。这样，这类行为主体在其行为过程中常常会低效率甚至无效率地使用资源，造成消费者剩余与生产者剩余的损失及市场失灵；④对于涉及国家控制的战略性资源开发及涉及国家经济安全的项目，往往具有公共性、外部效果等综合特征，不能完全依靠市场配置资源。⑤政府对经济活动的干预，如果干扰了正常的经济活动效率，也是导致市场失灵的重要因素。

随着我国社会主义市场经济体制的逐步建立和完善，以及经济结构的调整，许多竞争性项目的大部分外部效果（如环境污染）可以通过国家立法"内部化"，但是由于国家法制不健全等原因而产生的外部效果就得通过经济费用效益分析进行内部化。

对于一些外部成本过高而不宜通过企业"内部化"的市政工程和基础设施项目，往往是通过国家的基础性项目和公益性项目来解决。需要强调的是，在许多情况下，很可能多数情况下，盈利性并不是评价基础性和公益性项目的合适指标，因为对自然垄断性强的项目而言，不论企业经营得如何好，政府补贴可能都将无法避免，对这类企业的效率要求只能是尽可能地减少补贴，如果仅强调盈利性，就可能导致垄断性涨价，从而损害消费者的社会利益。正是由于基础性项目和公益性项目关系到国民经济结构布局的合理与否，同时，这类项目的外部效果和溢出效果比较明显，从项目局部利益出发的财务分析不能确保结论的正确性，因此，应重点对这类项目进行经济费用效益分析。

基础性项目主要包括具有自然垄断性、建设周期长、投资量大而收益较低的基础设施项目，如铁路、公路、港口、民航机场、邮电通信、农业水利设施和城市公用设施的建设项目；需要政府进行重点扶植的一部分基础工业项目，如电站、煤矿等能源工业项目；直接增强国力的支柱产业项目以及重大高新技术在经济领域应用的项目等。

公益性建设项目主要包括科技、教育、文化、卫生、体育、环保等事业的建设，公、检、法、司等政权机关的建设，以及政府机关、社会团体办公设施、国防设施等的建设项目。

从投资管理的角度，我国现阶段需要进行经济费用效益分析的项目可以分为以下几类：

（1）政府预算内投资（包括国债资金）的用于关系国家安全、国土开发和市场不能有效配置资源的公益性项目和公共基础设施建设项目、保护和改善生态环境项目、重大战略性资源开发项目。

（2）政府各类专项建设基金投资的用于交通运输、农林水利等基础设施、基础产业建设项目。

（3）利用国际金融组织和外国政府贷款，需要政府主权信用担保的建设项目。

（4）法律、法规规定的其他政府性资金投资的建设项目。

（5）企业投资建设的涉及国家经济安全、影响环境资源、公共利益、可能出现垄断、涉及整体布局等公共性问题，需要政府核准的建设项目。

10.1.3　经济费用效益分析与财务评价的关系

1. 经济费用效益分析与财务评价的共同之处

（1）评价方法相同。二者都是经济效果评价，都要寻求以最小的投入获取最大的产出，都使用基本的经济评价理论，即效益与费用比较的理论方法，都要考虑资金的时间价值，采用内部收益率、净现值等盈利性指标评价项目的经济效果。

（2）评价的基础工作相同。两种分析都要在完成产品需求预测、工艺技术选择、投资估算、资金筹措方案等可行性研究内容的基础上进行。

（3）评价的计算期相同。两种分析的计算期均包括项目的建设期、试生产期和生产期。

2. 经济费用效益分析与财务评价的区别

（1）两种评价所站的层次不同。财务评价是站在项目的层次上，从项目经营者、投资者、未来债权人的角度，分析项目在财务上能够生存的可能性。经济费用效益分析则是站在政府部门的层次上，从全社会资源配置经济效率的角度分析项目的外部效果、公共性，从而判断项目的经济合理性。

（2）费用和效益的含义和划分范围不同。财务评价只根据项目直接发生的财务收支，计算项目的直接费用和直接效益。经济费用效益分析则从全社会的角度考察项目的费用和效益，不仅包括直接效益和直接费用，还包括间接效益和间接费用。同时应将项目费用中的转移支付剔除，如税金和补贴、银行贷款利息等。

（3）财务评价与经济费用效益分析所使用价格体系不同。财务评价使用实际的财务价格，经济费用效益分析则使用一套专用的影子价格体系。

（4）两种评价使用的参数不同。如衡量盈利性指标内部收益率的判据，财务评价中用财务基准收益率，经济费用效益分析中则用社会折现率。财务基准收益率依行业的不同而不同，而社会折现率则是全国各行业各地区一致的，目前为8%。

（5）评价内容不同。财务评价主要有两个方面：盈利能力分析和清偿能力分析。而经济费用效益分析则只作盈利能力分析，不作清偿能力分析。

10.1.4　经济费用效益分析的程序

经济费用效益分析可以按照经济费用效益识别和计算的原则和方法直接进行，也可以在财务分析的基础上将财务现金流量转换为反映真正资源变动状况的经济费用效益流量。

1. 直接进行经济费用效益流量的识别和计算

其基本步骤如下：

(1) 对于项目的各种投入物，应按照机会成本的原则计算其经济价值。

(2) 识别项目产出物可能带来的各种影响效果。

(3) 对于具有市场价格的产出物，以市场价格为基础计算其经济价值。

(4) 对于没有市场价格的产出效果，应按照支付意愿及接受补偿意愿的原则计算其经济价值。

(5) 对于难以进行货币量化的产出效果，应尽可能地采用其他量纲进行量化。难以量化的，进行定性描述，以全面反映项目的产出效果。

(6) 编制经济费用效益分析报表，计算经济费用效益分析评价指标。

2. 在财务分析基础上进行经济费用效益流量的识别和计算

投资项目的经济费用效益分析在财务评价基础上进行，主要是将财务评价中的财务费用和财务效益调整为经济费用和经济效益，即调整不属于经济效益和费用的内容；剔除国民经济内部的转移支付；计算和分析项目的间接费用和效益；按投入物和产出物的影子价格及其他经济参数（如影子汇率、影子工资、社会折现率等）对有关经济数据进行调整。基本步骤如下：

(1) 剔除财务现金流量中的通货膨胀因素，得到以实价表示的财务现金流量。

(2) 剔除运营期财务现金流量中不反映真实资源流量变动状况的转移支付因素。

(3) 用影子价格和影子汇率调整建设投资各项组成，并剔除其费用中的转移支付项目。

(4) 调整流动资金，将流动资产和流动负债中不反映实际资源耗费的有关现金、应收、应付、预收、预付款项，从流动资金中剔除。

(5) 调整经营费用，用影子价格调整主要原材料、燃料及动力费用、工资及福利费等。

(6) 调整营业收入，对于具有市场价格的产出物，以市场价格为基础计算其影子价格；对于没有市场价格的产出效果，以支付意愿或接受补偿意愿的原则计算其影子价格。

(7) 对于可货币化的外部效果，应将货币化的外部效果计入经济效益费用流量；对于难以进行货币化的外部效果，应尽可能地采用其他量纲进行量化。难以量化的，进行定性描述，以全面反映项目的产出效果。

(8) 编制经济费用效益分析报表，计算经济费用效益分析评价指标。

10.2 经济效益与经济费用的识别

10.2.1 经济效益与经济费用的识别原则

凡是项目对国民经济所做的贡献，均计为项目的效益。凡是国民经济为项目所付出的代价均计为项目的费用。经济效益和费用的识别应遵循以下原则。

1. 增量分析的原则

项目经济费用效益分析应建立在增量效益和增量费用识别和计算的基础之上，不应考虑沉没成本和已实现的效益。应按照"有无对比"增量分析的原则，通过项目的实施效果与无项目情况下可能发生的情况进行对比分析，作为计算机会成本或增量效益的依据。

2. 考虑关联效果原则

应考虑项目投资可能产生的其他关联效应。财务分析从项目自身的利益出发，其系统分析的边界是项目。凡是流入项目的资金，就是财务效益，如营业收入；凡是流出项目的资金，就是财务费用，如投资支出、经营成本和税金。费用效益分析则从国民经济的整体利益出发，其系统分析的边界是整个国民经济，对项目所涉及的所有成员及群体的费用和效益作全面分析，不仅要识别项目自身的内部效果，而且需要识别项目对国民经济其他部门和单位产生的外部效果。

3. 以本国居民作为分析对象的原则

对于跨越国界，对本国之外的其他社会成员产生影响的项目，应重点分析对本国公民新增的效益和费用。项目对本国以外的社会群体所产生效果，应进行单独陈述。

4. 剔除转移支付的原则

转移支付代表购买力的转移行为，接受转移支付的一方所获得的效益与付出方所产生的费用相等，转移支付行为本身没有导致新增资源的发生。在经济费用效益分析中，税赋、补贴、借款和利息属于转移支付。一般在进行经济费用效益分析时，不得再计算转移支付的影响。

10.2.2 经济效益与经济费用

项目的经济效益是指项目对国民经济所做的贡献，包括项目的直接效益和间接效益；项目的经济费用是指国民经济为项目付出的代价，包括直接费用和间接费用。

1. 直接效益与直接费用

直接效益是指由项目产出物产生并在项目范围以内以影子价格计算的经济效益，它是项目产生的主要经济效益。一般表现为增加项目产出物或者服务的数量以满足国内需求的效益、替代效益较低的相同或类似企业的产出物或者服务使被替代企业减产（停产）而减少国家有用资源耗费或者损失的效益、增加出口或者减少进口而增加或者节支的外汇等。

直接费用是指项目使用投入物所产生并在项目范围内以影子价格计算的经济费用，它是费用的主要内容。一般表现为其他部门为本项目提供投入物而需要扩大生产规模所耗用的资源费用、减少对其他项目或者最终消费投入物的供应而放弃的效益、增加进口或者减少出口而耗用或者减少的外汇等。

2. 间接效益与间接费用

间接效益（亦称外部效益）是指由项目引起的而在直接效益中未得到反映的那部分效益。例如，项目使用劳动力，使得劳动力熟练化，由没有特别技术的非熟练劳动力经训练而转变为熟练劳动力，又如，技术扩散的效益；节能灯的节能效益等。

间接费用(亦称外部费用)是指由项目引起的，而在项目的直接费用中未得到反映的那部分费用。例如，工业项目产生的废水、废气和废渣引起的环境污染及对生态平衡的破坏，项目并不支付任何费用，而国民经济为此付出了代价。

通常把与项目相关的间接效益(外部效益)和间接费用(外部费用)统称为外部效果。为防止外部效果计算扩大化，项目的外部效果一般只计算一次相关效果，不应连续计算。外部效果的计算范围应考虑环境及生态影响效果、技术扩散效果和产业关联效果。外部效果通常要考察以下几个方面。

3. 环境影响

某些项目对自然环境和生态环境造成的污染和破坏主要包括排放污水造成的水污染；排放有害气体和粉尘造成的大气污染；噪声污染；放射性污染；临时性的或永久性的交通阻塞；对自然生态造成的破坏。

为对建设项目进行全面的经济费用效益分析，应重视对环境影响外部效果的经济费用效益分析，尽可能地对环境成本与效益进行量化，在可行的情况下赋予经济价值，并纳入整个项目经济费用效益分析的框架体系之中。

对于建设项目环境影响的量化分析，应从社会整体角度对建设项目环境影响的经济费用和效益进行识别和计算。①如果项目对环境的影响可能导致受影响的区域生产能力发生变化，可以根据项目所造成的相关产出物的产出量变化，对环境影响效果进行量化。如果产出物具有完全竞争的市场价格，应直接采用市场价格计算其经济价值；如果存在市场扭曲现象，应对其市场价格进行相应调整。②如果不能直接估算拟建项目环境影响对相关产出量的影响，可以通过有关成本费用信息来间接估算环境影响的费用或效益。其主要方法有替代成本法、预防性支出法、置换成本法、机会成本法、意愿调查评估法等。③对于无法通过产出物市场价格或成本变化测算其影响的环境价值，应采用各种间接评估的方法进行量化。其主要方法有隐含价值分析法、产品替代法、成果参照法等。

4. 技术扩散效果

一个技术先进的项目的实施，会由于技术人员的流动，先进的技术而在社会上得到扩散和推广，整个社会都将受益。但这种技术扩散的外部效果很难定量计算，一般只作定性说明。

5. 产业关联效果

项目的"上游"企业是指为该项目提供原材料或半成品的企业，项目的实施可能会刺激这些"上游"企业得到发展，增加新的生产能力或是使原有生产能力得到更充分的利用。例如，房地产行业的快速发展会刺激钢材、水泥等建筑材料的生产企业加大生产能力或更充分利用现有的生产能力。项目的"下游"企业是指使用项目的产出物作为原材料或半成品的企业，项目的产品可能会对下游企业的经济效益产生影响，使其闲置的生产能力得到充分利用，或使其在生产上节约成本。例如，如果在国内已经有了很大的电视机生产能力而显像管生产能力不足时，兴建显像管生产厂会对电视机厂的生产产生刺激。显像管产量增加，价格下降，可以刺激电视机的生产和消费。

通常，项目的产业关联效果可以在项目的投入和产出物的影子价格中得到反映，不应再计算间接效果。但也有些间接影响难于反映在影子价格中,需要作为项目的外部效果计算。

10.3 经济费用效益分析的参数

经济费用效益分析参数是经济费用效益分析的基本判据,对比选优化方案具有重要作用。经济费用效益分析参数主要包括社会折现率、影子汇率和影子工资等,这些参数由有关专门机构组织测算和发布。

10.3.1 社会折现率

社会折现率系指建设项目国民经济评价中衡量经济内部收益率的基准值,也是计算项目经济净现值的折现率,代表社会资金被占用应获得的最低收益率,是项目经济可行性和方案比选的主要判据。

社会折现率应根据国家的社会经济发展目标、发展战略、发展优先顺序、发展水平、宏观调控意图、社会成员的费用效益时间偏好、社会投资收益水平、资金供给状况、资金机会成本等因素综合测定。

根据上述需考虑的主要因素,结合当前的实际情况,测定社会折现率为 8%;对于受益期长的建设项目,如果远期效益较大,效益实现的风险较小,社会折现率可适当降低,但不应低于 6%。

10.3.2 影子汇率

汇率是指两个国家不同货币之间的比价或交换比率。

影子汇率系指能正确反映国家外汇经济价值的汇率。影子汇率主要依据一个国家或地区一段时期内进出口的结构和水平、外汇的机会成本及发展趋势、外汇供需状况等因素确定。一旦上述因素发生较大变化时,影子汇率值需作相应的调整。

影子汇率可通过影子汇率换算系数得出。影子汇率换算系数系指影子汇率与外汇牌价之间的比值。影子汇率的计算公式为

$$影子汇率 = 外汇牌价 \times 影子汇率换算系数 \tag{10.1}$$

建设项目国民经济评价中,项目的进口投入物和出口产出物,应采用影子汇率换算系数调整计算进出口外汇收支的价值。目前根据我国外汇收支、外汇供求、进出口结构、进出口关税、进出口增值税即出口退税补贴等情况,影子汇率换算系数为 1.08。

10.3.3 影子工资

影子工资系指建设项目使用劳动力资源而使社会付出的代价。影子工资由劳动力的机会成本和社会资源耗费两部分构成。劳动力机会成本系指劳动力在本项目被使用,而不能

在其他项目中使用而被迫放弃的劳动收益；新增资源消耗指劳动力在本项目新就业或由其他就业岗位转移来本项目而发生的社会资源消耗，这些资源的消耗并没有提高劳动力的生活水平。建设项目国民经济评价中以影子工资计算劳动力费用。

影子工资可通过影子工资换算系数得到。影子工资换算系数系指影子工资与项目财务分析中的劳动力工资之间的比值，影子工资的计算公式为

$$影子工资 = 财务工资 \times 影子工资换算系数 \tag{10.2}$$

影子工资的确定，应符合下列规定：①影子工资应根据项目所在地劳动力就业状况、劳动力就业或转移成本测定。②技术劳动力的工资报酬一般可由市场供求决定，即影子工资一般可以以财务实际支付工资计算。③对于非技术劳动力，根据我国非技术劳动力就业状况，其影子工资换算系数一般取为 0.25~0.8；具体可根据当地的非技术劳动力供求状况确定，非技术劳动力较为富余的地区可取较低值，不太富余的地区可取较高值，中间状况可取 0.5。

10.3.4 影子价格

影子价格理论最初来源于求解数学规划，数学家在求解一个"目标"最大化数学规划的过程中，发现每种"资源"对于"目标"有着边际贡献，即这种"资源"每增加一个单位，"目标"就会增加一定的单位，不同的"资源"有着不同的边际贡献。这种"资源"对于目标的边际贡献被定义为"资源"的影子价格。国民经济评价中采用了这种影子价格的基本思想，采取不同于财务价格的一种理论上的影子价格来衡量项目耗用资源及产出贡献的真实价值。理论上，如果有办法将国民经济归纳为一个数学规划，各种资源及产品的影子价格就可以由规划中求解统一确定，但实践中目前还不具备这样做的能力及条件。实践中是采取替代用途、替代方案分析来估算项目的各种投入和产出的影子价格。对于项目的投入物，影子价格是其所有用途中价值最高的价格。对于项目的产出物，影子价格采用替代供给产品的最低成本用户的支付意愿中较低者。

影子价格是指依据一定的原则确定的，能够反映投入物和产出物真实经济价值，反映市场供求状况，反映资源稀缺程度，使资源得到合理配置的价格。

影子价格是根据国家经济增长的目标和资源的可获性来确定的。如果某种资源数量稀缺，同时，有许多用途完全依靠于该资源，那么其影子价格就高。如果各种资源的供应量增多，那么其影子价格就会下降。进行费用效益分析时，项目的主要投入物和产出物价格，原则上都应采用影子价格。

确定影子价格时，对于投入物和产出物，首先要区分为市场定价货物、政府调控价格货物、特殊投入物和非市场定价货物这四大类别，然后根据投入物和产出物对国民经济的影响分别处理。

1. 市场定价货物的影子价格

1）外贸货物影子价格

外贸货物是指其生产或使用会直接或间接影响国家出口或进口的货物，原则上石油、金属材料、金属矿物、木材及可出口的商品煤，一般都划为外贸货物。

外贸货物影子价格的定价基础是国际市场价格。尽管国际市场价格并非就是完全理想

的价格，存在着诸如发达国家有意压低发展中国家初级产品的价格，实行贸易保护主义，限制高技术向发展中国家转移，以维持高技术产品的垄断价格等问题，但在国际市场上起主导作用的还是市场机制，各种商品的价格主要由供需规律所决定，多数情况下不受个别国家和集团的控制，一般比较接近物品的真实价值。

外贸货物中的进口品的国内生产成本应大于到岸价格（CIF），否则不应进口。外贸货物中的出口品应满足国内生产成本小于离岸价格（FOB），否则不应出口。到岸价格与离岸价格统称口岸价格。

在经济费用效益分析中，口岸价格应按本国货币计算，故口岸价格的实际计算公式为

$$到岸价格（人民币）＝美元结算的到岸价格×影子汇率 \qquad (10.3)$$

$$离岸价格（人民币）＝美元结算的离岸价格×影子汇率 \qquad (10.4)$$

项目外贸货物的影子价格的计算公式为

产出物的影子价格（项目产出物的出厂价格）
$$＝离岸价（FOB）×影子汇率－国内运杂费－贸易费用 \qquad (10.5)$$

投入物的影子价格（项目投入物的到厂价格）
$$＝到岸价（CIF）×影子汇率＋国内运杂费＋贸易费用 \qquad (10.6)$$

贸易费用是指外贸机构为进出口货物所耗用的，用影子价格计算的流通费用，包括货物的储运、再包装、短途运输、装卸、国内保险、检验等环节的费用支出，以及资金占用的机会成本，但不包括长途运输费用。贸易费用一般用货物的口岸价乘以贸易费率计算。贸易费率由项目评价人员根据项目所在地区流通领域的特点和项目的实际情况测定。

2）非外贸货物的影子价格

非外贸货物是指其生产或使用不影响国家出口或进口的货物。根据不能外贸的原因，非外贸货物分为天然非外贸货物和非天然的非外贸货物。

天然非外贸货物系指使用和服务天然地限于国内，包括国内施工和商业以及国内运输和其他国内服务。非天然的非外贸货物是指由于经济原因或政策原因不能外贸的货物，包括由于国家的政策和法令限制不能外贸的货物，还包括这样的货物：其国内生产成本加上到口岸的运输、贸易费用后的总费用高于离岸价格，致使出口得不偿失而不能出口，同时，国外商品的到岸价格又高于国内生产同样商品的经济成本，致使该商品也不能从国外进口。在忽略国内运输费用和贸易费用的前提下，由于经济性原因造成的非外贸货物满足以下条件：离岸价格＜国内生产成本＜到岸价格。

随着我国市场经济发展和贸易范围的扩大，大部分货物或服务都处于竞争性的市场环境中，市场价格可以近似反映其支付意愿和机会成本。进行费用效益分析可将这些货物的市场价格加上或者减去国内运杂费作为影子价格。项目非外贸货物的影子价格表示为

$$产出物的影子价格（项目产出物的出厂价格）＝市场价格－国内运杂费 \qquad (10.7)$$

$$投入物的影子价格（项目投入物的到厂价格）＝市场价格＋国内运杂费 \qquad (10.8)$$

非外贸货物的影子价格应根据下列要求计算：如果项目处于竞争性市场环境中，应采用市场价格作为计算项目投入或产出的影子价格的依据。如果项目的投入或产出的规模很大，项目的实施将足以影响其市场价格，导致"有项目"和"无项目"两种情况下市场价格不一致，在项目评价中，取二者的平均值作为测算影子价格的依据。影子价格中流转税（如消费税、增值税、营业税等）宜根据产品在整个市场中发挥的作用，分别计入或不计入

影子价格。如果项目的产出效果不具有市场价格，应遵循消费者支付意愿和（或）接受补偿意愿的原则，按下列方法测算其影子价格：①采用"显示偏好"的方法，通过其他相关市场价格信号，间接估算产出效果的影子价格；②利用"陈述偏好"的意愿调查方法，分析调查对象的支付意愿或接受补偿的意愿，推断出项目影响效果的影子价格。

2. 政府调控价格货物的影子价格

考虑到效率优先兼顾公平的原则，市场经济条件下有些货物或者服务不能完全由市场机制形成价格，而须由政府调控价格，如政府为了帮助城市中低收入家庭解决住房问题，对经济适用房和廉租房制定指导价和最高限价。政府调控的货物或者服务的价格不能完全反映其真实价值，确定这些货物或者服务的影子价格的原则是，投入物按机会成本分解定价，产出物按对经济增长的边际贡献率或消费者支付意愿定价。下面是政府主要调控的水、电、铁路运输等作为投入物和产出物时的影子价格的确定方法。

（1）水作为项目投入物的影子价格，按后备水源的边际成本分解定价，或者按恢复水资源存量的成本计算。水作为项目产出物的影子价格，按消费者支付意愿或者按消费者承受能力加政府补贴计算。

（2）电力作为项目投入物时的影子价格，一般按完全成本分解定价，电力过剩时按可变成本分解定价。电力作为项目产出物的影子价格，可按电力对当地经济边际贡献率定价。

（3）铁路运输作为项目投入物的影子价格，一般按完全成本分解定价，对运能富余的地区，按可变成本分解定价。铁路运输作为产出物的影子价格，可按铁路运输对国民经济的边际贡献率定价。

3. 特殊投入物的影子价格

项目的特殊投入物是指项目在建设、生产运营中使用的人力资源、土地和自然资源等。项目使用这些特殊投入物发生的经济费用，应分别采用下列方法确定其影子价格。

1）人力资源

人力资源投入的影子价格主要包括劳动力的机会成本和新增资源耗费。劳动力的机会成本指过去受雇于别处的劳动力，如果不被项目雇用而从事其他生产经营活动所创造的最大效益；或项目使用自愿失业劳动力而支付的税后净工资；或项目使用非自愿失业劳动力而支付的大于最低生活保障的税后净工资。新资源耗费是指社会为劳动力就业而付出的，但职工又未得到的其他代价，如为劳动力就业而支付的搬迁费、培训费、城市交通费等。影子工资与劳动力的技术熟练程度和供求状况（过剩与稀缺）有关，技术越熟练，稀缺程度越高，其机会成本越高；反之越低。

2）土地

土地影子价格系指建设项目使用土地资源而使社会付出的代价。在建设项目国民经济评价中以土地影子价格计算土地费用。土地影子价格应包括土地机会成本和新增资源消耗两部分内容。其中，土地机会成本按拟建项目占用土地而使国民经济为此放弃的该土地"最佳替代用途"的净效益计算；土地改变用途而发生的新增资源消耗主要包括拆迁补偿费、农民安置补助费等。在实践中，土地平整等开发成本通常计入工程建设费用中，在土地影子价格中不再重复计算。

土地是一种重要的资源，项目占用的土地无论是否支付费用，均应计算其影子价格。项目所占用的农业、林业、牧业、渔业及其他生产性用地，其影子价格应按照其未来对社会可提供的消费产品的支付意愿及因改变土地用途而发生的新增资源消耗进行计算；项目所占用的住宅、休闲用地等非生产性用地，市场完善的，应根据市场交易价格估算其影子价格；无市场交易价格或市场机制不完善的，应根据支付意愿价格估算其影子价格。

土地影子价格应根据项目占用土地所处地理位置、项目情况以及取得方式的不同分别确定，具体应符合下列规定：①通过招标、拍卖和挂牌出让方式取得使用权的国有土地，其影子价格应按财务价格计算。②通过划拨、双方协议方式取得使用权的土地，应分析价格优惠或扭曲情况，参照公平市场交易价格，对价格进行调整。③经济开发区优惠出让使用权的国有土地，其影子价格应参照当地土地市场交易价格类比确定。④当难以用市场交易价格类比方法确定土地影子价格时，可采用收益现值法或以开发投资应得收益加土地开发成本确定。

建设项目如需占用农村土地，以土地征用费调整计算土地影子价格。具体应符合下列规定：①项目占用农村土地，土地征收补偿费中的土地补偿费及青苗补偿费应视为土地机会成本，地上附着物补偿费及安置补助费应视为新增资源消耗，征地管理费、耕地占用税、耕地开垦费、土地管理费、土地开发费等其他费用应视为转移支付，不列为费用。②土地补偿费、青苗补偿费、安置补助费的确定，如与农民进行了充分的协商，能够充分保证农民的应得利益，土地影子价格可按土地征收补偿费中的相关费用确定。③如果存在征地费用优惠，或在征地过程中缺乏充分协商，导致土地征收补偿费低于市场定价，不能充分保证农民利益，土地影子价格应参照当地正常土地征收补偿费标准进行调整。

3）自然资源

项目投入的自然资源，无论在财务上是否付费，在经济费用效益分析中都必须测算其经济费用。矿产等不可再生自然资源的影子价格应按资源的机会成本计算；水和森林等可再生自然资源的影子价格应按资源再生费用计算。

4. 非市场定价货物的影子价格

当项目的产出效果不具有市场价格，或市场价格难以真实反映其经济价值时，需要采用如下方法对项目的产品或服务的影子价格进行重新测算。

1）假设成本法

假设成本法，是指通过有关成本费用信息来间接估算环境影响的费用或效益。假设成本法包括替代成本法、置换成本法和机会成本法。替代成本法，是指为了消除项目对环境的影响，而假设采取其他方案来替代拟建项目方案，其他方案的增量投资作为项目方案环境影响的经济价值。置换成本法，是指当项目对其他产业造成生产性资产损失时，假设一个置换方案，通过测算其置换成本，即为恢复其生产能力必须投入的价值，作为对环境影响进行量化的依据。机会成本法，是指通过评价因保护某种环境资源而放弃某项目方案而损失的机会成本，来评价该项目方案环境影响的损失。

2）显示偏好方法

显示偏好方法，是指按照消费者支付意愿，通过其他相关市场价格信号，寻找揭示拟建项目间接产出物的隐含价值，如项目的建设，会导致环境生态等外部效果，从而对其他社会群体产生正面负面影响,就可以通过预防性支出法、产品替代法这类显示偏好的方法确定项目外部效果。预防性支出法,是以受影响的社会成员为了避免或减缓拟建项目对环境可能造成的危害,所愿意付出的费用,如社会成员为避免死亡而愿意支付的价格,人们对避免疾病而获得健康生活所愿意付出的代价,作为对环境影响的经济价值进行计算的依据。产品替代法,是指对人们愿意改善目前的环境质量,而对其他替代项目或产品的价值进行分析,间接测算项目对环境造成的负面影响,如可以通过兴建一个绿色环保的高科技产业项目所需的投入,来度量某传统技术的钢铁企业对所在城市造成的环境影响。

3) 陈述偏好法

通过对被评估者的直接调查,直接评价调查对象的支付意愿或接受补偿的意愿,从中推断出项目造成的有关外部影响的影子价格。

10.4 经济费用效益分析的指标及报表

10.4.1 经济费用效益分析指标

1. 经济净现值($ENPV$)

经济净现值是项目按照社会折现率将计算期内各年的经济净效益流量折现到建设期初的现值之和,是经济费用效益分析的主要评价指标。计算公式为

$$ENPV = \sum_{t=1}^{n}(B-C)_t(1+i_s)^{-t} \tag{10.9}$$

式中,B——经济效益流量;
C——经济费用流量;
$(B-C)_t$——第 t 期的经济净效益流量;
n——项目计算期;
i_s——社会折现率。

在经济费用效益分析中,如果经济净现值等于或大于 0,说明项目可以达到社会折现率要求的效率水平,认为该项目从经济资源配置的角度可以被接受。

2. 经济内部效益率($EIRR$)

经济内部收益率是项目在计算期内经济净效益流量的现值累计等于 0 时的折现率,是经济费用效益分析的辅助评价指标。计算公式为

$$\sum_{t=1}^{n}(B-C)_t(1+EIRR)^{-t} = 0 \tag{10.10}$$

式中,B——经济效益流量;
C——经济费用流量;

$(B-C)_t$——第 t 期的经济净效益流量；

n——项目计算期；

$EIRR$——经济内部效益率。

如果经济内部效益率等于或者大于社会折现率，表明项目资源配置的经济效率达到了可以被接受的水平。

10.4.2 经济费用效益分析报表

经济费用效益分析的基本报表是经济效益费用流量表。经济效益费用流量表一般在项目财务评价基础上进行调整编制，有些项目也可以直接编制。

经济费用效益分析的辅助报表包括经济费用效益分析投资费用调整估算表、经济费用效益分析经营成本估算调整表以及项目直接效益调整表、项目间接效益调整表以及项目间接费用调整表。

表 10-1 项目投资经济费用效益流量表　　　　人民币单位：万元

序号	项　　目	合计	计算期					
			1	2	3	4	…	n
1	效益流量							
1.1	项目直接效益							
1.2	资产余值回收							
1.3	项目间接效益							
2	费用流量							
2.1	建设投资							
2.2	维持运营投资							
2.3	流动资金							
2.4	经营费用							
2.5	项目间接费用							
3	净效益流量(1-2)							

计算指标：
经济内部收益率(%)：
经济净现值(i_s=%)：

表 10-2 经济费用效益分析投资费用估算调整表　　　　人民币单位：万元

序号	项目	财务分析			经济费用效益分析			经济费用效益分析比财务分析增减
		外币	人民币	合计	外币	人民币	合计	
1	建设投资							
1.1	建筑工程投资							

(续)

序号	项目	财务分析			经济费用效益分析			经济费用效益分析比财务分析增减
		外币	人民币	合计	外币	人民币	合计	
1.2	设备购置费							
1.3	安装工程费							
1.4	其他费用							
1.4.1	其中：土地费用							
1.4.2	专利及专有技术费							
1.5	基本预备费							
1.6	涨价预备费							
1.7	建设期利息							
2	流动资金							
	合计（1+2）							

注：若投资费用时通过直接估算得到的，本表应略去财务分析的相关栏目。

表 10-3　经济费用效益分析经营费用估算调整表　　人民币单位：万元

序号	项 目	单 位	投入量	财务分析		经济 费用效益分析	
				单价/元	成 本	单价/元	费 用
1	外购原材料						
1.1	原材料 A						
1.2	原材料 B						
1.3	原材料 C						
1.4	……						
2	外购燃料及动力						
2.1	煤						
2.2	水						
2.3	电						
2.4	重油						
2.5	……						
3	工资及福利费						
4	修理费						
5	其他费用						
	合计						

注：若经营费用是通过直接估算得到的，本表应略去财务分析的相关栏目。

表10-4 项目直接效益估算调整表

人民币单位：万元

产出物名称			投产第一期负荷/%				投产第二期负荷/%				……	正常生产年份/%			
			A产品	B产品	……	小计	A产品	B产品	……	小计		A产品	B产品	……	小计
计算单位															
年产出量	国内														
	国际														
	合计														
财务分析	国内市场	单价/元													
		现金收入														
	国际市场	单价/美元														
		现金收入														
经济费用效益分析	国内市场	单价/元													
		直接效益														
	国际市场	单价/美元														
		直接效益														
合计/万元															

注：若直接效益是通过直接估算得到的，本表应略去财务分析的相关栏目。

表 10-5　项目间接费用估算表　　　　　　　　　人民币单位：万元

序 号	项 目	合 计	计 算 期					
			1	2	3	4	…	n

表 10-6　项目间接效益估算表　　　人民币单位：万元

序　号	项　目	合　计	计算期					
			1	2	3	4	…	n

本 章 小 结

本章主要介绍了工程项目方案经济费用效益分析的概念、费用效益分析识别的原则和方法、影子价格及其确定、费用效益分析的指标体系和方法。

习 题

一、单项选择题

1. 下列不属于特殊投入物影子价格的是（　　）。
   A. 自然资源影子价格　　　　　　　　B. 进口投入的影子价格
   C. 劳动力的影子价格　　　　　　　　D. 土地的影子价格
2. 项目经济分析对效益和费用进行识别的角度是（　　）。
   A. 项目的经营者角度　　　　　　　　B. 项目投资者角度
   C. 项目未来的债权人角度　　　　　　D. 全社会的角度
3. 在财务分析基础上进行经济费用效益流量的识别和计算，错误的是（　　）。
   A. 剔除财务现金流量表中的通货膨胀因素，得到以影子价格表示的财务现金流量
   B. 剔除运营期财务现金流量中不反映真实资源流量变动情况的转移支付因素
   C. 调整经营费用，用影子价格调整主要原材料、燃料及动力费用、工资及福利费等
   D. 对于没有市场价格的产出效果，以支付意愿或接受补偿意愿的原则计算其影子价格

二、多项选择题

1. 下列项目中，一般需要进行经济分析的是（　　）。
   A. 国家参与投资的大型项目　　　　　B. 涉及国家安全的项目
   C. 利用国际金融组织和外国政府贷款，需要政府主权信用担保的建设项目
   D. 市场定价的竞争性项目　　　　　　E. 私人投资项目
2. 经济效益与费用识别的基本要求包括（　　）。
   A. 对经济效益与费用进行全面识别　　B. 使用效益与费用比较的理论方法
   C. 遵循有无对比的原则
   D. 合理确定经济效益与费用识别的时间跨度
   E. 正确处理"转移支付"
3. 经济费用效益分析与财务分析的区别是（　　）。
   A. 经济费用效益分析更关注从利益群体各方的角度来分析项目，与国民经济评价和财务评价出发点不完全一样
   B. 经济费用效益分析只考虑间接的费用和效益，不考虑直接的费用和效益

C. 经济费用效益分析使用市场价格体系
D. 经济费用效益分析通常只有清偿能力分析
E. 经济费用效益分析的理论基础是新古典经济学有关资源优化配置的理论

三、思考题

1. 什么是经济费用效益分析？它与财务评价有什么异同？
2. 在经济费用效益分析中，识别经济费用和经济效益的原则是什么？
3. 在财务评价的基础上如何进行项目经济费用效益分析？
4. 什么是直接费用和直接效益？什么是间接效益和间接费用？
5. 外贸货物、非外贸货物、特殊投入物、政府调控定价货物、非市场定价货物的影子价格分别如何确定？
6. 经济费用效益分析评价指标有哪些？简述各自的评价标准。
7. 经济费用效益分析的基本报表有哪些？辅助报表有哪些？

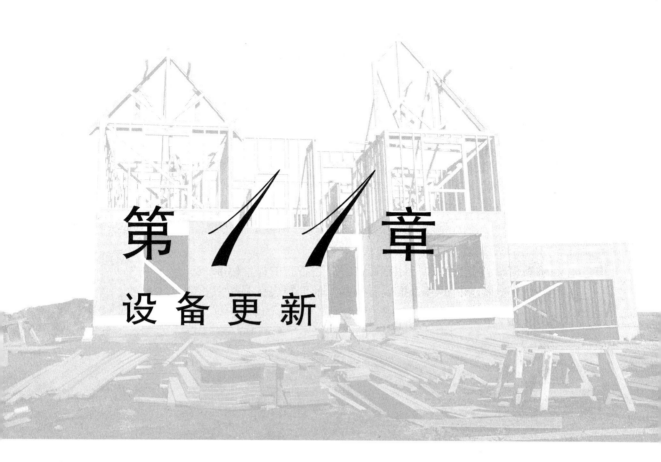

第11章 设备更新

学习目标

(1) 掌握设备经济寿命的概念及计算方法。
(2) 掌握不同设备更新方案比较方法。
(3) 熟悉设备折旧方法及计算。
(4) 熟悉设备租赁决策方法。
(5) 了解设备的磨损与补偿方式。

导入案例

某城市的市政公用部门正在研究如何解决该市自来水管网渗水问题,其中方案之一是给现有的自来水管网上加衬套。新的塑料衬套将花费 1.7 亿元。年修费第 1 年为 100 万元,以后每年将增加 120 万元,衬套的使用寿命为 25 年,采用平均年限法折旧,无残值,衬套的安装时间忽略不计。现有的管网还能以目前无衬套的状态持续 20 年,但是每年的水资源损失会增加,接下来的一年的水资源损失估计为 1 000 万元,以后每年增加损失 300 万元,即第 2 年水资源损失为 1 300 万元,第 3 年损失为 1 600 万元,以此类推。基准折现率为 8%。

案例分析:自来水管网是否需要加衬套以及何时加衬套这属于设备更新问题,需要用本章讲述的设备更新的分析方法进行分析。

11.1 设备的磨损

设备是企业生产的重要物质条件。为了开展生产活动,企业必然要购置各种机器设备。随着时间的推移,无论是使用中的设备还是闲置的设备都会发生磨损。设备磨损是设备在使用或闲置过程中,由于物理作用(如冲击力、摩擦力、振动、扭转、弯曲等)、化学作用(如锈蚀、老化等)或技术进步的影响等,使设备遭受了损耗。设备磨损既包括有形磨损,又包括无形磨损,是有形磨损和无形磨损共同作用的结果。设备是否需要更新通常根据设备的磨损程度确定。因此,研究设备更新问题首先要研究设备磨损的规律。设备磨损分为两大类,共 4 种形式,如图 11.1 所示。

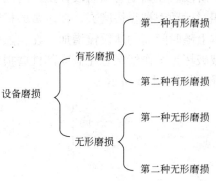

图 11.1 设备磨损分类

11.1.1 设备的有形磨损

机器设备在使用(或闲置)过程中发生的实体磨损或损失,称为有形磨损或物质磨损。设备的有形磨损可以分为第一种有形磨损和第二种有形磨损两种形式。

1. 第一种有形磨损

运转中的机器在外力的作用下,其零部件会发生摩擦、振动和疲劳等现象,以致机器设备的实体产生磨损。这种磨损叫做第一种有形磨损。

其具体表现为

(1) 零部件原始尺寸的改变,甚至形状也发生改变。

(2) 公差配合性质的改变以及精度的降低。

(3) 零部件的损坏。

第一种有形磨损,可使设备精度降低,劳动生产率下降。当这种磨损达到一定程度,整个机器就会出现异常，功能下降，设备的使用费用剧增，当有形磨损达到比较严重的程度，设备就不能正常工作甚至发生事故，提早失去工作能力。

2. 第二种有形磨损

由于机器闲置不用而使金属件生锈、腐蚀，橡胶件和塑胶件老化等原因造成磨损，时间长了自然丧失精度和工作能力，失去使用价值，这种磨损称为第二种有形磨损。这种磨损主要是由于自然力的作用造成的。

第一种有形磨损与使用时间和使用强度有关，而第二种有形磨损在一定程度上与闲置时间和保管条件有关。

在实际生产中，除去封存不用的设备，以上两种磨损形式往往不是以单一形式表现出来，而是共同作用于机器设备上。有形磨损的技术后果是机器设备的使用价值降低，到一定程度可使设备完全丧失使用价值。设备有形磨损的经济后果是生产效率逐步下降，消耗不断增加，废品率上升，与设备有关的费用也逐步提高，从而使所生产的单位产品成本上升。当有形磨损比较严重时，如果不采取措施，将会引发事故，从而造成更大的经济损失。

设备在使用中产生的有形磨损大致有初期磨损阶段、正常磨损阶段、剧烈磨损阶段三个阶段。在初期磨损阶段，虽然时间很短，但磨损量较大，零部件表面粗糙不平的部分在相对运动中被很快磨去。在正常磨损阶段，将持续一段时间，零部件的磨损趋于缓慢，基本上随时间而匀速缓慢增加。在剧烈磨损阶段，零部件磨损超过一定限度，正常磨损关系被破坏，工作情况恶化而零部件磨损量迅速增大，设备的精度、性能和生产率都会迅速下降，如图11.2所示。

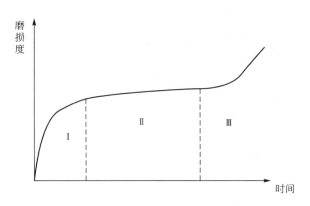

图 11.2 设备有形磨损曲线

Ⅰ．初期磨损阶段；Ⅱ．正常磨损阶段；Ⅲ．剧烈磨损阶段

11.1.2 设备的无形磨损

所谓无形磨损，就是由于科学技术进步而不断出现性能更加完善、生产效率更高的设备，致使原有设备的价值降低。或者是生产同样结构的设备，由于工艺改进或生产批量增大等原因，其生产成本不断降低使原有设备贬值。

1. 第一种无形磨损

设备的技术结构和性能并没有改变,但由于设备制造厂制造工艺不断改进,劳动生产率不断提高而使得生产相同机器设备所需的社会必要劳动时间减少,因而使原来购买的设备价值相应贬值了。这种磨损称为第一种无形磨损。

第一种无形磨损使现有设备相对贬值,但设备本身的技术性能并未受影响,设备的使用价值也并未下降,因此这种无形磨损并不影响设备的正常使用,一般情况下不需提前更新。但是,如果设备价值贬值的速度很快,以致影响到设备使用的经济性时,就要及时淘汰。

2. 第二种无形磨损

第二种无形磨损是由于科学技术的进步,不断创造出性能更完善、效率更高的设备,使原有设备相对陈旧落后,其经济效益相对降低而发生贬值。

第二种无形磨损不仅造成现有设备的贬值,而且,如果继续使用该设备,往往会导致其技术经济效果的降低。

11.1.3 设备的综合磨损

机器设备的磨损具有二重性。在其有效使用期内,机器设备既遭受有形磨损,又遭受无形磨损。两种磨损同时作用于现有机器设备上,称为综合磨损。

有形和无形两种磨损都引起机器设备原始价值的贬值,这一点两者是相同的。不同的是,遭受有形磨损的设备,特别是有形磨损严重的机器设备,在修理之前,常常不能工作;而遭受无形磨损的设备,即使无形磨损很严重,其固定资产物质内容却可能没有磨损,仍然可以使用,只不过继续使用该设备在经济上是否合算,需要分析研究。

11.2 设备磨损的补偿

11.2.1 设备磨损的实物补偿

设备发生磨损后,需要进行补偿,以恢复设备的生产能力。由于机器设备遭受磨损的形式不同,补偿磨损的方式也不一样。设备有形磨损的局部补偿是修理,无形磨损的局部补偿是现代化改装。有形磨损和无形磨损的完全补偿是更新。

大修理是按照原样更换部分已磨损的零部件和调整设备,以恢复设备的生产功能和效率为主;现代化改造是按照现有的新技术对设备的结构作局部的改进和技术上的革新,如增添新的、必需的零部件,以增加设备的生产功能和效率为主。这两者都属于局部补偿。大修理的补偿价值不会超过原设备的价值,而现代化改造既能补偿有形磨损,又能补偿无形磨损,其补偿价值有可能超过原设备的价值。更新是对整个设备进行更换,属于完全补偿。

设备总是同时遭受到有形磨损和无形磨损，因此，对其综合磨损后的补偿形式应进行更深入的研究，应用财务评价方法确定采用大修理、现代化改造和设备更新等补偿方式，如图 11.3 所示。

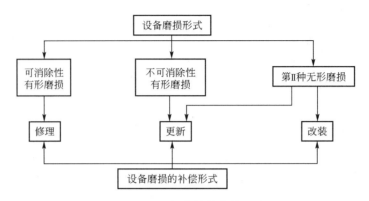

图 11.3　设备磨损的补偿形式

11.2.2　设备磨损的价值补偿

设备在长期使用过程中，要经受有形磨损和无形磨损。有形磨损会造成设备使用价值和资产价值的降低；第Ⅰ种无形磨损只会造成设备资产价值的降低，但不影响其使用价值。为了保证生产过程连续进行，企业应该具有重置设备资产的能力。这就要求企业能在设备有效使用年限内将其磨损逐渐转移到其所生产的产品中去，这种按期或按活动量转为产品成本费用的设备资产的损耗价值就是折旧费。企业提取折旧费可以弥补设备在有形磨损和无形磨损中所造成的设备资产价值的降低，是设备磨损的价值补偿的主要方式。

11.2.3　设备的折旧

1. 设备折旧的相关概念

设备折旧的方法取决于影响折旧的因素。影响设备折旧的因素许多是时间的函数，有的是使用情况或业务活动的函数，也有的是时间与使用情况或业务活动两者结合的函数。

在计算与时间有关的设备折旧时，应考虑以下三个因素：设备资产的原值、净残值和折旧年限。

（1）设备资产的原值，一般为购置设备时一次性支付的费用，又称初始费用。设备资产的原值要与发生的时间一并考虑才有意义。

（2）净残值，即设备的残值减去其清理费用以后的余额。设备的残值是指设备报废清理时可供出售的残留部分的价值，可以用作抵补设备原值的一部分。设备资产的清理费用是指设备在清理报废时，因拆除、搬运、整理和办理手续等的各项费用支出。它是设备使用的一种必要的追加耗费。

净残值具有很强的变现能力，设备在不同的使用年限末报废则具有不同的净残值。这里，应该注意净残值与设备的账面价值的区别。设备的账面价值是依旧保留在企业账册中未摊销的资本成本。这笔款额只不过是过去折旧过程与过去决策的结果。因此，账面价值不是市场价值，不是资产变为现金的价值，只是会计账册上的"虚构"值。

（3）折旧年限，即按财政部规定的折旧率每年提取折旧，使设备的账面价值为零所需要的时间，一般根据设备的材料质量和属性、每日开工时间、负荷大小、化学侵蚀程度、维护修理质量等工艺技术和使用条件，以及技术进步等无形损耗的因素和设备的自然寿命、技术寿命、经济寿命等因素确定。此外，还应考虑到正常的季节性停歇和大修理所需的时间等因素的影响。

2. 设备折旧的计算方法

1) 年限平均法

年限平均法是典型的正常折旧的方法，是在设备资产估算的折旧年限里按期平均分摊资产价值的一种计算方法，即对资产价值按时间单位等额划分。这是最简单与最普遍应用的方法，也是我国多年使用的传统方法。年折旧率及年折旧额的计算公式分别如式(11.1)及式(11.2)所示：

$$年折旧率 = \frac{1-预计净残值率}{折旧年限} \times 100\% \tag{11.1}$$

$$年折旧额 = 设备资产原值 \times 年折旧率 \tag{11.2}$$

【例 11-1】 某设备的资产原值为 16 000 元，估计报废时的残值为 2 200 元，折旧年限为 6 年。试用直线折旧法计算其年折旧额和折旧率。

解：$年折旧率 = \frac{1-预计净残值率}{折旧年限} \times 100\% = \frac{1-\frac{2\,200}{16\,000}}{6} \times 100\% = 14.375\%$

$年折旧额 = 设备资产原值 \times 年折旧率 = 16\,000 \times 14.375\% = 2\,300(元)$

年限平均法在设备折旧期内使用情况基本相同、经济效益基本均衡时应用比较合理。但是，这种方法没有考虑设备和折旧额的资金时间价值，也没有考虑新、旧设备价值在产出上的差异，有一定的片面性。

2) 工作量法

工作量法分两种，一是按行驶里程计算折旧，二是按照工作小时计算折旧，计算公式为

按照行驶里程计算折旧的公式如式(11.3)及式(11.4)所示：

$$单位里程折旧额 = \frac{原值 \times (1-预计净残值率)}{总行驶里程} \tag{11.3}$$

$$年折旧额 = 单位里程折旧额 \times 年行驶里程 \tag{11.4}$$

按照工作小时计算折旧的公式如式(11.5)及式(11.6)所示：

$$每工作小时折旧额 = \frac{原值 \times (1-预计净残值率)}{总工作小时} \tag{11.5}$$

$$年折旧额 = 每工作小时折旧额 \times 年工作小时 \tag{11.6}$$

3) 双倍余额递减法

双倍余额递减法，是在不考虑固定资产预计净残值的情况下，根据每年年初固定资产净值和双倍的直线法折旧率计算固定资产折旧额的一种方法。应用这种方法计算折旧额时，由于每年年初固定资产净值没有扣除预计净残值，所以在计算固定资产折旧额时，应在其折旧年限到期前两年内，将固定资产的净值扣除预计净残值后的余额平均摊销。计算公式如式(11.7)及式(11.8)所示：

$$年折旧率 = \frac{2}{折旧年限} \times 100\% \quad (11.7)$$

$$年折旧额 = 固定资产原值 \times 年折旧率 \quad (11.8)$$

【例 11-2】 乙公司有一台机器设备原价为 600 000 元，预计使用寿命为 5 年，预计净残值率为 4%。按双倍余额递减法计算折旧，试计算每年折旧额。

解： 年折旧率 = 2/5 = 40%

第一年应提的折旧额 = 600 000 × 40% = 240 000(元)

第二年应提的折旧额 = (600 000 − 240 000) × 40%
= 144 000(元)

第三年应提的折旧额 = (360 000 − 144 000) × 40%
= 86 400(元)

从第四年起改按年限平均法(直线法)计提折旧：

第四、五年应提的折旧额 = (129 600 − 600 000 × 4%)/2
= 52 800(元)

4) 年数总和法

年数总和法，是将固定资产的原价减去预计净残值后的余额，乘以一个以固定资产尚可使用寿命为分子，以预计使用寿命逐年数字之和为分母的逐年递减的分数计算每年的折旧额。计算公式如式(11.9)及式(11.10)所示：

$$年折旧率 = \frac{折旧年限 - 已使用年数}{折旧年限 \times (折旧年限 + 1) \div 2} \times 100\% \quad (11.9)$$

$$年折旧额 = (固定资产原值 - 预计净残值) \times 年折旧率 \quad (11.10)$$

【例 11-3】 承例 11-2，采用年数总和法计算各年折旧额，见表 11-1。

表 11-1 各年折旧额计算表

年份	尚可使用寿命/年	原值−净残值/元	年折旧率	每年折旧额/元	累计折旧/元
1	5	57 600	5/15	192 000	192 000
2	4	57 600	4/15	153 600	345 600
3	3	57 600	3/15	115 200	460 800
4	2	57 600	2/15	76 800	537 600
5	1	57 600	1/15	38 400	576 000

11.3 设备更新的经济分析

11.3.1 设备更新的概念

设备更新源于设备的磨损，是对设备磨损的补偿方式。从广义上而言，设备更新包括设备修理、现代化改装和设备更换。从狭义上而言，设备更新是指对在用设备的整体更换，也就是用原型新设备或结构更加合理、技术更加完善、性能和生产效率更高、比较经济的新型设备来更换已经陈旧、在技术上不能继续使用或在经济上不宜继续使用的旧设备。就实物形态而言，设备更新是用新的设备替换陈旧落后的设备；就价值形态而言，设备更新是设备在运动中消耗掉的价值的重新补偿。设备更新是消除设备有形磨损和无形磨损的重要手段，目的是为了提高企业生产的现代化水平，尽快地形成新的生产能力。

11.3.2 设备寿命

设备寿命是指设备投入生产开始，经过有形磨损和无形磨损，直到在技术上或经济上不宜继续使用，需要进行更新所经历的时间。设备的寿命，由于研究角度不同其含义也不同，在对设备更新进行经济分析时需加以区别。设备寿命一般有以下四种：

1. 自然寿命

设备的自然寿命又称物质寿命，是指设备从投入使用开始，直到因物质磨损而不能继续使用、报废为止所经历的全部时间。这主要是由设备的有形磨损决定。搞好设备维修和保养可延长设备的物质寿命，但不能从根本上避免设备的磨损。任何一台设备磨损到一定程度时，都必须进行更新。因为随着设备使用时间的延长，设备不断老化，维修所支出的费用也逐渐增加，从而出现恶性使用阶段，即经济上不合理的使用阶段。因此，设备的自然寿命不能成为设备更新的估算依据。

2. 技术寿命

由于科学技术迅速发展，一方面，对产品的质量和精度的要求越来越高；另一方面，也不断涌现出技术上更先进、性能更完美的机械设备，这就使得原有设备虽还能继续使用，但已不能保证产品的精度、质量和技术要求而被淘汰。因此，设备的技术寿命就是指设备从投入使用到因技术落后而被淘汰所延续的时间。由此可见，技术寿命主要是由设备的无形磨损决定，一般比自然寿命要短，而且科学技术进步越快，技术寿命越短。所以，在估算设备寿命时，必须考虑设备技术寿命期限的变化特点及其使用的制约或影响。

3. 经济寿命

设备的经济寿命是指设备从投入使用开始，到因继续使用在经济上不合理而被更新所经历的时间。经济寿命是由维护费用的提高和使用价值的降低决定的。设备使用年限越长，每年所分摊的设备购置费（年资本费或年资产消耗成本）越少。但是随着设备使用年限的增加，一方面需要更多的维修费维持原有功能；另一方面机器设备的操作成本及原材料、能源耗费也会增加，年运行时间、生产效率、质量将下降。因此，年资产消耗成本的降低会被年度运行成本的增加或收益的下降所抵消。在整个变化过程中，年均总成本（或净年值）是时间的函数，这就存在着使用到某一年份，其净年值最高或年均总成本最低。

如图 11.4 所示，在 N_0 年时，净收益年值减去资产消耗年值最大，即净年值最大。

如图 11.5 所示，在 N_0 年时，等值年成本达到最低值。我们称设备从开始使用到其净年值最高（或等值年成本最小）的使用年限 N_0 为设备的经济寿命。所以，设备的经济寿命就是从经济观点（即收益观点或成本观点）确定的设备更新的最佳时刻。

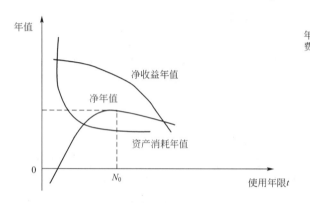

图 11.4　净年值和使用年限的关系

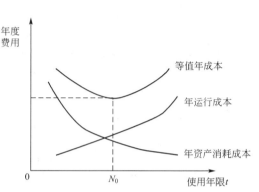

图 11.5　等值年成本与使用年限的关系

4. 折旧寿命

折旧寿命是计算设备折旧的年限，是指使用单位根据中华人民共和国财政部规定的固定资产使用年数提取折旧费的年数。折旧寿命与提取折旧的原则及方法与折旧政策有关。

11.3.3　设备经济寿命的计算

设备年度费用一般包含设备的资金费用和使用费用两部分。设备的资金费用是指设备初始费用扣除设备的残值后，在服务年限内各年的分摊值；使用费用是指设备的年度运行成本（如人工、能源损耗等）和年度维修成本（如维护、修理费用等）。确定设备的经济寿命的方法可以分为静态模式和动态模式两种。

1. 静态模式下设备经济寿命的确定方法

静态模式下，设备经济寿命的确定方法是指在不考虑资金时间价值的基础上计算设备年平均成本 $\overline{C_N}$，使 $\overline{C_N}$ 为最小的 N_0 就是设备的经济寿命。其计算式为

$$\overline{C_N} = \frac{P - L_N}{N} + \frac{1}{N}\sum_{t=1}^{N} C_t \tag{11.11}$$

式中，$\overline{C_N}$——N 年内设备的年平均使用成本；

P——设备目前的实际价值；

C_t——第 t 年的设备运行成本；

L_N——第 N 年末的设备净残值。

其中，$\dfrac{P-L_N}{N}$ 为设备的平均年度资产消耗成本，而 $\dfrac{1}{N}\sum_{t=1}^{N}C_t$ 为设备的平均年度运行成本。

【例 11-4】 某机器设备的原始费用为 15 000 元，估计寿命期 10 年，各年的使用费和年末估计残值见表 11-2，若不考虑资金的时间价值，求该设备的经济寿命。

表 11-2 设备各年的使用费用和估计残值　　　　　　　　　　　单位：元

年份	1	2	3	4	5	6	7	8	9	10
使用费用	2 000	2 400	2 800	3 600	4 400	5 400	6 400	7 600	8 800	10 000
年末残值	11 000	8 000	6 000	4 500	3 500	2 700	2 000	1 400	900	500

解：计算结果见表 11-3。

表 11-3 设备年度费用计算表　　　　　　　　　　　单位：元

年份/t 使用年限/n (1)	使用费用 C_t (2)	残值 L_n (3)	累计使用费用 $\sum_{t=1}^{n}C_t$ (4)=Σ(2)	平均年度资产消耗成本 $P-L$ (5)=15 000−(3)	年度费用 $\overline{C_N}$ (6)=［(5)+(4)］/(1)
1	2 000	11 000	2 000	4 000	6 000
2	2 400	8 000	4 400	7 000	5 700
3	2 800	6 000	7 200	9 000	5 400
4	3 600	4 500	10 800	10 500	5 325
5	4 400	3 500	15 200	11 500	5 340
6	5 400	2 700	20 600	12 300	5 483
7	6 400	2 000	27 000	13 000	5 714
8	7 600	1 400	34 600	13 600	6 025
9	8 800	900	43 400	14 100	6 389
10	10 000	500	53 400	14 500	6 790

从表 11-3 可以看出，该设备的使用年限为 4 年时，其年度费用（即等值年成本）最低，为 5 325 元，故其经济寿命在不考虑资金时间价值的情况下是 4 年。

设备的运营成本包括能源费、保养费、修理费、停工损失、废品损失等。一般而言，随着设备使用期限的增加，年运营成本每年以某种速度在递增，这种运营成本的逐年递增称为设备的劣化。现假定每年运营成本的增量是均等的，即经营成本呈线性增长，如图 11.6 所示。假定运营成本均发生在年末，设每年运营成本增加额为 λ，若设备使用期限为 n 年，则第 n 年时的运营成本为：

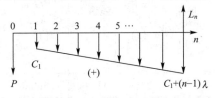

图 11.6 经营成本线性增长示意图

$$C_n = C_1 + (n-1)\lambda \qquad (11.12)$$

式中，C_1 为运营成本的初始值，即第 1 年的运营成本；n 为设备使用年限。

n 年内设备运营成本的平均值为 $C_1 + \dfrac{n-1}{2}\lambda$。

除运营成本外，在年等额总成本中还包括设备的年等额资产恢复成本，其金额为 $\dfrac{P-L_n}{n}$，则年等额总成本的计算公式为

$$AC_n = \dfrac{P-L_n}{n} + C_1 + \dfrac{n-1}{2}\lambda \qquad (11.13)$$

求导得

$$m = \sqrt{\dfrac{2(P-L_n)}{\lambda}} \qquad (11.14)$$

【例 11-5】 设有一台设备，购置费为 8 000 元，预计残值 800 元，运营成本初始值为 600 元，年运行成本每年增长 300 元。求该设备的经济寿命。

解：

$$m = \sqrt{\dfrac{2(8\,000-800)}{300}} = 7$$

该设备的经济寿命为 7 年。

2. 动态模式下设备经济寿命的确定方法

一般情况，设 i 为折现率，其余符号同上，则 n 年内设备的总成本现值为

$$TC_n = P - L_n(P/F, i, n) + \sum_{j=1}^{n} C_j(P/F, i, j) \qquad (11.15)$$

n 年内设备的年等额总成本为

$$AC_n = TC_n(A/P, i, n) \qquad (11.16)$$

特殊情况

$$\begin{aligned} AC_n &= P(A/P, i, n) - L_n(A/F, i, n) + C_1 + \lambda(A/G, i, n) \\ &= [(P-L_n)(A/P, i, n) + L_n \times i] + [C_1 + \lambda(A/G, i, n)] \end{aligned} \qquad (11.17)$$

故，可通过计算不同使用年限的年等额总成本 AC_n 来确定设备的经济寿命。若设备的经济寿命为 m 年，则应满足下列条件：$AC_m \leqslant AC_{m-1}$，$AC_m \leqslant AC_{m+1}$。

【例 11-6】 资料同例 11-4，若基准收益率为 15%，求该设备的经济寿命。

解：根据式(11.15)及式(11.16)，列出计算表 11-4。

表 11-4 设备年度费用计算表　　　　　　　　单位：元

年份/t 使用年限/n (1)	使用费用 C_t (2)	残值 L_n (3)	$(P/F, 15\%, t)$ (4)	使用费用现值 $C_t(P/F, 15\%, t)$ (5)=(2)×(4)	累计使用费用现值 $\sum_{t=1}^{n} C_t \cdot (P/F, 15\%, t)$ (6)=∑(5)	资金费用现值 $P - L_n(P/F, 15\%, n)$ (7)=15 000−(3)×(4)	$(A/P, 15\%, n)$ (8)	年度费用 AC_n (9)=[(6)+(7)]×(8)
1	2 000	11 000	0.869 6	1 739	1 739	5 435	1.150 0	8 250
2	2 400	8 000	0.756 1	1 815	3 554	8 951	0.615 1	7 692

(续)

年份/t 使用年限/n (1)	使用费用 C_t (2)	残值 L_n (3)	$(P/F, 15\%, t)$ (4)	使用费用现值 $C_t(P/F, 15\%, t)$ (5)=(2)×(4)	累计使用费用现值 $\sum_{t=1}^{n} C_t \cdot (P/F, 15\%, t)$ (6)=∑(5)	资金费用现值 $P-L_n(P/F, 15\%, n)$ (7)=15 000−(3)×(4)	$(A/P, 15\%, n)$ (8)	年度费用 AC_n (9)=[(6)+(7)]×(8)
3	2 800	6 000	0.657 5	1 841	5 395	11 055	0.438 0	7 205
4	3 600	4 500	0.571 8	2 058	7 453	12 427	0.350 3	6 963
5	4 400	3 500	0.497 2	2 188	9 641	13 260	0.298 3	6 832
6	5 400	2 700	0.432 3	2 335	11 975	13 833	0.264 2	6 819
7	6 400	2 000	0.375 9	2 406	14 381	14 248	0.240 4	6 881
8	7 600	1 400	0.326 9	2 484	16 866	14 542	0.222 9	6 999
9	8 800	900	0.284 3	2 502	19 367	14 744	0.209 6	7 149
10	10 000	500	0.247 2	2 472	21 839	14 876	0.199 3	7 316

从表 11-4 可以看出，该设备的使用年限为 6 年时，其年度费用（即等值年成本）最低，为 6 819 元，故其经济寿命在考虑资金的时间价值，基准收益率为 15% 的情况下是 6 年。

一般在下面两种特殊情况下，经济寿命的计算就非常简单。第一种情况是如果设备的现在价值与未来任何时候估计残值相等，年度使用费逐年递增，使用一年时设备的年度费用最低，所以经济寿命一般假设为一年。第二种情况是如果设备在物质寿命期间，年度使用费固定不变，不同时期退出使用的估计残值也相同，设备使用越长，分摊的年度费用越小，则经济寿命等于服务寿命。

11.3.4 设备更新方案的综合比较

1. 设备更新决策的原则

由设备磨损形式与其补偿方式的相互关系可以看出，设备更新经济分析大部分可归结为互斥方案比较问题，但由于设备更新的特殊性，设备更新经济分析具有其自身的特点和原则。

（1）不考虑沉没成本。沉没成本是过去发生的对现在决策没有影响的成本。因此在设备更新时，旧设备的原始成本和已提的折旧额都是无关的，在进行方案时，原设备的价值按目前价值计价。

（2）不按方案的直接现金流量进行比较，而应从客观的立场比较。新旧设备的经济效益比较分析时，分析者以一个客观的身份进行研究，而不应在原有现状上进行主观分析。所谓客观立场就是分析者无论取得新设备还是使用原有的旧设备都要假设按照市场价格付出一定的代价。只有这样才能客观地、正确地描述新旧设备的现金流量。

(3) 假定设备的收益相同，方案比选时只对其费用进行比较。这样做主要基于两点：一是企业使用设备的目的和要求是确定的，选择不同的设备均应达到共同的效用，取得相同的收益；二是只比较费用可以减少经济分析的工作量。

(4) 不同设备方案的使用寿命不同，常采用计算年度费用进行比较。这是因为对于寿命期不同的互斥方案，比较时计算年度费用可以大大减少计算工作量。

【例 11-7】 某设备在 4 年前以原始费用 2 200 元购置，估计可以使用 10 年，第 10 年年末估计净残值为 200 元，年使用费用为 750 元，目前的售价是 600 元。现在市场上同类机器的原始费用为 2 800 元，估计可以使用 10 年，第 10 年年末的净残值为 300 元，年使用费用 400 元。现有两个方案：方案一是继续使用旧设备，方案二是把旧设备出售，然后购买新设备。已知基准折现率为 10%，比较这两个方案的优劣。

解：（1）按两个方案的直接现金流量（从旧设备所有者角度分析），如图 11.7 所示。

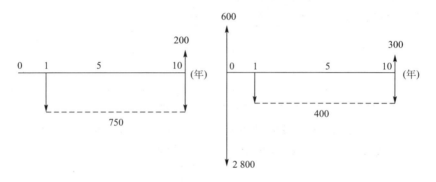

图 11.7　两个方案的直接现金流量比较（错误解法）

两种方案的年费用分别为

$AC(10\%)_{旧} = 750 - 200(A/F, 10\%, 6) = 724.078(元)$

$AC(10\%)_{新} = 400 + (2\,800 - 600)(A/P, 10\%, 10) - 300(A/F, 10\%, 10) = 739.225(元)$

$AC(10\%)_{旧} < AC(10\%)_{新}$，因此应保留旧设备。

注意，把旧设备的售价作为新设备的收入显然是不妥的，因为这笔收入不是新设备本身所拥有的。

（2）正确的现金流量（从客观的角度分析），如图 11.8 所示。

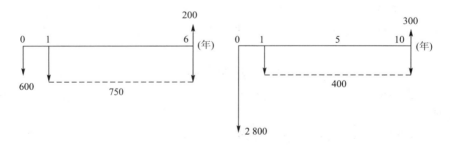

图 11.8　两个方案的直接现金流量比较（正确解法）

两种方案的年费用分别为

$$AC(10\%)_{旧}=600(A/P,10\%,6)+750-200(A/F,10\%,6)=861.844(元)$$
$$AC(10\%)_{新}=2\,800(A/P,10\%,10)+400-300(A/F,10\%,10)=836.875(元)$$

因此正确的结论是应当更新。

在这个题目中应当注意两点：①旧设备方案中的期初投资是600元，而不是2200元，也不是旧设备的账面价值$2\,200-4\times200=1\,400$(元)。沉没成本在更新决策中是不应考虑的。②新旧设备的经济效益比较应站在一个客观的立场，600元应是旧设备的现金流出，而非新设备的现金流入。

2. 设备更新的经济决策

设备更新经济分析就是确定正在使用的设备是否应该以及什么时候应该用更经济的设备来替代或者改进现有设备。设备更新有两种情况：

（1）有些设备在其整个使用期内并不会过时，即在一定时期内还没有更先进的设备出现。在这种情况下，设备在使用过程避免不了有形磨损的作用。结果引起设备的维修费用，特别是大修理费以及其他运行费用的不断增加，这时立即进行原型设备的更新，更新的时间由该设备的经济寿命决定，即当设备运行到设备的经济寿命时即进行更新。

（2）在技术不断进步的条件下，由于无形磨损的作用，很可能在设备尚未使用到其经济寿命期，就已出现了重置价格很低的同型设备或工作效率更高和经济效益更好的更新型的同类设备，这时就要分析继续使用原设备和购置新设备的两种方案，进行选择，确定设备是否更新。

1）因过时而发生的更新

因过时而发生的更新主要是无形磨损作用的结果，人们可能会因为新设备的购置费用较大，而会趋向于保留现有设备。然而新设备将带来运营费用、维修费用的减少以及产品质量的提高。设备更新的关键是，新设备与现有设备相比的节约额可能比新设备投入的购置费用的价值要大。

在设备更新分析中，对现有设备要注意的一个重要的问题，就是现有设备的最初购置费以及会计账面余值，从经济分析的角度来看，高于现有的已使用若干年的设备的转让价格，或购置这样的使用若干年的同样设备的价格。这是因为，以前购置费及其会计折旧的账面余值，都是在新设备出现以前所确定的现有设备价值，新设备的出现，必然使得现有设备过时，并降低其价值。

【例11-8】 某企业5年前用10 000元购买了一设备，目前估计价值为3 000元。现在又出现了一种改进的新型号，售价为12 500元，寿命为8年，其运营费用低于现有设备。新、旧设备各年的残值(当年转让或处理价格)及使用费用见表11-5。若基准收益率$i_0=15\%$。

表11-5 新、旧设备的费用   单位：元

年份	旧设备		新设备	
	使用费用 M_t	残值 L_n	使用费用 M_t	残值 L_n
1	2 000	1 500	500	9 000
2	3 000	700	800	8 000
3	4 000	300	1 100	7 000

(续)

年份	旧设备		新设备	
	使用费用 M_t	残值 L_n	使用费用 M_t	残值 L_n
4			1 400	6 000
5			1 700	5 000
6			2 100	4 000
7			2 700	3 000
8			3 300	2 000

（1）若企业该种设备只需要使用 3 年，问是否需更新，何时更新？

（2）若企业在较长时间内需使用该种设备，问是否需要更新，何时更新？

解：（1）企业该种设备只需要使用 3 年。

画出新旧设备接续使用方案组合示意图，见图 11.9。

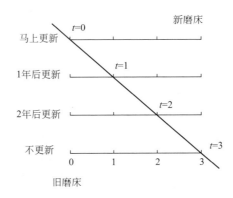

图 11.9 例 11-8 设备接续使用方案组合示意图（1）

计算各方案费用年值：

$AC(15\%)_{马上更新} = [12\,500 + 500(P/F, 15\%, 1) + 800(P/F, 15\%, 2) +$
$\qquad (1\,100 - 7\,000)(P/F, 15\%, 3)](A/P, 15\%, 3)$
$\qquad = 4\,231(元)$

$AC(15\%)_{1年后更新} = [3\,000 + (2\,000 - 1\,500 + 12\,500)(P/F, 15\%, 1) +$
$\qquad 500(P/F, 15\%, 2) + (800 - 8\,000)(P/F, 15\%, 3)]$
$\qquad (A/P, 15\%, 3)$
$\qquad = 4\,357(元)$

$AC(15\%)_{2年后更新} = [3\,000 + 2\,000(P/F, 15\%, 1) + (3\,000 - 700 + 12\,500)$
$\qquad (P/F, 15\%, 2) + (500 - 9\,000)(P/F, 15\%, 3)](A/P, 15\%, 3)$
$\qquad = 4\,529(元)$

$AC(15\%)_{不更新} = [3\,000 + 2\,000(P/F, 15\%, 1) + 3\,000(P/F, 15\%, 2) +$
$\qquad (4\,000 - 300)(P/F, 15\%, 3)](A/P, 15\%, 3)$
$\qquad = 4\,135(元)$

设备在不更新的时候费用年值最小,为 4 135 元,所以,旧设备还可使用 3 年,不需要更新设备。

(2) 企业在较长时间内需使用该种设备。

首先,根据新设备的相关数据,算出其经济寿命,见表 11-6。

表 11-6 新设备经济寿命计算表　　　　　　　　　　单位:元

年份/t 使用年限/n (1)	使用费用 M_t (2)	残值 L_n (3)	$(P/F, 15\%, t)$ (4)	使用费用现值 $M_t \cdot (P/F, 15\%, t)$ (5)=(2)×(4)	累计使用费用现值 $\sum_{t=1}^{n} M_t \cdot (P/F, 15\%, t)$ (6)=∑(5)	资金费用现值 $K_0-L_n \cdot (P/F, 15\%, t)$ (7)=12 500-(3)×(4)	$(A/P, 15\%, n)$ (8)	年度费用 C_n (9)=[(6)+(7)]×(8)
1	500	9 000	0.869 6	435	435	4 674	1.150 0	5 875
2	800	8 000	0.756 1	605	1 040	6 451	0.615 1	4 608
3	1 100	7 000	0.657 5	723	1 763	7 897	0.438 0	4 231
4	1 400	6 000	0.571 8	800	2 563	9 069	0.350 3	4 075
5	1 700	5 000	0.497 2	845	3 409	10 014	0.298 3	4 004
6	2 100	4 000	0.432 3	908	4 317	10 771	0.264 2	3 987
7	2 700	3 000	0.375 9	1 015	5 332	11 372	0.240 4	4 015
8	3 300	2 000	0.326 9	1 079	6 410	11 846	0.222 9	4 068

从表 11-6 可以看出,新设备使用 6 年,等值年度费用最小,为 3 987 元,因此其经济寿命为 6 年。

其次,画出设备接续使用方案组合示意图,如图 11.10 所示。

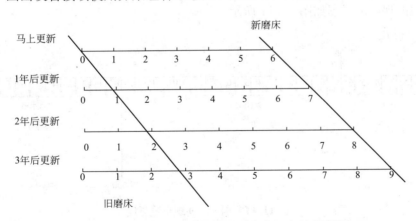

图 11.10　例 11-8 设备接续使用方案组合示意图(2)

最后,计算各方案的费用年值:

$AC(15\%)_{马上更新} = 3\ 987(元)$

$AC(15\%)_{1年后更新} = \{3\ 000 + [2\ 000 - 1\ 500 + 3\ 987(P/A, 15\%, 6)] \times (P/F, 15\%, 1)\}$

$(A/P, 15\%, 7)$

$= 3\,979(元)$

$AC(15\%)_{2年后更新} = \{3\,000 + 2\,000(P/F, 15\%, 1) + [3\,000 - 700 + 3\,987(P/A, 15\%, 6)](P/F, 15\%, 2)\}(A/P, 15\%, 8)$

$= 3\,986(元)$

$AC(15\%)_{3年后更新} = \{3\,000 + 2\,000(P/F, 15\%, 1) + 3\,000(P/F, 15\%, 2) + [4\,000 - 300 + 3\,987(P/A, 15\%, 6)](P/F, 15\%, 3)\}(A/P, 15\%, 9)$

$= 4\,058(元)$

$AC(15\%)_{1年后更新} = 3\,979$ 元，最小，所以，应当在使用 1 年后更新，即第 2 年更新。

2) 由于能力不足而发生的更新

当运行条件发生变化时，现有设备可能会出现生产能力不足的问题：一是老设备留着备用或转让；二是现有设备继续保持使用，同时再购买一台附加的新设备，或对现有设备进行改进，以满足生产能力的需要。

【例 11 - 9】 某厂 6 年前花 8 400 元购置了设备 A，当时估计其寿命为 12 年，残值为 1 200 元，年使用费基本保持在 2 100 元。现在机器 A 加工的零件供不应求，为解决这个问题，有如下两个方案：

(1) 购进与设备 A 完全相同的 A 型机器，现购买价为 9 600 元，寿命期和年使用费与 A 相同，残值为 1 600 元。

(2) 现在设备 A 可折价 3 000 元转让，再购进加工相同零件的 B 型机器，生产能力是 A 型的 2 倍，购置费为 17 000 元，寿命期为 10 年，年使用费基本稳定在 3 100 元，残值估计为 4 000 元。

设基准收益率 $i_0 = 10\%$，试比较选择更新方案。

解： 一个方案是以 3 000 元的机会成本使用旧的 A 型机器加以 9 600 元购置新的 A 型机器，第二个方案是花 17 000 元购置一台 B 型机器。

两方案的现金流量图如图 11.11 所示。

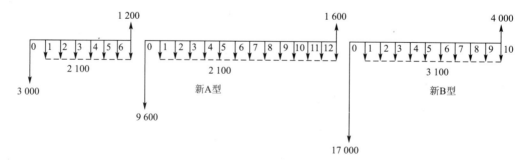

图 11.11 例 11 - 9 现金流量图

分别计算方案(1)和方案(2)的费用年值。

$AC(10\%)_1 = (3\,000 - 1\,200)(A/P, 10\%, 6) + 1\,200 \times 10\% + 2\,100 + (9\,600 - 1\,600)(A/P, 10\%, 12) + 1\,600 \times 10\% + 2\,100$

$= 6\,067(元)$

$$AC(10\%)_2 = (17\,000 - 4\,000)(A/P, 10\%, 10) + 4\,000 \times 10\% + 3\,100$$
$$= 5\,615(元)$$

$AC(10\%)_1 > AC(10\%)_2$，因此应该选择方案(2)，即将 A 型机器折价 3 000 元处理，购入 B 型机器。

3. 设备大修理经济分析

1) 设备大修理概述

设备是由不同材质的众多零部件组成的。这些零部件在设备中各自承担着不同的功能，工作条件也各不相同。在设备使用过程中，零部件遭受的有形磨损是非均匀性的。在任何条件下，机器制造者都不可能制造出各个组成部分的寿命期限完全一样的机器，通常，在设备的实物构成中总有一部分是相对耐久的（机座、床身等），而另外的部分则易于损坏。

在实践中，通常把为保持在平均寿命期限内的完好使用状态而进行的局部更换或修复工作叫做维修。维修的目的是消除设备的经常性的有形磨损和消除机器运行遇到的各种故障，以保证设备在其寿命期内保持必要的性能（如生产能力、效率、精度等），发挥正常的效用。

维修按其经济内容可分为日常维护和计划修理（小修理、中修理、大修理）等几种形式。日常维护是指与拆除和更换设备中被磨损的零部件无关的一些维修内容，诸如设备的润滑与保洁，定期检验与调整，消除部分零部件的磨损等。小修就是对设备进行局部检修，更换或修复少量的磨损零件，排除故障，清洗设备，调整机构，保证设备能正常使用到下次计划修理时间。中修就是更换和修复部分的磨损零件（包括少数主要零部件），使修理的部分达到规定的精度、性能和工作效率，保证设备能够使用到下次中修或大修时间。大修就是要更换和修复全部磨损的零部件，修理基础零件，排除一切故障，全面恢复和提高设备的原有性能，以达到设备原有出厂水平。

由于磨损是非均匀性的，大修理能够利用被保留下来的零部件，比购买新设备花的钱少些，这就是大修理存在的经济前提，并且使设备的使用期限得到延长。虽然设备大修理对保持其在使用过程中的工作能力是非常必要的，但长期无休止地进行大修理也会引起很多弊端，其中最显然的是对技术上陈旧的设备，长期修理在经济上是不合理的，大修成本一次比一次高，效率越来越低，性能越来越差，设备的使用费用也会越来越高。因此必须掌握好设备进行大修理的限度。

在作大修理决策时，还应注意以下两点：一是尽管要求大修理过的设备达到出厂水平，但实践上大修理过的设备不论从生产率、精度、速度等方面，还是从故障的频率、有效利用率等方面，都不如用同类型的新设备。大修后设备的综合质量会有某种程度的降低，这是客观事实（图 11.12）。二是大修理的周期会随着设备使用时间的延长而越来越短。假如新设备投入使用到第一次大修理的间隔期定为 6～8 年，那么第二次大修理的间隔期就可能降至 4～6 年，也就是说，大修理间隔期会随着修理次数增加而缩短，从而也使大修理的经济性逐步降低。

图 11.12 中 OA 表示设备标准性能（初期效率）线。事实上，设备在使用过程中其性能或效率是沿 AB_1 线下降的。如果不及时修理，设备的寿命一定很短。如果在 B_1 点（即到

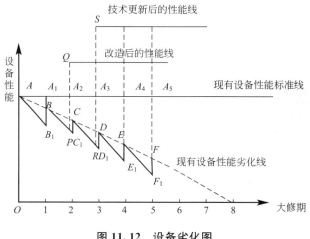

图 11.12 设备劣化图

第一个大修期限)时就进行大修,其性能恢复到 B 点。自 B 点开始起用,其性能又继续劣化到 C_1 点(即第二个大修期),再进行第二次大修,其性能又恢复到 C 点。这样,经过一次次大修,其性能虽然能恢复到某种要求,但它难以恢复到原来(标准)的性能。可以看出,设备性能的劣化随着使用时间的延长而增加;设备大修费用是随着性能的劣化程度的增加而增加的。

长期无止境地修理,设备性能随修理次数越来越低且设备维修费用越来越高,随性能的降低各种消耗随之增加,在经济上不合理,同时严重阻碍了技术进步。因此必须打破传统观念,不能只靠修理或大修理来维持生产,应对设备修理进行经济分析,依靠技术进步来发展生产。

2) 确定设备大修理的经济判据

设备大修理经济与否要进行具体分析。一般而言,大修理应满足下列条件中的一个或两个。

(1) $$R+L_0<K_{n0} \tag{11.18}$$

式中,R——大修理费用;

L_0——旧设备的残值;

K_{n0}——新置设备的价值。

即大修理费用 R 小于新置设备的价值 K_0 扣除其 L_n 残值的费用,则大修理合理。

(2) $$C_1>C_0 \tag{11.19}$$

式中,C_1——新设备的单位产品成本;

C_0——旧设备大修理后的单位产品成本。

即大修理后的单位产品成本小于使用新设备的单位产品成本,则大修理合理。

应注意的是,利用上式进行判断时要求大修后的设备在技术性能上与同种新设备的性能大致相同时,才能成立,否则不如把旧设备卖掉,购置新设备使用。

【例 11-10】 某厂有一台设备已使用 5 年,拟进行一次大修,预计费用为 5 000 元,大修前残值为 3 000 元,大修后增至 6 400 元。大修后每年生产 10 万件产品,年运行成本为 31 000 元。4 年后再大修,这时设备的残值为 2 000 元。新设备的价值 28 000 元,预计使用 5 年后进行一次大修,此时残值为 5 000 元,期间每年生产 12 万件产品,年运行成本为 30 000 元,基准收益率 $i_0=10\%$,问大修是否合理。

解:从客观立场上看,该设备的第一次大修理后使用的代价为旧设备的残值 3 000 元,加上大修理费 5 000 元,合计 8 000 元,因此大修理后设备的初始费用取为 8 000 元,小于更换新设备的投资费用 28 000 元,按大修最低经济界限条件,因此满足大修理最低经济界限条件。

旧设备单位产品成本:

$$C_0=\frac{[8\,000-2\,000(P/F,10\%,4)](A/P,10\%,4)+31\,000}{10}=3\,309(元/万件)$$

新设备单位产品成本:

$$C_1=\frac{[28\,000-5\,000(P/F,10\%,5)](A/P,10\%,5)+30\,000}{12}=3\,047(元/万件)$$

由于 $C_0>C_1$,所以应当更换新设备。

设备磨损可以通过设备大修理来进行补偿,但是也不能无止境地一修再修,应有其技术经济界限。在下列情况下,设备必须进行更新。

(1) 设备役龄长,精度丧失,结构陈旧,技术落后,无修理或改造价值的。
(2) 设备先天不足,粗制滥造,生产效率低,不能满足产品工艺要求,且很难修好。
(3) 设备技术性能落后,工人劳动强度大,影响人身安全的。
(4) 设备严重"四漏",能耗高,污染环境的。
(5) 一般经过三次大修,再修理也难恢复出厂精度和生产效率,且大修理费用超过设备原值的 60% 以上的。

4. 设备现代化改装经济分析

1) 设备现代化改装的概念

所谓设备的现代化改装,是指应用现代的技术成就和先进经验,适应生产的具体需要,改变现有设备的结构,提高现有设备的技术性能,使之全部达到或局部达到新设备的水平。设备现代化改装是克服现有设备的技术陈旧状态,消除因技术进步而导致的无形磨损,促进技术进步的方法之一,也是扩大设备的生产能力,提高设备质量的重要途径。

现有设备通过现代化改装在技术上可以做到:①提高设备所有技术特性使之达到现代新设备的水平;②改善设备某些技术特性,使之局部达到现代新设备的水平;③使设备的技术特性得到某些改善。

现代化改装属于广义更新概念的范围,不同于其他更新形式的是,现代化改装是在企业内部自主完成的,更重要的是现代化改装只是对设备的局部进行更新,而不改变主体的基本结构和技术性能。因此,现代化改装具有针对性强、适应性广的特点,而且一般情况下投入的资金比较少,而带来的收益和效益却比较显著,在设备更新中,现代化改装的形式比较容易被接受和使用。

现代化改装的具体方式有对原有设备的零部件进行更新;安装新的装置;增加新的附件等。在某些情况下,改装后的设备适应生产需要的程度和技术特性可以超过新设备,因此其

在经济上有很大的优越性，特别是在目前更新资金有限的情况下，更具有重要的现实意义。

2) 现代化改装的经济性决策

设备现代化改装在进行经济性决策时，所要考虑的问题与设备更新决策极为相似，就是在两个或两个以上的设计和实施方案中确定一个最佳方案。总费用现值最小的方案，就是最优方案。

3) 现代化改装、大修与更新的比较

在一般情况下，与现代化改装并存的可行方案有旧设备原封不动地继续使用；对旧设备进行大修理；用相同结构新设备更换旧设备或用效率更高、结构更好的新设备更换旧设备。决策的任务就在于从中选择总费用现值最小的方案。公式如下：

旧设备： $$PC_w = \frac{1}{\beta_0}\left[K_{w0} - L_{wn}(P/F,i,n) + \sum_{t=1}^{n} M_{wt}(P/F,i,t)\right] \quad (11.20)$$

新设备： $$PC_n = \frac{1}{\beta_n}\left[K_{n0} - L_{nn}(P/F,i,n) + \sum_{t=1}^{n} M_{nt}(P/F,i,t)\right] \quad (11.21)$$

大修理： $$PC_r = \frac{1}{\beta_r}\left[K_{w0} - K_{r0} - L_{rn}(P/F,i,n) + \sum_{t=1}^{n} M_{rt}(P/F,i,t)\right] \quad (11.22)$$

现代化改装： $$PC_m = \frac{1}{\beta_m}\left[K_{w0} + K_{m0} - L_{mn}(P/F,i,n) + \sum_{t=1}^{n} M_{mt}(P/F,i,t)\right]$$

$$(11.23)$$

式中，PC_w，PC_n，PC_r，PC_m——分别为使用旧设备、更新、大修理、现代化改装的总费用现值；

K_{w0}——旧设备当前的重置价值；

K_{n0}，K_{r0}，K_{m0}——分别为更新、大修理、现代化改装的投资；

L_{wn}，L_{nn}，L_{rn}，L_{mn}——分别为使用旧设备、更新、大修理、现代化改装后 n 年的、值；

M_{wt}，M_{nt}，M_{rt}，M_{mt}——分别为使用旧设备、更新、大修理、现代化改装后第 t 年的使用、用；

β_0，β_n，β_r，β_m——分别为使用旧设备、更新、大修理、现代化改装后生产效率系数。

11.4 设备租赁的经济分析

11.4.1 设备租赁的概述

设备租赁是指在一定期限内，出租房按照租赁契约的规定，将设备的使用权出让给承租方，并以租金的形式收取一定的报酬，设备所有权不发生改变，仍归出租方所有。对于承租人而言，设备租赁可以减少设备占用资金，保持企业资金良好的流动性，设备利用较为灵活，减少企业技术落后的风险。但是承租方只有设备的使用权，设备租赁的总费用比购置设备费用高，租赁合同规定严格，毁约要赔偿损失。

11.4.2 租赁的方式

经营租赁是指由出租方除向承租方提供租赁物外，还承担设备的保养、维修、老化、贬值等费用以及不再续租的风险。换言之，租赁双方均可以随时通知对方在规定时间内取消或终止租约。这种租赁方式具有可撤销性、期限较短、非全额清偿的特点，因此租金较高。对于技术更新较快、租期较短的设备承租者往往采用这种方式。

融资租赁是一种融资和融物相结合的租赁方式。它是由双方明确租让的期限和付费义务，出租方按照契约提供规定的设备，然后以租金形式回收设备的全部资金。出租方对设备的整机性能、维修保养、老化风险等不承担责任。对于承租方而言，融资租入的设备属于固定资产，可以计提折旧计入企业成本，而租赁费一般不直接列入企业成本，由企业税后支付。但租赁费中的利息和手续费可计入企业成本，作为纳税所得额中准予扣除的项目。这种租赁方式具有不可撤销性、租期较长、全部清偿的特点。

11.4.3 租赁的决策方法

企业获得设备的两种基本形式：租赁和购买。如何决策这个问题呢？最直接的方法就是将租赁成本和购买成本进行比较。

租赁成本包括支付的租金和在租赁设备期间为维持设备的正常状态所必须开支的生产运转费用。不同租赁方式，其支出能否全部计入成本而减免税金有不同的结论，其计算净现金流量的方式有些不同。

经营租赁的净现金流量计算公式为

$$\text{净现金流量(经营租赁)} = \text{销售收入} - \text{经营成本} - \text{销售税金及附加} - \text{租金} \\ - (\text{销售收入} - \text{经营成本} - \text{租金} - \text{销售税金及附加}) \times \text{所得税税率} \tag{11.24}$$

融资租赁的净现金流量计算公式为

$$\text{净现金流量(融资租赁)} = \text{销售收入} - \text{经营成本} - \text{销售税金及附加} - \text{租金} - (\text{销售收入} - \text{经营成本} \\ - \text{销售税金及附加} - \text{折旧费} - \text{租赁费中的手续费和利息}) \times \text{所得税税率} \tag{11.25}$$

购买设备，其成本不仅包括设备的价格，还包括使用设备所发生运转费和维修费。由于购买设备的资金可以是自有资金也可以是银行贷款，贷款的利息可以计入成本而减免税金。所以，不同的购买方式其计算净现金流量的方式有些不同：

自有资金购买设备的净现金流量的计算公式为

$$\text{净现金流量(自有资金)} = \text{销售收入} - \text{经营成本} - \text{销售税金及附加} - (\text{销售收入} \\ - \text{销售税金及附加} - \text{经营成本} - \text{折旧费}) \times \text{所得税税率} \tag{11.26}$$

贷款购买设备的净现金流量的计算公式为

$$\text{净现金流量(贷款)} = \text{销售收入} - \text{经营成本} - \text{销售税金及附加} - \text{利息} - (\text{销售收入} - \text{销}$$

售税金及附加－经营成本－折旧费－利息)×所得税税率 (11.27)

本 章 小 结

设备更新的目的是维持生产能力、保证产品质量、降低产品成本、减少能耗。本章主要内容包括设备磨损和寿命形态、设备经济寿命的计算和设备更新方案的经济性分析。

习　题

一、单项选择题

1. 设备的经济寿命是指设备从开始使用到(　　)最小的使用年限。
   A. 年度费用　　　　　　　　　　B. 年度使用费用
   C. 资金恢复费用　　　　　　　　D. 年运营费用
2. 设备更新方案的选择，多为(　　)项目的选择。
   A. 寿命期相同的独立　　　　　　B. 寿命期不同的独立
   C. 寿命期相同的互斥　　　　　　D. 寿命期不同的互斥

二、思考题

1. 什么叫有形磨损？什么叫无形磨损？
2. 设备的物理寿命、技术寿命、折旧寿命和经济寿命分别是指什么？
3. 决定设备经济寿命的因素有哪些？经济寿命如何计算？
4. 设备磨损的补偿主要有哪几种方式，具体内容是什么？
5. 怎样选择设备更新时机？
6. 设备融资租赁和经营租赁的主要区别在哪里？在进行租赁决策分析时应该如何处理？

三、计算题

1. 某设备原始价值 5 500 元，其他数据见表 11-7，试计算其经济寿命周期。

表 11-7　设备各年使用费用与年末残值

年数 项目	1	2	3	4	5	6
使用费用	1 000	1 200	1 500	2 000	2 500	3 000
年末净值	4 000	3 000	2 500	2 000	1 500	1 000

2. 某设备原始价值 62 000 元，其他数据见表 11-8，试计算其经济寿命。若考虑其资金的时间价值(设基准收益率为 10%)，结论又如何？

表 11-8 设备各年使用费用与年末残值

项目 \ 年数	1	2	3	4	5	6	7
使用费用	10 000	12 000	14 000	18 000	22 500	27 500	33 000
年末净值	32 000	17 000	9 500	5 750	4 000	2 000	1 000

3. 某设备现有净值 3 000 元,可继续使用 3 年,届时残值为 0,且 3 年中各年维持费用分别为 1 200 元、1 800 元、2 500 元。现在考虑对该设备采取更新措施,提出大修理、现代化改装和更新三种方案,具体数据见表 11-9。问该设备是否值得采取如下更新措施,若应该更新,在尚须持续 3 年、4 年、5 年或 6 年时,各应选择哪种方案($i=10\%$)。

表 11-9 各方案的原始资料

项目 \ 方式	投资	λ	C_1	L_T					
				1	2	3	4	5	6
大修	5 000	250	500	6 000	5 000	4 000	3 000	2 000	1 000
改装	7 300	120	360	7 000	6 000	5 000	4 000	3 000	2 000
更换	15 650	80	320	8 000	7 000	6 000	5 000	4 000	3 000

4. 设备甲购买于 4 年前,购价为 10 500 元,使用寿命为 10 年,残值为 500 元,年维修费 2 400 元,分 10 年平均折旧。由于成功的营销活动使产品的需求增加了一倍,若购买相同设备价格为 9 000 元,使用寿命及维持费与原设备相同,新设备到期残值仍为 500 元。现有一种设备乙,价格为 25 000 元,生产能力是设备甲的两倍,年维持费为 3 300 元,使用寿命为 12 年,残值为 2 500 元。现在需要决策是买新的甲设备,还是购买乙设备来扩大生产能力,若买设备乙,设备甲可折价 3 000 元,利率为 10%,请选择合理方案。

5. 某企业现正使用的一种旧式水泵决定更新,若购买安装一套原型新水泵需要 1 925 元,每年耗电需要 900 元。现有一种新式水泵购买安装需 2 450 元,电费每年不超过 500 元。以 8 年为分析期,新旧水泵残值均为 0,基准投资收益率为 12%,判断是否应购买新水泵。

6. 某叉车现需要更新或进行修理重新组装。该叉车购于 5 年前,现有净值为 4 000 元,修理重新组装后可使寿命延长 5 年,修理费为 7 500 元/年,燃油费用为 6 000 元/年。若购买新车需要 15 000 元,使用寿命为 10 年,燃油费用比重新组装的旧叉车降低 15%,新车的修理费比重新组装的旧叉车少 1 000 元/年。两车均无残值,利率为 12%,判断应选择哪种叉车。

7. 某灌溉水泵原始价值为 10 000 元,第一年的操作维护费为 4 000 元,此后各年按 0.06 的几何比例增加,基准收益率为 8%,水泵的使用寿命为 4 年,各年净值见表 11-10,试求水泵的经济寿命。

表 11-10 设备各年净值

已使用年限 T	1	2	3	4
设备净值 L_T	6 000	3 500	2 000	500

8. 根据市政建设的需要，某市要求出租车采取公车公营的经营模式。某出租车公司拟与出租车司机制订新的租赁合同，已知该公司购一辆车的价格为 124 000 元，每辆车的运营证费用为 80 000 元，合同期 5 年，基准收益率为 12%，请问每年出租车公司至少要向司机收取多少租金？如果换成每月支付，则租金变化情况如何？

9. 某设备原始价值 9 200 元，使用寿命 8 年，已使用 4 年，当前净值为 5 800 元，估计后 4 年的年维持费为 6 000 元，残值为 1 000 元。现在有一种新设备价格为 14 000 元，年维持费为 4 000 元，使用寿命为 4 年，残值为 3 000 元，如买入新设备，旧设备可以以 3 600 元售出。若基准投资收益率为 15%，判断现在是否应更换设备。

第 12 章 价值工程

学习目标

(1) 掌握价值工程的基本概念及特点。
(2) 掌握功能的定义及其作用。
(3) 掌握功能整理的概念及方法。
(4) 掌握功能评价的定义及评价的方法。
(5) 熟悉价值工程的工作程序。
(6) 熟悉选择对象的原则、方法。
(7) 了解情报的概念、收集情报的原则、内容、方法。
(8) 了解价值工程对象选择的必要性。
(9) 了解创造能力的影响因素。
(10) 了解方案评价的内容。

导入案例

第二次世界大战期间,美国的军事工业发展迅速,军工生产造成原材料供应紧缺,一些重要材料更是不易买到。当时美国通用电气公司汽车装配厂急需一种耐火材料——石棉板,而这种材料属竣工生产用材料,价格高且奇缺。通用电气公司的麦尔斯(Lawrence. D. Miles)工程师负责采购石棉板,面对石棉板价高且难求的状况,麦尔斯想:只要保证材料功能一样,能否用一种价格较低的材料代替石棉板?石棉板在生产中的功能是什么?通过调查,麦尔斯发现:原来汽车装配中的涂料容易漏洒在地板上,根据美国消防法规定,该类企业作业时地板上必须铺上一层石棉板,以防火灾。麦尔斯弄清石棉板的功能后,找到了一种价格便宜且能满足防火功能的防火纸来代替石棉板。经过试用和检验,美国消防部门同意该企业采用这种代用材料。

案例分析:本案例涉及石棉板和防火纸的选择问题,需要考虑各种材料的功能及其形成功能的费用,这正是价值工程的研究内容。

12.1 价值工程基本概念

价值工程(Value Engineering,VE),又称价值分析(Value Analysis,VA),是20世纪40年代后期产生的一门新兴的管理技术。

价值工程的创始人公认是美国工程师麦尔斯。二次世界大战期间,麦尔斯供职于通用电气公司的采购部门,长期负责生产军用产品的原材料采购工作。当时,物资供应十分紧张,通用电气公司生产军工产品所需的原材料十分紧缺,价格也不断上涨,因而采购工作十分困难。麦尔斯从多年采购工作实践中,逐步摸索到短缺材料可以寻找相同功能者作"代用品"的经验,又进一步概括为"代用品方法"认为购买材料的目的是为了获得某种功能而不是材料本身,所以只要满足功能,就可以选用购买得到的或较为便宜的材料,代替原设计指定的材料。通过一系列成功的实践活动,麦尔斯总结出一套在保证同样功能的前提下降低成本的比较完整的科学方法,并将其定名为"价值分析",著文在《美国机械师》杂志上发表。以后,随着研究内容的不断丰富与完善,其研究领域也从材料代用逐步推广到产品设计、生产、工程、组织、服务等领域,形成了一门比较完整的科学体系——价值工程。

价值工程与一般的投资决策理论不同。一般的投资决策理论研究的是项目的投资效果,强调的是项目的可行性,而价值工程是研究如何以最少的人力、物力、财力和时间获得必要的功能的技术经济分析方法,强调的是产品的功能分析和功能改进,我们在学习价值工程的有关内容时,应该充分注意到这一点。

12.1.1 概念

按照国家标准局发布的国标《价值工程基本术语和一般工作程序》(GB 8223—87)的定义,价值工程定义为通过各相关领域的协作,对所研究对象的功能与费用进行系统分析,不断创新,旨在提高所研究对象价值的思想方法和管理技术。价值工程,就是以最低的寿命周期成本实现一定的产品或作业的必要功能,而致力于功能分析的有组织的活动。价值工程这一定义,涉及价值工程的三个基本概念,即价值、功能和寿命周期成本。

1. 价值

从消费者的角度看,在消费活动中只关心两个问题:其一,它(消费对象)能否满足需要;其二,得到这样的满足需要付出多大的代价。综合评价就是值不值得。这里的值得就是价值工程中价值的含义。第一个问题是效用问题,第二个问题是付出的代价问题。同样,从生产者(销售者)的角度也有相同这样两个问题,第一个是收益问题,第二个是成本问题。消费者和生产者的这两个问题都体现在消费(生产)对象即产品上。因此可以定义产品的价值为产品所具有的功能与成本之比。价值的表达式为

$$V = \frac{F}{C} \tag{12.1}$$

式中,V(value)——研究对象的价值;
F(function)——研究对象的功能;
C(cost)——研究对象的成本,即寿命周期成本。

2. 产品的功能

价值工程中的功能是对象能够满足某种需求的一种属性。任何产品都具有功能,如住宅的功能是提供居住空间,建筑物基础的功能是承受荷载等。

3. 寿命周期成本(费用)

产品在整个寿命周期过程中所发生的全部费用,称为寿命周期成本(费用),包括生产成本 C_1 和使用及维护成本 C_2 两部分之和:

$$C = C_1 + C_2 \tag{12.2}$$

在一定范围内,产品的生产成本和使用成本存在着此消彼长的关系。随着产品功能水平的提高,产品的生产成本 C_1 增加,使用及维护成本 C_2 降低;反之,产品功能水平降低,其生产成本 C_1 降低,但使用及维护成本 C_2 会增加。因此当功能水平逐步提高时,寿命周期成本 $C = C_1 + C_2$ 呈马鞍形变化(图 12.1)。寿命周期成本为最小值 $C_{\min}$ 时,所对应的功能水平是仅从成本方面考虑的最适宜功能水平。

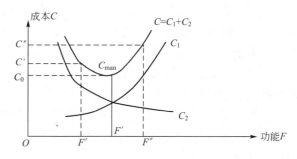

图 12.1 寿命周期成本

12.1.2 定义的四个方面

1. 着眼于全寿命周期成本

全寿命周期成本是指产品在其寿命期内所发生的全部费用,包括生产成本和使用成本两部分。生产成本是指发生在生产企业内部的成本,包括研究开发、设计及制造过程中的费用。使用成本是指用户在使用过程中支付的各种费用的总和,包括运输、安装、调试、管

理、维修、耗能等方面的费用。

2. 价值工程的核心是功能分析

功能是指研究对象能够满足某种需求的一种属性,也即产品的具体用途。功能可分为必要功能和不必要功能,其中必要功能是指用户所要求的功能以及与实现用户所需求的功能有关的功能。

价值工程的功能,一般是指必要功能。因为用户购买一项产品,其目的不是产品本身,而是通过购买该项产品来获得其所需要的功能。因此,价值工程对产品的分析,首先是对其功能的分析,通过功能分析,弄清哪些功能是必要的,哪些功能是不必要的,从而在改进方案中去掉不必要的功能,补充不足的功能,使产品的功能结构更加合理,达到可靠地实现使用者所需功能的目的。

3. 价值工程是一项有组织的管理活动

价值工程研究的问题涉及产品的整个寿命周期,涉及面广,研究过程复杂,如一项产品从设计、开发到制作完成,要通过企业内部的许多部门;一个降低成本的改进方案,从提出、试验到最后付诸实施,要经过许多部门的配合才能收到良好的效果。因此,企业在开展价值工程活动时,一般需要由技术人员、经济管理人员、有经验的工作人员、甚至用户,以适当的组织形式组织起来,共同研究,发挥集体智慧,灵活运用各方面的知识和经验,才能达到既定的目标。

4. 价值工程的目标表现为产品价值的提高

价值是指对象所具有的功能与获得该功能的全部费用之比,可用公式表示为

$$V = \frac{F}{C}$$

即价值是单位费用所实现的用途。

价值工程的目的是要从技术与经济的结合上去改进和创新产品,使产品既要在技术上可靠实现,又要在经济上所支付的费用最小,达到两者的最佳结合。"最低的寿命周期成本"是价值是工程的经济指标,"可靠地实现所需功能"价值工程中的技术指标。因此,产品的价值越高,其技术与经济的结合也就越难,从这个角度上而言,价值工程的目标体现为产品价值的提高。

根据价值的计算公式,提高产品价值有五种途径:

(1)在提高产品功能的同时,降低产品成本。这样,可使价值大幅度提高,是最理想的提高价值的途径。

(2)提高功能,同时保持成本不变。

(3)在功能不变的情况下,降低成本。

(4)成本稍有增加,同时功能大幅度提高。

(5)功能稍有下降,同时成本大幅度降低。

其中(3)、(4)两种途径的使用是有一定限制条件的,也就是采用该经营策略时,必须保证企业利润不降低,两种途径才有意义。(5)是一种最为理想的途径。企业必须在既提高生产技术水平又提高经营管理水平的基础上,考虑如何在提高产品功能水平的同时降低其费用水平,增强企业的竞争能力。

12.1.3 进一步的理解

1. 价值工程的目标在于价值提高

价值工程通常以经济寿命来确定产品的寿命周期。寿命周期成本与功能水平的关系如图 12.2 所示。

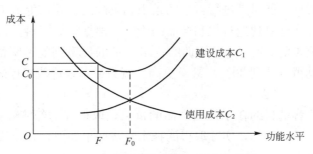

图 12.2　寿命周期成本与功能的关系

随着功能水平的提高，使用成本降低，建设成本增高；反之亦然。这种使用成本、建设成本与功能水平的变化规律决定了寿命周期成本与功能水平的马鞍形曲线变化关系，决定了寿命周期成本存在最低值 C_0。价值工程的目的就在于使寿命周期成本趋近于最低点 C_0，而使产品的功能趋近于最佳功能 F_0。图 12.2 中原产品的寿命周期成本是 C 点，则 CC_0 为寿命周期成本下降的潜力，FF_0 为在可靠地实现必要功能前提下改进功能的余地。

2. 价值工程的核心是对分析对象进行功能分析

通过功能分析，可以区分对象的必要功能和不必要功能、主要功能和辅助功能，保证必要功能，取消不必要功能，降低产品成本，严格按用户的需求来设计产品。

3. 价值工程将产品价值、功能和成本作为一个整体同时来考虑

价值工程中对价值、功能、成本的考虑，不是片面的，而是在确保产品功能的基础上综合考虑生产成本和使用成本，兼顾生产者和用户的利益，创造出总体价值最高的产品。

4. 价值工程强调不断改革和创新

开拓新构思和新途径，获得新方案，创造新功能载体，从而简化产品结构，节约原材料，提高产品的技术经济效益。

5. 价值工程要求将功能定量化

功能定量化即将功能转化为能够与成本直接相比的量化值。

6. 价值工程是有组织的管理活动

企业在开展价值工程活动时，必须集中人才，包括技术、经济管理、有经验的工作人员，甚至用户，以适当的组织形式组织起来，共同研究，依靠集体的智慧和力量，发挥各方面、各环节人员的知识、经验和积极性，有计划、有领导、有组织地开展活动，才能达到既定的目标。

7. 价值工程活动更侧重在产品的研制与设计阶段

在产品形成的各个阶段都可以应用价值工程提高产品的价值。但应注意，在不同的阶段进行价值工程活动,其经济效果的提高幅度却大不相同。对于大型复杂的产品,应用价值工程的重点是在产品的研究设计阶段。

12.1.4 价值工程应用

项目的建设是一项系统工程,必须有一种能够包括管理思想、操作方法和基本工作步骤等内容的结构化程序才能对其进行科学的组织和正确的引导,价值工程既能够作用于人的行为,同时又能够实施对建造过程和产品的管理。根据有关资料,日本工人提出的改善提案,一般能降低成本的5%,经过培训的技术人员的提案则能够降低成本10%~15%,而有组织的价值活动可以达到30%,甚至更高。资料显示,价值工程的收益是投入价值工程费用的12倍。

企业开展价值工程的目的在于提高产品的价值,取得好的经济效益。通过功能分析、方案创造和实施等一系列活动,实际取得的技术经济效果如何,必须认真进行总结。

12.2 价值工程的工作程序

开展价值工程活动的过程是一个发现问题、解决问题的过程,针对价值工程的研究对象,逐步深入提出一系列问题,通过回答问题、寻找答案,导致问题的解决。在一般的价值工程活动中,所提问题通常有以下七个方面:

(1) 价值工程的研究对象是什么?
(2) 其用途是什么?
(3) 其成本是多少?
(4) 其价值是多少?
(5) 有无其他方法可以实现同样的功能?
(6) 新方案的成本是多少?
(7) 新方案能满足要求吗?

围绕这七个问题,价值工程的一般工作步骤见表12-1。

表12-1 价值工程的一般工作程序

阶段	步骤	说明
准备阶段	1. 对象选择	应明确目标、限制条件和分析范围
	2. 组成价值工程领导小组	一般由项目负责人、专业技术人员、熟悉价值工程的人员组成
	3. 制订工作计划	包括具体执行人、执行日期、工作目标等
分析阶段	4. 收集整理信息资料	此项工作应贯穿于价值工程的全过程
	5. 功能系统分析	明确功能特性要求,并绘制功能系统图
	6. 功能评价	确定功能目标成本,确定功能改进区域

(续)

阶段	步骤	说明
创新阶段	7. 方案创新	提出各种不同的实现功能的方案
	8. 方案评价	从技术、经济和社会等方面综合评价各种方案达到预定目标的可行性
	9. 方案编写	将选出的方案及有关资料编写成册
实施阶段	10. 审批	由主管部门组织进行
	11. 实施与检查	制定实施计划，组织实施，并跟踪检查
	12. 成果鉴定	对实施后取得的技术经济效果进行成果鉴定

价值工程的工作步骤明确回答了前面提到的七个问题。在准备阶段，回答了"价值工程的研究对象是什么"；在分析阶段，回答了"其用途是什么"，"其成本是多少"，"其价值是多少"等问题；在创新阶段，回答了"有无其他方法可以实现同样的功能"，"新方案的成本是多少"等问题；在实施阶段，解决了"新方案能满足要求吗"的问题。因此从本质上讲，价值工程活动实质上就是提出问题和解决问题的过程。

12.3 价值工程对象选择

12.3.1 必要性

人们做事、做工作，首先应明确做什么事，做哪种工作。其次，才是怎样做的问题。企业开展 VE，首先应做好 VE 的对象选择这个步骤的工作，回答"VE 的对象是什么"的问题。所谓 VE 的对象选择，就是提出开展 VE 的目标(中心、范围)，即确定在企业全部产品中以哪种产品作为 VE 对象，再进一步确定以某种产品的哪些零部件作为重点对象。VE 对象确定以后，再根据所确定的对象，收集有关信息，并进一步进行功能分析、成本分析、价值分析以及创建方案等步骤的工作。

做好 VE 的对象选择对于整个 VE 活动的顺利开展及其效率的提高具有十分重要的意义。

首先，从经营管理工作来看。现代企业作为整个社会的一个支系统，是由若干个相互区别和相互作用的部分结合起来完成特定功能的综合体。由于系统的复杂和工作的繁多，工作之间又相互影响和互相牵制，输出的产品品种、规格也往往很多。一种产品包括许多零部件，一个零部件又经过许多道工序。所以，经常感到问题存在，但又说不准到底存在于何处，想解决而无从着手。这种情况并不是个别现象，而是具有普遍性。越是复杂的系统，这种状况越是严重。从经营管理的角度而言，要解决问题就必须选准对象。对象确定得当，可以事半功倍。否则，将南辕北辙，事倍功半，甚至劳而无功。

其次，从管理力量上看。VE 作为一种现代科学管理活动，总要投入一定的资源，如技术人员、材料、设备、工具、工时等，而管理的力量总是有限的，即使认为问题普遍存在，也不可能全面投入管理力量去解决，即使有足够的管理力量，考虑到经济效果，也没有必要不分巨细全面推行。因此，做好 VE 的对象选择，可以把钢用在刀刃上，保证节约资源，提高 VE 活动的效率。

最后，从 VE 本身来看。VE 是一个循环接着一个循环不断开展的。那么，作为一循环的 VE 究竟以谁为对象？从何处入手呢？总不能一次循环就解决所有的问题。只有在 VE 每一次循环中选好对象，才能使 VE 一开始就认准目标，提纲挈领，保证 VE 有较高的成功率而避免失误。

应当指出，VE 的对象选择，可以从不同的角度，有狭义和广义两种理解。

从狭义上来讲，VE 活动的第一个具体步骤就是对象选择。这一步骤在整个 VE 活动中起着举足轻重的作用。没有这一步骤，其他各步骤也就无从谈起，从一定意义上而言，这一步骤是决定 VE 活动成败的关键。

从广义上来讲，由于 VE 活动的对象（目标）选择和分析具有层次性，因此，每一层次的分析和确定目标都可以称之为对象选择。纵观 VE 整个活动，实际上也就是不断地反复确定分析对象的过程。针对一个对象（已确认解决的问题）进行分析，再进一步以此对象为新的对象，根据分析的结果选择和确定更具体的对象，再进一步对此具体对象进行分析。每经过一次对象选择和分析，目标便缩小了一层，直到最后找到一个具体的、基本的、可以进行改进的目标。这就完成了整个 VE 活动的任务。至于一项 VE 活动究竟有多少层次，这要看对象本身的特点和分析的水平。如果对象比较简单，通过一层分析选择就可以抓住改进的目标，开展改进的创造活动。但是，如果对象系统稍微复杂，对象选择就需要反复进行。所以，对象选择的方法也是反复使用的。随着分析的深入，选择方法也愈加定量化。

上述对 VE 的对象选择，我们区分为广义和狭义两种，实际上，这二者并不矛盾。虽然我们介绍的对象选择是从狭义的角度研究的，但是，其具体方法对整个 VE 活动各层次对象（目标）的选择和分析有其普遍的适用性。

12.3.2 选择对象的原则

开展价值工程活动，首先要正确选择价值工程活动的对象。一个企业有许多种产品，每种产品又由许多要素或成分组成。我们只有正确选择价值工程分析的对象，抓住关键，才能取得明显的效果。价值工程选择对象一般应遵循下列几个原则：

1. 根据社会需求的程度选择对象

(1) 优先考虑对国计民生有重大影响的产品。
(2) 优先考虑市场需求量大或有潜在需求的产品。
(3) 优先考虑用户对其质量不太满意的产品。

2. 根据产品的设计性能选择对象

(1) 优先考虑结构复杂、零部件多的产品。
(2) 优先考虑技术落后、工艺繁多、材料性能差的产品。

(3) 优先考虑体积大、重量大、耗用紧缺物资多的产品。

3. 根据生产成本的角度选择对象

(1) 优先考虑工艺落后，生产成本高的产品。
(2) 优先考虑原材料消耗多、次品率高、废品率高的产品。

4. 根据社会生态环境的要求选择对象

(1) 优先考虑能耗高的产品。
(2) 优先考虑"三废"（废水、废渣、废气）问题严重的产品。

12.3.3 选择对象的方法

在选择对象阶段往往需要运用一些特定技术方法进行定量分析。常用的价值工程的对象选择过程就是逐步收缩研究范围，寻找目标，确定主攻方向的过程。因为在生产、建设中的技术经济问题很多，涉及范围也很广，为了提高产品的价值，需要改进设计的某些部分，并非企业生产的全部产品，也不是构成产品的所有零部件，而只需要对关键产品的关键因素进行分析即可。实际上，选择对象的过程就是寻找主要矛盾的过程。能否正确选择价值工程的对象是价值工程收效大小与成败的关键。选择时应注意将那些价格高、难以销售、生产环节复杂的产品作为价值工程的对象，同时，还应注意保持必要功能和降低成本潜力较大的项目。

选择对象的方法有很多种，下面着重介绍经验分析法、ABC法、强制确定法、寿命周期分析法等方法。

1. 经验分析法

经验分析法，又称为因素分析法。这种方法是组织有经验的人员对已经收集和掌握的信息资料作详细而充分的分析和讨论，并在此基础上选择分析对象，因此，这是一种定性分析方法。其优点是简便易行，节省时间；缺点是缺乏定量的数据，不够精确。但是用于初选阶段是可行的。

运用这种方法选择对象时，可以从设计、制造、加工、销售和成本等方面进行综合分析。任何产品的功能和成本都是由多方面的因素构成的，关键是要找出主要因素，抓住重点。一般具有下列特点的一些产品或零部件可以作为价值分析的重点对象。

(1) 产品设计年代已久、技术已显陈旧。
(2) 重量、体积很大，增加材料用量和工作量的产品。
(3) 质量差、用户意见大或销售量大、市场竞争激烈的产品。
(4) 成本高、利润低的产品。
(5) 组件或加工工序复杂影响产量的产品。
(6) 成本占总费用比重大、功能不重要而成本较高的产品。

总之，这种方法要求抓住主要矛盾，选择成功概率大、经济效果高的产品或零部件作为价值工程的重点分析对象。

2. ABC分析法

ABC分析法(也叫帕累托图)是一种重点管理方法。该方法源于意大利经济学家帕累

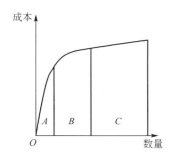

图 12.3　ABC 分析图

托的发现：少数富人占多数财富，而绝大多数人处于贫穷状态，即存在"关键的少数，次要的多数"关系。ABC 分析法是一种定量分析方法，是将产品的成本构成进行逐项统计，将每一种零件占产品成本的多少从高到低排列出来，分成 A、B、C 三类，找出少数零件占多数成本的零件项目，以此作为价值工程的重点分析对象，如图 12.3 所示。

一般而言，将零件数量占总数的 10% 左右，成本却占总成本的 70% 左右的零部件，规定为 A 类；将零部件数量占总数的 20% 左右，而成本占总成本 20% 左右的零件规定为 B 类；将零件数量占总数的 70% 左右，而成本只占总成本的 10% 左右的零件规定为 C 类。从这种分类可以看出，在价值工程的选择对象中，应以 A 类零部件作为价值工程活动的重点分析对象，B 类只作一般分析，C 类可以不加分析。通过 ABC 分析法分析，产品零部件与成本之间的关系就能一目了然，即价值工程的重点在 A 类零部件，属于"关键的少数"。

ABC 分析法的优点是抓住重点，在对复杂产品的零部件作对象选择时，突出主要矛盾，常用其来进行主次分类。据此，价值工程分析小组可以结合一定的时间要求和分析条件，略去"次要的多数"，卓有成效地开展工作。但是，抓住"关键的少数"，该方法没有把成本与功能紧密地联系起来，因而容易使个别功能重要而成本比重较少的零部件遭到忽视。

3. 强制确定法

强制确定法也称为 FD 法。选择对象、功能评价和方案评价均可使用此法。

在选择对象中，通过计算功能重要性系数和成本系数，然后求出两个系数之比，即价值系数。根据价值系数大小判断对象的价值，并将价值低的选作价值活动的研究对象，因此，这种方法又称为价值系数法。

4. 寿命周期分析法

寿命周期分析法是一种以产品寿命周期来确定价值工程研究对象的方法。每一个产品，从开始研制、投放市场直至淘汰的全部时间即为寿命周期，寿命周期可分为初创期、成长期、成熟期及衰退期四个阶段。产品在各个不同阶段的营销情况、获利能力有很大差异，而价值工程对象的选择也有所区别。

初创期。产品具有投入成本大、生产技术不成熟、性能不完善的特点，而市场上，客户对产品的认同度也较低。因此，这一阶段，根据用户的信息反馈，价值工程的重点应放在改进产品的功能、降低成本上。

成长期。产品生产技术日益完善，市场销售量大增，但行业竞争日趋激烈。这一阶段，价值工程的重点是改善生产经营流程，降低营运成本，加强质量管理，提高产品的质量，从而增强产品的市场竞争能力。

成熟期。产品销售增势趋缓，企业一方面应居安思危积极研发新产品；另一方面，在产品市场销量大的情况下，仍应把重点放在增强和改善产品功能，降低成本上，以期延长其寿命周期。

衰退期。由于市场上出现了效用更大、售价更便宜的替代产品，使原产品的销售量一落千丈，此时，价值工程的重点应及时转向新产品的开发上。

12.4 信息资料收集

价值工程的工作过程就是提出问题、分析问题、解决问题的决策过程。在此过程中，为了实现提高价值的目标所采取的每个行动和决策，都离不开必要的信息资料。在功能定义阶段，为弄清价值工程对象应该具有的必要功能，必须清楚地了解与对象有关的各种信息资料。在功能评价阶段，为确定功能的目标成本，以及在方案创造阶段，为创造和选择最优改进方案、实现最低寿命周期，都需要大量的信息资料。因此，收集、整理信息资料的工作贯穿价值工程的全过程。价值工程的工作过程同时也是对信息资料收集、整理和运用的过程。可以说，价值工程成果的大小在很大程度上取决于占有信息资料的质量、数量和取得的适宜时间。

12.4.1 情报

情报是指一切对实现价值工程目标有益的知识、情况和资料。为了实现价值工程的目的，获得价值高的改进方案，必须掌握价值工程对象产生、发展和衰亡的全过程情报。情报收集是价值工程活动的重要环节，可以帮助人们明确价值分析的目标。情报资料越多，价值工程活动的效果就越显著。收集情报资料的原则如下。

1. 目的性

价值工程中的情报是指对实现目标有益的知识、信息和资料。价值工程搜集情报必须围绕"致力于以最低寿命周期成本可靠地实现必要功能"这个目的来进行。这样可以做到有的放矢，提高工作效率。

2. 完整性

搜集到的情报必须系统完整，这样才可以防止分析问题的片面性，从而进行正确的分析判断。

3. 准确性

情报是决策的依据，不准确的情报常常导致错误的决策，如果搜集到的情报"失真"，就可能导致价值工程工作的失误。

4. 适时性

适时性是指搜集的情报应当是先进的不过时的。这样才可能对价值工程活动有启发、有帮助、有益处。

5. 计划性

为了保证收集到的情报资料有目的性、完整性、准确性、适时性，就必须加强情报搜集的计划性，通过编制计划更进一步明确搜集的目的，搜集的内容、范围，适当的时间和可靠的情报来源，从而提高搜集情报的工作质量。

6. 条理性

对搜集到的各种情报资料，要有一个去粗取精、去伪存真的加工整理过程，将这些情报资料整理得系统有序，便于使用分析。

12.4.2 收集情报的内容

价值工程所需要的信息资料，视具体情况而定，一般包括以下几个方面的内容：

1. 使用及销售方面的内容

收集这方面的信息资料是为了充分理解用户对对象产品的期待、要求，如用户对产品规格、使用环境、使用条件、耐用寿命、价格、性能、可靠性、服务、操作及美观等方面的要求。

2. 技术方面的内容

收集这方面的信息资料是为了明白如何进行产品的设计改进才能更好地满足用户的要求，以及根据用户的要求内容如何进行设计和改造。例如，科技进步方面的有关科研成果、技术发明、专利、新材料、新结构、新技术、新工艺、国内外同类产品的发展趋势和技术资料，标准化要求及发展动态等；设计及制造方面的加工工艺，使用的设备、作业方法，合格品率、废品率，外协件供应者、外协方法等。

3. 经济方面的内容

成本是计算价值的必须依据，是功能成本分析的主要内容。实际的产品往往由于设计、生产、经营等方面的原因，其成本存在较大的改善潜力。在广泛占有经济资料（主要是成本资料）的基础上，通过实际的成本与标准的成本之间的比较，以及不同企业之间的比较，揭露矛盾，分析差距，降低成本，提高产品价值。这方面的信息资料是必不可少的。

4. 企业生产经营方面的内容

掌握这方面的资料是为了明白价值工程活动的客观制约条件，使创造出的方案既先进又切实可行。这方面的资料包括企业设计研究能力，加工制造能力，质量保证能力，采购、供应、运输能力以及筹措资金的能力。

5. 国家和社会方面如政策、方针、规定等方面的内容

了解这方面的内容是为了使企业的生产经营活动，包括开展价值工程活动必须与国民经济的发展方向协调一致。

12.4.3 收集情报的方法

1. 询问法

询问法一般有面谈、电话询问、书面询问、计算机网络询问等方式，询问法将要调查的内容告诉被调查者，并请其认真回答，从而获得满足自己需要的情报资料。

2. 查阅法

通过网络查询，查阅各种书籍、刊物、专利、样本、目录、广告、报纸、录音、论文等，来寻找与调查内容有关的情报资料。

3. 观察法

通过派遣调查人员到现场直接观察搜集情报资料。这就要求调查人员十分熟悉各种情况，并要求其具备较敏锐的洞察力和观察问题、分析问题的能力。运用这种方法可以搜集到第一手资料，同时可以采用录音、摄像、拍照等工具协助搜集。

4. 购买法

通过购买元件、样品、模型、样机、产品、科研资料、设计图纸、专利等来获取有关的情报资料。

5. 试销试用法

将生产出的样品采取试销试用的方式来获取有关情报资料。利用这种方法，必须同时将调查表发给试销试用的单位和个人，请其将使用情况和意见随时填写在调查表上，按规定期限寄回来。

12.5 功能分析

功能分析是价值工程活动的核心和基本内容，价值工程就是围绕着对产品和劳务进行功能分析而不断深入展开的，这将决定价值工程的有效程度。功能分析的目的是合理确定 VE 活动对象的必备功能，消除多余的、不必要的功能，加强不足功能，消减过剩功能。

12.5.1 功能定义

功能就是产品和劳务的效用、任务、分工、作用、目的等，是存在于产品或劳务过程中的一种本质。

功能定义是透过产品实物形象，运用简明扼要的语言将隐藏在产品结构背后的本质——功能揭示出来，从而从定性的角度解决"对象有哪些功能"这一问题。

功能定义的过程如图 12.4 所示。

功能定义是功能整理的先导性工作，也是进行功能评价的基本条件，因此在进行功能定义时，应该把握住既简明准确，便于测定，又要系统全面，一一对应，只有这样才能满足后续工作的需要。

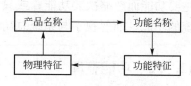

图 12.4 功能定义过程

1. 功能定义的作用

功能定义是价值工程活动获得成功的基础，是决定价值工程活动力向的阶段。它有以下几个方面的重要作用。

1) 正确认识和准确界定产品及零(部)件的功能

价值工程活动的核心是功能分析,功能定义是功能分析的基础。通过功能定义能够正确认识产品和零(部)件的每一个功能,以此准确界定每一个功能的属性、类别,从而把握住问题的实质。

2) 恰当地进行功能评价

功能评价就是通过定量地计算揭示每一个功能的价值,为方案创新工作提供依据。因此,首先要充分认识功能。如果产品的功能都没有搞清楚,则实现这些必要功能的最低成本便无法确定,也就不可能进行功能评价。功能定义是功能评价的先决条件。

3) 有利于开拓设计思路

功能定义要摆脱现行结构的束缚,使人们把注意力从产品(零部件)实体本身,转移到产品(零部件)所承载的功能上来。这样就能开拓设计思路,有利于功能的改进和创新。

2. 功能定义的要求

功能定义要发挥上述作用,就要符合一定的要求。

1) 确切、简洁

功能定义要确切,不可含糊。定义表达要简洁,一般可用一个动词和一个名词来定义,如手表的功能定义为"显示时间",电冰箱的功能定义为"冷藏食物",电线的功能定义为"传送电流"等。

2) 抽象、概括

对功能的描述要适当抽象和概括,不要过分具体直白,即功能定义中的动词要尽量采用比较抽象的词汇来概括。例如,定义一种在零件上作孔的工艺的功能,若定义为"钻孔",人们自然会联想到用钻床;如果定义为"打孔",人们就会想到除了钻床以外,还可以用冲床、电加工、激光等方法;如果定义为"作孔",人们不仅会想到上述方法,而且还会想到在零件上直接铸出或锻出孔来。可见,动词"钻"、"打"、"作"虽然仅一字之差,但一个比一个抽象,更容易开阔思路。

3) 可测量性、定量性

功能的定义要尽可能做到定量表达,即功能定义中的名词要尽量使用可测量的词汇,以利于功能评价及创新方案的提出和选择。例如,电线功能定义为"传电"就不如定义为"传导电流"好,发电机的功能定义为"发电"就不如定义为"发出电能"好。

4) 全面性、系统性

如果对象具有复合功能,则要分别下定义,即一个功能下一个定义。切忌只注意某些主要功能而忽略次要功能;或只注意表面功能,而忽视潜在的深层次功能;或只注意子系统的功能,而忽视了与系统总功能间的关系。

12.5.2 功能整理

所谓功能整理,就是按照目的—手段的逻辑关系,把价值工程对象的各个功能有机的连接起来,建立起功能的系统网络。功能整理在功能定义的基础上进行,功能定义是"由表及里"、"化整为零"的过程,即先从产品入手,而后逐渐深入,从而认识产品的每一个功能;功能整理是"由里及表""划零为整"的过程,即把零散的功能按照其内在关系系统地联结起来。

1. 功能系统图

功能系统图是按照一定的原则,将定义的功能连接起来,从单个到局部,从局部到整体形成的一个完整的功能体系。功能系统图的一般形式如图 12.5 所示。

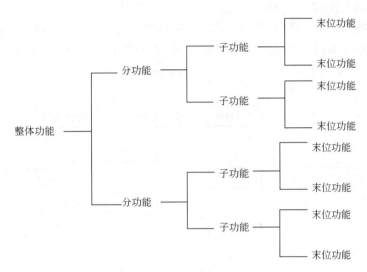

图 12.5 功能系统图的一般形式

在图 12.5 中,从整体功能开始,由左向右逐级展开,在位于不同级的相邻两个功能之间,左边的功能(上级)称为右边功能(下级)的目标功能,而右边功能称为左边功能的手段功能。

2. 功能整理的方法

功能整理的主要任务是建立功能系统图,因此,功能整理的方法也就是绘制功能系统图的方法,其一般步骤如下。

1) 分析出产品的基本功能和辅助功能

依据用户对产品的功能要求,挑选出基本功能,并把其中最基本的排出,称之为上位功能。

基本功能一般总是上位功能,通常可以通过回答以下几个问题来判别:①取消了这个功能,产品本身是不是就没有存在的必要了?②对于功能的主要目的而言,其作用是否必不可少?③这个功能改变之后,是否会引起其他一连串的工艺和零部件的改变?如果回答是肯定的,那么这个功能就是基本功能。除了基本功能,剩下的功能就是辅助功能。

2) 明确功能的上下位和并列关系

在一个系统中,功能的上下位关系,就是指功能之间的从属关系。上位功能是目的,下位功能是手段。例如,热水瓶的功能中"保护水温"和"减少散热"的关系就是上下位功能关系。"保持水温"是上位功能,而"减少散热"是为了能够"保持水温",是实现"保持水温"的一种手段,是下位功能。需要指出的是,目的和手段是相对的,一个功能对其上位功能来说是手段,对其下位功能来说又是目的。

功能的并列关系是指两个功能谁也不从属于谁，但却同属于一个上位功能的关系。例如，热水瓶中为了保持水温，有三条减少散热的措施，即涂银以减少辐射散热；抽真空以减少传导散热；盖瓶盖(木塞)以减少对流散热。很显然，这三个功能相对于"保持水温"而言都属于下位功能，而这三个功能之间又属于并列关系。

3) 排列功能系统图

在弄清功能之间的关系以后，就可以着手排列功能系统图。所谓功能系统图，就是产品应有的功能结构图，如图 12.6 所示。图 12.6 为建筑物的平屋顶功能系统的主要部分。

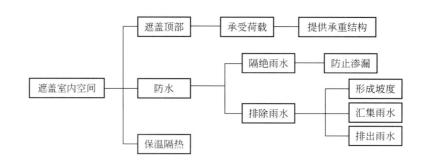

图 12.6 平屋顶功能系统图

12.6 功 能 评 价

功能定义和功能整理后，剔除了一些不必要的功能，能够准确地掌握用户的功能要求。在这两阶段中，仅仅解决了功能的定性问题，这是不够的。还需要根据功能系统图，对各功能进行定量评价，以确定提高价值的重点改进对象。

功能评价是指在功能分析的基础上，应用一定的科学方法，进一步求出实现某种功能的最低成本(或称目标成本)，并以此作为评价的基准。

12.6.1 功能评价步骤

功能评价的一般步骤如下：
(1) 确定对象的功能评价值 F。
(2) 计算对象功能的目前成本 C。
(3) 计算和分析对象的价值 V。
(4) 计算成本改进期望值 ΔC。
(5) 根据对象价值的高低及成本降低期望值的大小，确定改进的重点对象及优先次序。

功能评价程序如图 12.7 所示。

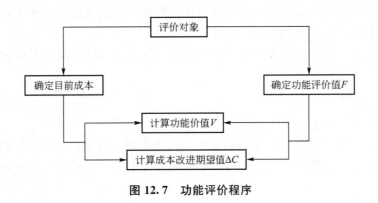

图 12.7　功能评价程序

12.6.2　功能成本法

1. 基本公式

功能成本法是通过一定的测算，测定实现应有功能所必须消耗的最低成本，同时计算为实现应有功能所耗费的目前成本，经过分析对比，求得对象价值系数和成本降低期望值，确定价值工程的改进对象。其表达式为

$$价值系数(V) = \frac{功能评价值(F)}{功能目前成本(C)} \qquad (12.3)$$

2. 功能目前成本的计算

成本历来是以产品或构配件为对象进行计算的。而功能目前成本的计算则与此不同，是以功能为对象进行计算的。在产品中构配件与功能之间常常呈现出一种相互交叉的复杂情况，即一个构配件往往具有几种功能，而一种功能往往通过多个构配件才能实现。因此，计算功能现实成本，就是采用适当方法将构配件成本转移分配到某一功能中去。

当一个构配件只实现一项功能，且这项功能只由这个构配件实现时，构配件的成本就是功能的现实成本。当一项功能由多个构配件实现，且这多个构配件只为实现这项功能服务时，这多个构配件的成本之和就是该功能的现实成本。当一个构配件实现多项功能，且这多项功能只由这个构配件实现时，则按该构配件实现各功能所起作用的比重将该构配件的成本分配到各项功能上去，即为各功能的现实成本。

更多的情况是多个构配件交叉实现多项功能，且这多项功能只由这多个构配件交叉地实现。计算各功能的现实成本，可通过填表进行。首先将各构配件成本按该构配件对实现各功能所起作用的比重分配到各项功能上去，然后将各项功能从有关构配件中分配到的成本相加，便可得出各功能的现实成本。

构配件对实现功能所起作用的比重，可请几位有经验的人员集体研究确定，或者采用评分方法确定。

3. 功能评价值的推算

功能评价值的推算，常用的方法有方案估算法和实际价值标准法。

方案估算法是由一些有经验的专家，根据预先收集的技术、经济情报，先初步构思出几个能实现预定功能的设想方案，并大致估算实现这些方案所需要的成本，经过分析、对比，以其中最低的成本作为功能评价值。

实际价值标准法是根据同类产品的调查结果，从中选取成本最低者作为制定功能评价值的基准。

4. 功能价值分析

根据式(12.3)，功能的价值系数有以下三种情况：

$V=1$。即功能评价值等于功能目前成本，这表明研究对象该功能部分的功能现实成本与实现功能所必需的最低成本大致相当。此时评价对象该功能部分的价值为最佳，一般无需改进。

$V<1$。即功能目前成本大于功能评价值，这表明评价对象的该功能部分的目前成本偏高。这时一种可能是由于存在着过剩功能，另一种可能是虽无过剩功能，但实现功能的条件或方法不佳，以致使实现功能的成本大于功能的实际需要。这两种情况都应列入功能改进的范围，并且以剔除过剩功能及降低现实成本为改进方向，使成本与功能比例趋于合理。

$V>1$。功能目前成本低于功能评价值，这表明评价对象的功能目前成本低于实现该功能所应投入的最低成本，评价对象功能不足。应增加成本，提高功能水平。

12.6.3 功能指数法

1. 基本公式

功能指数法是通过评定各对象功能的重要程度，用功能指数来表示其功能程度的大小，然后将评价对象的功能指数与相对应的成本指数进行比较，得出该评价对象的价值指数，从而确定改进对象，并指出该对象的成本改进期望值。其表达式为

$$价值指数(VI) = \frac{功能指数(FI)}{成本指数(CI)} \tag{12.4}$$

式中，功能指数是指评价对象功能在整体功能中所占的比重，又称功能评价系数。成本指数是指评价对象的目前成本在全部成本中所占的比率。

2. 成本指数的计算

成本指数的计算可按下式进行：

$$第i个评价对象的成本指数(CI_i) = \frac{第i个评价对象的目前成本 C_i}{全部成本 \sum C_i} \tag{12.5}$$

3. 功能指数的推算

功能指数的推算主要就是评定功能分值，即按用户要求应该达到的功能程度，采用适当的评分方法，评定各功能应有的分值。主要方法有直接评分法、强制评分法、多比例评分法和环比评分法等。

1) 直接评分法

由 m 位专家或用户对产品的 n 功能要素的第 i 个功能 f_i，根据重要程度，采用五分制、十分制或百分制进行评分，记为 f_{ij}，则功能评价系数 FI_i 为

$$FI_i = f_i / \sum_{i=1}^{n} \sum_{j=1}^{m} f_{ij} \tag{12.6}$$

2）强制评分法

强制评分法又称 FD 法，包括 01 评分法与 04 评分法两种。强制评分法适用于被评价对象在功能程度上差异不大，并且评价对象子功能数目不太多的情况。

（1）01 评分法。

01 评分法是请 5～15 名对产品熟悉的人员参加功能的评价。首先按照功能重要程度一一对比打分，重要者得 1 分，不重要者得 0 分，要分析的对象自己与自己对比不得分用"×"表示。最后，根据每个参与人员选择该功能得到的功能重要性系数 W_i，可以得到该功能的功能重要性系数平均值 W。

$$W = \frac{\sum_{i=1}^{k} W_i}{k} \tag{12.7}$$

式中，k——参加功能评价的人数。

为避免功能指数中出现零的情况，可将各功能累计得分加 1 进行修正，用修正得分除以总得分即为功能重要性系数。

（2）04 评分法。

04 评分法是为弥补 01 评分法中重要程度差别仅为 1 分而不能拉开档次的不足，将分档扩大为 4 级，当 f_i 与 f_j 相比较：很重要 $f_{ij}=4$，$f_{ji}=0$；较重要 $f_{ij}=3$，$f_{ji}=1$；同等重要 $f_{ij}=2$，$f_{ji}=2$；较不重要与较重要相反；不重要与很重要相反。

（3）环比评分法。

环比评分法又称 DARE 法。这种方法是先从上至下依次比较相邻两个功能的重要程度，给出功能重要度比值，然后令最后一个被比较的功能的重要度值为 1（作为基数），依次修正重要度比值。其修正的方法是用排列在下面的功能的修正重要度比值乘以与其相邻的上一个功能的重要度比值，就得出上一个功能的修正重要度比值。求出所有功能的修正重要度比值后，用其去除以总和数，得出各个功能的功能系数。

4．功能价值分析

$V=1$。评价对象的功能比重与成本比重大致平衡。功能目前成本是比较合理的。

$V<1$。评价对象的成本比重大于功能比重，相对于系统内其他对象而言，目前所占的成本偏高，应列为改进对象，降低成本是方向。

$V>1$。评价对象成本比重小于功能比重。①目前成本偏低，应增加成本；②功能超过应具有水平，存在过剩功能；③客观上存在着功能重要而成本却很少的情况。

12.7 方案创造

为了提高产品的功能和降低成本，达到有效地利用资源的目的，需要寻求最佳的代替方案。寻求或构思这种最佳方案的过程就是方案的创造过程。创造也可以理解为"组织人们通过对过去经验和知识的分析与综合以实现新的功能"。价值工程能否取得成功，关键是功能分析评价之后能否构思出可行的方案,这是一个创造、突破、精制的过程。

12.7.1 创造能力的影响因素

1. 方案创造要求

1) 积极思维,敢于创造

要求参与价值工程的有关人员,千方百计,开动脑筋,积极思维,产生创造性设想。在积极思维的基础上,解放思想,打破框框,不因循守旧,不墨守成规,敢于改革,敢于创新,克服困难,发挥创造能力。

2) 认识事物,多提设想

要求参与价值工程的有关人员,思维敏捷,经验丰富,对事物具有综合分析能力,能灵活运用掌握的知识和情报资料,寻求解决问题的多种改进方案。通过评价,克服困难。不放过一个有价值的方案,并能克服种种障碍,使之发展成为一个最优方案。

3) 组织起来,集中思考

在方案创造过程中,要组织各类专员和各方面专家,一方面要发挥其特长,鼓励其独立思考;另一方面还要求发挥集体的智慧,把其组织起来集中思考,提出更多的改进方案。国外有的学者认为,组织起来比个别的提设想方案,效率和质量要高出一倍。

2. 影响因素

1) 认识障碍

主要是没有认识关键问题或错误地理解问题,阻碍了方案的构思。主要表现为被表面现象迷惑,抓不住问题的实质;在不同的问题中找不出其共同点;思想不解放,受到条条框框的约束;目的与手段没有弄清楚,颠倒了因果关系等思想认识上的问题。

2) 文化障碍

在现代社会中,文化和科学技术水平的不断发展,使人们过着安逸舒适的生活,给人们带来莫大的好处。但是,它也使人们缺乏动力和钻研精神,产生了消极的一面,阻碍了方案创造。

3) 思想问题

由于感情上、性格上和思想上的原因,产生思想僵化和自卑感,妨碍了设计构思的创造性。怕别人批评、拘泥于一些小事、过分急躁、感情用事、没有魄力、天生保守、怕麻烦等都是思想问题的具体体现。

3. 开发创造力的措施

1) 开展开发创造性培训,提高创造能力

在价值工程活动中,有一种开发创造能力的训练方法,叫做创造性工程开发计划。这种为了开发创造能力的专门训练,是培养和提高创造能力的有效方法,大大推动了价值工程活动。据美国通用电气公司统计,受过创造工程开发计划训练和未受过训练的人在取得专利方面的比例为3∶1。

2) 学习和研究前人的创造能力

历史上,许多科学家具有非凡的创造能力。例如,他们对事物有浓厚兴趣,对问题极其敏感、碰到问题能提出很多解决方法,从各个角度分析问题和提出方案,以及具有卓越的分析能力和综合能力,积极地利用和吸收他人的方案,具有丰富的知识等特点。通过对前人创造能力的学习和研究,使价值工程工作人员的创造能力,能得到进一步的提高。

3) 有效地应用创造发明的方法

创造性工程有一套科学的方法,有智力激发方法、列举创造方法、类比创造方法等等。正确有效地应用这些创造方法,就能增多价值工程的方案创造设想。

12.7.2 创造的方法

1. BS 法

BS 法是"Brain Storm Method"的缩写,原意为"忽然想到的好主意"或"突如其来的好想法",中文译法不一,有的译为"畅谈会法",有的直译为"头脑风暴法",而国外则多简称"BS 法"。这种方法由美国 BBDO 广告公司的亚历克斯·奥斯本于 1939 年首次提出,他通过这种方法创造出许多新的广告创意。

这种方法是通过召集一些专家以会议的形式来讨论价值工程问题。会前将讨论的内容通知各位专家。要求主持人头脑清醒,思路敏捷,作风民主,让与会者能自由奔放地发表自己的见解和设想,在专家互相之间形成启发和诱导的良好氛围,实现连锁反应,从而提出更多的创新方案。要求会议的气氛热烈、协调。

BS 法遵循四个基本原则:

(1) 不许评论别人的意见。
(2) 鼓励自由奔放地提出设想。
(3) 要求多提构思方案。
(4) 欢迎结合别人意见提出自己的设想。

这种方法的特点是可以相互启发,相互鼓励,把与会人的知识、才能和经验都调动起来。以此往往可以使专家的思维高度活跃,潜能得以发挥,从而取得良好的效果。

2. 戈登法

戈登(Gordon)法这是由美国人威廉·戈登在 1964 年提出的方法,其指导思想是把要研究的问题适当抽象,以利于开阔思路。这种方法也是在专家小组会上提出方案,但主持者在会议开始时不把要研究的问题全部摊开,即研究什么问题、目的是什么,先不向与会者说明,而只把问题抽象地介绍给大家,要求专家们海阔天空地提出各种设想。待会议进行到一定程度,即时机成熟时,再阐明所要研究的具体问题,以作进一步研究。这种方法实际上是先用抽象功能定义的方法,然后循序渐进、步步深入,直到获得新方案为止。这种方法的优点是常常可以得到一些新奇的设想。

例如,要研究改进割草机的方案,开始只是提出"用什么方法可以把一种东西切断和分离?"当与会者提出如剪切、刀切、铝切等方案之后,再宣布会议的目的是要研究割草机的改进方案,让与会者再具体思考,舍去不可行方案,对可行方案进一步发展完善。这样就可能提出用旋转刀片、圆盘形刀片等各种方案,便于对照选择。

3. 德尔斐法

德尔斐法(Delphi)是由组织者将研究对象的问题和要求函寄给若干有关专家,在互不商量的情况下提出各种建议和设想，专家返回设想意见，经整理分析后，归纳出若干较合理的方案和建议，再函寄给有关专家征求意见，再回收整理，如此经过几次反复后，专家意见趋向一致，从而最后确定出新的功能实现方案。

这种方法的特点是专家们彼此不见面，研究问题时间充裕，可以无顾虑、不受约束地从各种角度提出意见和方案。其缺点是花费时间较长，缺乏面对面的交谈和商议。

12.7.3 方案的评价

经过创造过程得到大量的提案，需要进行筛选，因此要对方案作评价。方案评价一般分为概略评价与详细评价两种。

概略评价是对创造出的方案从技术、经济和社会三个方面进行初步研究，其目的是从众多的方案中进行粗略的筛选，使精力集中于优秀的方案，为详细评价做准备。概略评价可采用定性分析法对方案进行初选，舍弃明显不合理的方案。

详细评价是在掌握大量数据资料的基础上，对概略评价获得少数方案进行详尽的技术评价、经济评价和综合评价，为提案的编写和审批提供依据。详细评价是多目标决策问题，常用的方法有打分法、加权法等。

方案评价的内容包括技术评价、经济评价和社会评价。技术评价是对方案功能的必要性、必要程度（如性能、质量、寿命等）及实施的可能性进行分析评价；经济评价是对方案实施的经济效果（如成本、利润、节约额等）的大小进行分析评价；社会评价是对方案给国家和社会带来的影响（如环境污染、生态平衡、国民经济效益等）进行分析评价。

在对方案进行评价时，无论是概略评价还是详细评价，都应该包括技术评价、经济评价和社会评价三个方面的内容。一般可先作技术评价，再分别作经济评价和社会评价，最后作综合评价。

用于方案综合评价的方法很多，定性的方法常用的有德尔斐法、优缺点法等；定量的方法常用的有加权评分法、比较价值法、环比评分法、强制评分法、几何平均值评分法等。

12.8 价值工程的应用

下面结合具体实例说明价值工程的应用。

某市高新技术开发区有两幢科研楼和一幢综合楼，其设计方案对比项目如下：

A 楼方案：结构方案为大柱网框架轻墙体系，采用预应力大跨度叠合楼板，墙体材料采用多孔砖及移动式可拆装式分室隔墙，窗户采用单框双玻璃钢塑窗，面积利用系数为 93%，单方造价为 1 438 元/m^2；

B 楼方案：结构方案同 A 方案，墙体采用内浇外砌，窗户采用单框双玻璃腹钢塑窗，面积利用系数为 87%，单方造价为 1 108 元/m^2；

C 楼方案：结构方案采用砖混结构体系，采用多孔预应力板，墙体材料采用标准黏土砖，窗户采用单玻璃空腹钢塑窗，面积利用系数为 79%，单方造价为 1 082 元/m^2。

方案各功能和权重及各方案的功能得分见表 12-2。

表 12-2 来源：功能和权重及各方案的功能得分

功能＼方案	功能权重	各方案功能得分		
		A	B	C
结构体系	0.25	10	10	8
模板类型	0.05	10	10	9
墙体材料	0.25	8	9	7
面积系数	0.35	9	8	7
窗户类型	0.10	9	7	8

问题：
（1）试应用价值工程方法选择最优设计方案。
（2）为控制工程造价和进一步降低费用，拟针对所选的最优设计方案的土建工程部分，以工程材料费为对象开展价值工程分析。将土建工程划分为四个功能项目，各功能项目评分值及其目前成本见表 12-3。按限额设计要求，目标成本额应控制为 12 170 万元。

表 12-3 各功能项目评分值及其目前成本

功能项目	功能评分	目前成本/万元
A. 桩基围护工程	10	1 520
B. 地下室工程	11	1 482
C. 主体结构工程	35	4 705
D. 装饰工程	38	5 105
合计	94	12 812

试分析各功能项目和目标成本及其可能降低的额度，并确定功能改进顺序。

分析要点：

问题（1）

解：分别计算各方案的功能指数、成本指数和价值指数，并根据价值指数选择最优方案。

① 计算各方案的功能指数，见表 12-4。

表 12-4 各方案的功能指数

项目	功能权重	方案功能加权得分		
		A	B	C
结构体系	0.25	10×0.25＝2.50	10×0.25＝2.50	8×0.25＝2.00
模板类型	0.05	10×0.05＝0.50	10×0.05＝0.50	9×0.05＝0.45
墙体材料	0.25	8×0.25＝2.00	9×0.25＝2.25	7×0.25＝1.75

(续)

项目	功能权重	方案功能加权得分		
		A	B	C
面积系数	0.35	9×0.35=3.15	8×0.35=2.80	7×0.35=2.45
窗户类型	0.10	9×0.10=0.90	7×0.10=0.70	8×0.10=0.80
合计		9.05	8.75	7.45
功能指数		9.05/25.25=0.358	8.75/25.25=0.347	7.45/25.25=0.295

注：表12-4中各方案功能加权得分之和为9.05+8.75+7.45=25.25。

② 计算各方案的成本指数，见表12-5。

表12-5 各方案的成本指数

方案	A	B	C	合计
单方造价/(元/m²)	1 438	1 108	1 082	3 628
成本指数	0.396	0.305	0.298	0.999

③ 计算各方案的价值指数，见表12-6。

表12-6 各方案的价值指数

方案	A	B	C
功能指数	0.358	0.347	0.295
成本指数	0.396	0.305	0.298
价值指数	0.904	1.138	0.990

由表12-6的计算结果可知，B方案的价值指数最高，为最优方案。

问题(2)

解：根据表12-3所列数据，分别计算桩基围护工程、地下室工程、主体结构工程和装饰工程的功能指数、成本指数和价值指数；再根据给定的总目标成本额，计算各工程内容的目标成本额，从而确定其成本降低额度。具体计算结果汇总见表12-7。

表12-7 各方案计算结果汇总

功能项目	功能评分	功能指数	目前成本/万元	成本指数	价值指数	目标成本/万元	成本降低额/万元
桩基围护工程	10	0.106 4	1 520	0.118 6	0.897 1	1 295	225
地下室工程	11	0.117 0	1 482	0.115 7	1.011 2	1 424	58
主体结构工程	35	0.372 3	4 705	0.367 2	1.013 9	4 531	174
装饰工程	38	0.404 3	5 105	0.398 5	1.014 6	4 920	185
合计	94	1.000 0	12 812	1.000 0		12 170	642

由表12-7的计算结果可知，桩基围护工程、地下室工程、主体结构工程和装饰工

程均应通过适当方式降低成本。根据成本降低额的大小，功能改进顺序依次为桩基围护工程—装饰工程—主体结构工程—地下室工程。

本 章 小 结

  价值工程是以最低的总费用，可靠地实现所研究对象的必要功能，着重于功能分析的有组织的活动。价值工程致力于提高价值，提高价值有五条基本途径。价值工程的工作过程实质上就是分析问题、发现问题和解决问题的过程。

  开展价值工程活动，首先要正确选择价值工程分析对象（即生产中存在的问题）。选择价值工程分析对象常用的方法有经验分析法、ABC分类法、强制确定法、寿命周期分析法和客户调查法。通常，在选择价值分析对象的同时，应进行情报资料的收集，情报资料的收集是价值工程实施过程中不可缺少的重要环节。

  价值工程的核心是功能分析，价值工程区别于其他成本管理方法的一个突出特点就是进行功能分析。功能分析包括功能定义和功能整理两部分内容。

  经过功能评价，确定了目标成本之后就进入了价值工程方案的评价和选择阶段。

  创造价值改进方案的常用方法有头脑风暴法、戈登法、德尔斐法等。方案评价分为概略评价和详细评价两种。

习　　题

一、单项选择题

1. 价值工程中涉及的基本要素是（　　）。
   A. 价值、功能、成本　　　　　　　　B. 价值、功能、寿命周期
   C. 使用价值、功能、寿命周期成本　　D. 价值、功能、寿命周期成本
2. 价值工程的目标体现为（　　）。
   A. 产品功能的改进　　　　　　　　　B. 产品价值的提高
   C. 产品技术的创新　　　　　　　　　D. 产品成本的下降
3. 价值工程分析阶段的主要工作不包括（　　）。
   A. 功能定义　　B. 功能整理　　C. 对象选择　　D. 功能评价

二、多项选择题

1. 价值工程的功能定义包括（　　）。
   A. 选择对象　　B. 功能定义　　C. 功能分析　　D. 功能调整
   E. 研究实验
2. 从重要程度来看，产品的功能可以分为（　　）。
   A. 使用功能　　B. 基本功能　　C. 必要功能　　D. 辅助功能
   E. 过剩功能

3. 下列有关价值工程在设计阶段工程造价控制中的应用，表述正确的是(　　)。
   A. 功能分析主要是分析研究对象具有哪些功能及各项功能之间的关系
   B. 可以应用 ABC 法来选择价值工程研究对象
   C. 功能评价中，不但要确定各功能评价系数，还要计算功能的现实成本及价值系数
   D. 对于价值系数大于 1 的重要功能，可以不作优化
   E. 对于价值系数小于 1 的，必须提高功能水平

三、思考题
1. 什么是功能、成本和价值？
2. 什么是价值工程？其特点是什么？
3. 简述寿命周期分析法。
4. 什么是情报？收集情报的方法有哪些？
5. 试对熟悉的产品进行功能定义。
6. 什么是功能整理？怎样绘制功能系统图？
7. 什么是功能评价？如何进行功能评价？
8. 方案的创造有哪些方法？如何进行方案的评价？
9. 结合一建筑产品，进行功能定义、功能整理和功能评价。

第13章 工程项目后评价

学习目标

(1) 掌握工程项目后评价的含义及其与前评价的区别。
(2) 熟悉工程项目后评价的作用。
(3) 熟悉工程项目后评价的内容及评价指标。
(4) 了解工程项目后评价发展历史。
(5) 了解工程项目后评价的方法。
(6) 了解工程项目后评价报告编写格式。

导入案例

某工程项目于2005年1月1日开工建设，经过2年的建设，投资2 000万元，顺利完工。2007年1月1日投产，2007年7月1达到设计生产能力。问题是，该项目达到了当初的建设目标吗？如果实现当初目标，评判标准是什么？成功的经验有哪些？如果没有实现当初目标，依据是什么？吸取的经验教训有哪些？通过本章的学习可以回答以上问题。

13.1 工程项目后评价概述

13.1.1 工程项目后评价的含义

项目后评价是指工程项目建成投产并运行一段时间后，对项目立项、准备、决策、实施直到投产运行全过程的工程活动进行总结评价，对工程项目取得的经济效益、社会效益和环境效益进行综合评价，从而作为判别项目投资目标实现程度的一种方法。

项目后评价是对项目决策前的评价报告及其设计文件中规定的技术经济指标进行再评价，并通过对整个工程项目建设过程各阶段工作的回顾，对工程项目全过程的实际情况与预计情况进行比较研究，衡量分析实际情况与预计情况发生偏离的程度，说明项目成功与失败的原因，全面总结工程项目管理的经验与教训，再将总结的经验教训反馈到将来的项目中去，作为其参考和借鉴，为改善项目管理工作和制定科学合理的工作计划及各项规定提供重要的依据和改进措施，以达到提高项目投资决策水平、管理水平和提高投资效益的目的。工程项目后评价不仅是工程项目建设程序中一个重要阶段，而且还是项目管理工作中不可缺少的组成部分和重要环节。

13.1.2 工程项目后评价的特点

（1）现实性。工程项目后评价是对工程项目投产后一段时间所发生的情况的一种总结评价，分析研究的是项目实际情况，所依据的数据资料是现实发生的真实数据或根据实际情况重新预测的数据，总结的是现实存在的经验教训，提出的是实际可行的对策措施。

（2）全面性。项目后评价是对项目实践的全面评价，不仅对项目立项决策、项目实施、项目运营等全过程进行系统评价，还对项目经济效益、社会影响、环境影响及项目综合管理等全方位进行系统评价。

（3）公正性。公正性表示在实施项目后评价时，应持有实事求是的态度，在发现问题、分析原因和作出结论中始终保持客观、负责的态度。公正性标志着后评价及评价者的信誉，应贯穿于整个后评价的全过程，即从后评价项目的选定、计划的编制、任务的委托、评价者的组成、具体评价过程直到形成报告。项目后评价必须保证公正性，这也是一条很重要的原则。

（4）反馈性。项目后评价的目的在于对现有情况的总结和回顾，并为有关部门反馈信息,以利于提高工程项目决策和管理水平,为以后类似项目的建设提供依据。因此,项目的后评价具有反馈性的特点。项目后评价的结果需要反馈到决策部门,作为新项目的立项和评价基础以及调整工程规划和政策的依据,这也是项目后评价的最终目的。

13.1.3 工程项目后评价与财务评价(前评价)的区别

项目后评价与财务评价(前评价)的区别主要表现为以下几方面。

1. 评价主体不同

项目前评价是由工程主体(投资者、贷款决策机构、项目审批机构等)组织实施的;而项目后评价则是工程运行的监督管理机构、单设的后评价机构或决策的上一级机构为主,主管部门会同计划、财政、审计、设计、质量等有关部门进行。这样,一方面可以保证工程项目后评价的全面性,另一方面也可以确保后评价工作的公正性和客观性。

2. 评价的侧重点不同

项目前评价主要以定量指标为主,侧重于项目的经济效益分析和评价,直接为项目的投资决策提供依据;而后评价则要结合行政和法律、经济和社会、建设和生产、决策和实施等方面的内容进行综合评价。后评价基于现有事实的分析,通过对项目实施结果进行评价,为未来项目的决策提供参考。

3. 评价的内容不同

项目的前评价主要是对项目建设的必要性、可行性、合理性及技术方案和建设条件等进行评价,对未来的经济效益和社会效益在预测的基础上进行分析;而后评价除了对上述内容进行再评价外,还要对项目决策的准确程度、实施效率、实际运行状况进行分析。

4. 评价的依据不同

项目前评价主要依据类似项目建设的历史资料以及国家和有关部门颁发的政策、规定、方法、参数等文件;而项目后评价则主要以已经建成投产后一段时间内项目全过程的总体情况为依据进行的评价。

5. 评价的阶段不同

项目前评价是在项目决策前的前期工作阶段进行,是项目前期工作的重要内容之一,是为项目投资决策提供依据的评价;而后评价则是在项目建成投产后一段时间内对项目全过程的总体情况进行的评价。

项目后评价是在与前评价比较分析的基础上,通过对工程项目的决策水平、管理水平和实施结果进行分析,总结经验教训,发现存在的问题并提出对策措施,促使项目更好地发挥效益的评价。

13.1.4 工程项目后评价的产生和发展

美国政府在 20 世纪 30 年代第一次有目的地开始对工程项目进行后评价,到 20 世纪 70 年代中期后评价才广泛地被许多国家以及世界银行、亚洲开发银行等组织在评价其世界范围的资助活动中使用。

1. 发达国家的后评价

发达国家的后评价主要是对国家的预算、计划和项目进行评价。一般而言,这些国家有评价的法律和系统的规则、明确的管理机构、系统的方法和程序。一般是将资金预算、监测、审计和评价结合在一起,形成一个有效的和完整的管理循环和评价体系。

20世纪30年代、60年代美国政府两次对主要由政府控制的工程计划进行过后评价,主要做法是在计划实施的同时进行了以投资效益评价为核心的后评价,这种效益评价的原则延续至今。20世纪70年代以后,某些公益性项目的决策由美国联邦政府下放到州政府或地方政府,后评价的过程也相应扩展到地方,不少州的后评价方法体系中有许多创新,如州政府对主要社会福利项目的评价更为密切和直接,评价更注重对项目的过程研究,而不是等到项目结束时才进行,这些评价得到了联邦政府评价执行部门的全力支持。

此外,一些发达国家在其国家预算中有一部分资金用于欠发达国家的工程建设,这些资金的使用由一个单独的机构管理,如美国国际开发署、英国海外开发署、加拿大国际开发署等,为保证资金使用的合理性和有效性,各国在这些部门中一般设立一个相对独立的办公室专门从事海外援助项目的后评价。

2. 发展中国家的后评价

许多发展中国家成立了从属或挂靠政府的中央评价机构,相对独立的后评价机构和体系尚未真正形成。这些政府机构大都只是根据世界银行等外部要求组织相关项目的后评价。

3. 国际金融组织的后评价

许多国际金融组织依靠后评价来检查期工程活动的结果,据英国海外开发署对全世界24个多边金融机构的评价体系进行了专门研究,结果表明后评价费用占同期工程的0.17%。这些金融组织的评价目的分为两个方面:一是总结经验教训;二是对项目价值的评价。真实有效的评价应指出工程活动的缺点,由此导致评价和被评价者之间的矛盾。因此,评价单位对所作的评价报告的质量应有严格的控制,内容应与所用的资料来源相一致,评价结果应有很高的可信度。在各国际金融组织中,世界银行和亚洲开发银行由于工程贷款额大,后评价任务重,在项目评价方面积累了大量的经验。

4. 中国的工程项目后评价

中国工程项目后评价的目的是全面总结工程项目的决策、实施和运营情况,分析项目的技术、经济、社会和环境效益的影响,为投资决策和项目管理提供经验教训,改进并完善建成项目,提高其可持续性。中国最早于1988年开始工程项目后评价,当时,国家计划委员会正式委托中国国际工程咨询公司进行第一批国家重点建设项目的后评价。我国近年来的后评价主要有以下几类:

(1)国家重点建设项目。这类项目由国家有关部门制定评价规定,编制评价计划,委托独立的评价机构来完成。目前主要委托中国国际工程咨询公司实施项目后评价。国家重点项目的后评价有多种类型,包括项目后评价、项目效益调查、项目跟踪评价、行业专题研究等,这些工作为政府有关部门投资决策提供了有益的反馈信息。

(2)国际金融组织贷款项目。这类项目主要是指世界银行和亚洲开发银行在华的贷款项目。国际金融组织贷款项目按其规定开展项目后评价，中方项目管理和执行机构主要做一些后评价的准备和资料收集工作。许多情况下，国际金融组织的贷款项目也是我国的重点建设项目，政府有关管理也要对其中部分项目进行国内的后评价。

（3）银行贷款项目。中国建设银行从1978年起对大中型项目的效益进行后评价工作，目前已形成了自己的评价体系。1994年国家开发银行成立，对国家政策性投资进行统一管理。开发银行担负起对国家政策性投资业务的后评价工作，已经在后评价机构建设、人员配备和业务开发方面取得了重大进展。

（4）国家审计项目。中华人民共和国审计署对国家投资和利用外资的大中型项目进行正规审计工作。审计署对这些项目的审计，主要包括项目开工、实施和竣工等财务方面的审计。

（5）行业部门和地方项目。由行业部门和地方政府安排的工程项目一般由部门和地方政府安排后评价。开展比较好的有农林、能源、交通等部门和黑龙江、云南等地区。

13.1.5　工程项目后评价的作用

1. 总结工程项目建设的经验教训

工程项目的建设及管理活动是十分复杂的，项目能否顺利完成并取得预期的效果，不仅取决于项目自身因素，而且还取决于相关部门能否相互协调、密切合作、保质保量地完成各项任务和工作。项目后评价针对项目实际效果所反映出的项目建设全过程各阶段存在的问题，进行分析研究，比较实际情况与预测情况的偏离程度，分析产生偏差的原因，提出相应的切实可行的整改建议，促进项目改进运营状态，更好地发挥效益。因此，后评价可以对项目管理起到监督和改进作用，进而有效地指导未来的项目管理活动。

2. 提高投资决策科学化的水平

尽管前评价是项目投资决策的依据，但前评价中所作的预测和结论是否正确，需要通过项目的后评价来检验。因此，项目后评价通过对项目投资决策依据及过程进行总结和检查，建立和完善项目后评价制度和科学的评价方法体系。通过分析各种反馈信息，检验基本建设程序各环节工作和生产经营所取得的实际效果，检测项目是否达到投资决策时所确定的目标，分析项目建设过程的立项、投资规模、技术选样、技术引进及所采取的管理方法和经营手段等是否正确合理，从中得出有益的经验教训，纠正项目决策中存在的问题，为今后类似项目的投资决策提供借鉴依据，从而提高未来项目决策的科学化水平。

3. 提供国家投资计划和政策制定的依据

项目后评价所得结论能够发现宏观投资政策及管理中存在的不足和问题，政府可以据此及时修正某些不适合的技术经济政策，通过运用税收、利率、汇率和价格政策等调整和控制项目的选择、投资规模和资金流向，协调各产业之间及其内部的投资比例关系。同时运用法律的、经济的和行政的手段，建立和完善必要的法律法规、组织机构与相应的管理制度，加强项目投资管理，从而保证国家建设投资管理的科学性和有效性。

13.2 工程项目后评价的内容

工程项目性质、规模、特点不同，项目评价的目的和评价的内容不尽相同。针对项目的不同阶段，项目后评价的内容也有所不同。一般而言，工程项目的全面后评价包括以下几方面的内容。

13.2.1 工程项目前期工作的后评价

工程项目建设的前期工作是指建设项目从开始酝酿决策到开工建设以前所进行的各项工作，是项目建设过程的重要阶段。前期工作的质量对项目的成败起着决定性作用。因此，前期工作的后评价是工程项目后评价的重点内容。工程项目前期工作后评价的内容主要由项目立项条件后评价、项目决策程序和方法后评价、项目决策阶段经济和环境后评价、项目勘察设计后评价和项目建设准备工作后评价等内容组成。

1. 工程项目立项条件的后评价

工程项目立项条件后评价是从实际情况出发，对当初认可的立项条件和决策目标是否正确，项目的产品方案、工艺流程、设备方案、资源情况、建设条件、建设方案等是否适应项目需要，产品是否符合市场需求等进行评价和分析。

2. 工程项目决策程序和方法后评价

该部分主要分析和评价当初工程项目决策的程序和方法是否科学，是否符合我国现行有关制度和规定要求，项目的审定是否带有个人意志和感情色彩等。

3. 工程项目决策阶段经济和环境后评价

主要包括两部分的内容：一是评价和分析工程项目决策前，是否对项目的经济方面进行了科学的可行性研究工作，实际的资金需求及到位情况与前期的预测是否一致，从而检验前期经济评价结论的正确程度；二是前期决策时，是否全面深入地对工程项目的环境影响进行了客观、科学的估计和评价，是否提出了降低不利影响、避免风险的措施，并根据项目运行过程中对环境的实际影响分析当初的环境评价是否科学。

4. 工程项目勘察设计后评价

工程项目勘察设计后评价主要包括：承担工程项目的勘察设计单位是否经过招标优选，勘察设计工作的质量如何，设计的依据、标准、规范、定额、费率是否符合国家有关规定，并根据施工实践和工程项目的生产使用情况，检验设计方案在技术上的可行性和经济上的合理性。

5. 工程项目建设准备工作后评价

工程项目建设准备工作后评价主要是对项目筹建工作、征地拆迁工作、安置补偿工作、工程招标工作、"三通一平"（水通、电通、路通和场地平整）工作、建设资金筹措及设备、材料落实工作是否满足工程实施要求，项目的总进度计划是否能够控制工程建设进度、保证工程按期竣工等方面进行后评价。

13.2.2　工程项目实施阶段的后评价

工程项目实施阶段是指从项目开工到竣工验收的全过程,是项目建设程序中耗时较长的一段时间,也是建设投资最为集中的一个时期。这样阶段能够集中反映项目前期工作的深度、工程质量、工程造价、资金到位情况以及影响项目投资效益发挥的各个方面问题。

1. 工程项目施工及监理工作后评价

主要是对工程项目施工准备工作、施工单位和监理单位的招标和资质审查工作进行回顾和检查,对工程质量、工程进度、工程造价、施工安全、施工合同工作进行评价,着重分析工程实施过程中发生的超工期、超概算、质量差等原因进行分析。

2. 投产准备工作后评价

主要检查和分析工程项目投产前生产、技术人员的培训工作是否及时、到位,投产后所需要材料、燃料、动力条件是否在项目竣工验收之前已经落实,是否组建了合理的生产管理机构并制定了相应的生产经营制度等。

3. 工程项目竣工验收工作后评价

主要回顾检查工程项目竣工验收是否及时,配套工程及辅助设施工程是否与主体工程同时建成使用,工程质量是否达到设计要求,能否达到设计生产能力,验收时遗留问题是否妥善处理,竣工决算是否及时编制,技术资料是否移交等。在此基础上对工程项目在造价、质量、工期方面存在的问题进行分析。

13.2.3　工程项目运营阶段的后评价

工程项目运营阶段是指从项目竣工投产直到进行后评价之前的一段时间。这一时期是项目投资建设阶段的延续,是实现项目投资经济效益和投资回收的关键时期。因此,这一时期的后评价是项目后评价的关键部分,主要包括以下几方面的内容。

1. 工程项目生产经营管理的后评价

工程项目生产经营管理的后评价主要包括:项目生产条件及达产情况后评价,项目生产经营和市场情况以及产品品种、数量和质量是否与当初预测相符,生产技术和经营管理系统能否保证生产正常进行和提高经济效益,项目资源的投入和产出情况后评价等。

2. 工程项目经济效益后评价

工程项目经济效益后评价是工程项目后评价的主要内容,是以工程项目投产或交付使用后实际数据(包括实际投资额、资金筹集和运营情况、实际生产成本、销售收入、税金及利润情况等)重新计算项目各有关经济效益指标,将其与当初预测的投资效益情况进行比较和分析,从中发现问题、分析原因,提出提高投资经济效益的具体建议和措施。

3. 工程项目对社会、环境影响的后评价

工程项目对社会、环境影响的后评价,主要是将投资项目对社会、环境的实际影响与当初预测的情况进行对比分析，找出变化的原因，并对存在社会经济和环境不利影响的项目，提出解决和防范措施。此外，还要对项目与社会、环境的相互适应性及项目的可持续性进行分析，说明项目能否持续发挥投资效益。

13.2.4 工程项目后评价的主要指标

主要的工程项目后评价指标如下所述。

1. 实际设计周期

实际设计周期是指从设计合同生效直到设计完成提交建设单位实际经历的时间。将实际设计周期与预测的设计周期或合同约定的设计周期进行比较，从中找出设计周期延长或缩短的原因，并指出对工程项目实施造成影响的类别及大小。

2. 实际建设周期

实际建设工期是指从开工到竣工验收所经历的时间。通过这一指标来反映实际工期与计划工期的偏离程度。

3. 实际建设成本

将实际建设成本与计划建设成本相比较，可以反映建成成本的偏离程度。

4. 实际工程合格率及优良率

实际工程合格率及优良率反映了实际的工程质量。

5. 实际返工损失率

实际返工损失率是指因项目质量事故停工或返工而增加的项目投资额与项目累计完成投资额的百分比。

6. 实际投资总额

实际投资总额是指工程项目竣工投产后审定的实际完成投资总额，将其与计划投资总额相比较，可以判断项目投资增加或减少的程度如何。

7. 实际单位生产能力投资

实际单位生产能力投资是指竣工验收项目实际投资总额与该项目实际形成的生产能力的比值。该指标越小，项目实际投资效果越好；反之，实际投资效果则越差。

8. 实际达产年限

实际达产年限是指从项目投产达到设计生产能力所需要的时间，通过与预计达产年限相比较，可以发现实际达产年限与计划的偏离程度。

9. 实际生产能力利用率

实际生产能力利用率是指项目投产后实际产量与设计生产能力的百分比，从中可以看出生产能力是不足还是过剩。

10. 实际产品价格变化率

实际产品价格变化率反映实际价格与预测价格的偏离程度及其对实际利润的影响。

11. 实际产品成本变化率

实际产品成本变化率反映产品实际成本与预测成本的偏离程度及其对实际利润的影响。

12. 实际的销售数量变化率

实际的销售数量变化率反映产品实际销售数量与预测数量的偏离程度及其对实际利润的影响。

13. 实际销售利润变化率

实际销售利润变化率反映实际销售利润与预测值的偏离程度。

14. 实际投资利润率

实际投资利润率是指实际的年均利润总额与实际投资总额的比值。该指标通过与预测投资利润率的比较,反映投资利润率的偏离程度。

15. 实际投资利税率

实际投资利税率是指实际的年均利税总额与实际投资总额的比值。该指标通过与预测投资利税率的比较,反映投资利税率的偏离程度。

16. 实际净现值

实际净现值是根据项目投产后实际的年净现金流量以及根据实际情况重新预测的剩余寿命期内各年的净现金流量,按照重新选定的折现率计算出的建设期初的净现值。该指标越大,说明实际投资效益越好。

17. 实际净现值率

实际净现值率等于实际净现值与建设期初投资现值的百分比,表示单位实际投资额的现值所带来的净现值的多少。

18. 实际投资回收期

实际投资回收期具体包括实际静态投资回收期和实际的动态投资回收期两个指标。具体表示用项目实际净收益或重新预测的净收益来回收项目实际投资所需要的时间。

19. 实际内部收益率

实际内部收益率是根据项目投产后实际的年净现金流量或重新预测的剩余寿命周期内各年的净现金流量计算出的净现值等于零时的折现率。该指标大于重新选定的基准收益率时,说明该项目实际效益较好。

20. 实际借款偿还期

实际借款偿还期是指用项目投产后实际的或重新预测的可用作还款的资金数额来偿还项目投资实际借款本息所需要的时间,该指标反映的是项目的实际清偿能力。

13.3 工程项目后评价的方法

工程项目后评价最常用的方法主要有对比分析法、逻辑框架法和成功度评价法。

13.3.1 对比分析法

工程项目后评价采用的对比分析法有前后对比法、有无对比法及横向对比法。

1. 前后对比法

前后对比法是将工程项目可行性研究和评估阶段所预测项目的投入、产出、效益、费用等和相应的评价指标与工程项目竣工投产运行后的实际结果进行对比。这种对比一般用于项目的效益评价和影响评价,是后评价的一个重要方法。

2. 有无对比法

有无对比法是将工程项目竣工投产运行后实际发生的情况与没有运行工程项目可能发生的情况进行对比,以度量项目的真实效益。有无对比的关键是要求投入费用与产出效果的口径一致,也就是说,所度量的效果真正是由该项目所产生的。采用有无对比法进行工程项目后评价,需要大量可靠的数据,最好有系统的项目监测资料,也可引用当地有效的统计资料。在进行对比分析时,先要确定评价内容和主要指标,选择可比的对象,通过建立对比表进行分析。这种对比也常用于项目的效益评价和影响评价。

3. 横向对比法

横向对比法是将项目实施后所达到的技术经济指标与国内同类项目的平均水平、先进水平、国际先进水平等进行比较。运用横向对比法进行项目后评价时,必须注意可比性的问题,比较时要把不同时期的数据资料折算到同一时期,使项目评价的价格基础保持同期性,同时也要保持费用、效益等计算口径相同。

13.3.2 逻辑框架法

逻辑框架法(logical framework approach,LFA)是美国国际开发署在1970年开发并使用的一种设计、计划和评价的工具。该方法不是一种机械的方法程序,而是一种综合、系统地研究和分析问题的思维框架,逻辑框架法是将几个内容相关且必须同步考虑的动态因素组合起来,通过分析相互之间的关系,从设计、策划、目标等方面来评价项目。其核心是分析项目营运、实施的因果关系,揭示结果与内外原因之间的关系。

逻辑框架法把目标及因果关系分为4个层次。

(1) 目标。目标通常是指高层次的目标,即宏观计划、规划、政策和方针等。

(2) 目的。目的是指建设项目的直接效果和作用,一般应考虑项目为受益群体带来的效果。

(3) 产出物。产出物是指项目建成后提供的可直接计量的产品或服务。

(4) 投入物和活动。这是指该项目实施过程中的资源投入量、项目建设的起止时间及工期。逻辑框架法的模式一般可用矩阵表来表示,见表13-1。

表 13-1　逻辑框架法的矩阵

层次描述	客观验证指标	验证方法	重要外部条件
目标/影响	目标指标	监测和监督手段及方法	实现目标的主要条件
目的/作用	目的指标	监测和监督手段及方法	实现目的的主要条件
产出/结果	产出物定量指标	监测和监督手段及方法	实现产出的主要条件
投入/措施	投入物定量指标	监测和监督手段及方法	实现投入的主要条件

上述矩阵表示了逻辑框架法的结构模式，是由 4×4 的模式组成的。在垂直方向横行代表项目目标层次，按照因果关系，自下而上地列出项目的投入、产出、目的和目标 4 个层次，包括达到这些目标所需要的检验方法和指标，说明目标层次之间的因果关系和重要的假定条件及前提；在水平方向各竖行代表如何验证这些不同层次的目标，自左到右列出项目各目标层次的预期指标和实际达到的考核验证指标、信息资料和验证方法，以及相关的重要外部条件。采用专门的客观验证指标及其验证方法分析研究项目的资源消耗数量、质量和结果，对项目各个目标层次所得的结论进行专门分析和详细说明。项目后评价通过逻辑框架法来分析项目原定的预期目标、各种目标的层次、目标实现程度和原因，评价项目的效果、作用和影响，国际上很多组织把逻辑框架法作为后评价的方法论原则之一。

2005 年 5 月，国务院国资委对中央企业固定资产投资项目后评价工作制定了工作指南，其中对逻辑框架法通过投入、产出、直接目的、宏观影响 4 个层面对项目进行分析和总结的模式给出了参考格式，见表 13-2。

表 13-2　国资委项目后评价逻辑框架表

项目描述	可客观验证的指标			原因分析		项目可持续能力
	原定指标	实现指标	差别或变化	内部原因	外部条件	
项目宏观目标						
项目直接目的						
产出、建设内容						
投入、活动						

13.3.3　成功度评价法

成功度评价法是以逻辑框架法分析的项目目标的实现程度、经济效益分析的结论为基础，以项目目标和效益为核心进行全面系统评价，得出项目成功度。进行项目成功度分析首先必须明确项目成功的标准，再选择与项目相关的评价指标并确定其对应的重要性权重，通过指标重要性分析和单项成功度结论的综合，即可得到整个项目的成功度指标。

成功度法是依靠评价专家或专家组的经验，根据项目各方面的执行情况并通过系统准则或目标判断表来评价项目总体的成功程度。进行成功度分析时，首先确立项目绩效衡量指标，然后根据如下评价等级对绩效衡量指标进行专家打分。

（1）成功。表明项目各个目标都已经全面实现或超过，与成本相比，项目取得了巨大效益和影响。

（2）基本成功。表明项目的大部分目标已经实现，与成本相比，项目达到了预期的效益和影响。

（3）部分成功。表明项目实现了原定的部分目标，与成本相比，项目只取得了一定的效益和影响，未取得预期的效益。

（4）不成功。表明项目实现的目标非常有限，主要目标没有达到，与成本相比，项目几乎没有产生什么效益和影响。

（5）失败。表明项目目标无法实现，即使建成也无法正常营运，目标不得不终止。

项目的成功度评价是项目后评价中一项重要的工作，是项目评价专家组对项目后评论结论的集体定性。一个大型项目一般要对十几个重要的和次重要的综合评价指标进行定性分析，断定各项指标的等级。这些综合评价指标见表13-3。

表 13-3 项目成功度评价指标

项目执行指标	相关重要性	成功度	项目执行指标	相关重要性	成功度
宏观经济影响			进度管理		
扩大或增加能力			预算内费用管理		
良好的管理			项目依托条件		
对扶贫的影响			成本与效益		
教育			财务内部收益率		
卫生与健康			经济内部收益率		
对妇女儿童的影响			财务持续性		
环境影响			机构的持续性		
社会影响			项目总持续能力		
对机构的影响			项目的总成功度		
技术进步					

13.4 工程项目后评价报告的编写格式

工程项目后评价报告是工程项目后评价的最终成果。要做到公正、客观、全面系统，以实现后评价的目标。

13.4.1 世界银行工程项目后评价报告的编写格式

世界银行编制的"项目完成报告书"和"项目执行情况审核备忘录"均有较为规范的格式，在此基础上，根据项目的具体情况加以适当的调整。

1. 项目完成报告的编写格式

世界银行编制的"项目完成报告书"主要包括如下几方面的内容。

(1) 项目背景。主要包括项目提出、准备和实施的依据，项目的目标、项目的建设内容等。

(2) 项目管理机构。主要包括项目管理机构的设置、管理人员实绩、管理措施、管理过程中的经验教训等。

(3) 项目物质与财务管理。主要包括物质与财务管理中出现的问题及其产生的原因，存在问题所造成的影响，为解决问题所采取的措施及其实际效果，采购、供应商和承包商的表现等。

(4) 项目贷款中的异常情况。主要分析项目贷款中的异常情况与贷款条件、贷款协议、贷款程序等方面的关系。

(5) 项目重大修改。主要分析项目重大修改的原因。

(6) 人员培训。主要分析世界银行与贷款者双方在工作人员培训方面的经验教训。

(7) 项目违约事件。主要分析违约事件的发生及采取的相应措施，如未采取任何措施，则要分析原因何在。

(8) 项目财务评价。计算有关财务评价指标，分析其财务盈利能力与贷款偿还能力。

(9) 项目费用效益分析。计算有关费用效益分析指标，分析其对国民经济的贡献程度。

(10) 项目社会评价。计算有关社会评价指标，分析其对社会的贡献程度。

(11) 结论。总结经验教训，得出结论性意见。

2. 项目执行情况审核备忘录的编写格式

世界银行编制的"项目执行情况审核备忘录"一般包括以下几方面内容。

(1) 概述项目建设的背景、目标、实施过程和结果。

(2) 对项目完成情况作出评价，并分析其是否达到预期目标。

(3) 项目选定和准备阶段预计到的不利因素是否已经消除。

(4) 得出评价结论、经验教训以及其他有特殊意义的问题。

(5) 提出与"项目完成报告"中的相同处与分歧点。

(6) 重点阐述"项目完成报告"中未涉及的或阐述不清的问题。

13.4.2 我国项目后评价报告的编写格式

1. 总论

总论主要包括项目后评价的目的，后评价工作的组织管理，后评价报告的编制单位，后评价报告的编写依据，后评价的方法，项目的设计单位，项目可行性研究报告与评价报告的编写单位以及项目的基本情况等。

2. 项目前期工作后评价

主要内容包括项目筹建单位及其工作效率，项目决策程序与效率，项目厂址选择的科学性，项目征地拆迁工作质量及其效率，项目委托设计与施工质量与效率，项目配套的质量与效率以及项目物质与资金落实情况等。

3. 项目实施后评价

项目实施后评价主要内容包括项目开工手续是否齐备，开工时间是否与计划时间一致，如不一致，则要分析其原因以及对项目总体效益的影响程度；项目设计是否发生变更，如发生变更，则要分析其对建设期、总体效益的影响程度；筹资方案是否符合国家有关规定；投资额是否超支，资金供应是否及时；工程项目质量是否与计划要求一致，如不一致，则要分析其对生产期、运营状况的影响程度；项目建设期是否与计划一致，如不一致，则要分析其对项目总体效益的影响程度；项目竣工验收程序是否符合国家有关规定等。

4. 项目运营后评价

项目运营后评价主要包括以下内容：项目投产后的经营管理水平；项目投产后实际达到的技术水平；项目投产后的产品方案；项目投产期是否与预期值一致，如不一致，则要分析其原因，并提出积极建议等。

由于财务评价和费用效益分析内容较多，大多数后评价报告将其单独列示。

5. 项目财务后评价

根据项目运行的实际数据或根据实际资料得出的预测数据与现行财税制度，编制有关财务后评价报表，计算有关财务评价指标。

6. 项目费用效益分析后评价

根据项目运行的实际数据或根据实际资料得出的预测数据与国家有关部门公布的有关参数，编制有关费用效益分析后评价报表，计算有关费用效益分析指标。

本 章 小 结

项目后评价是对项目的准备、立项决策、设计施工、生产运营等全过程的投资活动进行总结评价，达到不断提高项目决策水平、管理水平和投资效益的目的。项目后评价与前评价相比，评价的主体、评价的侧重点、评价的内容、评价的依据等许多方面都存在差异。因此，在对项目进行后评价时，应选择合适的指标，进行分析研究。常用的后评价方法主要有对比分析法、逻辑框架法、成功度法等。具体运用时，应根据项目的实际情况合理选择。

习 题

一、单项选择题

1. 项目后评价发生在（　　）。
   A. 项目投资决策前　　　　　　　　B. 生产建设中
   C. 项目投资决策中　　　　　　　　D. 生产运营一段时间以后
2. 不属于后评价内容有（　　）。
   A. 项目建设必要性　　　　　　　　B. 生产建设条件

    C. 技术方案   D. 可行性研究
3. 反映项目前期和实施效果的后评价指标是（   ）。
    A. 实际项目决策周期变化率   B. 实际净现值
    C. 实际内部收益率   D. 实际达产年限变化率

二、多项选择题

1. 后评价的特点是（   ）。
    A. 现实性   B. 全面性
    C. 反馈性   D. 公正性
2. 项目后评价与前评价的区别是（   ）。
    A. 评价的依据不同   B. 评价主体不同
    C. 评价的内容不同   D. 评价的阶段不同
3. 项目后评价的方法有（   ）。
    A. 对比分析法   B. 逻辑框架法
    C. 成功度评价法   D. 系统分析法

三、思考题

1. 什么是工程项目后评价？其主要特点有哪些？
2. 工程项目后评价与前评价的区别有哪些？
3. 工程项目后评价的作用是什么？
4. 工程项目后评价的主要内容有哪些？
5. 简述工程项目后评价的主要指标。
6. 工程项目后评价的方法有哪些？

附录一 部分习题参考答案

第1章 绪论

一、单项选择题
1. C 2. D 3. D

二、多项选择题
1. CD 2. ABCD

第2章 工程经济分析要素

一、单项选择题
1. B 2. C 3. A 4. A 5. A 6. D

二、多项选择题
1. ABCDE 2. ABDE 3. ABDE 4. ABCD

第3章 工程经济分析原理

一、多项选择题
1. ABCD 2. ABCD

第4章 资金时间价值

一、单项选择题
1. B 2. D 3. D 4. C 5. A

二、多项选择题
1. ADE 2. ABE 3. ABC

四、计算题

1. 解：设该企业可接受的国库券最低出售价格是 P
$100 \times (1+3 \times 10\%) = (1+2 \times 12\%)P$
$\geqslant P = 104.84$（元）

2. 解：此人在 60～74 岁每年可以领到
$5\,000 \times (F/A, 6\%, 35) \times (A/P, 6\%, 15)$
$= 5\,000 \times 111.435 \times 0.102\,96$
$= 57\,366.738$（元）

3. 解：
还款总额：$2 \times 5 + 10 \times 10\% + 8 \times 10\% + 6 \times 10\% + 4 \times 10\% + 2 \times 10\% = 10+3 = 13$
现值：$2 \times (P/A, 10\%, 5) + 10 \times 10\%(P/F, 10\%, 1) + 8 \times 10\%(P/F, 10\%, 2) + 6 \times 10\%(P/F, 10\%, 3) + 4 \times 10\%(P/F, 10\%, 4) + 2 \times 10\%(P/F, 10\%, 5) = 10$
还款总额：$10 + 10 \times 10\% \times 5 = 15$

现值：$10 \times 10\% * (P/A, 10\%, 5) + 10 \times (P/F, 10\%, 5) = 1 \times 3.791 + 10 \times 0.6209 = 10$

还款总额：$10 \times (A/P, 10\%, 5) \times 5 = 10 \times 0.26380 \times 5 = 13.20$

现值：$10 \times (A/P, 10\%, 5) \times (P/A, 10\%, 5) = 10 \times 0.26380 \times 3.791 = 10$

还款总额：$10 \times (F/P, 10\%, 5) = 10 \times 1.611 = 16.1$

现值：$10 \times (F/P, 10\%, 5) \times (P/F, 10\%, 5) = 10 \times 1.611 \times 0.6209 = 10$

4. 解：

一次支付付款方式的现值：$P_1 = 25$

总算与提成相结合付款方式的现值：$P_2 = 5 + 60 \times 6\% \times (P/A, 10\%, 10) \times (P/F, 10\%, 2)$

$= 5 + 3.6 \times 6.1446 \times 0.8264$

$= 23.28$

比较：$P_1 > P_2$，所以应该选择总算与提成相结合付款方式。

5. 解：

实际利率 $i = (1 + 12\%/12)^{12} - 1 = 12.68\%$

应归还本利和：$20 \times (1 + 12.68\%)^3 = 20 \times 1.4308 = 28.62$（万元）

6. 解：

该专利技术的价值为 $28 \times (P/A, 15\%, 6) = 28 \times 3.7845 = 105.966 \approx 106$（万元）

7. 解：设支取金额为 F

每年年末存款的现值：$P_1 = 1500 \times (P/A, 12\%, 10) = 1500 \times 5.650 = 8475$

三次支取额的现值：

$P_2 = F \times (P/F, 12\%, 6) + F \times (P/F, 12\%, 10) + F \times (P/F, 12\%, 15)$

$= F \times (0.5066 + 0.3220 + 0.1827)$

令 $P_1 = P_2$

$\Rightarrow F = 8381$（万元）

8. 解：关于永续年金的计算推导：$P = A/i$

所允许的最大投资额现值：$P = 5600/12\% = 46667$（万元）

9. 解：（1）单利计算。

$i_{半} = 10\%/2 = 5\%$

$A_1 = 100 + 100 \times (1 + 5/6 \times 5\%) + 100 \times (1 + 4/6 \times 5\%) + 100 \times (1 + 3/6 \times 5\%) + 100 \times (1 + 2/6 \times 5\%) + 100 \times (1 + 1/6 \times 5\%)$

$= 612.5$

$F_1 = A_1(F/A, 5\%, 10) = 612.5 \times 12.5779 = 7703.9638$（元）

（2）复利计算

$5\% = (1 + i_{月})^6 - 1$

$i_{月} = \sqrt[6]{105\%} - 1 = 0.8165\%$

$F_2 = 100(F/A, 0.8165\%, 60) = 7702.51$（元）

第5章 工程项目单方案经济评价

一、单项选择题

1. A 2. C 3. D

二、多项选择题

1. BDE 2. BCE 3. AD

四、计算题

1. 解：

(1) 求静态投资回收期(表5-14)。

表5-14 静态投资回收期计算表 单位：万元

年末	1	2	3	4	5	6	7	8	9	10
净现金流量	−15 000	−2 500	−2 500	4 000	4 000	4 000	4 000	5 000	6 000	7 000
累计净现金流量	−15 000	−17 500	−20 000	−16 000	−12 000	−8 000	−4 000	1 000	7 000	14 000

$$P_t = 8 - 1 + \frac{|-4000|}{5000} = 7.8 \text{(年)}$$

(2) 求动态投资回收期(表5-15)。

表5-15 动态投资回收期计算表 单位：万元

年末	1	2	3	4	5	6	7	8	9	10
净现金流量	−15 000	−2 500	−2 500	4 000	4 000	4 000	4 000	5 000	6 000	7 000
8%折现系数	0.925 9	0.857 3	0.793 8	0.735 0	0.680 6	0.630 2	0.583 5	0.540 3	0.500 2	0.463 2
净现金流量折现值	−13 889	−2 143	−1 985	2 940	2 722	2 521	2 334	2 702	3 001	3 242
累计净现金流量折现值	−13 889	−16 032	−18 017	−15 077	−12 355	−9 834	−7 500	−4 798	−1 797	1 445

$$P'_t = 10 - 1 + \frac{|-1797|}{3242} = 9.6 \text{(年)}$$

(3) 求净现值。

$NPV = -15\,000(P/F, 8\%, 1) - 2\,500(P/F, 8\%, 2) - 2\,500(P/F, 8\%, 3) + 4\,000(P/A, 8\%, 4)(P/F, 8\%, 3) + 5\,000(P/F, 8\%, 8) + 6\,000(P/F, 8\%, 9) + 7\,000(P/F, 8\%, 10)$

$= 1\,445.47 \text{(万元)}$

(4) 求内部收益率。

$i_1 = 8\%$，$NPV_1 = 1\,445.47$

$i_2 = 10\%$，$NPV_2 = -478.57$

$$IRR = 8\% + \frac{1\,445.47}{1\,445.45 + |-478.57|} \times (10\% - 8\%) = 9.50\%$$

2. 解：设该项目的投资为 P，年净收益为 A

则 $P/A=4$

$P=A(P/A,10\%,P'_t)$

即 $(P/A,10\%,P'_t)=4$

$P'_t=5.4(年)$

3. 解：

$i_1=34\%$，$NPV_1=5.08(万元)$

$i_2=36\%$，$NPV_2=-2.22(万元)$

$IRR=34\%+\dfrac{5.08}{5.08+|-2.22|}\times(36\%-34\%)=35.39\%$

4. 解：

(1) $i_1=8\%$，$NPV_1=452.95(元)$

$i_2=10\%$，$NPV_2=-5\,311.03(元)$

$IRR=8\%+\dfrac{452.95}{452.95+|-5\,311.03|}\times(10\%-8\%)=8.16\%$

(2) $NPV=-80\,000+14\,000(P/A,10\%,n)\geqslant 0$

$(P/A,10\%,n)\geqslant 5.714\,3$

$n=8.89(年)$

5. 解：

$NAV_a=-120\,000(A/P,10\%,10)+(70\,000-6\,000)+20\,000(A/F,10\%,10)=45\,725(元)$

$NAV_b=-90\,000(A/P,10\%,8)+(70\,000-8\,500)+10\,000(A/F,10\%,8)=45\,504(元)$

由于 $NAV_a>NAV_b$，应该选择设备 A。

6. 解：

$NPV=-1\,000-2\,000(P/F,12\%,1)-1\,500(P/F,12\%,2)+1\,450(P/A,12\%,8)(P/F,12\%,2)=1\,760.65(万元)$

由于净现值 $NPV>0$，该项目可行。

7. 解：

该项目的年利润总额 $=90-50-20=20(万元)$

项目年交所得税 $=20\times 25\%=5(万元)$

项目年净现金流量 $=90-50-5=35(万元)$

净现值表达式：$NPV=-150+35(P/A,i,6)$

$IRR=10.55\%$

第6章 工程项目多方案经济评价

一、单项选择题

1. B 2. C 3. B

二、多项选择题

1. BDE 2. ABCE 3. ACE

四、计算题

1. 解：

$$p_{tA} = \frac{300}{60} = 5(年) \qquad p_{tB} = \frac{270}{54} = 5(年)$$

两个方案均可行。

$$\Delta P_{tA-B} = \frac{300-270}{60-54} = \frac{30}{6} = 5(年)$$

方案 A 为较优方案。

2. 解：方案 A 和 0 方案比较

$$-1\,500 + (1\,150 - 650)(P/A, \Delta IRR_{A-0}, 10) = 0 \qquad \Delta IRR_{A-0} = 31.1\%$$

由于 $\Delta IRR_{A-0} = 31.1\% > 15\%$，方案 A 优于 0 方案

方案 A 和方案 B 比较：

$$-(2\,300 - 1\,500) + (650 - 500)(P/A, \Delta IRR_{B-A}, 10) = 0 \qquad \Delta IRR_{B-A} = 13.43\%$$

由于 $\Delta IRR_{B-A} = 13.43\% < 15\%$

方案 A 优于方案 B。

3. 解：方案 A 和 0 方案比较

$$-2\,000 + 400(P/A, \Delta IRR_{A-0}, 8) = 0 \qquad \Delta IRR_{A-0} = 11.81\%$$

由于 $\Delta IRR_{A-0} = 11.81\% > 10\%$，方案 A 优于 0 方案

方案 A 和方案 B 比较

$$-(2\,500 - 2\,000) + (480 - 400)(P/A, \Delta IRR_{B-A}, 8) = 0 \qquad \Delta IRR_{B-A} = 5.84\%$$

由于 $\Delta IRR_{B-A} = 5.84\% < 10\%$，方案 A 优于方案 B

方案 A 和方案 C 比较

$$-(3\,000 - 2\,000) + (600 - 400)(P/A, \Delta IRR_{C-A}, 8) = 0 \qquad \Delta IRR_{C-A} = 11.81\%$$

由于 $\Delta IRR_{C-A} = 11.81\% > 10\%$，方案 C 优于方案 A

方案 C 和方案 D 比较

$$-(3\,500 - 3\,000) + (720 - 600)(P/A, \Delta IRR_{D-C}, 8) = 0 \qquad \Delta IRR_{D-C} = 17.31\%$$

由于 $\Delta IRR_{D-C} = 17.31\% > 10\%$，方案 D 优于方案 C

方案 D 为最优方案。

4. 解：

$$\begin{aligned}NPV_A &= -10\,000 - 10\,000(P/F, 15\%, 5) + 4\,500(P/A, 15\%, 10) \\ &\quad + 1\,000(P/F, 15\%, 5) + 1\,000(P/F, 15\%, 10) \\ &= 8\,357(元)\end{aligned}$$

$$\begin{aligned}NPV_B &= -30\,000 + 10\,000(P/A, 15\%, 10) \\ &= 20\,188(元)\end{aligned}$$

$NPV_A = 8\,357$ 元 $< NPV_B = 20\,188$ 元，选择 B 设备的经济效益较好。

$$\begin{aligned}NAV_A &= -10\,000(A/P, 15\%, 5) + 4\,500 + 1000(A/F, 15\%, 5) \\ &= 1\,665(元)\end{aligned}$$

$$\begin{aligned}NAV_B &= -30\,000(A/P, 15\%, 10) + 10\,000 \\ &= 4\,021(元)\end{aligned}$$

$NAV_A = 1\,665$ 元 $< NAV_B = 4\,021$ 元，选择 B 设备的经济效益较好。

5. 解：

费用现值 $PC = 60\,000 + 50\,000(P/F, 8\%, 5) + 40\,000(P/F, 8\%, 10)$
$+ 1\,500(P/A, 8\%, 5) + 2\,500(P/A, 8\%, 5)(P/F, 8\%, 5)$
$+ 3\,500(P/A, 8\%, 5)(P/F, 8\%, 10) - 8\,000(P/F, 8\%, 15)$
$= 129\,290$（万元）

费用年值 $AC = PC(A/P, 8\%, 15) = 15\,105$（万元）

6. 解：

$PC_1 = 35 + \dfrac{0.2}{5\%} = 39$（万元）

$PC_2 = 20 + \dfrac{1 \times (A/F, 5\%, 3) + 4(A/F, 5\%, 12) + 10(A/F, 5\%, 36)}{5\%}$
$= 33.45$（万元）

由于 $PC_1 > PC_2$，选用方案 2 较经济。

7. 解：

有关方案组合及净现值计算见表 6-23。

表 6-23 方案组合及净现值

组合号	A B C	投资	年净收益(0~10 年)	NPV
1	0 0 0	0	0	0
2	1 0 0	200	42	58
3	0 1 0	375	68	43
4	0 0 1	400	75	61
5	1 1 0	575	110	101
6	1 0 1	600	117	119
7	0 1 1	775	143	104
8	1 1 1	975	投资超限	

投资限额为 800 万元时，最优结合为 A、C 方案，其年净现值总额为 119 万元。

8. 解：

各方案净现值、净现值率及排序的计算见表 6-24。

表 6-24 各方案计算结果

方 案	A	B	C	D	E	F
净现值	813	942	1 052	860	664	507
净现值率	1.35	1.47	1.50	1.15	0.92	0.74
排序	③	②	①	④	⑤	⑥

资金限制在 1 950 万元时，选 C、B、A 三个方案；

资金限制在 2 700 万元时，选 A、B、C、D 四个方案。

9. 解：

各方案净现值、净现值率及排序的计算见表 6-25。

表 6-25 各方案计算结果

方 案	A	B	C	D	E	F	G	H
净现值	8.681	7.320	8.876	9.027	11.865	9.669	10.116	8.279
净现值率	0.868	0.523	0.683	0.602	0.659	0.569	0.632	0.690
排序	①	⑧	③	⑥	④	⑦	⑤	②

资金限制在 80 万元时，选 A、H、C、E、G 五个方案；

资金限制在 95 万元时，选 A、H、C、E、G、D 六个方案。

第 7 章 不确定性分析

一、单项选择题

1. D 2. C 3. D

二、多项选择题

1. ACDE 2. ABCE 3. BCE

四、计算题

1. 解：单位产品的销售价为 $(55-0.003\ 5Q)$；单位产品的变动成本为 $(25-0.001Q)$

(1) 求盈亏平衡点时的产量 Q_1 和 Q_2。

$TC=60\ 000+(25-0.001Q)Q=60\ 000+25Q-0.001Q^2$

$TR=55Q-0.003\ 5Q^2$

根据盈亏平衡原理，$TR=TC$，即 $60\ 000+25Q-0.001Q^2=55Q-0.003\ 5Q^2$

求解得：$Q_1=2\ 536$（件）$Q_2=9\ 464$（件）

(2) 求最大利润时的产量 Q_{max}

由 $TR-TC=-0.002\ 5Q^2+30Q-60\ 000$

将上式求导得零，即 $-0.005Q+30=0$，得 $Q_{max}=30/0.005=6\ 000$（件）

2. 解：各方案总成本为产量的函数，分别为

$CA=800+10Q$；$CB=500+12Q$；$CC=300+15Q$。

有 $CB=CC$，即

$$500+12QI=300+15QI$$

解得 $QI=66.7$（万件）

有 $CB=CA$，即

$$500+12QJ=800+10QJ$$

解得 $QJ=150$（万件）

若市场预测该项目产品的销售量小于 66.7 万件时，应选择 C 方案；大于 150 万件时，应选择 A 方案；在 66.7 万件与 150 万件之间时，应选择 B 方案。

3. 解：

(1) $F_1 = 2\,000(A/P,12\%,8)$

　　$F_2 = 3\,000(A/P,12\%,8)$

$BEP_Q = \dfrac{F_2 - F_1}{V_1 - V_2} = 10\,065(件/年)$

产量小于 10 065 件时，选 A 设备有利。

(2) $2\,000(A/P,12\%,n) + 800 \times 1.3$

　　　　$= 3\,000(A/P,12\%,n) + 600 \times 1.3$

$n = 5.46(年)$

设备使用年限小于 5.46 年时，选用 A 设备有利。

第 8 章　工程项目资金筹措

一、单项选择题

1. D　2. D　3. B　4. C

三、计算题

1. 解：

$K_B = \dfrac{500 \times 9\% \times (1 - 25\%)}{500 \times (1 - 5\%)} = 7.11\%$

2. 9.09%

3. 6.18%

第 9 章　工程项目财务评价

一、单项选择题

1. B　2. D　3. C

二、多项选择题

1. CD　2. ABE　3. CD

第 10 章　经济费用效益分析

一、单项选择题

1. B　2. D　3. A

二、多项选择题

1. ABC　2. ACDE　3. AE

第 11 章　设 备 更 新

一、单项选择题

1. A　2. D

三、计算题

1. 解:计算结果见表 11-11,从表中可看出最佳更新期为 3 年。

表 11-11 计算结果

已使用年限 T	设备费用 $K_0 - L_T$	累计运行费 $\sum C_{ft}$	总使用费用	年平均使用费用 C_T
1	1 500	1 000	2 500	2 500
2	2 500	2 200	4 700	2 350
3	3 000	3 700	6 700	2 233
4	3 500	5 700	9 200	2 300
5	4 000	8 200	12 200	2 440
6	4 500	11 200	15 700	2 617

2. 解:(1)计算结果见表 11-12,从表中可以看出,不考虑资金的时间价值,经济寿命为 5 年。

表 11-12 不考虑资金的时间价值的计算结果

已使用年限 T	设备费用 $K_0 - L_T$	累计运行费 $\sum C_{ft}$	总使用费用	年平均使用费用 C_T
1	30 000	10 000	40 000	40 000
2	45 000	22 000	67 000	33 500
3	52 500	36 000	88 500	29 500
4	56 250	54 000	110250	27 562.5
5	58 000	76 500	134 500	26 900
6	60 000	104 000	164 000	27 333.3
7	61 000	137 000	198 000	28 285.7

(2)考虑资金的时间价值的计算结果见表 11-13。

表 11-13 考虑资金的时间价值的计算结果

使用年限 T	设备原值 K_0	设备净值的折现值 $L_T(P/F, 10\%, T)$	累计的运行费折现值 $\sum_{t=1}^{T} C_{ft}(P/F, i, t)$	年平均费 AC_T
1	62 000	29 091	9 091	46 200
2	62 000	14 050	19 008	38 581
3	62 000	7 137	29 257	33 934
4	62 000	3 918	41 821	31 514
5	62 000	2 484	55 792	30 418
6	62 000	1 129	71 314	30 351
7	62 000	513	88 249	30 757

3. 解：(1) 先判断是否值得采取更新措施。

继续使用旧设备的情况：

$AC_0 = [3\,000 + 1\,200(P/F, 10\%, 1) + 1\,800(P/F, 10\%, 2) +$
$\quad\quad\quad 2\,500(P/F, 10\%, 3)](A/P, 10\%, 3)$
$\quad\quad = 2\,998(元)$

大修理的情况：

$AC_1 = [8\,000 - 1\,000(P/F, 10\%, 6)](A/P, 10\%, 6) + 500 +$
$\quad\quad\quad 250(A/G, 10\%, 6) = 2\,763(元)$

改装的情况：

$AC_2 = [10\,300 - 2\,000(P/F, 10\%, 6)](A/P, 10\%, 6) + 360 +$
$\quad\quad\quad 120(A/G, 10\%, 6) = 2\,732(元)$

更换新设备的情况：

$AC_3 = [15\,650 - 3\,000(P/F, 10\%, 6)](A/P, 10\%, 6) + 320 +$
$\quad\quad\quad 80(A/G, 10\%, 6) = 3\,702(元)$

由计算可知，$AC_0 < AC_3$，所以不应该更换为新设备，但 $AC_0 > AC_1$，且 $AC_0 > AC_2$，故可以通过修理也可以通过现代化改装来恢复设备的使用价值。

(2) 判断在继续使用 3~6 年的情况下，究竟是修理好还是改装为宜。

继续使用 3 年：

$AC_1(3) = [8\,000 - 4\,000(P/F, 10\%, 3)](A/P, 10\%, 3) + 500 + 250(A/G,$
$10\%, 3) = 2\,712(元)$

$AC_2(3) = [10\,300 - 5\,000(P/F, 10\%, 3)](A/P, 10\%, 3) + 360 + 120(A/G,$
$10\%, 3) = 3\,104(元)$

$AC_1(3) < AC_0$，$AC_2(3) > AC(0)$，则修理是合适的，但改装不合适。

继续使用 4 年：

$AC_1(4) = 2\,723(元)$，$AC_2(4) = 2\,913(元)$

$AC_1(4) < AC_0$，$AC_2(4) < AC_0$，则修理、改装均合适，但 $AC_1(4) < AC_2(4)$，修理更合适。

继续使用 5 年：

$AC_1(5) = 2\,735(元)$，$AC_2(5) = 2\,813(元)$

$AC_1(5) < AC_0$，$AC_2(5) < AC_0$，则修理、改装均合适，但 $AC_1(5) < AC_2(5)$，修理更合适。

若继续使用 6 年，如前计算，现代化改装的年费用要比修理的年费用要低，所以该设备如继续使用 3~5 年，修理更划算一些，超过 5 年，应进行改装。

4. 解：$AC_甲 = [3\,000 - 500(P/F, 10\%, 6)](A/P, 10\%, 6) + 2\,400 +$
$\quad\quad\quad [9\,000 - 500(P/F, 10\%, 10)](A/P, 10\%, 10) + 2\,400 = 6\,857(元)$

$AC_乙=[25\,000-2\,500(P/F,10\%,12)](A/P,10\%,12)+$
   $3\,300=6\,852(元)$

$AC_甲>AC_乙$，购买乙设备。

5. 解：$PC_O=1\,925+900(P/A,12\%,8)=6\,396(元)$

$PC_N=2\,450+500(P/A,12\%,8)=4\,934(元)$

购买新设备。

6. 解：$AC_O=4\,000(A/P,12\%,5)+7\,500+6\,000=14\,610(元)$

$AC_n=15\,000(A/P,12\%,10)+(7\,500-1\,000)+6\,000\times(1-15\%)=14\,255(元)$

购买新叉车。

7. 解：水泵的经济寿命的计算结果见表 11-11。

表 11-11 水泵的经济寿命的计算结果

T	1	2	3	4
K_0	10 000	10 000	10 000	10 000
L_T	6 000	3 500	2 000	500
设备净值现值	5 556	3 001	1 588	368
年维持费	4 000	4 240	4 494	4 764
年维持费现值	3 704	3 635	3 567	3 502
累计维持费现值	3 704	7 339	10 906	14 408
AC_T	8 800	8 040	7 496	7 258

经济寿命为 4 年。

8. 解：$R_1=(124\,000+80\,000)(A/P,12\%,5)=56\,589.6(元)$

$R_2=(124\,000+80\,000)(A/P,1\%,60)=4\,537.87(元)$

9. 解：$AC_O=3\,600(A/P,15\%,4)-1\,000(A/F,15\%,4)+6\,000=7\,060.78$

$AC_n=14\,000(A/P,15\%,4)-3\,000(A/F,15\%,4)+4\,000=8\,303.3$

$AC_O>AC_n$，故应选择新设备。

第 12 章

一、单项选择题

1. D 2. B 3. C

二、多项选择题

1. BD 2. BD 3. ABC

第13章

一、单项选择题
1. D 2. D 3. A

二、多项选择题
1. ABCD 2. ABCD 3. ABC

附录二 复利系数表

4%复利因子

	一次支付		等额多次支付				
N	F/P	P/F	F/A	P/A	A/F	A/P	N
1	1.040 0	0.961 5	1.000 0	0.961 5	1.000 0	1.040 0	1
2	1.081 6	0.924 6	2.040 0	1.886 1	0.490 2	0.530 2	2
3	1.124 9	0.889 0	3.121 6	2.775 1	0.320 3	0.360 3	3
4	1.169 9	0.854 8	4.246 5	3.629 9	0.235 5	0.275 5	4
5	1.216 7	0.821 9	5.416 3	4.451 8	0.184 6	0.224 6	5
6	1.265 3	0.790 3	6.633 0	5.242 1	0.150 8	0.190 8	6
7	1.315 9	0.759 9	7.898 3	6.002 1	0.126 6	0.166 6	7
8	1.368 6	0.730 7	9.214 2	6.732 7	0.108 5	0.148 5	8
9	1.423 3	0.702 6	10.582 8	7.435 3	0.094 5	0.134 5	9
10	1.480 2	0.675 6	12.006 1	8.110 9	0.083 3	0.123 3	10
11	1.539 5	0.649 6	13.486 4	8.760 5	0.074 1	0.114 1	11
12	1.601 0	0.624 6	15.025 8	9.385 1	0.066 6	0.106 6	12
13	1.665 1	0.600 6	16.626 8	9.985 6	0.060 1	0.100 1	13
14	1.731 7	0.577 5	18.291 9	10.563 1	0.054 7	0.094 7	14
15	1.800 9	0.555 3	20.023 6	11.118 4	0.049 9	0.089 9	15
16	1.873 0	0.533 9	21.824 5	11.652 3	0.045 8	0.085 8	16
17	1.947 9	0.513 4	23.697 5	12.165 7	0.042 2	0.082 2	17
18	2.025 8	0.493 6	25.645 4	12.659 3	0.039 0	0.079 0	18
19	2.106 8	0.474 6	27.671 2	13.133 9	0.036 1	0.076 1	19
20	2.191 1	0.456 4	29.778 1	13.590 3	0.033 6	0.073 6	20
21	2.278 8	0.438 8	31.969 2	14.029 2	0.031 3	0.071 3	21
22	2.369 9	0.422 0	34.248 0	14.451 1	0.029 2	0.069 2	22
23	2.464 7	0.405 7	36.617 9	14.856 8	0.027 3	0.067 3	23
24	2.563 3	0.390 1	39.082 6	15.247 0	0.025 6	0.065 6	24
25	2.665 8	0.375 1	41.645 9	15.622 1	0.024 0	0.064 0	25
26	2.772 5	0.360 7	44.311 7	15.982 8	0.022 6	0.062 6	26
27	2.883 4	0.346 8	47.084 2	16.329 6	0.021 2	0.061 2	27

（续）

	一次支付		等额多次支付				
N	F/P	P/F	F/A	P/A	A/F	A/P	N
28	2.998 7	0.333 5	49.967 6	16.663 1	0.020 0	0.060 0	28
29	3.118 7	0.320 7	52.966 3	16.983 7	0.018 9	0.058 9	29
30	3.243 4	0.308 3	56.084 9	17.292 0	0.017 8	0.057 8	30
35	3.946 1	0.253 4	73.652 2	18.664 6	0.013 6	0.053 6	35
40	4.801 0	0.208 3	95.025 5	19.792 8	0.010 5	0.050 5	40
45	5.841 2	0.171 2	121.029 4	20.720 0	0.008 3	0.048 3	45
50	7.106 7	0.140 7	152.667 1	21.482 2	0.006 6	0.046 6	50
55	8.646 4	0.115 7	191.159 2	22.108 6	0.005 2	0.045 2	55
60	10.519 6	0.095 1	237.990 7	22.623 5	0.004 2	0.044 2	60
65	12.798 7	0.078 1	294.968 4	23.046 7	0.003 4	0.043 4	65
70	15.571 6	0.064 2	364.290 5	23.394 5	0.002 7	0.042 7	70
75	18.945 3	0.052 8	448.631 4	23.680 4	0.002 2	0.042 2	75
80	23.049 8	0.043 4	551.245 0	23.915 4	0.001 8	0.041 8	80
85	28.043 6	0.035 7	676.090 1	24.108 5	0.001 5	0.041 5	85
90	34.119 3	0.029 3	827.983 3	24.267 3	0.001 2	0.041 2	90
95	41.511 4	0.024 1	1 012.784 6	24.397 8	0.001 0	0.041 0	95
100	50.504 9	0.019 8	1 237.623 7	24.505 0	0.000 8	0.040 8	100
∞				25.000 0		0.040 0	∞

5%复利因子

	一次支付		等额多次支付				
N	F/P	P/F	F/A	P/A	A/F	A/P	N
1	1.050 0	0.952 4	1.000 0	0.952 4	1.000 0	1.050 0	1
2	1.102 5	0.907 0	2.050 0	1.859 4	0.487 8	0.537 8	2
3	1.157 6	0.863 8	3.152 5	2.723 2	0.317 2	0.367 2	3
4	1.215 5	0.822 7	4.310 1	3.546 0	0.232 0	0.282 0	4
5	1.276 3	0.783 5	5.525 6	4.329 5	0.181 0	0.231 0	5
6	1.340 1	0.746 2	6.801 9	5.075 7	0.147 0	0.197 0	6
7	1.407 1	0.710 7	8.142 0	5.786 4	0.122 8	0.172 8	7
8	1.477 5	0.676 8	9.549 1	6.463 2	0.104 7	0.154 7	8
9	1.551 3	0.644 6	11.026 6	7.107 8	0.090 7	0.140 7	9

(续)

N	一次支付		等额多次支付				N
	F/P	P/F	F/A	P/A	A/F	A/P	
10	1.6289	0.6139	12.5779	7.7217	0.0795	0.1295	10
11	1.7103	0.5847	14.2068	8.3064	0.0704	0.1204	11
12	1.7959	0.5568	15.9171	8.8633	0.0628	0.1128	12
13	1.8856	0.5303	17.7130	9.3936	0.0565	0.1065	13
14	1.9799	0.5051	19.5986	9.8986	0.0510	0.1010	14
15	2.0789	0.4810	21.5786	10.3797	0.0463	0.0963	15
16	2.1829	0.4581	23.6575	10.8378	0.0423	0.0923	16
17	2.2920	0.4363	25.8404	11.2741	0.0387	0.0887	17
18	2.4066	0.4155	28.1324	11.6896	0.0355	0.0855	18
19	2.5270	0.3957	30.5390	12.0853	0.0327	0.0827	19
20	2.6533	0.3769	33.0660	12.4622	0.0302	0.0802	20
21	2.7860	0.3589	35.7193	12.8212	0.0280	0.0780	21
22	2.9253	0.3418	38.5052	13.1630	0.0260	0.0760	22
23	3.0715	0.3256	41.4305	13.4886	0.0241	0.0741	23
24	3.2251	0.3101	44.5020	13.7986	0.0225	0.0725	24
25	3.3864	0.2953	47.7271	14.0939	0.0210	0.0710	25
26	3.5557	0.2812	51.1135	14.3752	0.0196	0.0696	26
27	3.7335	0.2678	54.6691	14.6430	0.0183	0.0683	27
28	3.9201	0.2551	58.4026	14.8981	0.0171	0.0671	28
29	4.1161	0.2429	62.3227	15.1411	0.0160	0.0660	29
30	4.3219	0.2314	66.4388	15.3725	0.0151	0.0651	30
35	5.5160	0.1813	90.3203	16.3742	0.0111	0.0611	35
40	7.0400	0.1420	120.7998	17.1591	0.0083	0.0583	40
45	8.9850	0.1113	159.7002	17.7741	0.0063	0.0563	45
50	11.4674	0.0872	209.3480	18.2559	0.0048	0.0548	50
55	14.6356	0.0683	272.7126	18.6335	0.0037	0.0537	55
60	18.6792	0.0535	353.5837	18.9293	0.0028	0.0528	60
65	23.8399	0.0419	456.7980	19.1611	0.0022	0.0522	65
70	30.4264	0.0329	588.5285	19.3427	0.0017	0.0517	70
75	38.8327	0.0258	756.6537	19.4850	0.0013	0.0513	75
80	49.5614	0.0202	971.2288	19.5965	0.0010	0.0510	80

(续)

	一次支付		等额多次支付				
N	F/P	P/F	F/A	P/A	A/F	A/P	N
85	63.254 4	0.015 8	1 245.087 1	19.683 8	0.000 8	0.050 8	85
90	80.730 4	0.012 4	1 594.607 3	19.752 3	0.000 6	0.050 6	90
95	103.034 7	0.009 7	2 040.693 5	19.805 9	0.000 5	0.050 5	95
100	131.501 3	0.007 6	2 610.025 2	19.847 9	0.000 4	0.050 4	100
∞				20.000 0		0.500 0	∞

6%复利因子

	一次支付		等额多次支付				
N	F/P	P/F	F/A	P/A	A/F	A/P	N
1	1.060 0	0.943 4	1.000 0	0.943 4	1.000 0	1.060 0	1
2	1.123 6	0.890 0	2.060 0	1.833 4	0.485 4	0.545 4	2
3	1.191 0	0.839 6	3.183 6	2.673 0	0.314 1	0.374 1	3
4	1.262 5	0.792 1	4.374 6	3.465 1	0.228 6	0.288 6	4
5	1.338 2	0.747 3	5.637 1	4.212 4	0.177 4	0.237 4	5
6	1.418 5	0.705 0	6.975 3	4.917 3	0.143 4	0.203 4	6
7	1.503 6	0.665 1	8.393 8	5.582 4	0.119 1	0.179 1	7
8	1.593 8	0.627 4	9.897 5	6.209 8	0.101 0	0.161 0	8
9	1.689 5	0.591 9	11.491 3	6.801 7	0.087 0	0.147 0	9
10	1.790 8	0.558 4	13.180 8	7.360 1	0.075 9	0.135 9	10
11	1.898 3	0.526 8	14.971 6	7.886 9	0.066 8	0.126 8	11
12	2.012 2	0.497 0	16.869 9	8.383 8	0.059 3	0.119 3	12
13	2.132 9	0.468 8	18.882 1	8.852 7	0.053 0	0.113 0	13
14	2.260 9	0.442 3	21.015 1	9.295 0	0.047 6	0.107 6	14
15	2.396 6	0.417 3	23.276 0	9.712 2	0.043 0	0.103 0	15
16	2.540 4	0.393 6	25.672 5	10.105 9	0.039 0	0.099 0	16
17	2.692 8	0.371 4	28.212 9	10.477 3	0.035 4	0.095 4	17
18	2.854 3	0.350 3	30.905 7	10.827 6	0.032 4	0.092 4	18
19	3.025 6	0.330 5	33.760 0	11.158 1	0.029 6	0.089 6	19
20	3.207 1	0.311 8	36.785 6	11.469 9	0.027 2	0.087 2	20
21	3.399 6	0.294 2	39.992 7	11.764 1	0.025 0	0.085 0	21
22	3.603 5	0.277 5	43.392 3	12.041 6	0.023 0	0.083 0	22

（续）

	一次支付		等额多次支付				
N	F/P	P/F	F/A	P/A	A/F	A/P	N
23	3.819 7	0.261 8	46.995 8	12.303 4	0.021 3	0.081 3	23
24	4.048 9	0.247 0	50.815 6	12.550 4	0.019 7	0.079 7	24
25	4.291 9	0.233 0	54.864 5	12.783 4	0.018 2	0.078 2	25
26	4.549 4	0.219 8	59.156 4	13.003 2	0.016 9	0.076 9	26
27	4.822 3	0.207 4	63.705 8	13.210 5	0.015 7	0.075 7	27
28	5.111 7	0.195 6	68.528 1	13.406 2	0.014 6	0.074 6	28
29	5.418 4	0.184 6	73.639 8	13.590 7	0.013 6	0.073 6	29
30	5.743 5	0.174 1	79.058 2	13.764 8	0.012 6	0.072 6	30
35	7.686 1	0.130 1	111.434 8	14.498 2	0.009 0	0.069 0	35
40	10.285 7	0.097 2	154.762 0	15.046 3	0.006 5	0.066 5	40
45	13.764 6	0.072 7	212.743 5	15.455 8	0.004 7	0.064 7	45
50	18.420 2	0.054 3	290.335 9	15.761 9	0.003 4	0.063 4	50
55	24.650 3	0.040 6	394.172 0	15.990 5	0.002 5	0.062 5	55
60	32.987 7	0.030 3	533.128 2	16.161 4	0.001 9	0.061 9	60
65	44.145 0	0.022 7	719.082 9	16.289 1	0.001 4	0.061 4	65
70	59.075 9	0.016 9	967.932 2	16.384 5	0.001 0	0.061 0	70
75	79.056 9	0.012 6	1 300.948 7	16.455 8	0.000 8	0.060 8	75
80	105.796 0	0.009 5	1 746.599 9	16.509 1	0.000 6	0.060 6	80
85	141.578 9	0.007 1	2 342.981 7	16.548 9	0.000 4	0.060 4	85
90	189.464 5	0.005 3	3 141.075 2	16.578 7	0.000 3	0.060 3	90
95	253.546 3	0.003 9	4 209.104 2	16.600 9	0.000 2	0.060 2	95
100	339.302 1	0.002 9	5 638.368 1	16.617 5	0.000 2	0.060 2	100
∞				18.182		0.060 0	∞

8%复利因子

	一次支付		等额多次支付				
N	F/P	P/F	F/A	P/A	A/F	A/P	N
1	1.080 0	0.925 9	1.000 0	0.925 9	1.000 0	1.080 0	1
2	1.166 4	0.857 3	2.080 0	1.783 3	0.480 8	0.560 8	2
3	1.259 7	0.793 8	3.246 4	2.577 1	0.308 0	0.388 0	3
4	1.360 5	0.735 0	4.506 1	3.312 1	0.221 9	0.301 9	4

(续)

	一次支付		等额多次支付				
N	F/P	P/F	F/A	P/A	A/F	A/P	N
5	1.469 3	0.680 6	5.866 6	3.992 7	0.170 5	0.250 5	5
6	1.586 9	0.630 2	7.335 9	4.622 9	0.136 3	0.216 3	6
7	1.713 8	0.583 5	8.922 8	5.206 4	0.112 1	0.192 1	7
8	1.850 9	0.540 3	10.636 6	5.746 6	0.094 0	0.174 0	8
9	1.999 0	0.500 2	12.487 6	6.246 9	0.080 1	0.160 1	9
10	2.158 9	0.463 2	14.486 6	6.710 1	0.069 0	0.149 0	10
11	2.331 6	0.428 9	16.645 5	7.139 0	0.060 1	0.140 1	11
12	2.518 2	0.397 1	18.977 1	7.536 1	0.052 7	0.132 7	12
13	2.719 6	0.367 7	21.495 3	7.903 8	0.046 5	0.126 5	13
14	2.937 2	0.340 5	24.214 9	8.244 2	0.041 3	0.121 3	14
15	3.172 2	0.315 2	27.152 1	8.559 5	0.036 8	0.116 8	15
16	3.425 9	0.291 9	30.324 3	8.851 4	0.033 0	0.113 0	16
17	3.700 0	0.270 3	33.750 2	9.121 6	0.029 6	0.109 6	17
18	3.996 0	0.250 2	37.450 2	9.371 9	0.026 7	0.106 7	18
19	4.315 7	0.231 7	41.446 3	9.603 6	0.024 1	0.104 1	19
20	4.661 0	0.214 5	45.762 0	9.818 1	0.021 9	0.101 9	20
21	5.033 8	0.198 7	50.422 9	10.016 8	0.019 8	0.099 8	21
22	5.436 5	0.183 9	55.456 8	10.200 7	0.018 0	0.098 0	22
23	5.871 5	0.170 3	60.893 3	10.371 1	0.016 4	0.096 4	23
24	6.341 2	0.157 7	66.764 8	10.528 8	0.015 0	0.095 0	24
25	6.848 5	0.146 0	73.105 9	10.674 8	0.013 7	0.093 7	25
26	7.396 4	0.135 2	79.954 4	10.810 0	0.012 5	0.092 5	26
27	7.988 1	0.125 2	87.350 8	10.935 2	0.011 4	0.091 4	27
28	8.627 1	0.115 9	95.338 8	11.051 1	0.010 5	0.090 5	28
29	9.317 3	0.107 3	103.965 9	11.158 4	0.009 6	0.089 6	29
30	10.062 7	0.099 4	113.283 2	11.257 8	0.008 8	0.088 8	30
35	14.785 3	0.067 6	172.316 8	11.654 6	0.005 8	0.085 8	35
40	21.724 5	0.046 0	259.056 5	11.924 6	0.003 9	0.083 9	40
45	31.920 4	0.031 3	386.505 6	12.108 4	0.002 6	0.082 6	45
50	46.901 6	0.021 3	573.770 2	12.233 5	0.001 7	0.081 7	50
55	68.913 9	0.014 5	848.923 2	12.318 6	0.001 2	0.081 2	55

(续)

	一次支付		等额多次支付				
N	F/P	P/F	F/A	P/A	A/F	A/P	N
60	101.257 1	0.009 9	1 253.213 3	12.376 6	0.000 8	0.080 8	60
65	148.779 8	0.006 7	1 847.248 1	12.416 0	0.000 5	0.080 5	65
70	218.606 4	0.004 6	2 720.080 1	12.442 8	0.000 4	0.080 4	70
75	321.204 5	0.003 1	4 002.556 6	12.461 1	0.000 2	0.080 2	75
80	471.954 8	0.002 1	5 886.935 4	12.473 5	0.000 2	0.080 2	80
85	693.456 5	0.001 4	8 655.706 1	12.482 0	0.000 1	0.080 1	85
90	1 018.915 1	0.001 0	12 723.938 6	12.487 7		0.080 1	90
95	1 497.120 5	0.000 7	18 701.506 9	12.491 7		0.080 1	95
100	2 199.761 3	0.000 5	27 484.515 7	12.494 3		0.080 0	100
∞				12.500 0		0.080 0	∞

10%复利因子

	一次支付		等额多次支付				
N	F/P	P/F	F/A	P/A	A/F	A/P	N
1	1.100 0	0.909 1	1.000 0	0.909 1	1.000 0	1.100 0	1
2	1.210 0	0.826 4	2.100 0	1.735 5	0.476 2	0.576 2	2
3	1.331 0	0.751 3	3.310 0	2.486 9	0.302 1	0.402 1	3
4	1.464 1	0.683 0	4.641 0	3.169 9	0.215 5	0.315 5	4
5	1.610 5	0.620 9	6.105 1	3.790 8	0.163 8	0.263 8	5
6	1.771 6	0.564 5	7.715 6	4.355 3	0.129 6	0.229 6	6
7	1.948 7	0.513 2	9.487 2	4.868 4	0.105 4	0.205 4	7
8	2.143 6	0.466 5	11.435 9	5.334 9	0.087 4	0.187 4	8
9	2.357 9	0.424 1	13.579 5	5.759 0	0.073 6	0.173 6	9
10	2.593 7	0.385 5	15.937 4	6.144 6	0.062 7	0.162 7	10
11	2.853 1	0.350 5	18.531 2	6.495 1	0.054 0	0.154 0	11
12	3.138 4	0.318 6	21.384 3	6.813 7	0.046 8	0.146 8	12
13	3.452 3	0.289 7	24.522 7	7.103 4	0.040 8	0.140 8	13
14	3.797 5	0.263 3	27.975 0	7.366 7	0.035 7	0.135 7	14
15	4.177 2	0.239 4	31.772 5	7.606 1	0.031 5	0.131 5	15
16	4.595 0	0.217 6	35.949 7	7.823 7	0.027 8	0.127 8	16
17	5.054 5	0.197 8	40.544 7	8.021 6	0.024 7	0.124 7	17

(续)

	一次支付		等额多次支付				
N	F/P	P/F	F/A	P/A	A/F	A/P	N
18	5.559 9	0.179 9	45.599 2	8.201 4	0.021 9	0.121 9	18
19	6.115 9	0.163 5	51.159 1	8.364 9	0.019 5	0.119 5	19
20	6.727 5	0.148 6	57.275 0	8.513 6	0.017 5	0.117 5	20
21	7.400 2	0.135 1	64.002 5	8.648 7	0.015 6	0.115 6	21
22	8.140 3	0.122 8	71.402 7	8.771 5	0.014 0	0.114 0	22
23	8.954 3	0.111 7	79.543 0	8.883 2	0.012 6	0.112 6	23
24	9.849 7	0.101 5	88.497 3	8.984 7	0.011 3	0.111 3	24
25	10.834 7	0.092 3	98.347 1	9.077 0	0.010 2	0.110 2	25
26	11.918 2	0.083 9	109.181 8	9.160 9	0.009 2	0.109 2	26
27	13.110 0	0.076 3	121.099 9	9.237 2	0.008 3	0.108 3	27
28	14.421 0	0.069 3	134.209 9	9.306 6	0.007 5	0.107 5	28
29	15.863 1	0.063 0	148.630 9	9.369 6	0.006 7	0.106 7	29
30	17.449 4	0.057 3	164.494 0	9.426 9	0.006 1	0.106 1	30
35	28.102 4	0.035 6	271.024 4	9.644 2	0.003 7	0.103 7	35
40	45.259 3	0.022 1	442.592 6	9.779 1	0.002 3	0.102 3	40
45	72.890 5	0.013 7	718.904 8	9.862 8	0.001 4	0.101 4	45
50	117.390 9	0.008 5	1 163.908 5	9.914 8	0.000 9	0.100 9	50
55	189.059 1	0.005 3	1 880.591 4	9.947 1	0.000 5	0.100 5	55
60	304.481 6	0.003 3	3 034.816 4	9.967 2	0.000 3	0.100 3	60
65	490.370 7	0.002 0	4 893.707 3	9.979 6	0.000 2	0.100 2	65
70	789.747 0	0.001 3	7 887.469 6	9.987 3	0.000 1	0.100 1	70
75	1 271.895 4	0.000 8	12 708.953 7	9.992 1		0.100 1	75
80	2 048.400 2	0.000 5	20 474.002 1	9.995 1		0.100 0	80
85	3 298.969 0	0.000 3	32 979.690 3	9.997 0		0.100 0	85
90	5 313.022 6	0.000 2	53 120.226 1	9.998 1		0.100 0	90
95	8 556.676 0	0.000 1	85 556.760 5	9.998 8		0.100 0	95
100	13 780.612 3		137 796.123 4	9.999 3		0.100 0	100
∞				10.000 0		0.100 0	∞

12%复利因子

	一次支付		等额多次支付				
N	F/P	P/F	F/A	P/A	A/F	A/P	N
1	1.1200	0.8929	1.0000	0.8929	1.0000	1.1200	1
2	1.2544	0.7972	2.1200	1.6901	0.4717	0.5917	2
3	1.4049	0.7118	3.3744	2.4018	0.2963	0.4163	3
4	1.5735	0.6355	4.7793	3.0373	0.2092	0.3292	4
5	1.7623	0.5674	6.3528	3.6048	0.1574	0.2774	5
6	1.9738	0.5066	8.1152	4.1114	0.1232	0.2432	6
7	2.2107	0.4523	10.0890	4.5638	0.0991	0.2191	7
8	2.4760	0.4039	12.2997	4.9676	0.0813	0.2013	8
9	2.7731	0.3606	14.7757	5.3282	0.0677	0.1877	9
10	3.1058	0.3220	17.5487	5.6502	0.0570	0.1770	10
11	3.4785	0.2875	20.6546	5.9377	0.0484	0.1684	11
12	3.8960	0.2567	24.1331	6.1944	0.0414	0.1614	12
13	4.3635	0.2292	28.0291	6.4235	0.0357	0.1557	13
14	4.8871	0.2046	32.3926	6.6282	0.0309	0.1509	14
15	5.4736	0.1827	37.2797	6.8109	0.0268	0.1468	15
16	6.1304	0.1631	42.7533	6.9740	0.0234	0.1434	16
17	6.8660	0.1456	48.8837	7.1196	0.0205	0.1405	17
18	7.6900	0.1300	55.7497	7.2497	0.0179	0.1379	18
19	8.6128	0.1161	63.4397	7.3658	0.0158	0.1358	19
20	9.6463	0.1037	72.0524	7.4694	0.0139	0.1339	20
21	10.8038	0.0926	81.6987	7.5620	0.0122	0.1322	21
22	12.1003	0.0826	92.5026	7.6446	0.0108	0.1308	22
23	13.5523	0.0738	104.6029	7.7184	0.0096	0.1296	23
24	15.1786	0.0659	118.1552	7.7843	0.0085	0.1285	24
25	17.0001	0.0588	133.3339	7.8431	0.0075	0.1275	25
26	19.0401	0.0525	150.3339	7.8957	0.0067	0.1267	26
27	21.3249	0.0469	169.3740	7.9426	0.0059	0.1259	27
28	23.8839	0.0419	190.6989	7.9844	0.0052	0.1252	28
29	26.7499	0.0374	214.5828	8.0218	0.0047	0.1247	29
30	29.9599	0.0334	241.3327	8.0552	0.0041	0.1241	30
35	52.7996	0.0189	431.6635	8.1755	0.0023	0.1223	35

(续)

N	一次支付		等额多次支付				N
	F/P	P/F	F/A	P/A	A/F	A/P	
40	93.051 0	0.010 7	767.091 4	8.243 8	0.001 3	0.121 3	40
45	163.987 6	0.006 1	1 358.230 0	8.282 5	0.000 7	0.120 7	45
50	289.002 2	0.003 5	2 400.018 2	8.304 5	0.000 4	0.120 4	50
55	509.320 6	0.002 0	4 236.005 0	8.317 0	0.000 2	0.120 2	55
60	897.596 9	0.001 1	7 471.641 1	8.324 0	0.000 1	0.120 1	60
65	1 581.872 5	0.000 6	13 173.937 4	8.328 1	0.000 1	0.120 1	65
70	2 787.799 8	0.000 4	23 223.331 9	8.330 3		0.120 0	70
75	4 913.055 8	0.000 2	40 933.798 7	8.331 6		0.120 0	75
80	8 658.483 1	0.000 1	72 145.692 5	8.332 4		0.120 0	80
85	15 259.205 7	0.000 1	127 151.714 0	8.332 8		0.120 0	85
90	26 891.934 2	0.000 0	224 091.118 5	8.333 0		0.120 0	90
95	47 392.776 6	0.000 0	394 931.471 9	8.333 2		0.120 0	95
100	83 522.265 7	0.000 0	696 010.547 7	8.333 2		0.120 0	100
∞				8.333 3		0.120 0	∞

15%复利因子

N	一次支付		等额多次支付				N
	F/P	P/F	F/A	P/A	A/F	A/P	
1	1.150 0	0.869 6	1.000 0	0.869 6	1.000 0	1.150 0	1
2	1.322 5	0.756 1	2.150 0	1.625 7	0.465 1	0.615 1	2
3	1.520 9	0.657 5	3.472 5	2.283 2	0.288 0	0.438 0	3
4	1.749 0	0.571 8	4.993 4	2.855 0	0.200 3	0.350 3	4
5	2.011 4	0.497 2	6.742 4	3.352 2	0.148 3	0.298 3	5
6	2.313 1	0.432 3	8.753 7	3.784 5	0.114 2	0.264 2	6
7	2.660 0	0.375 9	11.066 8	4.160 4	0.090 4	0.240 4	7
8	3.059 0	0.326 9	13.726 8	4.487 3	0.072 9	0.222 9	8
9	3.517 9	0.284 3	16.785 8	4.771 6	0.059 6	0.209 6	9
10	4.045 6	0.247 2	20.303 7	5.018 8	0.049 3	0.199 3	10
11	4.652 4	0.214 9	24.349 3	5.233 7	0.041 1	0.191 1	11
12	5.350 3	0.186 9	29.001 7	5.420 6	0.034 5	0.184 5	12
13	6.152 8	0.162 5	34.351 9	5.583 1	0.029 1	0.179 1	13
14	7.075 7	0.141 3	40.504 7	5.724 5	0.024 7	0.174 7	14

（续）

	一次支付		等额多次支付				
N	F/P	P/F	F/A	P/A	A/F	A/P	N
15	8.137 1	0.122 9	47.580 4	5.847 4	0.021 0	0.171 0	15
16	9.357 6	0.106 9	55.717 5	5.954 2	0.017 9	0.167 9	16
17	10.761 3	0.092 9	65.075 1	6.047 2	0.015 4	0.165 4	17
18	12.375 5	0.080 8	75.836 4	6.128 0	0.013 2	0.163 2	18
19	14.231 8	0.070 3	88.211 8	6.198 2	0.011 3	0.161 3	19
20	16.366 5	0.061 1	102.443 6	6.259 3	0.009 8	0.159 8	20
21	18.821 5	0.053 1	118.810 1	6.312 5	0.008 4	0.158 4	21
22	21.644 7	0.046 2	137.631 6	6.358 7	0.007 3	0.157 3	22
23	24.891 5	0.040 2	159.276 4	6.398 8	0.006 3	0.156 3	23
24	28.625 2	0.034 9	184.167 8	6.433 8	0.005 4	0.155 4	24
25	32.919 0	0.030 4	212.793 0	6.464 1	0.004 7	0.154 7	25
26	37.856 8	0.026 4	245.712 0	6.490 6	0.004 1	0.154 1	26
27	43.535 3	0.023 0	283.568 8	6.513 5	0.003 5	0.153 5	27
28	50.065 6	0.020 0	327.104 1	6.533 5	0.003 1	0.153 1	28
29	57.575 5	0.017 4	377.169 7	6.550 9	0.002 7	0.152 7	29
30	66.211 8	0.015 1	434.745 1	6.566 0	0.002 3	0.152 3	30
35	133.175 5	0.007 5	881.170 2	6.616 6	0.001 1	0.151 1	35
40	267.863 5	0.003 7	1 779.090 3	6.641 8	0.000 6	0.150 6	40
45	538.769 3	0.001 9	3 585.128 5	6.654 3	0.000 3	0.150 3	45
50	1 083.657 4	0.000 9	7 217.716 3	6.660 5	0.000 1	0.150 1	50
55	2 179.622 2	0.000 5	14 524.147 9	6.663 6		0.150 1	55
60	4 383.998 7	0.000 2	29 219.991 6	6.665 1		0.150 0	60
65	8 817.787 4	0.000 1	58 778.582 6	6.665 9		0.150 0	65
70	17 735.720 0		118 231.466 9	6.666 3		0.150 0	70
75	35 672.868 0		237 812.453 2	6.666 5		0.150 0	75
80	71 750.879 4		478 332.529 3	6.666 6		0.150 0	80
85	144 316.647 0		962 104.313 3	6.666 6		0.150 0	85
90	290 272.325 2		1 935 142.168 0	6.666 6		0.150 0	90
95	583 841.327 6		3 892 268.850 9	6.666 7		0.150 0	95
100	1 174 313.450 7		7 828 749.671 3	6.666 7		0.150 0	100
∞				6.667		0.150 0	∞

20% 复利因子

	一次支付		等额多次支付				
N	F/P	P/F	F/A	P/A	A/F	A/P	N
1	1.200 0	0.833 3	1.000 0	0.833 3	1.000 0	1.200 0	1
2	1.440 0	0.694 4	2.200 0	1.527 8	0.454 5	0.654 5	2
3	1.728 0	0.578 7	3.640 0	2.106 5	0.274 7	0.474 7	3
4	2.073 6	0.482 3	5.368 0	2.588 7	0.186 3	0.386 3	4
5	2.488 3	0.401 9	7.441 6	2.990 6	0.134 4	0.334 4	5
6	2.986 0	0.334 9	9.929 9	3.325 5	0.100 7	0.300 7	6
7	3.583 2	0.279 1	12.915 9	3.604 6	0.077 4	0.277 4	7
8	4.299 8	0.232 6	16.499 1	3.837 2	0.060 6	0.260 6	8
9	5.159 8	0.193 8	20.798 9	4.031 0	0.048 1	0.248 1	9
10	6.191 7	0.161 5	25.958 7	4.192 5	0.038 5	0.238 5	10
11	7.430 1	0.134 6	32.150 4	4.327 1	0.031 1	0.231 1	11
12	8.916 1	0.112 2	39.580 5	4.439 2	0.025 3	0.225 3	12
13	10.699 3	0.093 5	48.496 6	4.532 7	0.020 6	0.220 6	13
14	12.839 2	0.077 9	59.195 9	4.610 6	0.016 9	0.216 9	14
15	15.407 0	0.064 9	72.035 1	4.675 5	0.013 9	0.213 9	15
16	18.488 4	0.054 1	87.442 1	4.729 6	0.011 4	0.211 4	16
17	22.186 1	0.045 1	105.930 6	4.774 6	0.009 4	0.209 4	17
18	26.623 3	0.037 6	128.116 7	4.812 2	0.007 8	0.207 8	18
19	31.948 0	0.031 3	154.740 0	4.843 5	0.006 5	0.206 5	19
20	38.337 6	0.026 1	186.688 0	4.869 6	0.005 4	0.205 4	20
21	46.005 1	0.021 7	225.025 6	4.891 3	0.004 4	0.204 4	21
22	55.206 1	0.018 1	271.030 7	4.909 4	0.003 7	0.203 7	22
23	66.247 4	0.015 1	326.236 9	4.924 5	0.003 1	0.203 1	23
24	79.496 8	0.012 6	392.484 2	4.937 1	0.002 5	0.202 5	24
25	95.396 2	0.010 5	471.981 1	4.947 6	0.002 1	0.202 1	25
26	114.475 5	0.008 7	567.377 3	4.956 3	0.001 8	0.201 8	26
27	137.370 6	0.007 3	681.852 8	4.963 6	0.001 5	0.201 5	27
28	164.844 7	0.006 1	819.223 3	4.969 7	0.001 2	0.201 2	28
29	197.813 6	0.005 1	984.068 0	4.974 7	0.001 0	0.201 0	29
30	237.376 3	0.004 2	1 181.881 6	4.978 9	0.000 8	0.200 8	30
35	590.668 2	0.001 7	2,948.341 1	4.991 5	0.000 3	0.200 3	35

（续）

N	一次支付		等额多次支付				N
	F/P	P/F	F/A	P/A	A/F	A/P	
40	1 469.771 6	0.000 7	7 343.857 8	4.996 6	0.000 1	0.200 1	40
45	3 657.262 0	0.000 3	18 281.309 9	4.998 6		0.200 1	45
50	9 100.438 2	0.000 1	45 497.190 8	4.999 5		0.200 0	50
55	22 644.802 3		113 219.011 3	4.999 8		0.200 0	55
60	56 347.514 4		281 732.571 8	4.999 9		0.200 0	60
∞				5.000 0		0.200 0	∞

25%复利因子

N	一次支付		等额多次支付				N
	F/P	P/F	F/A	P/A	A/F	A/P	
1	1.250 0	0.800 0	1.000 0	0.800 0	1.000 0	1.250 0	1
2	1.562 5	0.640 0	2.250 0	1.440 0	0.444 4	0.694 4	2
3	1.953 1	0.512 0	3.812 5	1.952 0	0.262 3	0.512 3	3
4	2.441 4	0.409 6	5.765 6	2.361 6	0.173 4	0.423 4	4
5	3.051 8	0.327 7	8.207 0	2.689 3	0.121 8	0.371 8	5
6	3.814 7	0.262 1	11.258 8	2.951 4	0.088 8	0.338 8	6
7	4.768 4	0.209 7	15.073 5	3.161 1	0.066 3	0.316 3	7
8	5.960 5	0.167 8	19.841 9	3.328 9	0.050 4	0.300 4	8
9	7.450 6	0.134 2	25.802 3	3.463 1	0.038 8	0.288 8	9
10	9.313 2	0.107 4	33.252 9	3.570 5	0.030 1	0.280 1	10
11	11.641 5	0.085 9	42.566 1	3.656 4	0.023 5	0.273 5	11
12	14.551 9	0.068 7	54.207 7	3.725 1	0.018 4	0.268 4	12
13	18.189 9	0.055 0	68.759 6	3.780 1	0.014 5	0.264 5	13
14	22.737 4	0.044 0	86.949 5	3.824 1	0.011 5	0.261 5	14
15	28.421 7	0.035 2	109.686 8	3.859 3	0.009 1	0.259 1	15
16	35.527 1	0.028 1	138.108 5	3.887 4	0.007 2	0.257 2	16
17	44.408 9	0.022 5	173.635 7	3.909 9	0.005 8	0.255 8	17
18	55.511 2	0.018 0	218.044 6	3.927 9	0.004 6	0.254 6	18
19	69.388 9	0.014 4	273.555 8	3.942 3	0.003 7	0.253 7	19
20	86.736 2	0.011 5	342.944 7	3.953 9	0.002 9	0.252 9	20
21	108.420 2	0.009 2	429.680 9	3.963 1	0.002 3	0.252 3	21

(续)

	一次支付		等额多次支付				
N	F/P	P/F	F/A	P/A	A/F	A/P	N
22	135.525 3	0.007 4	538.101 1	3.970 5	0.001 9	0.251 9	22
23	169.406 6	0.005 9	673.626 4	3.976 4	0.001 5	0.251 5	23
24	211.758 2	0.004 7	843.032 9	3.981 1	0.001 2	0.251 2	24
25	264.697 8	0.003 8	1 054.791 2	3.984 9	0.000 9	0.250 9	25
26	330.872 2	0.003 0	1 319.489 0	3.987 9	0.000 8	0.250 8	26
27	413.590 3	0.002 4	1 650.361 2	3.990 3	0.000 6	0.250 6	27
28	516.987 9	0.001 9	2 063.951 5	3.992 3	0.000 5	0.250 5	28
29	646.234 9	0.001 5	2 580.939 4	3.993 8	0.000 4	0.250 4	29
30	807.793 6	0.001 2	3 227.174 3	3.995 0	0.000 3	0.250 3	30
35	2 465.190 3	0.000 4	9 856.761 3	3.998 4	0.000 1	0.250 1	35
40	7 523.163 8	0.000 1	30 088.655 4	3.999 5		0.250 0	40
45	22 958.874 0		91 831.496 2	3.999 8		0.250 0	45
50	70 064.923 2		280 255.692 9	3.999 9		0.250 0	50
∞				4.000 0		0.250 0	∞

30%复利因子

	一次支付		等额多次支付				
N	F/P	P/F	F/A	P/A	A/F	A/P	N
1	1.300 0	0.769 2	1.000 0	0.769 2	1.000 0	1.300 0	1
2	1.690 0	0.591 7	2.300 0	1.360 9	0.434 8	0.734 8	2
3	2.197 0	0.455 2	3.990 0	1.816 1	0.250 6	0.550 6	3
4	2.856 1	0.350 1	6.187 0	2.166 2	0.161 6	0.461 6	4
5	3.712 9	0.269 3	9.043 1	2.435 6	0.110 6	0.410 6	5
6	4.826 8	0.207 2	12.756 0	2.642 7	0.078 4	0.378 4	6
7	6.274 9	0.159 4	17.582 8	2.802 1	0.056 9	0.356 9	7
8	8.157 3	0.122 6	23.857 7	2.924 7	0.041 9	0.341 9	8
9	10.604 5	0.094 3	32.015 0	3.019 0	0.031 2	0.331 2	9
10	13.785 8	0.072 5	42.619 5	3.091 5	0.023 5	0.323 5	10
11	17.921 6	0.055 8	56.405 3	3.147 3	0.017 7	0.317 7	11
12	23.298 1	0.042 9	74.327 0	3.190 3	0.013 5	0.313 5	12
13	30.287 5	0.033 0	97.625 0	3.223 3	0.010 2	0.310 2	13

(续)

	一次支付		等额多次支付				
N	F/P	P/F	F/A	P/A	A/F	A/P	N
14	39.373 8	0.025 4	127.912 5	3.248 7	0.007 8	0.307 8	14
15	51.185 9	0.019 5	167.286 3	3.268 2	0.006 0	0.306 0	15
16	66.541 7	0.015 0	218.472 2	3.283 2	0.004 6	0.304 6	16
17	86.504 2	0.011 6	285.013 9	3.294 8	0.003 5	0.303 5	17
18	112.455 4	0.008 9	371.518 0	3.303 7	0.002 7	0.302 7	18
19	146.192 0	0.006 8	483.973 4	3.310 5	0.002 1	0.302 1	19
20	190.049 6	0.005 3	630.165 5	3.315 8	0.001 6	0.301 6	20
21	247.064 5	0.004 0	820.215 1	3.319 8	0.001 2	0.301 2	21
22	321.183 9	0.003 1	1 067.279 6	3.323 0	0.000 9	0.300 9	22
23	417.539 1	0.002 4	1 388.463 5	3.325 4	0.000 7	0.300 7	23
24	542.800 8	0.001 8	1 806.002 6	3.327 2	0.000 6	0.300 6	24
25	705.641 0	0.001 4	2 348.803 3	3.328 6	0.000 4	0.300 4	25
26	917.333 3	0.001 1	3 054.444 3	3.329 7	0.000 3	0.300 3	26
27	1 192.533 3	0.000 8	3 971.777 6	3.330 5	0.000 3	0.300 3	27
28	1 550.293 3	0.000 6	5 164.310 9	3.331 2	0.000 2	0.300 2	28
29	2 015.381 3	0.000 5	6 714.604 2	3.331 7	0.000 1	0.300 1	29
30	2 619.995 6	0.000 4	8 729.985 5	3.332 1	0.000 1	0.300 1	30
35	9 727.860 4	0.000 1	32 422.868 1	3.333 0		0.300 0	35
∞				3.333 0			∞

40% 复利因子

	一次支付		等额多次支付				
N	F/P	P/F	F/A	P/A	A/F	A/P	N
1	1.400 0	0.714 3	1.000 0	0.714 3	1.000 0	1.400 0	1
2	1.960 0	0.510 2	2.400 0	1.224 5	0.416 7	0.816 7	2
3	2.744 0	0.364 4	4.360 0	1.588 9	0.229 4	0.629 4	3
4	3.841 6	0.260 3	7.104 0	1.849 2	0.140 8	0.540 8	4
5	5.378 2	0.185 9	10.945 6	2.035 2	0.091 4	0.491 4	5
6	7.529 5	0.132 8	16.323 8	2.168 0	0.061 3	0.461 3	6
7	10.541 4	0.094 9	23.853 4	2.262 8	0.041 9	0.441 9	7
8	14.757 9	0.067 8	34.394 7	2.330 6	0.029 1	0.429 1	8

（续）

	一次支付		等额多次支付				
N	F/P	P/F	F/A	P/A	A/F	A/P	N
9	20.661 0	0.048 4	49.152 6	2.379 0	0.020 3	0.420 3	9
10	28.925 5	0.034 6	69.813 7	2.413 6	0.014 3	0.414 3	10
11	40.495 7	0.024 7	98.739 1	2.438 3	0.010 1	0.410 1	11
12	56.693 9	0.017 6	139.234 8	2.455 9	0.007 2	0.407 2	12
13	79.371 5	0.012 6	195.928 7	2.468 5	0.005 1	0.405 1	13
14	111.120 1	0.009 0	275.300 2	2.477 5	0.003 6	0.403 6	14
15	155.568 1	0.006 4	386.420 2	2.483 9	0.002 6	0.402 6	15
16	217.795 3	0.004 6	541.988 3	2.488 5	0.001 8	0.401 8	16
17	304.913 5	0.003 3	759.783 7	2.491 8	0.001 3	0.401 3	17
18	426.878 9	0.002 3	1 064.697 1	2.494 1	0.000 9	0.400 9	18
19	597.630 4	0.001 7	1 491.576 0	2.495 8	0.000 7	0.400 7	19
20	836.682 6	0.001 2	2 089.206 4	2.497 0	0.000 5	0.400 5	20
21	1 171.355 6	0.000 9	2 925.888 9	2.497 9	0.000 3	0.400 3	21
22	1 639.897 8	0.000 6	4 097.244 5	2.498 5	0.000 2	0.400 2	22
23	2 295.856 9	0.000 4	5 737.142 3	2.498 9	0.000 2	0.400 2	23
24	3 214.199 7	0.000 3	8 032.999 3	2.499 2	0.000 1	0.400 1	24
25	4 499.879 6	0.000 2	11 247.199 0	2.499 4		0.400 1	25
26	6 299.831 4	0.000 2	15 747.078 5	2.499 6		0.400 1	26
27	8 819.764 0	0.000 1	22 046.909 9	2.499 7		0.400 0	27
28	12 347.669 6	0.000 1	30 866.673 9	2.499 8		0.400 0	28
29	17 286.737 4	0.000 1	43 214.343 5	2.499 9		0.400 0	29
30	24 201.432 4		60 501.080 9	2.499 9		0.400 0	30
∞				2.500 0		0.400 0	∞

50%复利因子

	一次支付		等额多次支付				
N	F/P	P/F	F/A	P/A	A/F	A/P	N
1	1.500 0	0.666 7	1.000 0	0.666 7	1.000 0	1.500 0	1
2	2.250 0	0.444 4	2.500 0	1.111 1	0.400 0	0.900 0	2
3	3.375 0	0.296 3	4.750 0	1.407 4	0.210 5	0.710 5	3
4	5.062 5	0.197 5	8.125 0	1.604 9	0.123 1	0.623 1	4

（续）

N	一次支付		等额多次支付				N
	F/P	P/F	F/A	P/A	A/F	A/P	
5	7.593 8	0.131 7	13.187 5	1.736 6	0.075 8	0.575 8	5
6	11.390 6	0.087 8	20.781 3	1.824 4	0.048 1	0.548 1	6
7	17.085 9	0.058 5	32.171 9	1.882 9	0.031 1	0.531 1	7
8	25.628 9	0.039 0	49.257 8	1.922 0	0.020 3	0.520 3	8
9	38.443 4	0.026 0	74.886 7	1.948 0	0.013 4	0.513 4	9
10	57.665 0	0.017 3	113.330 1	1.965 3	0.008 8	0.508 8	10
11	86.497 6	0.011 6	170.995 1	1.976 9	0.005 8	0.505 8	11
12	129.746 3	0.007 7	257.492 7	1.984 6	0.003 9	0.503 9	12
13	194.619 5	0.005 1	387.239 0	1.989 7	0.002 6	0.502 6	13
14	291.929 3	0.003 4	581.858 5	1.993 1	0.001 7	0.501 7	14
15	437.893 9	0.002 3	873.787 8	1.995 4	0.001 1	0.501 1	15
16	656.840 8	0.001 5	1 311.681 7	1.997 0	0.000 8	0.500 8	16
17	985.261 3	0.001 0	1 968.522 5	1.998 0	0.000 5	0.500 5	17
18	1 477.891 9	0.000 7	2 953.783 8	1.998 6	0.000 3	0.500 3	18
19	2 216.837 8	0.000 5	4 431.675 6	1.999 1	0.000 2	0.500 2	19
20	3 325.256 7	0.000 3	6 648.513 5	1.999 4	0.000 2	0.500 2	20
21	4 987.885 1	0.000 2	9 973.770 2	1.999 6	0.000 1	0.500 1	21
22	7 481.827 6	0.000 1	14 961.655 3	1.999 7		0.500 1	22
23	11 222.741 5	0.000 1	22 443.482 9	1.999 8		0.500 0	23
24	16 834.112 2	0.000 1	33 666.224 4	1.999 9		0.500 0	24
25	25 251.168 3	0.000 0	50 500.336 6	1.999 9		0.500 0	25
∞				2.000 0		0.500 0	∞

参考文献

[1] 国家发展和改革委员会，建设部. 建设项目经济评价方法与参数 [M]. 3版. 北京：中国计划出版社，2006.
[2] 建设部标准定额研究所. 建设项目经济评价案例 [M]. 北京：中国计划出版社，2006.
[3] 肖跃军，周东明等. 工程经济学 [M]. 北京：高等教育出版社，2009.
[4] 武春友，张米尔. 技术经济学 [M]. 大连：大连理工大学出版社，2003.
[5] 吴锋，叶锋. 工程经济学 [M]. 北京：机械工业出版社，2007.
[6] 陈立文，陈敬武. 技术经济学概论 [M]. 北京：机械工业出版社，2009.
[7] 全国造价工程师执业资格考试培训教材编审组. 工程造价计价与控制 [M]. 北京：中国计划出版社，2009.
[8] 刘晓君. 工程经济学 [M]. 2版. 北京：中国建筑工业出版社，2008.
[9] 武献华，宋维佳等. 工程经济学 [M]. 大连：东北财经大学出版社，2002.
[10] 黄有亮，徐向阳等. 工程经济学 [M]. 南京：东南大学出版社，2002.
[11] 傅家骥，仝允桓. 工业技术经济学 [M]. 3版. 北京：清华大学出版社，1996.
[12] 陈锡璞. 工程经济 [M]. 北京：机械工业出版社，1994.
[13] 王克强，王洪卫，刘红梅. Excel在工程技术经济学中的应用 [M]. 上海：上海财经大学出版社，2005.
[14] 杨克磊. 工程经济学 [M]. 上海：复旦大学出版社，2010.
[15] 邵颖红，黄渝祥. 工程经济学概论 [M]. 北京：电子工业出版社，2003.

北京大学出版社土木建筑系列教材(已出版)

序号	书名	主编	定价	序号	书名	主编	定价
1	建筑设备(第2版)	刘源全 张国军	46.00	59	土力学	高向阳	32.00
2	土木工程测量(第2版)	陈久强 刘文生	40.00	60	建筑表现技法	冯 柯	42.00
3	土木工程材料(第2版)	柯国军	45.00	61	工程招投标与合同管理	吴 芳 冯 宁	39.00
4	土木工程计算机绘图	袁 果 张渝生	28.00	62	工程施工组织	周国恩	28.00
5	工程地质(第2版)	何培玲 张 婷	26.00	63	建筑力学	邹建奇	34.00
6	建设工程监理概论(第2版)	巩天真 张泽平	30.00	64	土力学学习指导与考题精解	高向阳	26.00
7	工程经济学(第2版)	冯为民 付晓灵	42.00	65	建筑概论	钱 坤	28.00
8	工程项目管理(第2版)	仲景冰 王红兵	45.00	66	岩石力学	高 玮	35.00
9	工程造价管理	车春鹂 杜春艳	24.00	67	交通工程学	李 杰 王 富	39.00
10	工程招标投标管理(第2版)	刘昌明	30.00	68	房地产策划	王直民	42.00
11	工程合同管理	方 俊 胡向真	23.00	69	中国传统建筑构造	李合群	35.00
12	建筑工程施工组织与管理(第2版)	余群舟 宋会莲	31.00	70	房地产开发	石海均 王 宏	34.00
13	建设法规(第2版)	肖 铭 潘安平	32.00	71	室内设计原理	冯 柯	28.00
14	建设项目评估	王 华	35.00	72	建筑结构优化及应用	朱杰江	30.00
15	工程量清单的编制与投标报价	刘富勤 陈德方	25.00	73	高层与大跨建筑结构施工	王绍君	45.00
16	土木工程概预算与投标报价(第2版)	刘 薇 叶 良	37.00	74	工程造价管理	周国恩	42.00
17	室内装饰工程预算	陈祖建	30.00	75	土建工程制图	张黎骅	29.00
18	力学与结构	徐吉恩 唐小弟	42.00	76	土建工程制图习题集	张黎骅	26.00
19	理论力学(第2版)	张俊彦 赵荣国	40.00	77	材料力学	章宝华	36.00
20	材料力学	金康宁 谢群彤	27.00	78	土力学教程	孟祥波	30.00
21	结构力学简明教程	张系斌	20.00	79	土力学	曹卫平	34.00
22	流体力学	刘建军 章宝华	20.00	80	土木工程项目管理	郑文新	41.00
23	弹性力学	薛 强	22.00	81	工程力学	王明斌 庞永平	37.00
24	工程力学	罗迎社 喻小明	30.00	82	建筑工程造价	郑文新	38.00
25	土力学	肖仁成 俞 晓	18.00	83	土力学(中英双语)	郎煜华	38.00
26	基础工程	王协群 章宝华	32.00	84	土木建筑CAD实用教程	王文达	30.00
27	有限单元法(第2版)	丁 科 殷水平	30.00	85	工程管理概论	郑文新 李献涛	26.00
28	土木工程施工	邓寿昌 李晓目	42.00	86	景观设计	陈玲玲	49.00
29	房屋建筑学(第2版)	聂洪达 郗恩田	48.00	87	色彩景观基础教程	阮正仪	42.00
30	混凝土结构设计原理	许成祥 何培玲	28.00	88	工程力学	杨云芳	42.00
31	混凝土结构设计	彭 刚 蔡江勇	28.00	89	工程设计软件应用	孙香红	39.00
32	钢结构设计原理	石建军 姜 袁	32.00	90	城市轨道交通工程建设风险与保险	吴宏建 刘宽亮	75.00
33	结构抗震设计	马成松 苏 原	25.00	91	混凝土结构设计原理	熊丹安	32.00
34	高层建筑施工	张厚先 陈德方	32.00	92	城市详细规划原理与设计方法	姜 云	36.00
35	高层建筑结构设计	张仲先 王海波	23.00	93	工程经济学	都沁军	42.00
36	工程事故分析与工程安全(第2版)	谢征勋 罗 章	38.00	94	结构力学	边亚东	42.00
37	砌体结构(第2版)	何培玲 尹维新	26.00	95	房地产估价	沈良峰	45.00
38	荷载与结构设计方法(第2版)	许成祥 何培玲	30.00	96	土木工程结构试验	叶成杰	39.00
39	工程结构检测	周 详 刘益虹	20.00	97	土木工程概论	邓友生	34.00
40	土木工程课程设计指南	许 明 孟茁超	25.00	98	工程项目管理	邓铁军 杨亚频	48.00
41	桥梁工程(第2版)	周先雁 王解军	37.00	99	误差理论与测量平差基础	胡圣武 肖本林	37.00
42	房屋建筑学(上:民用建筑)	钱 坤 王若竹	32.00	100	房地产估价理论与实务	李 龙	36.00
43	房屋建筑学(下:工业建筑)	钱 坤 吴 歌	26.00	101	混凝土结构设计	熊丹安	37.00
44	工程管理专业英语	王竹芳	24.00	102	钢结构设计原理	胡习兵	30.00
45	建筑结构CAD教程	崔钦淑	36.00	103	土木工程材料	赵志曼	39.00
46	建设工程招投标与合同管理实务	崔东红	38.00	104	工程项目投资控制	曲 娜 陈顺良	32.00
47	工程地质	倪宏革 时向东	25.00	105	建设项目评估	黄明知 尚华艳	38.00
48	工程经济学	张厚钧	36.00	106	结构力学实用教程	常伏德	47.00
49	工程财务管理	张学英	38.00	107	道路勘测设计	刘文生	43.00
50	土木工程施工	石海均 马 哲	40.00	108	大跨桥梁	王解军 周先雁	30.00
51	土木工程制图	张会平	34.00	109	工程爆破	段宝福	42.00
52	土木工程制图习题集	张会平	22.00	110	地基处理	刘起霞	45.00
53	土木工程材料	王春阳 裴 锐	40.00	111	水分析化学	宋吉娜	42.00
54	结构抗震设计	祝英杰	30.00	112	基础工程	曹 云	43.00
55	土木工程专业英语	霍俊芳 姜丽云	35.00	113	建筑结构抗震分析与设计	裴星洙	35.00
56	混凝土结构设计原理	邵永健	40.00	114	建筑工程安全管理与技术	高向阳	40.00
57	土木工程计量与计价	王翠琴 李春燕	35.00	115	土木工程施工与管理	李华锋 徐 芸	65.00
58	房地产开发与管理	刘 薇	38.00				

电子书(PDF版)、电子课件和相关教学资源下载地址:http://www.pup6.com/ebook.htm,欢迎下载。

欢迎免费索取样书,请填写并通过E-mail提交教师调查表,下载地址:http://www.pup6.com/down/教师信息调查表excel版.xls,欢迎订购。

联系方式:010-62750667,donglu2004@163.com,linzhangbo@126.com,欢迎来电来信咨询。